21世纪高等学校计算机规划教材

21st Century University Planned Textbooks of Computer Science

办公自动化技术与应用

Office Automation

李岚 编著

人民邮电出版社

北京

图书在版编目（ＣＩＰ）数据

办公自动化技术与应用 / 李岚编著. -- 北京：人民邮电出版社，2010.3（2017.1重印）
21世纪高等学校计算机规划教材
ISBN 978-7-115-22081-3

Ⅰ. ①办… Ⅱ. ①李… Ⅲ. ①办公室－自动化－高等学校－教材 Ⅳ. ①C931.4

中国版本图书馆CIP数据核字(2010)第007535号

内　容　提　要

　　本书全面介绍了办公软件在办公工作中的具体应用，常用办公设备的安装、使用和维护，系统的安全及优化，以及局域网的设计与组建，文件和打印机等资源的共享等内容。

　　本书内容丰富，案例典型，以图析文，实用性强。在介绍实际操作和应用案例的过程中，每一个操作步骤都配有对应的图示，便于理解和掌握。为帮助教师使用本教材进行教学工作，编者还准备了本书的教学辅导课件，读者可从人民邮电出版社教学服务与资源网（www.ptpedu.com.cn）上免费下载。

　　本书可作为高等院校本科和专科非计算机专业办公自动化课程以及各类办公自动化培训班的教材，还适合于各行各业需要使用电脑办公的用户自学参考。

21 世纪高等学校计算机规划教材

办公自动化技术与应用

◆ 编　　著　李　岚

　　责任编辑　刘　博

◆ 人民邮电出版社出版发行　　北京市丰台区成寿寺路 11 号
　　邮编　100164　　电子邮件　315@ptpress.com.cn
　　网址　http://www.ptpress.com.cn
　　固安县铭成印刷有限公司印刷

◆ 开本：787×1092　1/16
　　印张：19.25　　　　　　　2010 年 3 月第 1 版
　　字数：499 千字　　　　　　2017 年 1 月河北第 13 次印刷

ISBN 978-7-115-22081-3

定价：32.00 元

读者服务热线：(010)81055256　印装质量热线：(010)81055316
反盗版热线：(010)81055315

出版者的话

现今社会对人才的基本要求之一就是应用计算机的能力。在高等学校，培养学生应用计算机的能力，主要是通过计算机课程的体制改革，即计算机教学分层、分类规划与实施；密切联系实际，恰当体现与各专业其他课程配合；教学必须以市场需求为导向，目的是培养高素质创新型人才。

人民邮电出版社经过对教学改革新形势充分的调查研究，依据目前比较成熟的教学大纲，组织国内优秀的有丰富教学经验的教师编写一套体现教学改革最新形势的"高校系列计算机教材"。在本套教材的出版过程中，我社多次召开教材研讨会，广泛听取了一线教师的意见，也邀请众多专家对大纲和书稿做了认真的审读与研讨。本套教材具有以下特点。

1. 覆盖面广，突出教改特色

本套教材主要面向普通高等学校（包括计算机专业和非计算机专业），是在经过大量充分的调研基础上开发的计算机系列教材，涉及计算机教育领域中的所有课程（包括专业核心骨干课程与选修课程），适应了目前经济、社会对计算机教育的新要求、新动向，尤其适合于各专业计算机教学改革的特点特色。

2. 注重整体性、系统性

针对各专业的特点，同一门课程规划了组织结构与内容不同的几本教材，以适应不同教学需求，即分别满足不同层次计算机专业与非计算机专业（如工、理、管、文等）的课程安排。同时本套教材注重整体性的策划，在教材内容的选择上避免重叠与交叉，内容系统完善。学校可根据教学计划从中选择教材的各种组合，使其适合本校的教学特点。

3. 掌握基础知识，侧重培养应用能力

目前社会对人才的需要更侧重于其应用能力。培养应用能力，须具备计算机基础理论、良好的综合素质和实践能力。理论知识作为基础必须掌握，本套教材通过实践教学与实例教学培养解决实际问题的能力和知识综合运用的能力。

4. 教学经验丰富的作者队伍

高等学校在计算机教学和教材改革上已经做了大量的工作，很多教师在计算机教育与科研方面积累了相当多的宝贵经验。本套教材均由有丰富教学经验的教师编写，并将这些宝贵经验渗透到教材中，使教材独具特色。

5. 配套资源完善

所有教材均配有 PPT 电子教案，部分教材配有实践教程、题库、教师手册、学习指南、习题解答、程序源代码、演示软件、素材、图书出版后要更新的内容等，以方便教与学。

我社致力于优秀教材的出版，恳请大家在使用的过程中，将发现的问题与提出的意见反馈给我们，以便再版时修改。

人民邮电出版社

前　言

随着计算机科学技术的发展，以提高办公效率为目的的办公自动化技术已经被越来越多地应用于企事业单位的各类日常办公领域。对办公室工作人员的办公处理能力也提出了更高的要求。

本书从教学和办公行政、文秘工作的实际需要出发，以办公室中进行的日常事务处理为依据，将办公工作中常用到的办公软件（如 Word、Excel、PowerPoint）的应用，局域网组建和网络资源共享（局域网中文件及打印机共享等）、系统的安全与优化以及常用办公设备的使用维护有机地结合在一起，涵盖了现代办公过程所涉及的绝大部分知识。让读者在掌握办公软件应用、网络资源共享和办公设备使用等知识点的同时，提高实际的工作应用能力，更好地为工作学习服务。

本书案例典型，来源于实际，操作步骤详细，以图析文，实用性强，由浅入深、循序渐进地讲解电脑办公的基础知识和常用操作，便于读者在学习过程中能够直观、清晰地看到操作效果，易于理解和掌握。

本书在编写过程中，得到了中山大学林卓然教授的大力支持和帮助，薛春香老师和何丁海老师对本书的编写也提出了宝贵的意见和建议，同时还得到了中山大学新华学院各位老师的支持和帮助，在此表示衷心感谢。

本书在编写过程中，还参阅借鉴了大量的与办公自动化有关的书籍报刊和网络资料，在此也对相关作者一并致谢。

由于办公自动化技术在不断发展，鉴于本人水平有限，书中难免存在错漏和不足之处，恳请广大读者批评指正。

编　者
2009 年 7 月

目　录

第1章
办公自动化概述

办公自动化（Office Automation，OA），是 20 世纪 70 年代中期发达国家为解决办公业务量急剧增加的背景下，发展起来的一门综合性学科。随着产业结构的变化、劳动力结构的变化、资源结构的变化以及组织结构与管理模式的变化，社会信息化的进程在全球范围内已逐渐显示出其特征和重大影响，是信息化社会最重要的标志之一，它将人、计算机和信息三者结合为一个办公体系，构成一个服务于办公业务的人-机信息处理系统。伴随着电子商务、电子政务的发展，办公自动化（OA）与企业资源计划（MRP Ⅱ/ERP）、客户关系管理（CRM）、产品数据管理（PDM）等系统一起掀起了新一轮的信息化浪潮。

1.1 办公自动化的发展状况

1.1.1 人类办公活动的发展

人类办公活动是随着人类的生产活动产生和发展的。人类社会不同时期生产力的发展都推动了办公活动的变革。随着生产力和科学技术的发展，人类办公活动经历了 3 次变革，办公工具也从人类正式办公活动开始的农业时代使用的"老三件"（纸、笔和算盘），发展到第二次工业革命时代使用的"老三机"（打字机、电话机和电传机），第三次工业革命时代使用的"新三机"（复印机、传真机和微缩设备），再到如今信息时代的计算机、各种通信设备以及功能强大的智能化办公设备。

办公活动第一次变革是用"老三件"（纸、笔和算盘）抛弃了原始落后的铁制、石制的雕刻、绘画文字的工具，使信息和文字的生成、存储和输出发生了巨大变化。支持这种巨大变化的技术是造纸术和印刷术。第二次大变革是以"老三机"和"新三机"为代表，是人类社会进入工业时代的标志，也是近代人类文明的象征。第三次大变革是以信息社会的"3A"革命——办公自动化（Office Automation）、工厂自动化（Factory Automation）、家庭自动化（Home Automation），以三大类办公自动化设备和四大支持技术为代表。三大类办公自动化设备是指计算机、通信设备和办公设备，四大支持技术是指计算机技术、信息技术、通信技术和软件科学。这次变革不但促成了信息生成、采集、存储、处理、加工、传输和输出方式的改变，还促进了办公活动的核心——管理与决策手段、方式的改变，实现了管理科学化。

1.1.2 国外办公自动化的发展概况

办公自动化是现代信息社会的重要标志，它涉及管理学、社会学、系统工程学和人机工程学

1

等学科基本理论，以及计算机、通信、自动化等技术。美国是最早研究办公自动化系统的国家。美国的办公自动化发展可概括为单机—联网—综合应用 3 个阶段。

1. 以数据处理为中心的传统办公系统阶段（1977 年以前）

该阶段以单机设备完成单项办公业务的自动化，如文字处理机、复印机、传真机等在发达国家的部分办公室应用。

数据处理的目的是：把数据转换成便于观察、分析、存储、传送及进一步处理的形式；把数据去粗取精，消除不必要的冗余和符合信息系统要求的形式。

数据处理的基本内容包括数据转换、数据组织、数据存储、数据筛选和分类、数据运算及数据输出。

数据处理的特点是：数据量大、数据结构复杂、时间性强。但它的最大特点是应用基于文件系统和关系型数据库系统，以结构化数据为存储和处理对象，强调对数据的计算和统计能力。其贡献在于把 IT 技术引入办公领域，提高了文件管理水平。

2. 以工作流为中心的办公自动化系统阶段（1977～1982 年）

这一阶段以采用部分综合设备为手段，办公自动化系统日趋成熟。随着微型计算机应用的普及，专用交换机、程控技术和局域网技术的成熟，已能将计算机、传真机、电话机和其他办公设备连成网络，实现了以工作流为中心的信息综合处理。这种方式彻底改变了早期的办公自动化的不足之处，以 E-mail、文档数据管理、目录服务、群组协同工作等技术作支撑。第二代办公自动化系统包含了众多的使用功能和模块，它以网络为基础，实现了数据、文字、图形和声音的综合处理，实现了对人、对事、对文档、对会议的自动化管理。

3. 以知识管理为核心的办公自动化系统阶段（1983 年至今）

第三阶段 OA 的核心是知识管理。知识管理是一个系统工程，目标是帮助企业发现潜在的知识，定位拥有专门知识的人，传递知识和有效利用知识。知识管理意味着在恰当的时间，将正确的知识传给正确的人，使他们采取最适合的行动，避免重复错误和重复工作。知识管理可以帮助企业解决知识共享和再利用的问题。第三代 OA 的显著特点是信息和资源共享，实时通信，以及与短信平台的完美结合。

1.1.3 我国办公自动化的发展

我国的办公自动化相对于技术先进的国家，发展较为缓慢。经过从 20 世纪 80 年代中期至今 20 多年的发展，已从最初的以单机应用为基础的辅助办公产品，发展到今天以网络技术为依托的面向实际应用的现代办公系统，大致也经过了 3 个阶段。

第一阶段：1985 年以前，是我国办公自动化发展的准备期。办公自动化只是以数据和文档处理为中心，使用面向单机的辅助办公设备，完成了办公信息载体从原始纸介质方式向比特方式的飞跃，但信息仍然是高度孤立。该阶段主要是引入复印机，汉化微型计算机软、硬件系统，解决汉字的输入输出，汉化了部分应用软件，制定规划。

办公自动化在我国发展的第一个阶段的主要标志是办公过程中普遍使用现代办公设备，如传真机、打字机、复印机等。

第二阶段：1985～1990 年，是我国办公自动化系统的发展期。这一阶段办公自动化系统的建设，主要是单机和微机局域网的应用和中文文字处理系统，是以工作流为中心。该阶段主要是开始试点开发，接着一批技术骨干，开发了许多汉字系统，如 CCDOS、希望汉字 UCDOS、联想汉字系统等。开发了大量的汉字输入法，如五笔字型、自然码、拼音、郑码等。同时还开发了一些著名的文字处理系统，如方正排版、华光排版、WPS 系统、CCED 系统等。并且从 1985 年以后，传真技术、复印技术、局域网技术在我国得到普及，办公自动化系统以网络为中心，大量使用 C/S 结构、对象关系型数据库和数据包裹，增强了信息的通用性和可用性。通过建立和完善各个职能部门之间的沟通和信息共享机制，建立协同工作的环境，实现了信息大规模共享和交互协调。

办公自动化在我国发展的第二个阶段的主要标志是办公过程中普遍使用计算机和打印机，通过计算机和打印机进行文字处理、表格处理、文字排版输出和人事财务等信息的管理。

第三阶段：1990 年至今，是我国办公自动化系统的完善普及期。办公自动化以知识管理为核心，是集信息处理、业务流程和知识管理于一体的应用系统，能够提供丰富的学习功能与知识共享功能。如现阶段市场上流行的升蓝办公自动化系统，采用 B/S 结构，用户只要与互联网连接，就可随时随地地利用此系统进行正常的办公。

1992 年以后，自动化技术在我国银行、保险业、邮政业、航空业等各个行业都有了巨大的发展，人们可以实现存款通存通兑、异地存取、柜员机存款与取款，以及持卡购物、计算机订票等。同时，我国国家级、省级图书馆、高校大中型图书馆基本上实现了计算机管理。而全国大多数单位也实现了不同程度的计算机财务、人事管理等。

办公自动化在我国发展的第三个阶段的主要标志是办公过程中网络技术的普遍使用，这一阶段在办公过程中通过使用网络，实现了文件共享，网络打印共享，完成网络数据库管理等工作。

1.2 办公自动化的定义、特点与模式

1.2.1 办公自动化的定义

办公自动化目前有两个权威定义：一是季斯曼定义，二是我国专家的定义。

1. 季斯曼（M.C.Zisman，美国麻省理工学院教授）定义

办公自动化就是将计算机技术、通信技术、系统科学与行为科学应用于传统的数据处理技术难以处理的数量庞大且结构又不明确，包括非数值型信息的办公事务处理的一项综合技术。

2. 我国专家的定义

办公自动化是利用先进的科学技术，不断使人的办公业务活动物化于人以外的各种设备中，并且这些设备与办工人员构成服务于某种目标的人—机信息处理系统。

一般来说，一个完整的办公自动化系统，应当包括信息采集、信息加工、信息传输和信息保存 4 个环节，分为 3 个层次：事务型、信息管理型和决策支持型。

事务型为基础层，只限于单机或简单的小型局域网上的文字处理、个人日程管理、行文管理、邮件处理、人事管理、工资管理、资源管理以及其他有关机关行政事务的处理等；信息管理型为中间层，是将事务型办公系统和综合信息（数据库）紧密结合的一种一体化的办公信息处理系统。综合数据库存放该有关单位的日常工作所必需的信息。例如，在政府机关，综合信息包括政策、法令、法规，有关上级政府和下属机构的公文、信函等政务信息；公司企业单位的综合数据库包括工商法规、市场动态、产品宣传、用户信息等。决策支持型为最高层，它建立在信息管理级 OA 系统之上，以事务型和管理型办公系统的大量数据为基础，同时又以其自由的决策模型为支持，

针对所需要做出决策的课题，构造或选用决策数字模型，结合有关内部和外部的条件，由计算机执行决策程序，作出相应的决策。决策支持型办公系统具有决策或辅助决策功能的最高级系统。

现在有一种普遍的偏见，认为 OA 仅仅是诸如公文流转、收发文管理、档案管理、会议安排、文献检索、电子表格、电子邮件等这些非结构化数据的处理和交换过程，面向的用户群也只是机关办公室或企业的职能部门、文秘部门。其实，近年来随着计算机技术和通信技术的飞速发展，OA 的概念也已经远远超过了办公事务和文档处理的范围，从文字处理机、复印机、传真机，PC，扩展到以网络为平台，以数据库技术、计算机技术和通信技术为核心的网络办公自动化系统，有了更丰富的内容和层面，更广泛的用户群。

从功能方面来讲，OA 应该是一个企业除了生产控制之外的一切信息处理与管理的集合。它面向不同层次的使用者，因此具有不同的功能表现。

（1）对于企业高层领导而言，OA 是决策支持系统（DSS）。OA 运用科学的数学模型，结合企业内部、外部的信息，为企业领导提供决策参考和依据。

（2）对于中层管理者而言，OA 是信息管理系统（MIS）。OA 利用业务各环节提供的基础"数据"，提炼出有用的管理"信息"，把握业务进程，降低经营风险，提高经营效率。

（3）对于普通员工而言，OA 是事务/业务处理系统。OA 为办公室人员提供了良好的办公手段和环境，使之准确、高效、愉快地工作。

从技术范畴来讲，OA 应该是计算机技术、通信技术、科学的管理思想等多个方面的有机结合。

1.2.2　办公自动化的特点

随着三大核心支持技术：网络通信技术、计算机技术和数据库技术的成熟，OA 已进入到新的层次，因此，办公自动化的特点有以下几方面。

（1）集成化。软硬件及网络的集成，人与系统的集成，单一办公系统同社会公众信息系统的集成，因此组成了"无缝集成"的开放式系统。

（2）智能化。面向日常事务处理，辅助人们完成智能性劳动，如汉字识别、辅助决策等。

（3）多媒体化。包括对数字、文字、图像、声音和动画的综合处理。

（4）运用电子数据交换（EDI）。通过计算机网络，在计算机间进行交换和自动化处理。

办公自动化的目的是：尽可能充分利用信息资源，提高生产率、工作效率和质量，辅助决策，取得更好的经济效果，以达到既定的目标。

1.3　办公自动化系统的要素、目标和技术核心

1.3.1　办公自动化系统的要素和目标

1．办公自动化系统要素

办公自动化系统组成要素有：办公人员、技术工具、办公机构、办公制度、办公信息和办公环境六要素。

办公人员：在办公自动化系统中，办公人员按其在系统中的作用可以分为 3 类：第一类是信息使用人员，属于上层决策人员及中层管理人员，使用系统提供的信息进行科学决策或对决策的执行过程进行控制管理。第二类是使用系统的设备完成自己办公业务的人员，在办公活动中多数

属于办事员和秘书层次。第三类是为系统服务的人员和提高系统效率的人员，如系统管理员、软硬件维护人员和训练有素的录入员。

技术工具：技术工具是指组成办公信息系统的各种设备和技术手段的总和。在技术手段中为实现本部门办公要求的各类软件占相当大的比重。硬件设备通常是按总体设计来购置和安装的，而软件一部分可以购置，另一部分则需根据不同部门的实际需要自行研制。这种需要的提出同办公人员特别是管理决策人员的领导业务素质密切相关。

办公机构：办公机构的设置和划分直接影响到办公自动化系统的总体结构。例如行政机构可以按管理职能、管理区域、管理行业、服务对象进行划分。

办公制度：要建立的各项办公流程，部门中各个单位的业务范围和各层次办公人员的岗位责任制度。办公过程中有许多不确定因素必须由办公人员来解决。办公过程的制度化、规范化可以使许多办公活动实现自动化，这是办公自动化系统应具有的特殊功能。

办公信息：各类办公信息是办公自动化系统的工作对象。从信息处理的角度来看，办公活动就是对各类办公信息进行采集、存储、处理、传送和输出的过程。信息的类型有数据、文字、声音、图形和图像等。在组织办公机关中，文字类信息、计划和统计部门数据类信息是处理的主要对象。办公信息格式的标准化，是建立办公自动化系统的基础性工作。

办公环境：与本组织存在各种联系的社会组织，构成了办公的外部环境。外部环境作为组织机构之外的实体本来并不包括在系统之内，但它对系统的功能和运行给出了约束条件，因而也是办公自动化系统的一个组成要素。作为办公环境的社会组织，有的是上下级关系，有的是业务关系，也有的是服务与被服务的关系。

2. 办公自动化系统目标

由于各个机关单位的业务和职能各不相同，因此对于办公自动化系统需求也存在差异。一般而言，机关办公自动化系统均以公文处理和机关事务管理为核心，同时提供信息通信与服务等重要功能，因此，典型的办公自动化应包括收发文审批签发管理、公文流转传递、政务信息采集与发布，以及档案管理、会议管理、领导活动管理、政策法规库、内部论坛等。总的来说，办公自动化系统应满足以下要求。

（1）提供电子邮件功能。

信息是办公自动化、决策科学化的基础，电子邮件系统作为信息传递与共享的工具和手段，可满足办公自动化系统最基本的通信要求。

（2）支持协同工作和移动办公。

网络技术的发展，异步协作方式（如电子邮件、网络论坛等），以及同步协作方式（如网络实时会议）正在逐渐成为除了人们面对面开会之外的新的工作方式，它们打破了时间、地域的限制，使人们完全可以随时随地参加到协同工作中去，大大提高了工作效率。

（3）完整的安全性控制功能。

办公自动化系统所处理的信息一般涉及机关的机密，而且不同的办公人员在不同的时刻对办公信息的处理权限也是不同的，因此安全性控制功能成为办公自动化系统得以投入使用的先决条件。

（4）满足公文及会议程序要求。

公文处理是办公自动化系统的主要内容，发文及收文的流转顺序必须严格执行国家规范。

（5）具有完善的档案管理功能。

文件处理完成后要存档，完善的档案管理为查阅者提供方便，同时具有严格的权限控制。

（6）集成 Internet。

办公自动化系统作为 Intranet 的重要应用必须能够与 Internet 相连，包括电子邮件、Web 发布等，这不仅沟通了机关内外的信息，对外宣传了机关单位，而且还可以进一步提供以数据为核心的网络办公服务。

（7）系统界面友好，使用方便。

一个成功的应用系统首先应该满足用户的基本需求，其次应是用户使用方便，才能充分发挥作用。

目前各级政府和很多企业都在为实现 OA 而努力，但现有的成果仅仅是在某些环节、某些方面部分地实现了 OA 的功能，与真正的 OA 尚有差距，差距的根本在于应用系统对管理思想的理解和实现方面。

1.3.2　办公自动化系统的技术核心

随着计算机技术日新月异的发展，各种先进的开发工具不断涌现，开发和运行办公自动化系统的环境也各有不同，其优势和缺陷也各有千秋。

1. 开发平台分类

目前，以数据为核心的流行网络办公自动化系统开发平台主要有以下 3 类。

（1）基于数据库管理系统的开发平台。

FoxPro、VB、Delphi、PB 等开发工具加上后台关系数据库（SQL Server、Oracle 等）作为开发平台。

① 优点：数据处理能力强，访问速度快，开发工具适用范围广。

② 缺点：数据库系统不提供工作流控制、用户权限和用户安全的管理，其实现必须由软件工程师自己开发完成，不仅工作量大，而且实现和维护都非常困难；在通信手段、广域网方面支持不够，系统的可伸缩性和扩展性较差；对非结构化数据的表示和处理先天不足，限制了办公自动化系统的功能扩展。

（2）基于 Browser/Server（浏览器/服务器）结构和关系数据库结合的开发平台。

基于 B/S（Browser/Server）结构和关系数据库结合的方式，利用 CGI（通用网关接口）、ASP（活动服务器网页）等技术进行系统开发。

① 优点：采用标准 Internet 技术，技术人员只需要开发和维护服务器端应用程序，而无需考虑客户端程序，大大降低了软件维护开销；该平台特别适合信息的查询和组织，用户只需熟悉浏览器操作即可，且界面一致、简单；易于与 Internet 上的其他系统结合，客户端只需装有浏览器即可访问系统。

② 缺点：开发手段有限，数据安全性问题，对服务器要求过高，数据传输速度慢，对于复杂的工作流和权限设置等要求显得力不从心。

（3）基于群件的开发平台。

基于群件的开发平台是目前最流行的选择，主要的群件系统有 Lotus 公司的 Domino/Notes 和 Microsoft 公司的 Exchange Server。

① 优点：系统提供了强大的安全和权限以及工作流管理机制，开发工具完备，开发周期短，稳定可靠；完善的通信手段和强大的非结构化数据支持能力，以及较好的系统可伸缩性和扩展性；程序和数据一般放在服务器上；对非结构化数据的表示和处理能力强大，特别是用于事务性处理时。

② 缺点：处理结构化数据能力较弱，不擅长数据的计算、分析和统计，运行效率较低。

2. 以 OA 使用的技术分类

就现在开发 OA 的技术来说，主要集中分为三大类：基于 C/S 结构的应用程序开发，结合 C/S 结构和 Web 技术的复合应用程序，基于 B/S 结构的动态网页技术。

（1）C/S（客户机/服务器）结构系统是传统的开发模式，一般以数据库和客户端的两层结构实现，也有加入中间件的三层或多层结构。在 OA 早期是标准的系统模式，但在特定的应用中无论是 Client 端还是 Server 端都还需要特定的软件支持。由于没能提供用户真正期望的开放环境，C/S 结构的软件需要针对不同的操作系统开发不同版本的软件，加之产品的更新换代十分快，已经很难适应百台电脑以上的局域网用户同时使用。但随着计算机技术的发展和网络的发展，它已经无法满足现在的远程网络办公和移动办公需要，在逐渐被取代。

（2）C/S+Web 技术是为了补充 C/S 结构的不足，在 C/S 基础上加入 Web 技术来实现对远程数据的获取，但拥有一定的局限性，如数据及时更新、软件升级等问题就无法很好地解决。

（3）B/S（浏览器/服务器）结构系统采用动态网页技术，是一次性到位的开发，能实现不同的人员，从不同的地点，以不同的接入方式（如 LAN，WAN，Internet/Intranet 等）访问和操作共同的数据库；它能有效地保护数据平台和管理访问权限，服务器数据库也很安全。特别是在 Java 这样的跨平台语言出现之后，B/S 架构管理软件更是方便、快捷、高效。加入 OA 的开发理念，完全适应网络办公和移动办公需求，也是现代办公自动化系统的首选技术。

就 B/S 结构的开发，具体技术又有多种选择：JSP+Java EE，ASP+IIS，ASP.NET+Microsoft.NET Framework，PHP+Apache。这些技术各有其特点。

ASP 优点：①无需编译；②易于生成；③独立于浏览器；④面向对象；⑤与任何 ActiveX Scripting 语言兼容；⑥源程序码不会外漏。

ASP 缺点：①Windows 本身的所有问题都会一成不变地也累加到了它的身上。安全性、稳定性、跨平台性都会因为与 NT 的捆绑而显现出来；②ASP 由于使用了 COM 组件所以它会变得十分强大，但是这样的强大由于 Windows NT 系统最初的设计问题而会引发大量的安全问题，只要在这样的组件或是操作中一不注意，那么外部攻击就可以取得相当高的权限而导致网站瘫痪或者数据丢失；③由于 ASP 还是一种 Script 语言，所以除了大量使用组件外，没有办法提高其工作效率，它必须面对即时编译的时间考验，同时我们还不知其背后的组件会是一个什么样的状况；④无法实现跨操作系统的应用，当然这也是微软的理由之一，只有这样才能发挥 ASP 最佳的能力，可是正是 Windows 限制了 ASP，ASP 的概念本来就是为能让系统运行于一个大的多样化环境而设计的；⑤还无法完全实现一些企业级的功能，即完全的集群、负载均横。

ASP.NET 优点：①简洁的设计和实施；②语言灵活，并支持复杂的面向对象特性。

ASP.NET 缺点：数据库的连接复杂。

JSP 优点：①一处编写随处运行；②系统的多台平支持；③强大的的可伸缩性；④多样化和功能强大的开发工具支持。

JSP 缺点：① 与 ASP 一样，Java 的一些劣势正是它致命的问题所在；②缺少系统性的资料；③速度慢。

PHP 优点：①一种能快速学习、跨平台、有良好数据库交互能力的开发语言；②简单轻便，易学易用；③与 Apache 及其他扩展库结合紧密；④良好的安全性。

PHP 缺点：①数据库支持的极大变化；②不适合应用于大型电子商务站点；③安装复杂；④缺少正规的商业支持；⑤无法实现商品化应用的开发。

1.4 办公自动化系统的功能

办公自动化将许多独立的办公职能一体化，并提高了自动化程度，从而提高了办公效率，方便了办公室工作，可以获得更大的效益，创造了无纸化办公的优越环境。办公自动化系统的基本功能如下。

1.4.1 文字处理

文字工作是办公室的主要工作之一。文字处理就是利用计算机来处理文字工作。文字处理的主要功能有以下几点。

1. 录入、编辑文字

在文字处理软件中可以任意输入中、英文，并对输入的文字进行各种编辑操作。常见的操作主要包括增加、更改、删除、复制、剪切、粘贴、查找与替换等。并可对已输入完成的段落进行各种版式的设置，还可以进行各种边框和底纹设置，增加文字的观赏性。

2. 文档版式编排

当一篇文档的基本输入和编辑完成后，为了更好地进行打印，还需要对该文档进行版式的设计，版式的设计主要包括对文档页面中各种参数的设定、页码格式的设定、分栏的设计以及页眉页脚的设计。

3. 表格制作

表格是一种非常直观的表达方式，使用一个表格往往比一段文字更能清楚地说明一个问题，这种简明、直观的表达方式还可以大大增加文档的说服力，在 OA 系统中不仅可以大量、方便地使用表格，而且可以对使用的表格进行格式化，使表格有优美的外观。

4. 文档的智能检查

在常见的各种文字处理软件中，都内置了基本字典以及自定义的字典，还有各种用户自定义的词库，通过使用这些工具可以对文档进行拼写检查和语法检查，使用户在使用的过程中及时发现错误进行纠正，另外这些工具还可以对文档的格式进行检查。

5. 使用模板文档

多个样式通过自由组合形成各种模板，模板是各种文字处理软件的核心功能之一，是多个样式根据实际应用需要自由组合而成。使用模板可以快速改变一个文档的各种格式，Microsoft Office 或者 WPS 系列软件都包含应用模板，如报告、备忘录等，极大地方便了日常使用。

1.4.2 数据处理

数据处理最初是指在计算机中加入单位、企业的信息和数据，现在常用来泛指非科技工程方面的对任何形式的数据资料的各种计算、管理和操作。办公室的中心任务就是处理信息，而最大量的信息就是数据信息。

数据处理是信息处理的基础，它指的是把来自科学研究、生产实践和社会经济活动等各个领域的原始数据，用一定的设备和手段，按一定的目的加工成另一种形式的数据，即利用计算机对数据进行收集、存储、加工、传播等一系列活动的组合。

1. 方便快捷的数据录入

一个电子表格可以完成数据的快速录入，而且在录入的过程中还可以灵活地插入数据行或列，对有规律的数据实现自动生成,根据函数生成特定的基于数据表的数据,自动计数等。

2. 根据数据快速生成相关图形或图表

图形或者图表能更好地表达数据统计的结果,使统计的数据一目了然。对于有数据的电子表格,可以根据电子表格强大的内嵌功能进行图形或者图表的生成,自由地选择模板生成相关的图形或图表,而且当表格中的数据发生变化时,图形或图表也会根据新的数据发生相应的变化,有利于数据更新。

3. 强大的数据统计功能

除了能对数据表进行简单的统计外,电子表格中还设计了各种统计数据的方法。通过使用这些统计方法,还可以很方便地制作出工作中需要使用的各种数据统计文件。

1.4.3 语音处理

声音同文字一样是办公活动中最重要的信息形式,具有速度快、使用方便、人人可用等优点。语音处理技术是计算机应用人工智能技术将人的语音自动转换为文字和指令,使计算机具备听觉功能的技术方法。OA 里语音处理功能如下。

1. 声音输入

通过人直接对计算机或其他录音设备讲话,去发布命令或输入文件、数据等信息。

2. 语音合成

语音合成是计算机模仿人的语音生成过程,使计算机控制音响设备合成人工语音。目前人工合成语音的可懂度、自然度和保真度都相当好,虽然语音合成技术并不是很成熟,但这项技术广泛应用于许多计算机产品中。

3. 语音识别

语音识别是计算机应用人工智能技术将人的语音自动转换为文字和指令,使计算机具备听觉功能的技术方法。语音识别技术可以通过发音方式,发音时的孤立词、连接词或自然语言的连续语音等对语音进行识别。其可识别字符的范围分为大、中、小不同类型;适用对象分为特定人和非特定人系统。特定人系统是指训练与识别适用于同一人,非特定人系统则是指语音样板能适应一组人进行识别,即训练时为特定人,而识别时能适应一组人。

1.4.4 图形和图像处理

将信息转换成图形来描绘,有助于理解复杂情况,加深印象,提高速度。图形是指静态图形或影像,图像则是指随着时间而不断变化的动态图形。图形和图像处理基本功能如下。

1. 图形和图像的输入

图形和图像的输入是处理功能的基础。图形和图像输入的方式有很多种,最常见的图形输入方式有:鼠标、数字化图形板、扫描仪等。常见的图像输入方式有:扫描仪、数码相机等。

2. 图形和图像的存储和编辑

图形和图像的存储是把经过设备输入的图形或者图像存储到计算机的特殊位置,存储到计算机后就可以对图形或者图像进行编辑,编辑包括图像大小的剪裁、色调的调整、格式的转化等。

3. 图形和图像的输出、传送

把图形或者图像在计算机中经过一系列的处理后,需要将它们输出到终端,常见图形和图像的输出方式有打印机等。

4. 图形的识别

图形识别指对图形的判定和区分,是图像处理的重要功能,如文字符号的识别、指纹鉴定、癌细胞识别等。

1.4.5　通信功能

OA 系统的通信功能实现了 OA 系统的各个部门真正的即时协同工作，和传统的办公系统相比，可以大大提高办公效率。OA 的通信功能主要包括以下几个方面：即时提醒；远程通信；远程监控；屏幕互换。

当工作人员远离办公室或出差，而又需要了解单位的某些数据信息时，即可通过网络连接远程计算机，完成相关的办公事宜。

1.4.6　文件处理

文件处理主要是指对文件这一整体形式进行的各种处理，如文件的复印、文件的输入和存储、文件管理、文件传输和邮件处理等。

1. 收发文件管理

收发文件管理主要负责公文的拟定、收发、审批、归档、查询检索和打印等工作流程的全过程处理。收发文件管理实现内部文档从拟稿、批阅、签发，到最后的整理、归档的发送文件流程的计算机自动化控制，达到文档发送自动化。

2. 文件输入和存储

文件输入和存储就是实现对文件的自动输入，并将输入的信息存储起来。典型的文件输入和存储是通过缩微处理设备实现的。

3. 邮件处理

通信工作是办公活动中工作量最大的一项活动。通信在办公活动中具有非常重要的作用，但又是最薄弱的一个环节。随着计算机技术、通信技术和网络技术的发展，目前，大部分单位的通信采用电子邮件的方式来完成。电子邮件综合了电话和邮政信件的特点，具有电话传递信息快的优点，又可以像信件那样提供文字记录拷贝的优点。

在任何企事业单位中，文件处理都是一项重要工作，其特点是繁琐、工作量大而且对文件有不同的保密级别要求，责任重大。然而传统手工的文件处理效率低、耗材大，并且占用工作人员大量的时间用于分发、追踪和催办等工作。随着办公自动化和远程办公的要求，传统方式已经远远满足不了工作的需要，OA 系统的文件处理系统真正实现了数字化办公，大大提高了工作效率，主要功能有以下两个方面。

（1）资源共享

利用 OA 系统的网络可以使内部成员方便地共享文件，经过授权的用户可以快速访问网络资源来获取文件。

（2）文件处理流程系统化

在传统的文件处理流程中，需要经过专门的人员去分发或催办文件的处理，而在 OA 的文件处理系统中，可以通过基于 OA 网络的文件处理系统，真正实现网络化的流畅流程，大大缩减了文件处理的时间。

1.4.7　电子日程管理

电子日程管理是单位或公司对某个部门或个人的工作规划，是一个企业和单位工作中的重要部分。OA 中的电子日程管理主要包括：部门日程管理、职员日程管理、工作进程管理、工作周报、工作月报。

电子日程管理具有最优化的时间管理，合理安排会议时间，有效地指示人们使用日程表以及实现对会议室及其他办公设备的有效管理等优点。

1.4.8　电子行文办理

电子行文办理是办公自动化系统的重要组成部分，通过网络和计算机，借助于电子邮件和文字处理功能，实现对公文办理的电子化，大大提高了行文办理的效率。

一个行文传输过程应包括：文件的接收（又称收文）、登记、印刷、分办、交换、催办、传阅，以及拟稿、审校、发文、统计、归档、销毁等环节。

电子行文办理功能主要包括：行文无纸流转；实现行文自动转入和标引；实现会议计划、通知等功能；实现信息的采集功能；实现事务督办流程。

1.4.9　视频会议

视频会议系统是通过网络通信技术来实现的虚拟会议，是目前支持人们远距离进行实时信息交流与共享、开展协同工作的应用系统。它能实现不同区域的参与性、即时性、交互性、安全性和可靠性等。通过远程视频会议系统召开网络会议规模可大可小，灵活方便。对于大规模的会场型会议，可以通过投影仪和大屏幕彩电显示各个会场的图像，可以在同一屏幕显示多方的视频图像，而且视频和语音都非常清晰、流畅。对于人数不多的小型会议，参会者无需到专门的会议室，通过使用自己的办公电脑就可开会，效果同样出色。

远程视频会议系统还提供强大的会议辅助功能，可以很好地支持包括 Word、Excel、PowerPoint、Access 等任何软件和桌面的共享以及远程控制，同时提供强大的电子白板和文件分发功能。

视频会议应具有以下基本功能：①实时音视频广播；②能查看视频；③使用电子白板；④显示系统消息；⑤进行会议投票；⑥发送文件；⑦程序共享；⑧会议录制；⑨系统设置；⑩用户管理等功能。

视频技术带来的"便利、效率的提高、成本的控制"已经深入人心。随着中国宽带建设的推进，视频技术的更新发展，系统成本的进一步降低，视频会议将得到更广泛的普及。

1.5　办公自动化系统的层次模型

办公管理信息系统的层次可分为三级结构，即事务型 OA 系统、管理型 OA 系统、决策型 OA 系统。

1.5.1　事务型 OA 系统

事务型 OA 系统又可分为单机系统和可以支持一个机构各办公室之间基本办公事务处理活动的系统，即以计算机和通信技术为中心的网络系统两种。

事务型 OA 系统包括基本的办公事务处理系统和机关行政事务处理系统两大部分。基本的办公事务处理包括文字处理、日程安排、公文管理、信函处理、文件资料管理等方面的管理。机关行政事务处理包括人事、工资财务、资源等的管理。

1.5.2　管理型 OA 系统

管理型 OA 系统除了具有事务型 OA 系统的全部功能外，主要增加了管理信息系统（MIS）

的功能。MIS 主要是面向物质的信息流，即经济信息流或社会信息流的处理和加工，而办公信息系统要处理的是抽象的公文类型的信息流。从整体来看，经济信息与社会信息主要在操作层与管理层之间流动，公文信息则主要在管理与决策层之间流动，因此将两者结合起来完成信息的从底层至顶层的平滑流动。

1.5.3　决策型 OA 系统

决策型 OA 系统（DSS）除了应具有前两种模式的功能外，还具备决策或辅助决策功能。与决策支持密切相关的是建立各种模型，包括经验模型和数学模型。具有较高水平的决策支持系统除了以数据库为基础的管理信息之外，还应以数据仓库和决策工具为基础。

1.6　办公软件概述

办公软件是针对办公环境设计的软件，目前，在我国较具代表性的办公软件有 3 个，分别是微软公司的 Office、金山公司的 WPS 和 IBM 旗下 Lotus 公司的 Smartsuite。

1.6.1　Office 2003 和 Office 2007

Office 2003 是微软公司开发的办公自动化软件，它是办公软件和工具软件的集合。为适应全球网络化需要，它融合了最先进的 Internet 技术，具有更强大的网络功能。Office 2003 主要包括文字处理软件 Word 2003、电子表格处理软件 Excel 2003、演示文稿制作软件 PowerPoint 2003、网页制作软件 FrontPage 2003、数据库管理软件 Access 2003、电子邮件管理软件 Outlook 2003 等常用软件，还包括了主要针对企业高级用户的应用程序，如 InfoPath 2003、Publisher 2003、OneNote 2003 等。

微软公司在 2006 年 11 月正式推出了 Microsoft Office 2007。新的 Microsoft Office 2007 办公套装是微软公司近几年中所推出的最具创新的软件产品之一。Microsoft Office 2007 的界面与 Microsoft Office 2003 相比更加美观，并且增加了很多新功能，是 Microsoft Office 软件的升级产品。Microsoft Office 2007 全新的用户界面美观而实用，用户可以针对个人工作的需求，更快速简便地找到相应的功能。新的用户界面以"面板"和"模块"形式替代了 Microsoft Office 2003 的"文件菜单"和"按钮"形式，如图 1-1 和图 1-2 所示。

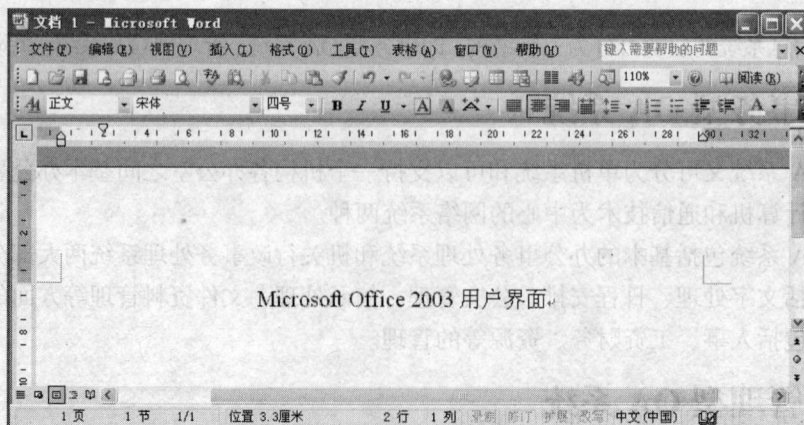

图 1-1　Microsoft Office 2003 用户界面

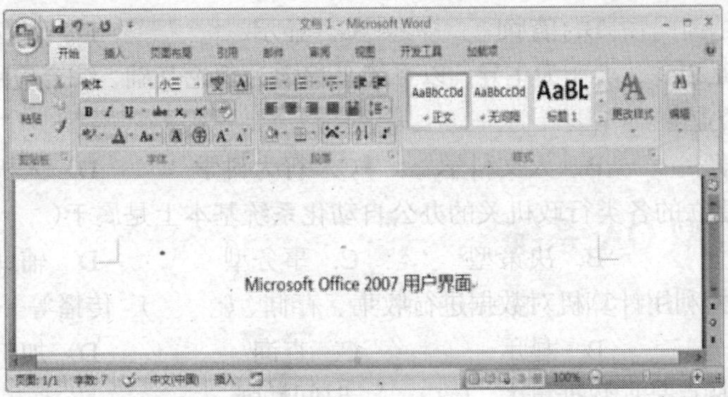

图 1-2　Microsoft Office 2007 用户界面

1.6.2　WPS Office 2009

珠海金山软件股份有限公司推出的金山 WPS 项目从 1988 年到 2008 年，走过了艰辛的 20 年历程。从无到有，从弱到强，金山 WPS 2008 更是历尽磨难。

WPS 已经被众人所接受，WPS 2008 成为办公软件中的翘楚。WPS Office 2008 是运行在 Windows 98/2000/XP 等简体中文环境下的一套图文并茂、功能强大的图文混排工具。WPS Office 2008 在加强编辑排版、文字处理、表格和图像功能的同时，将报告演示、多媒体、电子邮件、公式编辑、表格编辑、演示管理和图像编辑、语音控制等诸多办公功能融于一体，是一款各方面性能都比较突出的集成套件。由于 WPS Office 2008 是由中国人自己开发的文字处理系统，因此在许多方面，如文字输入的习惯、制表、数学公式、化学公式、文字排版、打印输出等，都更能适合中文的需求。

1.6.3　Smartsuite

Lotus 公司的 Smartsuite 也是一个较流行的办公套件，在商用办公领域更是备受青睐，它包括文字处理软件、电子表格处理软件、简报制作程序、电子效率手册、数据库处理程序和屏幕记录器等几部分。Lotus SmartSuite 1-2-3 Office 可以兼容阅读和编辑 Excel 文件，还可以支持把电子表格的工作表转换成 HTML 网页文件，以便在网站上发布，转换后的网页能够保持全部原始格式。它还支持从网页上的表格中直接抓取数据，然后转换成工作表，这样用户就可以从互联网上自动更新了。

本章小结

本章介绍了办公自动化的定义和发展特点，通过阐述办公自动化系统的要素、目标和技术核心，对办公自动化系统的功能以及办公自动化系统的层次模型，也作了较详细的阐明，使读者对办公自动化系统能够有一个较为全面的了解。

习 题 一

一、单项选择题

1. 一个完整的办公自动化系统应该包括信息采集、信息加工、信息传输和信息（　　　）。

    A．打印   B．查询   C．显示   D．保存

  2．办公自动化是以（　　　）为主导，以系统工程学为理论基础，综合应用计算机技术和通信技术来完成各项办公业务。

    A．管理科学   B．人文科学   C．行为科学   D．人机工程学

  3．目前我国已建立的各类行政机关的办公自动化系统基本上是属于(　　　)办公自动化系统。

    A．管理型   B．决策型   C．事务型   D．辅助决策型

  4．数据处理是指利用计算机对数据进行收集、存储、（　　　）、传播等一系列活动的组合。

    A．输出   B．显示   C．查询   D．加工

  5．数据处理的特点是：数据量大、（　　　）、时间性强。

    A．数据处理复杂   B．数据结构复杂   C．数据类型少   D．数据输出量大

  6．OA 的通信功能主要包括以下几个方面：即时提醒；（　　　）；远程监控；屏幕互换。

    A．远程通信   B．远程桌面   C．上网聊天   D．电话传真

  7．办公活动第一次大变革主要表现在"老三件"——纸、笔和算盘，支持这一变革的主要技术是（　　　）

    A．指南针和炸药   B．造纸术和印刷术

    C．计算机和网络   D．电话机和复印机

  8．通过高速计算机网络和多媒体技术，办公自动化系统可以实现（　　　）功能。

    A．视频会议   B．图文传输   C．声音传输   D．图像传输

二、填空题

  1．信息时代的"3A"革命是指＿＿＿＿＿＿、＿＿＿＿＿＿、和＿＿＿＿＿＿。

  2．OA 系统一般有 3 类模式：事务型、＿＿＿＿＿＿和辅助决策型。

  3．办公自动化是现代信息社会的重要标志，涉及系统工程学、＿＿＿＿＿＿、人机工程学、社会学等学科基本理论，以及计算机、＿＿＿＿＿＿、自动化等技术。

  4．第三代 OA 的核心是＿＿＿＿＿＿。

  5．办公自动化在我国发展的第三个阶段的主要标志是＿＿＿＿＿＿。

  6．在我国较具代表性的办公软件有 3 个，分别是微软公司的＿＿＿＿＿＿、金山公司的＿＿＿＿＿＿和 IBM 旗下 Lotus 公司的＿＿＿＿＿＿。

三、简答题

  1．什么是办公自动化？

  2．简述办公自动化系统的组成及功能。

  3．简述办公自动化的发展。

  4．简述办公自动化的特点。

  5．OA 在我国的发展经历了哪几个阶段？各阶段的标志是什么？

  6．办公自动化系统的层次模型有哪些？

第2章
制作邀请函与打印文档

单位举办活动，需要向数十个或上百个地址发出内容相同的邀请函，或一封信。如果是传真出去，可以先把这些信打印出来，然后依次到传真机上将它们发送出去，工作量是非常大的。本章主要针对这种成批发送信件或传真的情况，介绍 Word 2003 中的格式编辑、邮件合并功能和制做单位固定格式的信纸模板等功能。

2.1 邀请函的基本制作

当一个单位在对外书信往来时，都要使用自己单位特有的信纸。模式典雅、有自身特色的单位信纸，是单位形象的重要组成部分。

2.1.1 新建文档

步骤 1 新建 Word 文档。双击桌面 Word 2003 快捷图标"![icon]"，或者选择"开始"|"程序"|"Microsoft Office"|"Microsoft Office Word 2003"命令，启动 Word 2003，新建 Word 空白文档。

步骤 2 录入文字。在打开的空白文档中输入如图 2-1 所示的邀请函标题和内容。

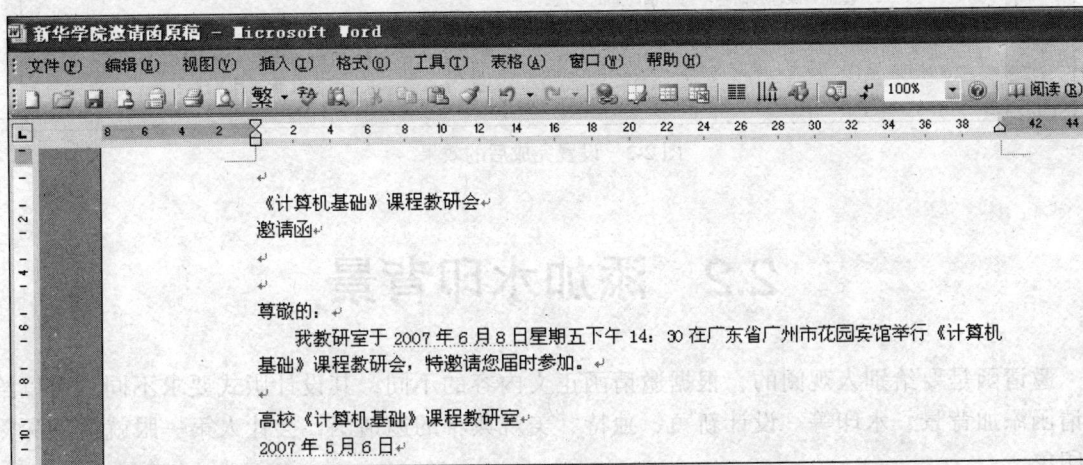

图 2-1 输入邀请函内容

2.1.2　文本格式设置

步骤1　设置标题格式。选定"《计算机基础》课程教研会"文字，将其字体设置为"黑体"，字号设置为"小二"。再选择"格式"工具栏中的"居中"按钮"≡"图标，或者选择"格式"|"段落"，在弹出的"段落"对话框中选择"缩进和间距"选项卡，单击"常规"选项组中的"对齐方式"下拉按钮，在展开的下拉列表中选择"居中"选项，使其居中。

步骤2　设置文本格式。再选定"邀请函"字样，将其字体设置为"黑体"，字号设置为"一号"，"居中"显示，操作同上。

步骤3　设置正文格式。选定正文文字，选择"格式"|"段落"，在弹出的"段落"对话框中选择"缩进和间距"选项卡，单击"间距"选项组中的"行距"下拉按钮，在展开的下拉列表中选择"1.5倍行距"选项，设置正文的行距为1.5倍行距。并设置正文为"宋体""五号"字。

步骤4　设置正文落款格式。选中文档中的最后两行，然后选择"格式"工具栏中的"右对齐"按钮"≡"图标。或者选择"格式"|"段落"，在打开的"段落"对话框中选择"缩进和间距"选项卡"常规"选项组中的"对齐方式"下拉按钮，在展开的下拉列表中选择"右对齐"选项，使其靠右对齐。再将日期调整到适当位置。设置完成后的邀请函如图2-2所示。

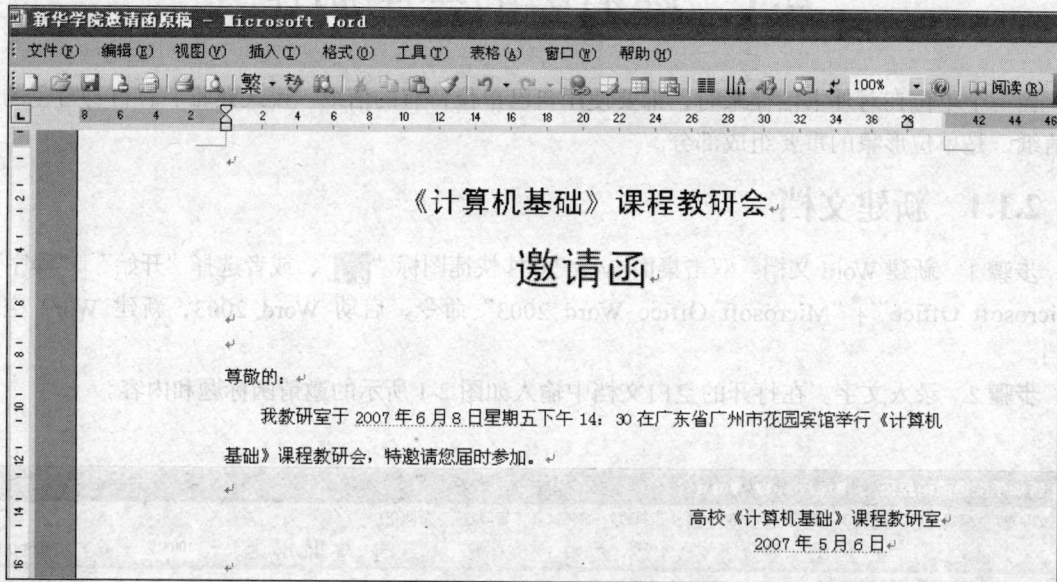

图2-2　设置完成后的效果

2.2　添加水印背景

邀请函是要给别人观阅的，根据邀请函正文内容的不同，其设计版式要求不同。可以给邀请函添加背景、水印等。设计新颖、独特、美观典雅的邀请函，会让人第一眼就留下深刻的印象。

步骤1　选择"水印"图片。单击"格式"|"背景"|"水印"命令，在出现的"水印"对

话框中，选定"图片水印"，再单击"选择图片"按钮，在出现的"插入图片"对话框中，选择一幅图片，或利用"查找范围"下拉选项，选择自己喜欢的图片的位置，再单击"插入"按钮，如图 2-3 所示。

　　步骤 2　设置图片缩放大小。返回"水印"对话框，设置所需图片显示的缩放比例。系统默认"缩放"参数为"自动"，并默认勾选"冲蚀"复选框，选择"缩放"下拉列表中的"200%"选项，如图 2-4 所示，再单击"确定"按钮即可。

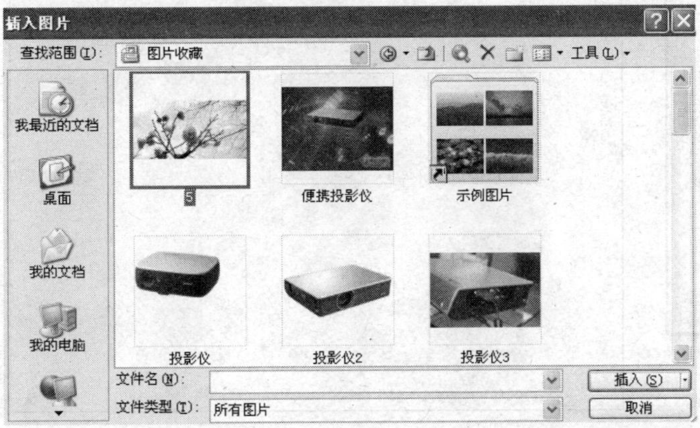

图 2-3　"插入图片"对话框

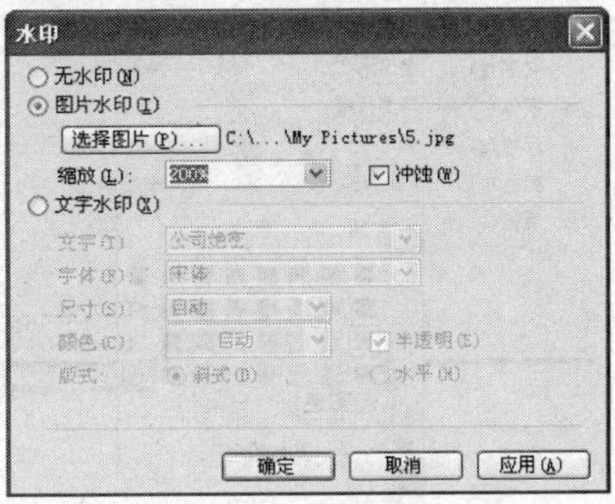

图 2-4　设置缩放比例

　　步骤 3　设置完成后，返回文档中，所选的图片以水印的格式已插入在文档正中位置。完成效果如图 2-5 所示。

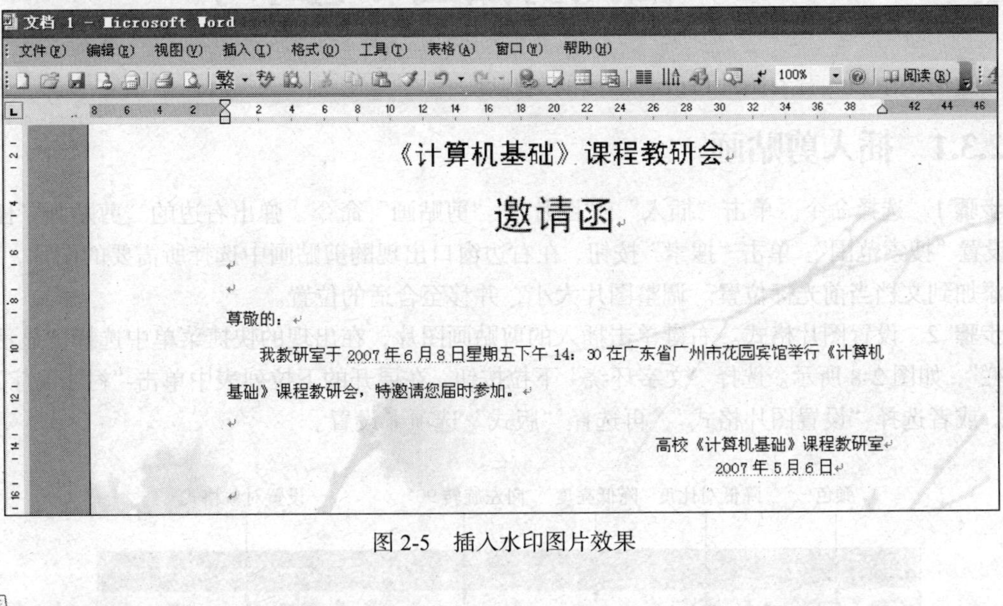

图 2-5　插入水印图片效果

✎ **小贴士**

　　若是制作单位的信纸也可，将图 2-4 "水印"对话框中的"图片水印"改为"文字水印"，在"文字"文本框中输入"邀请函"文本，设置为"华文行楷"，"尺寸"设置为"40 磅"。如图 2-6 所示。"文字"选项中也可输入单位名称等内容，"字体"选项中可选择字体，根据需要还可改变字体的尺寸和颜色。完成后效果如图 2-7 所示。

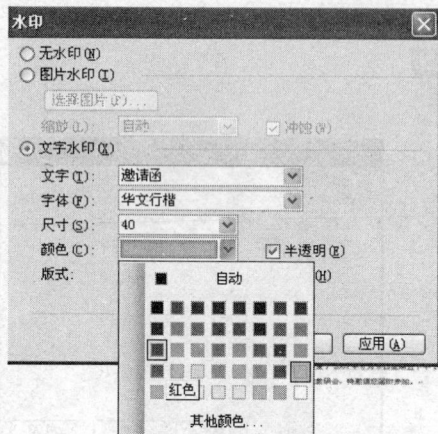

图 2-6　文字水印选项

图 2-7　文字水印效果图

2.3　插入剪贴画和艺术字

在邀请函中插入背景图片可改善信函的美观度。

2.3.1　插入剪贴画

步骤 1　选择命令。单击"插入"|"图片"|"剪贴画"命令，弹出右边的"剪贴画"任务窗口，设置"搜索范围"。单击"搜索"按钮，在右边窗口出现的剪贴画中选择所需要的图片，双击，将其添加到文档当前光标位置。调整图片大小，并移至合适的位置。

步骤 2　设置图片格式。右键单击插入的剪贴画图片，在出现的快捷菜单中选择"显示图片工具栏"，如图 2-8 所示。选择"文字环绕"下拉按钮，在展开的下拉列表中单击"衬于文字下方"选项。或者选择"设置图片格式"，再选择"版式"选项卡设置。

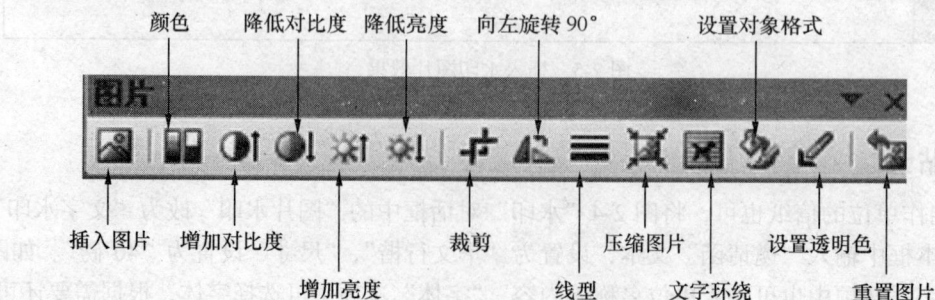

图 2-8　图片工具栏

　　步骤 3　设置图片亮度。在图 2-8 所示的图片工具栏中单击"增加亮度"或"降低亮度"按钮,调整图片的亮度,或选择快捷菜单中"设置图片格式",选择"图片"选项卡,设置亮度为"+40%"。

　　步骤 4　调整图片大小。选择"图片工具栏"的"压缩图片"图标,或者选择快捷菜单中"设置图片格式",选择"大小"选项卡,设置其合适大小。

　　步骤 5　设置好的文档效果如图 2-9 所示。

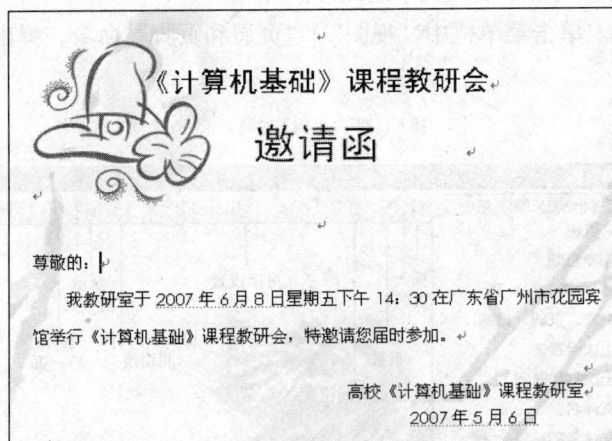

图 2-9　添加剪贴画并设置完成后的效果

2.3.2　插入艺术字

　　步骤 1　编辑艺术字。选择"插入"|"图片"|"艺术字"命令,在出现的"艺术字样式"对话框中选择所需要的样式,然后再在出现的"编辑艺术字文字"对话框的文本框中输入"敬请光临",再设置字体为"华文行楷",字号为"48",斜体,单击"确定"按钮。

　　步骤 2　设置艺术字格式。在文档中将艺术字调整到适当的位置,并将其设置为"衬于文字下方"。完成后的效果图如图 2-10 所示。

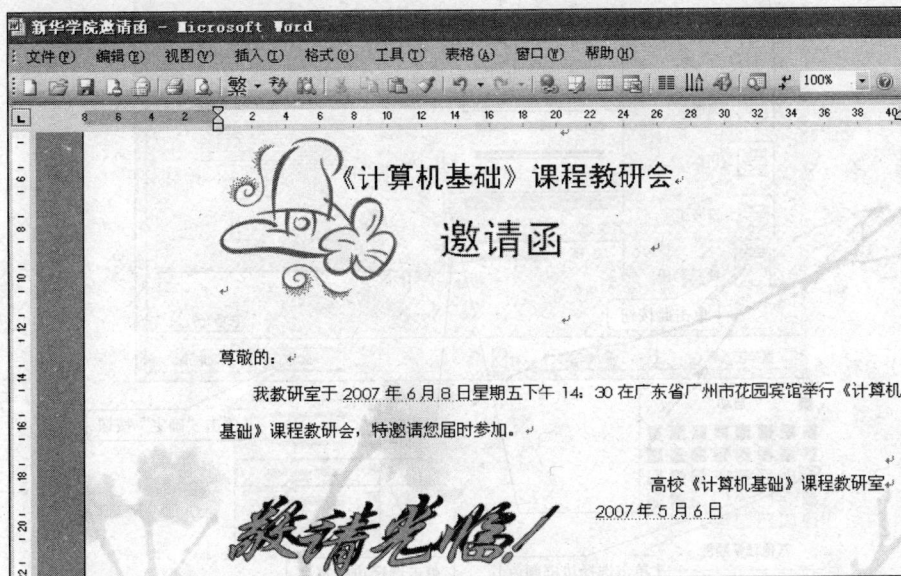

图 2-10　完成后的效果图

2.4 设置页眉页脚信息

典型的页眉和页脚的内容往往包括文档的标题、单位或部门的名称、日期和作者的姓名以及页码等。也可以在页眉和页脚中插入文本或图形。

步骤 1 选择命令。单击菜单栏中"视图"|"页眉和页脚"命令，弹出"页眉和页脚"工具栏，如图 2-11 所示。

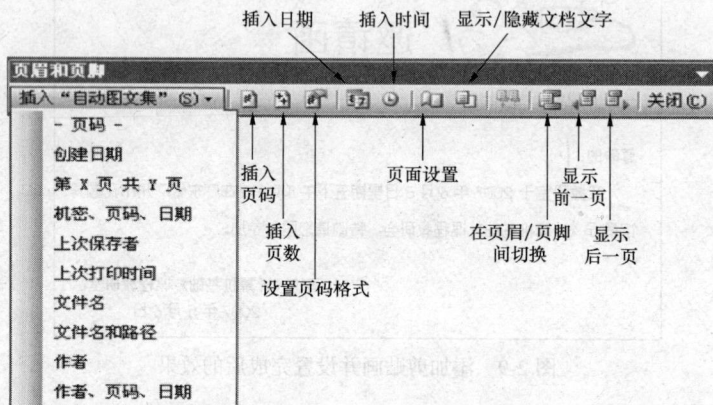

图 2-11 "页眉和页脚"工具栏

步骤 2 录入页眉并设置格式。在页眉中输入"邀请函"文本，并移动图标到适当位置，设置单位名称的字体、字号和颜色和下划线。打开"边框和底纹"对话框中设置相应的下划线和颜色，如图 2-12 所示。

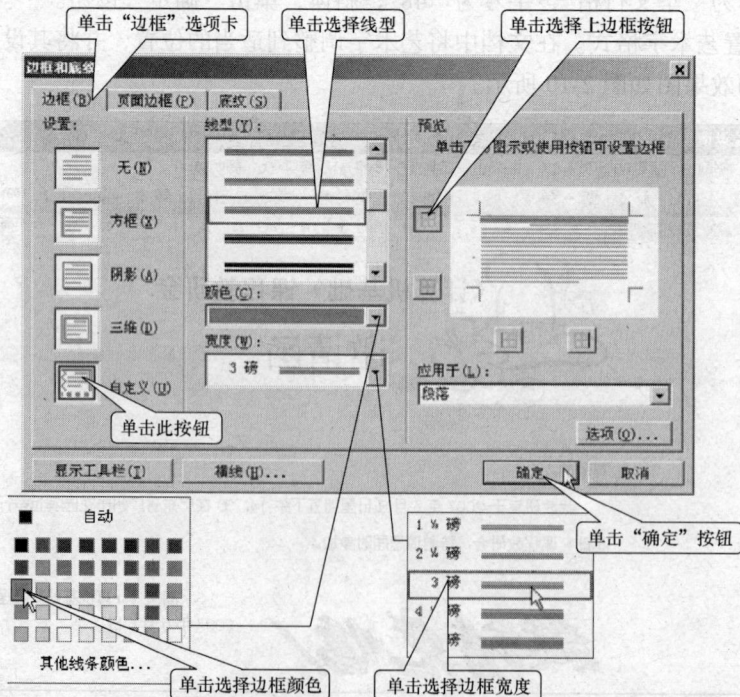

图 2-12 "边框和底纹"/"边框"选项卡及其参数设置

步骤 3　录入页脚并设置格式。在页脚中输入单位的地址和电话等，并设置好其字体、字号、颜色及下划线。

步骤 4　设置好的效果如图 2-13 所示。

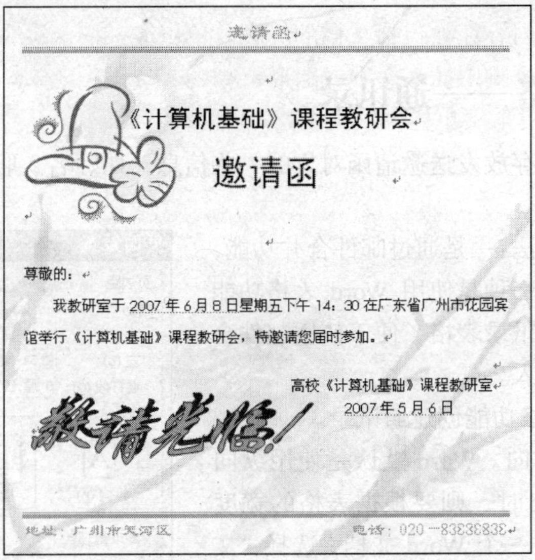
邀请函

《计算机基础》课程教研会

邀请函

尊敬的：

我教研室于 2007 年 6 月 8 日星期五下午 14：30 在广东省广州市花园宾馆举行《计算机基础》课程教研会，特邀请您届时参加。

高校《计算机基础》课程教研室

2007 年 5 月 6 日

敬请光临！

地址：广州市天河区　　电话：020－83833838

图 2-13　设置完成后的效果图

2.5　建 立 模 板

如果工作中要经常使用此邀请函，则可将这个邀请函保存为模板，以后可直接调用此邀请函模板创建新的邀请函。

步骤 1　选择命令。单击“文件”|“另存为”命令。

步骤 2　设置保存位置及相关参数。在弹出的“另存为”对话框中，单击“保存类型”下拉列表中的“Word 模板（*.dot）”选项，并在“文件名”文本框中输入模板名称为“邀请函模板”，然后单击“保存”按钮将其作为文档模板保存，如图 2-14 所示。

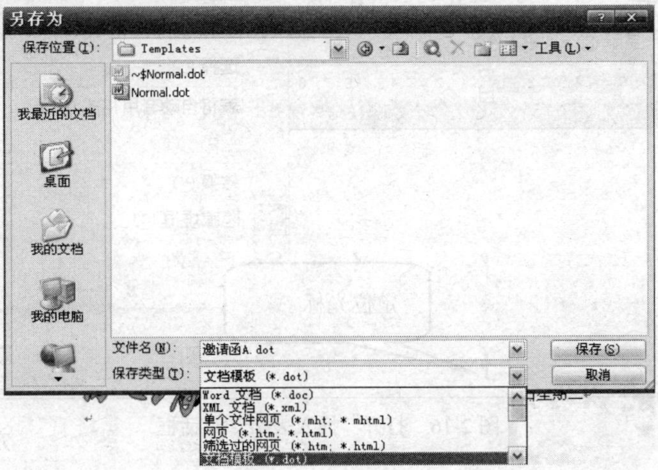

图 2-14　保存为模板

2.6 邮 件 合 并

2.6.1 创建表格——通讯录

这里的通讯录，是指存放发送邀请函对方的一些信息，如姓名、职称、学院名称等，便于在邮件合并时使用。

创建通讯录有两种方法：一是通过邮件合并功能，向通讯录中输入数据；另一种是使用 Word 表格功能和 Excel 软件创建一个通讯录表格，便于使用邮件合并功能时进行表格数据导入。

现介绍使用 Word 表格功能创建通讯录。

步骤 1 调整页面方向。Word 默认是使用纵向页面，若要制作较宽表格时，则要根据表格的宽度来调整页面的方向。新建一个 Word 文档，选择"文件"|"页面设置"命令，在打开的"页面设置"对话框中单击"页边距"选项卡，选择"方向"选项中的"横向"选项，再单击"确定"按钮即可，如图 2-15 所示。

步骤 2 选择命令。光标定位表格要插入的位置，然后选择"表格"|"插入"|"表格"命令，打开"插入表格"对话框，如图 2-16 所示。

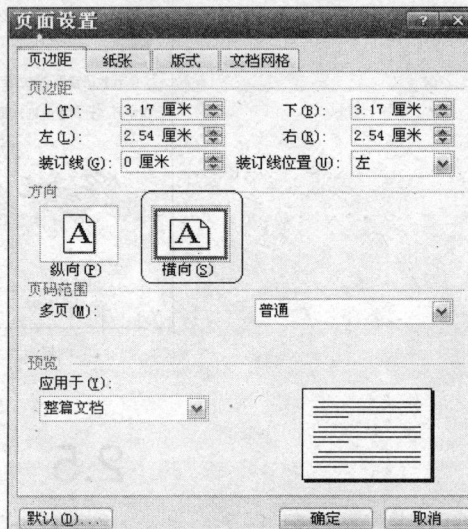

图 2-15　设置页面方向

图 2-16　打开"插入表格"对话框

步骤 3 设置表格参数。在弹出的"插入表格"对话框中，在"列数"微调框中输入表格的列数，在"行数"微调框中输入表格的行数，其他则使用默认设置，完成后单击"确定"按钮，如图 2-17 所示。

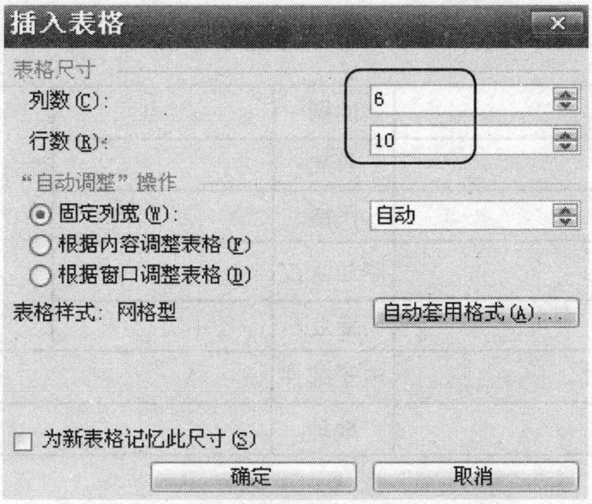

图 2-17　设置表格插入的行数和列数

步骤 4　录入表格记录。即在新建表格第一行输入字段名（列标题），如姓名、性别、职称、学院名称等。

步骤 5　调整表格行与列。光标定位到要调整宽度的表格线上，当光标变为如图 2-18 所示的形状"╂"时，单击并拖动鼠标即可调整表格列宽。同样操作，也可调整表格列宽。完成后如图 2-18 所示。

姓名	性别	职称	学院名称	邮编	地址
沈朝晖	女	教授	中山大学	510000	广州市海珠区新港西路 188 号
陈阿鑫	男	教授	华南农业大学	510000	广州市天河区五山路 266 号
张梦琳	女	副教授	广东华南师范学院	510000	广州市天河区中山大道 100 号
李浩海	男	教授	广州工业大学	510000	广州市越秀区东风路 200 号
陈晖	男	副教授	中山大学	510000	广州市海珠区新港西路 188 号
丁君玲	女	副教授	华南农业大学	510000	广州市天河区五山路 266 号
黄小峰	男	教授	广东华南师范学院	510000	广州市天河区中山大道 100 号
杨柳	男	教授	广州工业大学	510000	广州市越秀区东风路 200 号
朱海若	女	教授	广东华南理工学院	510000	广州市天河区五山路 166 号

图 2-18　设置表格列宽

步骤 6　设置表格格式和字体格式。根据需要对表格中的字体、表格属性等进行设置，完成后以"通讯录.doc"为文件名保存在指定位置。

小贴士

由于创建表格时采用的是系统默认的"固定列宽"选项，输入文本时会因为文本的长度和单元格大小不一致而导致文本出现自动换行等情况，根据表格中输入文本的长度调整表格单元格的大小，需手动调整表格行与列的大小，使表格更美观。

选择整个表格有两种方式：一是按住鼠标左键进行拖动选择；二是单击表格左上角的"⊞"符号。

在 Word 中，除了通讯录、成绩表等规则表格外，还可创建如个人简历等不规则表格，如图 2-19 所示。

在图 2-19 中，照片一栏是通过 Word 表格中拆分单元格及合并单元格来实现的，而个人简历、爱好特长等栏是通过合并单元格来实现的。具体操作如下。

个人简历

姓名		性别		
出生年月		身高		
籍贯		民族		照片
政治面貌		毕业院校		
学历		专业		
联系电话		电子邮件		
邮编		地址		
个人简介				
爱好特长				
相关证书				
社会实践				
工作经历				

图 2-19　个人简历表

步骤 1　新建文档。启动 Word 2003，新建一空白文档。

步骤 2　选择命令。光标定位表格要插入的位置，然后选择"表格"|"插入"|"表格"命令，打开"插入表格"对话框，如图 2-16 所示。

步骤 3　设置表格参数。在弹出的"插入表格"对话框中，在"列数"微调框中输入表格的列数如"4 列"，在"行数"微调框中输入表格的行数如"11 行"，其他则使用默认操作，完成后单击"确定"按钮。若表格的行列数较多的话，也可先设置大概的行列数，在表格操作过程中进行行列数的增减。

步骤 4　输入内容。输入如图 2-20 所示的文字内容，并设置字体格式。

步骤 5　拆分单元格。选定"性别"、"身高"、"民族"、"毕业院校"和"专业"等列，单击菜单上"表格"|"拆分单元格"命令，如图 2-21 所示。在弹出的"拆分单元格"对话框中设置拆分的列数如"2 列"和行数如"5 行"后，单击"确定"按钮，完成单元格的拆分。本例只拆分列数。

姓名		性别	
出生年月		身高	
籍贯		民族	
政治面貌		毕业院校	
学历		专业	
联系电话		电子邮件	
邮编		地址	
个人简历			
爱好特长			
相关证书			
社会实践			
工作经历			

图 2-20　输入文字内容

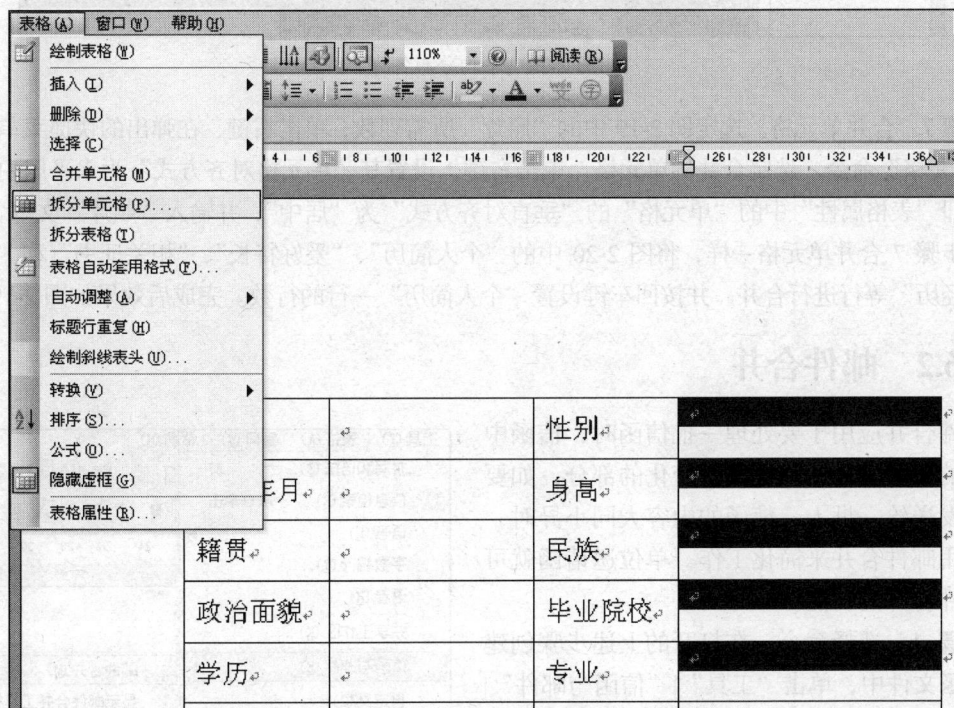

图 2-21　选定并拆分单元格

步骤 6　平均分布各列。由于拆分后单元格列数宽度不同，影响表格整齐美观，可通过平均分布各列命令来完成。选定要平均分布的列数，单击菜单栏"表格"|"自动调整"|"平均分布各列"命令，如图 2-22 所示。完成后手动调整单元格，使之与图 2-19 相同。

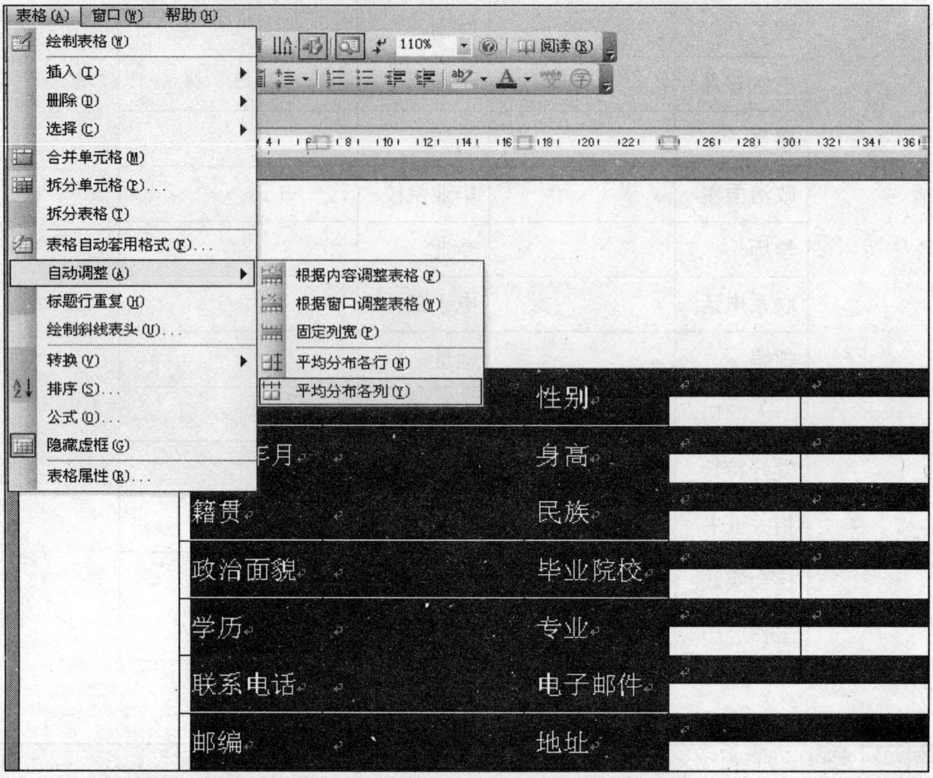

图 2-22　平均分布各列

　　步骤 7　合并单元格。选定图 2-19 中的"照片"所需列数，单击右键，在弹出的快捷菜单中单击"合并单元格"命令。选定合并的单元格，单击右键，设置其"单元格对齐方式"为水平居中和垂直居中，即"表格属性"中的"单元格"的"垂直对齐方式"为"居中"，并输入"照片"文本。

　　同步骤 7 合并单元格一样，将图 2-20 中的"个人简历"、"爱好特长"、"相关证书"和"社会实践工作经历"等行进行合并。并按回车键设置"个人简历"一行的行数。完成后效果如图 2-19 所示。

2.6.2　邮件合并

　　邮件合并应用于要处理一批信函时，信函中有相同的公共部分，但是又有变化的部分，如要将信函发送给一批人，信函的内容大同小异时，便可使用邮件合并来简化工作。单位邀请函就可利用邮件合并的功能。

　　步骤 1　选择命令。在打开的上述步骤创建的邀请函文件中，单击"工具"|"信函与邮件"|"邮件合并"命令，如图 2-23 所示。

　　步骤 2　选择文档类型。在文档右边窗口会出现"邮件合并"任务窗格，选择"信函"文档类型，并单击"下一步：正在启动文档"文字链接，如图 2-24 所示。

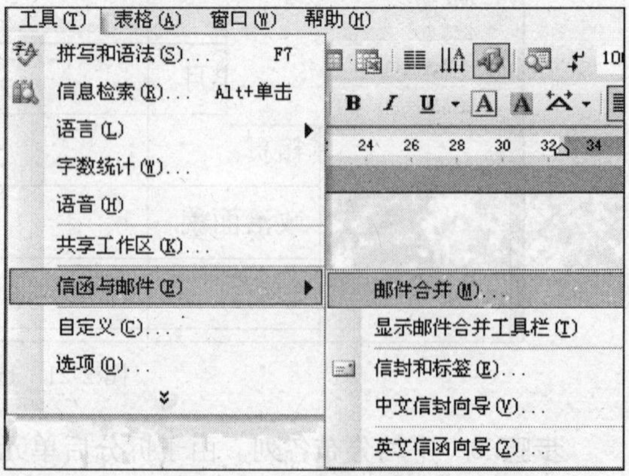

图 2-23　"邮件合并"选项

　小贴士

在"邮件合并"任务窗格中，可以选择的文件类型有信函、信封、标签和目录，这几种形式的文档大同小异，其应用的场合介绍如下。

信函：将信函发送给一组人。

信封：打印成组邮件的带地址信封。

标签：打印成组邮件的地址标签。

目录：创建包含目录或地址打印列表的单个文档。

步骤 3　选择开始文档。在邮件合并的第二步，即如图 2-25 所示的任务窗格中，选择"使用当前文档"来放置信函。也可根据需要，进行其他选择。并单击"下一步：选取收件人"文字链接。

图 2-24　选择文档类型　　　　　图 2-25　选择开始文档

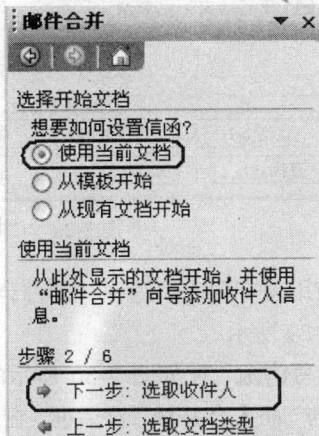

步骤 4　选择收件人。用户可以使用现有的联系人表，也可以使用 Outlook 来管理邮件。如果数据源文件已存在，则可选中"使用现有列表"单选按钮，并单击"浏览"文字链接，如图 2-26 所示。

步骤 5　选取数据源。在弹出的"选取数据源"对话框中，用户可以使用默认的表（已建好的 Word 表格、Execl 表格和 Access 表），也可以自定义表的列。本例选取已存在的 Word 文件——通讯录，如图 2-27 所示。

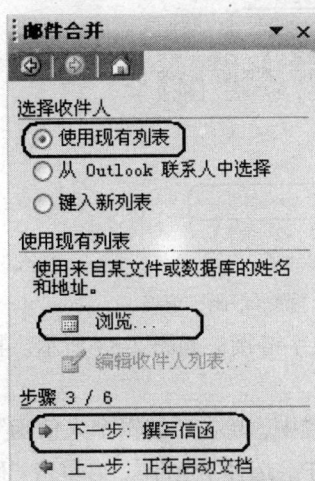

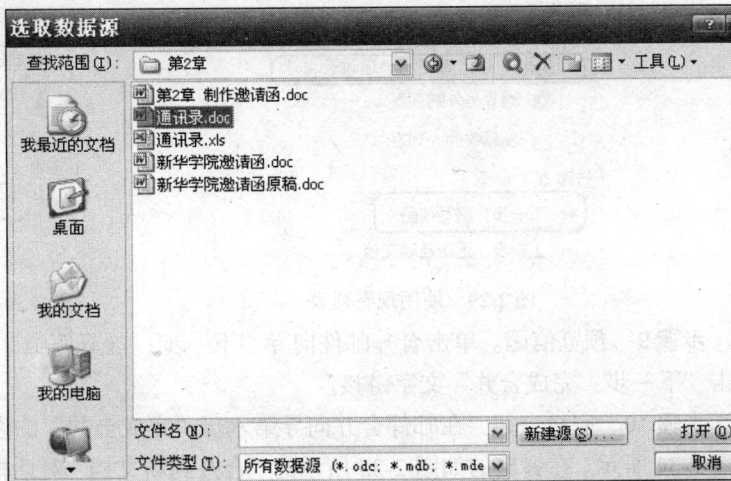

图 2-26　选择收件人　　　　　图 2-27　"选取数据源"对话框

步骤 6 选择收件人。在出现的"邮件合并收件人"对话框中，如图 2-28 所示，根据需要选择收件人。本例收件人设置为全选。单击"全选"按钮，再单击"确定"按钮即可。

图 2-28 "邮件合并收件人"对话框

步骤 7 使用现有列表。返回"邮件合并"第三步任务窗格，单击"下一步：撰写信函"文字链接，如图 2-29 所示。

步骤 8 撰写信函。在如图 2-30 所示的"撰写信函"窗格选项中选择"其他项目"，则弹出如图 2-31 所示的"插入合并域"对话框。在此对话框中，选择所需的域名并将其插入到相应位置，如图 2-32 所示。

图 2-29 使用现有列表

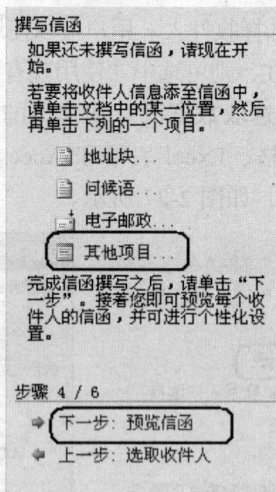

图 2-30 "撰写信函"窗格

步骤 9 预览信函。单击合并邮件向导"下一步：预览信函"文字链接，如图 2-33 所示。再单击"下一步：完成合并"文字链接。

步骤 10 完成合并。在邮件合并向导第六步"完成合并"的设置中，单击"编辑个人信函"，如图 2-34 所示。在弹出的如图 2-35 所示的"合并到新文档"对话框中，选择"全部"，再单击"确定"按钮，即可完成所有邀请函的制作，完成后将"邀请函"保存在相应位置。

图 2-31　"插入合并域"对话框

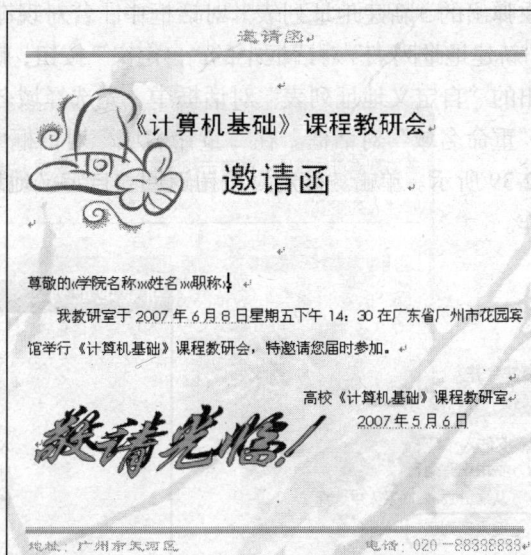

图 2-32　插入合并域的设置

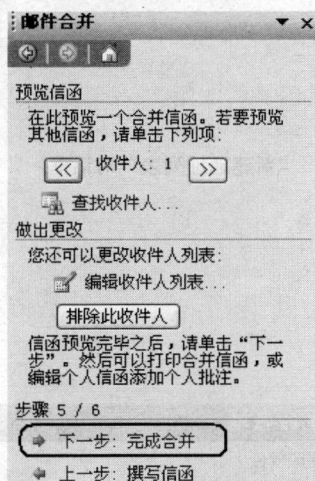

图 2-33　预览信函

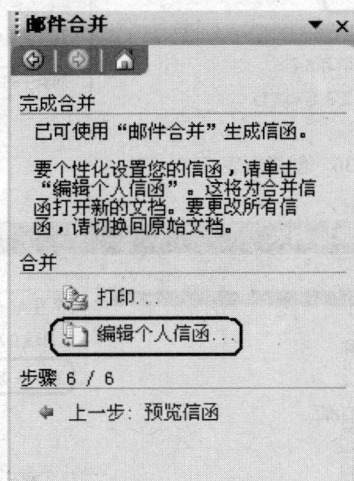

图 2-34　完成合并

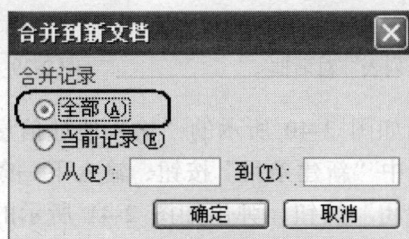

图 2-35　"合并到新文档"对话框

小贴士

　　如果在"邮件合并"中的数据源文件不存在，则可在"邮件合并"操作第三步选择如图 2-36 所示的"键入新列表"选项，并单击"创建"文字链接创建新数据源文件。

在弹出的"新建地址列表"对话框中，若对现有的字段名选项不满意，则可单击如图 2-37 所示的"新建地址列表"对话框中的"自定义"按钮，就可打开如图 2-38 所示的"自定义地址列表"。在弹出的"自定义地址列表"对话框中，先选择域名中要更改的字段名，再单击"重命名"按钮，打开"重命名域"对话框。在"重命名域"对话框中的"新域名"文本框中输入要更改的域名，如图 2-39 所示。单击"确定"按钮返回"自定义地址列表"对话框，对其他域名进行重命名和删除操作。

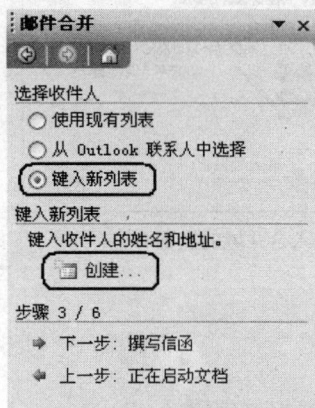

图 2-36　创建新表

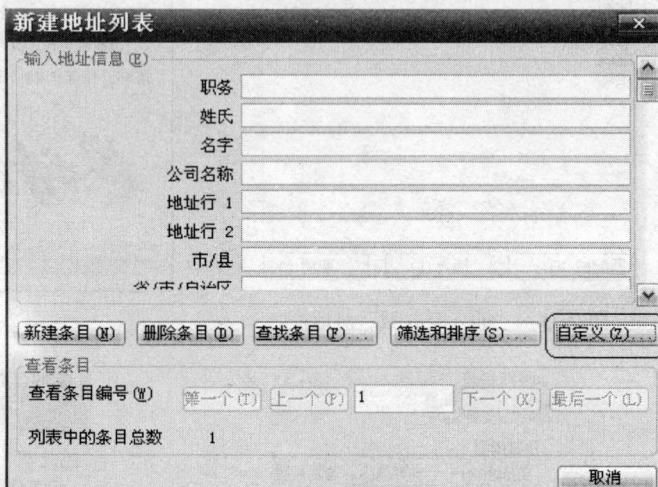

图 2-37　　"新建地址列表"对话框

图 2-38　　"自定义地址列表"对话框

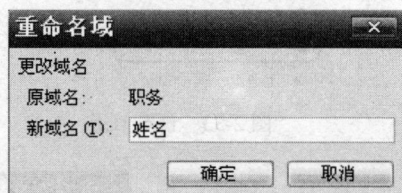

图 2-39　　"重命名域"对话框

单击"确定"按钮，弹出如图 2-40 所示的"输入地址信息"对话框，在该对话框中输入相应的信息，再单击对话框中"新建条目"按钮，输入下一条信息，直到所有信息输入完成。信息输入完成后单击"关闭"按钮，弹出如图 2-41 所示的"保存通讯录"对话框。在"保存通讯录"对话中选择文件保存的位置，在"文件名"文本框中输入文件名，单击"保存"按钮。

在出现的"邮件合并收件人"对话框中，若需对"收件人列表"中的信息进行修改，则单击"编辑"按钮，对信息进行修改。否则单击"确定"按钮。系统返回到"邮件合并"操作第三步窗格选项，单击"下一步：撰写信函"文字链接后的操作与上述步骤 9 至步骤 11 相似。

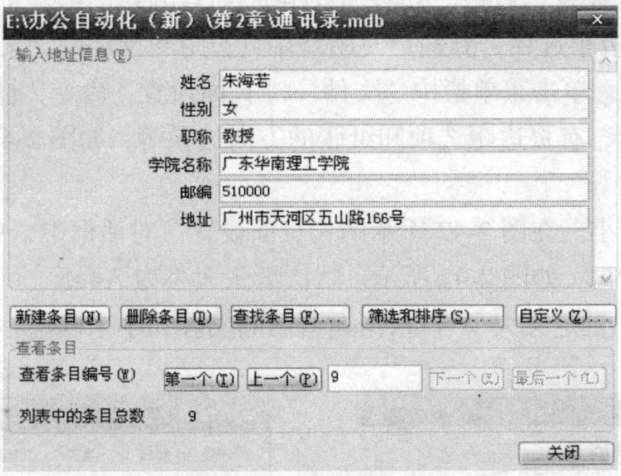

图 2-40　输入信息对话框

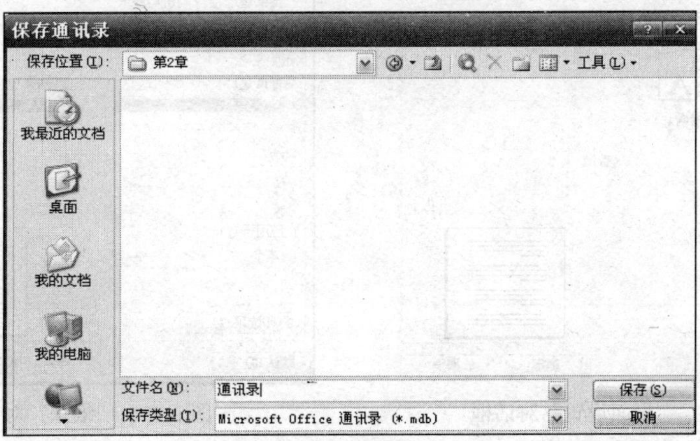

图 2-41　"保存通讯录"对话框

![小贴士]小贴士

在工作中，如果要发出上百或上千封邀请函或其他如通知书、催款单之类的文件，使用邮件合并功能可以大大地减轻工作负担，且提高工作质量。其他的邮件合并类型应用于其他不同的场合，其操作方式与上面邀请函合并类似。

2.7　打　印　文　档

邀请函制作完成后可以将其打印出来。文档的排版与打印是密不可分的。对文章或书籍进行排版，是为了得到一个较美观的打印效果。但 Word 打印输出效果与打印环境有关。

"打印环境"是指所采用的操作系统，所安装的打印字库，所利用的打印机，包括打印页面、版心等有关参数。

2.7.1　页面设置

页面设置就是设定文档版心，它是文档基本的排版操作，在排版过程中，页面设置是文档最经常用到的排版操作，如设置页边距、方向、打印纸和打印版式等。

Word 提供了两种页边距选项，分别是使用默认页边距和指定自定义页边距。

步骤 1 设置页边距。单击菜单栏中"文件"|"页面设置"命令，打开"页面设置"对话框。默认是"页边距"选项卡，有页边距选项和纸张的方向选项等，如图 2-42 所示，根据排版需要进行设置。

步骤 2 设置纸张大小。在图 2-42 所示的"页面设置"对话框中，单击"纸张"选项卡，切换到"纸张"选项卡对话框，如图 2-43 所示。默认纸张大小为 A4 纸。可根据排版需要进行设置。本例"纸张大小"选择"自定义大小"，根据邀请函的实际大小来确定。

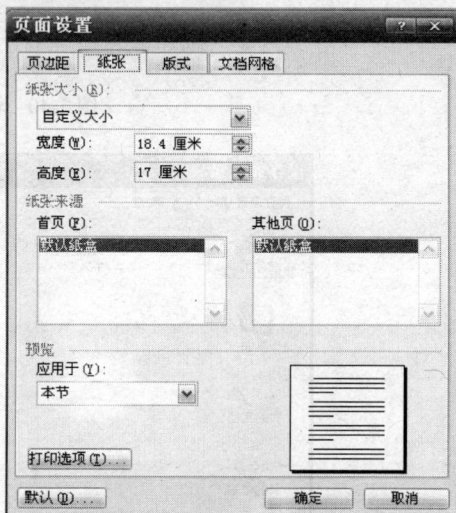

图 2-42 "页面设置"对话框	图 2-43 "纸张"对话框

小贴士

当纸张大小不规则时，可用直尺直接度量出纸张的长和宽，在"自定义纸张"下方"宽度"和"高度"微调框中直接输入。若纸张大小规则，则按规则纸张选择对应的纸张大小，如用 A4 纸，则选择对应的 A4 纸张大小类型即可。

2.7.2 逆序打印和双面打印

对于一些非正式文档，特别是一些供大家提出修改意见的文档，可以将几页缩在一张纸打印出来，既不影响工作，又可节约纸张。

步骤 1 设置每页版数。单击菜单栏"文件"|"打印"命令，弹出"打印"对话框，在"缩放"选项组中单击"每页的版数"下拉列表中的"4 版"选项，如图 2-44 所示，表示每页打印的版数为 4 版，可根据实际情况来选择。

步骤 2 设置纸张缩放大小。若在打印时，发现 A4 纸用完了，则可以使用"按纸张大小缩放"功能。"按纸张大小缩放"选项就是将 Word 文档按比例缩放在不同的纸型上的功能。如图 2-45 所示，按已有纸张的规格设置"按纸张大小缩放"为 16 开或其他纸型，将 A4 版面的文档内容缩小到 16 开纸上打印。

图 2-44 "打印"对话框

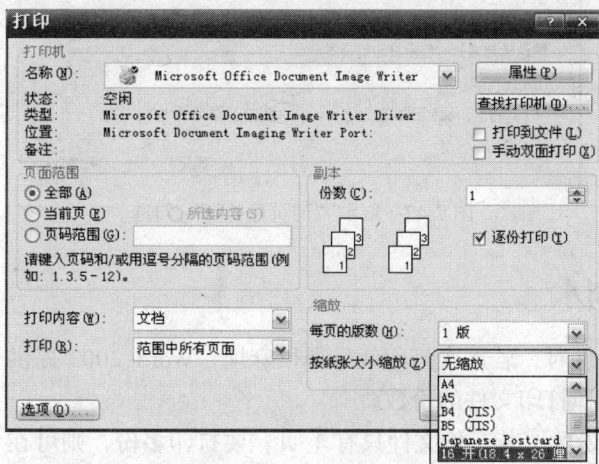

图 2-45 设置版纸大小

除缩放功能可节约纸张外，还可使用双面打印实现节约纸张。由于目前打印机多为单面打印机，因此在实行双面打印时，需手动换纸，才能实现双面打印。

步骤 3 设置纸张双面打印。在"打印"对话框中，勾选"手动双面打印"复选框，如图 2-46 所示，在"打印"对话框中设置"打印"选项为"范围中所有的页面"。

图 2-46 勾选"手动双面打印"复选框

步骤 4 取消逆页序打印。若存在逆页序的问题，选择菜单栏"工具"|"选项"命令，单击"打印"选项，取消"逆页序打印"勾选即可，如图 2-47 所示。

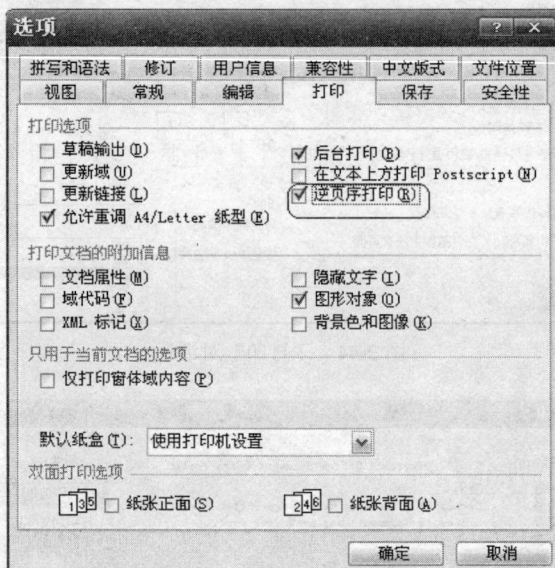

图 2-47 取消"逆页序打印"勾选

2.7.3 打印副本

当需要打印多份文件时，若逐次打印就显得很麻烦，Word 2003 提供了打印副本的功能，用户可根据自己的需要选择打印文件的份数。

步骤 1 设置打印份数。若一份文件只有 1 页，要打印多份，则可在"打印"对话框中，根据需要设置副本的份数，如"份数"设置为"4"，如图 2-48 所示。再单击"确定"按钮，即可一次打印 4 份。

图 2-48 设置副本份数

步骤 2 逐份打印。若一份文件有几十页，打印份数多的时候，就可在"打印"对话框中，勾选"逐份打印"复选框，如图 2-49 所示，完成文件的打印，便于文件装订。

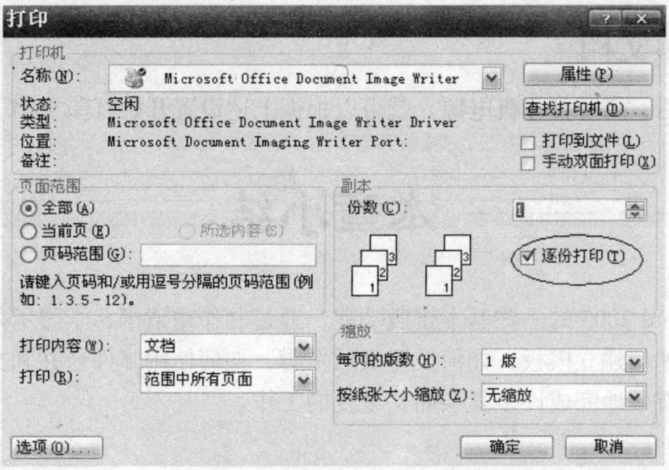

图 2-49　勾选"逐份打印"复选框

2.7.4　打印预览

文档录入和排版完成后，就可将它打印出来。在正式打印文档之前，最好预先浏览文档的打印效果。要预览文档的打印效果，操作步骤如下：选择"常用"工具栏的"打印预览"按钮""图标，或选择"文件"|"打印预览"命令，系统弹出"打印预览"窗口，在"打印预览"窗口中预览文档的打印效果，如图 2-50 所示。

图 2-50　"打印预览"窗口中的文档效果

2.7.5 打印文档

安装好打印机后，打开打印机电源，就可以根据上述设置开始打印文档了。

本章小结

本章介绍了 Word 2003 的一些基本排版功能，通过制作邀请函，学习了如何设置字体、插入剪贴画、艺术字，如何建立模板，如何设置页眉页脚，如何使用邮件合并和文档的打印。通过本章的学习，应能更有效地完成许多复杂而又重复的工作。

习 题 二

一、单项选择题

1. Word 是文字处理软件，它（　　　）。

    A. 在 DOS 环境下运行

    B. 在 Windows 环境下运行

    C. 在 DOS 和 Windows 环境下都可以运行

    D. 可以不要环境，独立地运行

2. 在 Word 中，若要删除插入点所在的位置的前一个字或字符，应按（　　　）键实现。

    A. ALT 　　　　　B. Backspace 　　　C. Shift 　　　　　D. Del

3. 在 Word 窗口标题栏的右端，除了最小化按钮\最大化按钮\还原按钮外，还有（　　　）按钮。

    A. 控制 　　　　　B. 打开 　　　　　C. 工具 　　　　　D. 关闭

4. 在 Word 中，段落的标志符是输入（　　　）产生的。

    A. 分页符 　　　　B. 分栏符 　　　　C. ENTER 键 　　　D. SPACE 键

5. Word 中的字符排版主要是指（　　　）的设置。

    A. 字体\字号 　　B. 文本的对齐 　C. 行宽 　　　　　D. 段间距

6. 默认情况下，要打印一张横向的纸张时，需要进行（　　　）页面设置。

    A. 页面方向 　　　B. 页边距 　　　　C. 使用的纸张 　　D. 页眉与页脚

7. 在 Word 文档窗口中，若选定的文本块中包含有几种字号的文字，则"格式"工具栏的字号框中显示为（　　　）。

    A. 空白 　　　　　B. 文本块中最大的字号

    C. 首字符的字号 　D. 文本块中最小的字号

8. 要把图片的背景设为透明色，应选择（　　　）。

    A. 调整图片的叠放次序

    B. 把图片的填充颜色设置为"无填充颜色"

    C. 使用"图片"工具栏上的"设置透明色"按钮

    D. 把边框的图文环绕方式设计为"衬于文字下方"

9. 插入图片后，若不影响在页面上输入文本，应选择（　　　）。

　　A. 插入文本框，重新定位文本输入的位置

　　B. 调整图片的叠放次序，把图片置于底层

　　C. 把图片的填充颜色设置为"无填充颜色"

　　D. 调整图片的填充颜色

10. 对插入的图片，不能进行的操作是（　　　　）。

　　A. 放大或缩小　　　　　　　　　B. 从矩形边缘裁剪

　　C. 移动位置　　　　　　　　　　D. 修改其中的图形

二、填空题

1. 在 Word 中，按_____键可实现"插入"方式与"改写"方式的相互转换。

2. 在 Word 中，按_____键可以删除插入点前一位的字或字符，光标向前移动一位。

3. 作为排版对象，段落是指处于_____之间的内容。

4. 当需要对文本进行移动、复制或设置字体、字号等操作时，都要先_____。

5. Word 默认使用的模板是_____。

6. 对文档进行页面设置时，默认的页面方向为_____，纸型为_____。

三、上机操作题

1. 制作一份荣誉证书模板，并利用邮件合并的知识完成全学院 2008 学年度学院优秀学生的荣誉证书，完成效果图如图 2-51 所示。

图 2-51　荣誉证书完成效果图

提示

　　① 边框可以用"格式"|"边框和底纹"中的页面边框，也可从网上下载自己喜欢的边框图；图 2-51 使用的是页面边框。

　　② 若选择的边框是页面边框，则用 Word "格式"|"背景"|"填充效果"中的"轮廓式菱形"图案作为填充效果，并将图片的前景色设置为"灰色-25%"，背景色使用白色。

　　③ 用 Word 或 Excel 建立一份优秀学生名单，优秀学生名单表如表 2-1 所示。并以"优秀学生表"为文件名保存在文件夹名为"第 2 章"的文件夹中。

　　④ 完成后，将文档以"荣誉证书.doc"为文件名保存在文件夹名为"第 2 章"的文件夹中。

表 2-1　　　　　　　　　　优秀学生名单

学　号	姓　名	性　别	专　业	备　注
06011004	蒙红	女	汉语言文学	06 级
07052012	张健	男	计算机科学与技术	07 级
05033021	姚尧	女	统计学	05 级
08043032	黄河	男	工商管理	08 级
05041005	陈小城	男	法学	05 级
07011018	徐安宁	女	汉语言文学	07 级

2. 利用 Word 提供多种商务文件的制作向导，制作信封模板，建立通讯录，如表 2-2 所示。再批量制作信封。完成效果图如图 2-52 所示，并以"信封.doc"文件名保存在文件夹名为"第 2 章"的文件夹中。

5 1 0 0 0 0

广州天河区河路 ×× 号 1212 楼

天空广告有限公司

陈小姐 市场总监

广州天河区 李明

510600

图 2-52　中文信封完成效果图

表 2-2　　　　　　　　　　通讯录

姓名	性别	职称	单位名称	收件人邮编	收件人地址	寄件人地址	寄件人姓名	寄件人邮编
丁君玲	女	教授	中山大学	510000	广州市海珠区新港西路188号	广州天河区××公司	李明	510600
陈晖	男	副教授	中山大学	510000	广州市海珠区新港西路188号	广州天河区××公司	李明	510600
陈阿鑫	男	教授	华南农业大学	510000	广州市天河区五山路266号	广州天河区××公司	李明	510600
沈朝晖	女	副教授	华南农业大学	510000	广州市天河区五山路266号	广州天河区××公司	李明	510600
黄小峰	男	教授	广东华南师范学院	510000	广州市天河区中山大道100号	广州天河区××公司	李明	510600
张梦琳	女	副教授	广东华南师范学院	510000	广州市天河区中山大道100号	广州天河区××公司	李明	510600

续表

姓名	性别	职称	单位名称	收件人邮编	收件人地址	寄件人地址	寄件人姓名	寄件人邮编
李浩海	男	教授	广州工业大学	510000	广州市越秀区东风路 200 号	广州天河区××公司	李明	510600
杨柳	男	教授	广州工业大学	510000	广州市越秀区东风路 200 号	广州天河区××公司	李明	510600
朱海若	女	教授	广东华南理工学院	510000	广州市天河区五山路 166 号	广州天河区××公司	李明	510600
陈小姐	女	市场总监	天空广告有限公司	510000	广州天河区天河路××号 1212 楼	广州天河区××公司	李明	510600

提示

① 选择"中文信封制作向导"。信封的样式选择为"航空信封 2"，或选择"航空 2"。

② 向信封的"通讯录"文档添加一条新的收件人信息。

③ 批量制作信封。

④ 完成后保存在指定位置。

3．利用 Word 2003 中的"图示"中的"组织结构图"命令制作如图 2-53 所示的组织结构图。完成后以"研究生院组织机构图.doc"为文件名保存在文件夹名为"第 2 章"的文件夹中。

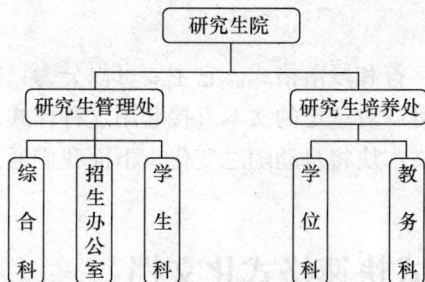

图 2-53　组织结构

提示

① 选择"插入"|"命令"。

② 选择"图示库"中的样式。

③ 根据需要，可单击"组织机构图"工具条上的"插入形状"旁的下拉按钮，选择所需选项，如"助手"、"下属"和"同事"等选项。

第3章
制作长文档范本

合同，有时又称之为"协议"，是平等主体的自然人、法人、其他组织之间设立、变更、终止民事权利义务的协议，是一种常见的应用文文本。当它应用于经济领域时，习惯称之为"经济合同"。劳动合同是经济合同中常见的一种，是在平等自愿、协商一致的基础上订立的。如果有违反法律、行政法规的劳动合同以及采取欺诈、威胁等手段订立的劳动合同则属无效的劳动合同。在劳动合同中应该具备以下条款：①劳动合同期限；②工作内容；③劳动保护和劳动条件；④劳动报酬；⑤劳动纪律；⑥劳动合同终止的条件；⑦违反劳动合同的责任等。

3.1 样式与内建样式

样式是指一组已经命名的字符和段落格式。它主要可以分为：字符样式、段落样式。用户只要预先定义好所需的样式，就可以对选定的文本直接套用这种样式。如果修改了样式的格式，则文档中应用这种样式的段落或文本块将自动随之变化。下面我们通过对劳动用工合同的制作和编辑，来学习样式功能的使用。

3.1.1 利用内置样式快速格式化文档

Word 文档为了方便用户使用，提供了多种内置样式，以使用户能够方便地对文档进行样式的格式化。下面我们以劳动合同为例，进行样式的介绍。

方法一：利用命令设置样式

步骤 1 打开文件。打开已创建好内容的劳动合同。

步骤 2 选择命令。单击菜单栏中"格式"|"样式和格式"命令。或者在工具栏中单击"格式窗格"图标"![图标]"，在 Word 文档的右边部分弹出"样式和格式"任务窗格，如图 3-1 所示，接着选中所要进行格式化的内容，然后通过选择其中的"标题 1、标题 2 和标题 3"等内置样式可以对文档进行快速的格式化。

步骤 3 设置标题样式。选定"一、合同订立条件"文本，再单击图 3-1 右侧"样式与格式"任务窗格中"请选择要应用的格式"选项框中的"标题 2"样式，即可实现"标题 2"样式的应用。同样操作，完成其他如"二、合同期限"等标题的"标题 2"样式应用，完成效果如图 3-2 所示。

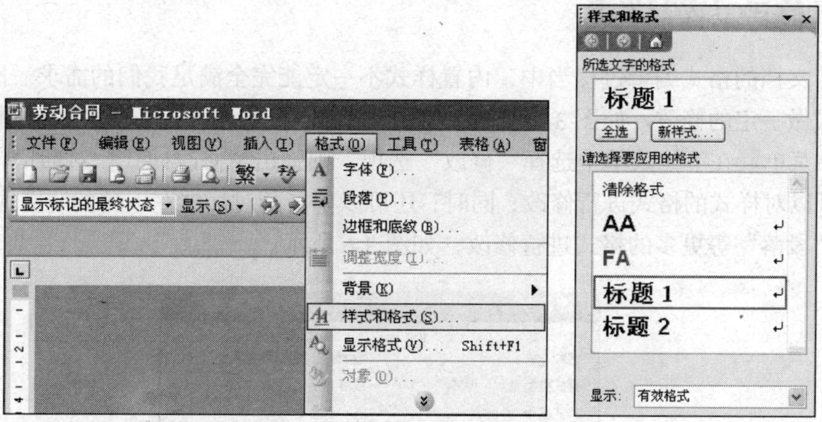

图 3-1　选择“样式和格式”命令

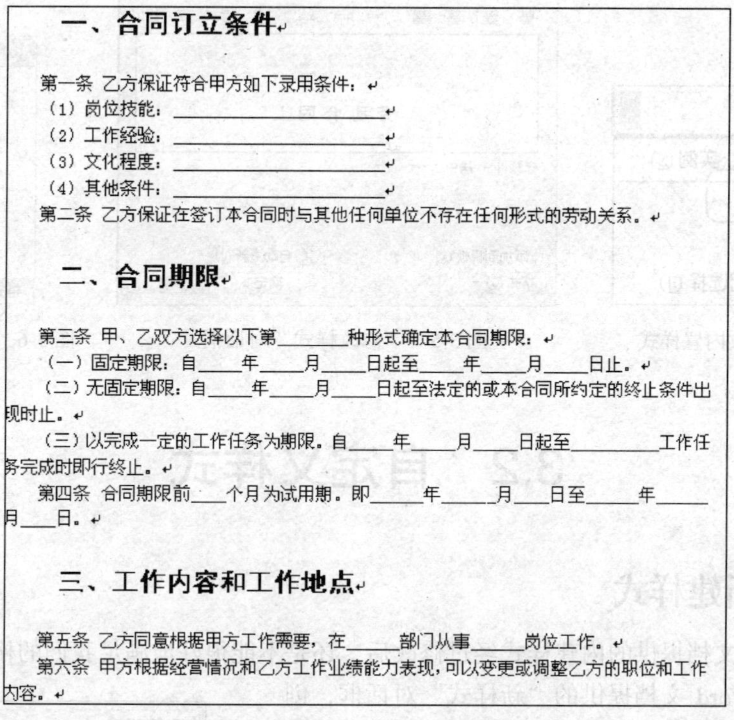

一、合同订立条件

第一条　乙方保证符合甲方如下录用条件：
（1）岗位技能：____________________
（2）工作经验：____________________
（3）文化程度：____________________
（4）其他条件：____________________
第二条　乙方保证在签订本合同时与其他任何单位不存在任何形式的劳动关系。

二、合同期限

第三条　甲、乙双方选择以下第______种形式确定本合同期限：
（一）固定期限：自____年____月____日起至____年____月____日止。
（二）无固定期限：自____年____月____日起至法定的或本合同所约定的终止条件出现时止。
（三）以完成一定的工作任务为期限。自____年____月____日起至________工作任务完成时即行终止。
第四条　合同期限前___个月为试用期。即____年____月___日至_____年_____月___日。

三、工作内容和工作地点

第五条　乙方同意根据甲方工作需要，在_____部门从事_____岗位工作。
第六条　甲方根据经营情况和乙方工作业绩能力表现，可以变更或调整乙方的职位和工作内容。

图 3-2　应用“标题 2”标题样式

方法二：使用“格式”工具栏设置样式

在打开的“劳动合同.doc”文件中选定“一、合同订立条件”标题文本，单击“格式”工具栏中“样式”列表框右侧下拉箭头，如图 3-3 所示。选择“标题 2”样式，即可设置选定标题文本的“标题 2”样式应用。再分别选定其他标题文本，进行同样操作，其完成效果也如图 3-2 所示。

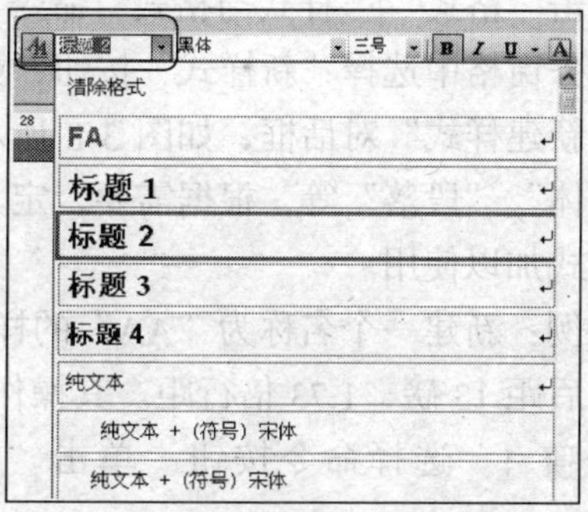

图 3-3　“格式”工具栏上“样式”选项

3.1.2　修改内置样式

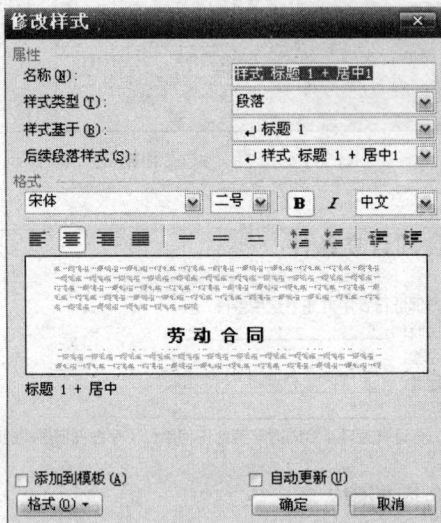

在 Word 文档的格式编辑过程当中，内置样式不一定能完全满足我们的需求。因此，我们可以对内置样式做一定的修改。如图 3-4 所示，单击"标题 1"右侧下拉箭头"﹀"图标，弹出"标题 1"的下拉菜单。在下拉菜单中选择"修改"选项，则弹出"修改样式"对话框，如图 3-5 所示。在其中可以对样式的格式进行修改；同时，还可以单击其对话框左下角的"格式"命令按钮，对"字体"、"段落"等更多的格式进行修改，如图 3-6 所示。

图 3-4　修改内置样式　　　　图 3-5　"修改样式"对话框　　　　图 3-6　样式多种格式启动

3.2　自定义样式

3.2.1　新建样式

如果 Word 文档提供的内建样式经过修改后，还是不能很好地满足我们的格式化要求，那么我们可以根据 Word 文档提供的"新样式"对话框，创建出我们所需要的新样式。

单击"格式"|"样式与格式"命令，在"样式与格式"任务窗格中选择"新样式"按钮，如图 3-7 所示，弹出"新建样式"对话框，如图 3-8 所示，在其中可以对"字体"、"段落"等，根据需要，定义出符合我们要求的格式加以使用。

图 3-7　设置新样式

示例：新建一个名称为"AA"的样式，其定义的格式为：宋体、三号字、加粗、两端对齐，段前段后距 13 磅，1.73 倍行距。其操作步骤如下。

步骤 1　选择命令按钮。单击"样式与格式"任务窗格中"新样式"按钮，如图 3-9 所示。

图 3-8 "新建样式"对话框

图 3-9 选择"新样式"

步骤 2 设置新样式格式。在弹出的"新建样式"对话框的"名称"文本框中输入名称"AA"，如图 3-10 所示，并单击"新建样式"对话框左下侧的"格式"命令按钮，在弹出的快捷菜单中分别选择"字体"和段落，将字体格式设置为："宋体"、"三号"字、"加粗"，如图 3-11 所示，设置完成后单击"确定"命令按钮；段落格式设置为：两端对齐，段前段后距 13 磅，1.73 倍行距，如图 3-12 所示，设置完成后单击"确定"命令按钮。

步骤 3 完成新样式设置。完成"字体"、"段落"等设置后返回"新建样式"对话框，单击"确定"命令按钮。则在"样式与格式"任务窗格中就新增了一个"AA"样式。

步骤 4 应用新建样式。选定"一、合同订立条件"文本，在右侧"样式与格式"任务窗格中单击"AA"样式，则对选定的文本应用了新建的样式"AA"。完成效果如图 3-13 所示。

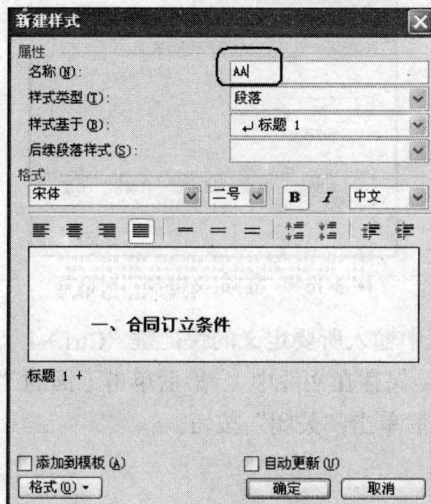

图 3-10 更改样式名称

图 3-11 设置"字体"对话框

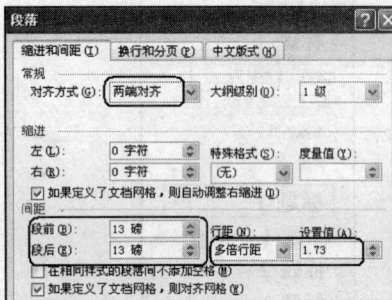

图 3-12 设置"段落"对话框

图 3-13 应用新样式后的劳动合同内容

3.2.2 快速套用自定义样式

在设置好新的样式之后，有时为了方便使用，可以对其格式定义某些快捷方式，这样就能够更快捷地使用这些样式对文档进行格式化。

步骤 1 选择命令。单击菜单栏中"工具"|"自定义"命令，在弹出的"自定义"对话框中选择"命令"选项卡，如图 3-14 所示。

步骤 2 设置相关参数。在"命令"选项卡中选择"键盘"按钮，弹出"自定义键盘"对话框，在其中的"类别"列表中选择"样式"，并在出现的"样式"列表选择新建的样式"主体"，如图 3-15 所示。

图 3-14 "自定义"对话框

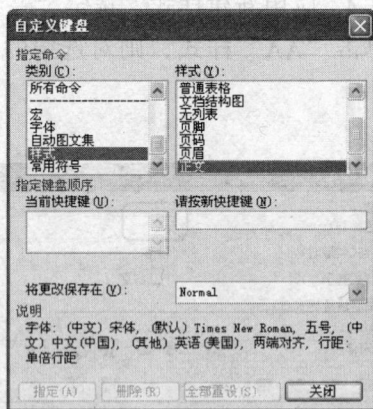

图 3-15 "自定义键盘"对话框

步骤 3 设置快捷键。在"请按新快捷键"文本框中输入所要定义的快捷键"Ctrl + L"，并设置定义好的快捷键保存的相应位置（是保存在模板还是保存在文件中）。最后单击下面的"指定"按钮，对快捷键进行指定，如图 3-16 所示，完成设置后单击"关闭"按钮。

小贴士

如果想删除或者重新定义快捷键，在"自定义键盘"对话框中，在"当前快捷键"列表中选择要"删除"或要"全部重设"的快捷键，对其进行"删除"或者"重新定义"的操作，如图 3-17 所示。

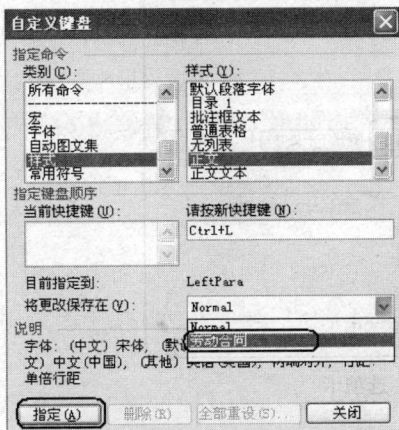

图 3-16　设置样式快捷键及保存位置　　　　图 3-17　"当前快捷键"删除或全部重设对话框

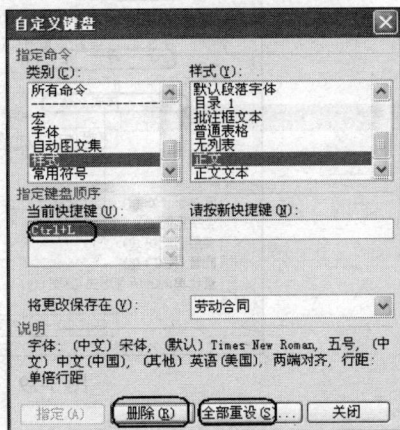

3.3　样式的高级应用

3.3.1　查找和替换样式

对于在 Word 文档中样式的设置，有时候我们需要去改变其文档当中的原有样式设置，并替换为新的样式。这时，我们可以根据前文所叙述的样式设置的方式，找到需要替换样式的内容，选择所要替换的样式，进行样式的替换操作。

1. 查找样式

步骤 1　选择查找命令。单击菜单栏"编辑"|"查找"命令，打开"查找"对话框，单击"格式"按钮，在弹出的菜单中选择"样式"命令，打开"查找样式"对话框，如图 3-18 所示。

图 3-18　"查找样式"对话框

步骤 2　选择要查找的样式。从"查找样式"列表中选择"FA"样式，单击"确定"按钮，单击"查找下一处"按钮，单击"取消"按钮，Word 就自动将光标定位到了文档中使用下一处"FA"样式的地方。

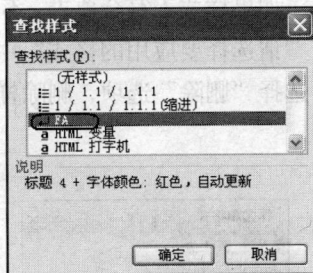

2. 替换样式

步骤 1　选择替换命令。单击菜单栏"编辑"|"替换"命令，打开"替换"对话框，单击"高级"按钮，再单击"格式"按钮，在弹出的菜单中的选择"样式"命令，打开"查找样式"对话框，如图 3-19 所示。

步骤 2　选择要查找的样式。将光标移到"查找内容"文本框中，再单击"格式"按钮。在弹出的菜单中选择"样式"命令，打开"查找样式"对话框，从"查找样式"列表中选择"FA"样式，单击"确定"按钮。

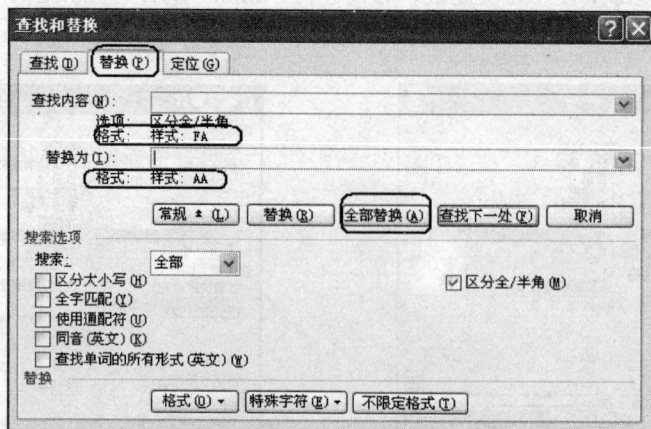

图 3-19　设置"替换"选项卡

步骤 3　选择要替换的样式。再将光标移到"替换为"文本框中，单击"格式"按钮，在弹出的菜单中选择"样式"命令，打开"查找样式"对话框，从"查找样式"列表中选择要替换的样式，如"AA"样式，单击"确定"按钮。

步骤 4　完成替换。返回"查找和替换"对话框，单击"全部替换"按钮，即可将"FA"样式替换为"AA"样式。

3.3.2　重命名和删除样式

在新建的样式当中，有时样式的命名不能顾名思义，那么这个时候，我们就需要对样式的名称进行修改，重新定义样式的名字。如图 3-20 所示，在新建的样式"主体"中，单击下拉箭头"⌄"，在出现的下拉菜单中选择"修改"选项，弹出"修改样式"对话框，在其中的"名称"文本框中将"主体"重新命名为"标题内容"，如图 3-21 所示。

如果样式不符合要求，不需要再使用的时候，我们可以对样式进行删除操作。如图 3-22 所示，在"请选择要应用的格式"中选择新建的样式"FA"，单击下拉箭头"⌄"，在出现的下拉菜单中选择"删除"选项，删除样式。

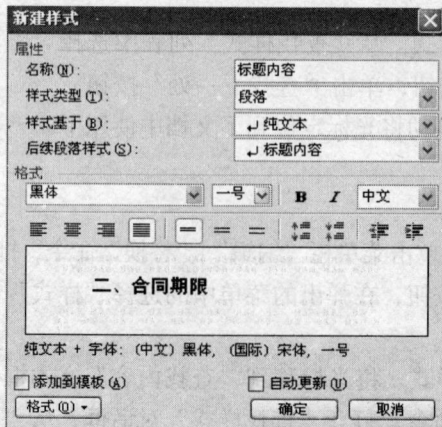

图 3-20　"修改"样式　　　　图 3-21　"修改 样式"对话框　　　　图 3-22　"删除"样式

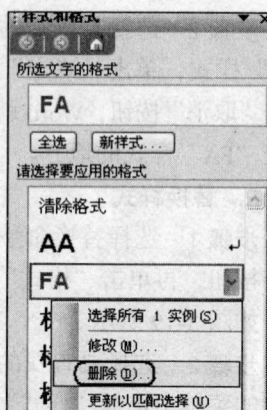

3.4　交 叉 引 用

由于长文档的内容非常庞大，如果能在文档中建立一些直接返回目录的链接，对于文档的浏览与查看是非常方便的。

3.4.1　使用标题进行交叉引用

步骤 1　确定插入点。在图 3-23 所示的位置输入"（返回）"字样，并将插入点置于图中所示位置，选择"插入"|"引用"|"交叉引用"命令，如图 3-24 所示。

图 3-23　输入"返回"文本

图 3-24　选择"交叉引用"

步骤 2　选择引用内容。在弹出的"交叉引用"对话框中，单击"引用类型"下拉按钮，在展开的下拉列表中可以看到，Word 可以对编号项、标题、书签、脚注、尾注、表格、公式和图表等内容进行引用，本例引用类型选择"标题"，如图 3-25 所示。

步骤 3　建立引用。在"引用哪一个标题"列表框中单击"九、合同的变更、解除、终止、续订"选项，最后再单击"插入"按钮，如图 3-26 所示，即可建立引用。

图 3-25　"交叉引用"对话框

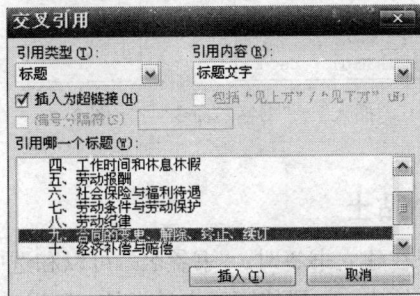

图 3-26　选择引用标题

步骤 4　测试引用。如图 3-27 所示，引用建立好之后，会自动插入标题内容到此处，按住 Ctrl 键并单击此处即可返回到该部分。

交叉引用除了可以使用标题外，还能用编号项、书签等选项。

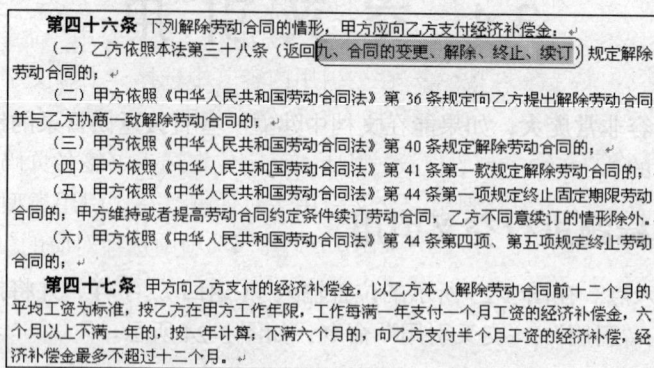

第四十六条 下列解除劳动合同的情形，甲方应向乙方支付经济补偿金：
　　（一）乙方依照本法第三十八条（返回**九、合同的变更、解除、终止、续订**）规定解除劳动合同的；
　　（二）甲方依照《中华人民共和国劳动合同法》第 36 条规定向乙方提出解除劳动合同并与乙方协商一致解除劳动合同的；
　　（三）甲方依照《中华人民共和国劳动合同法》第 40 条规定解除劳动合同的；
　　（四）甲方依照《中华人民共和国劳动合同法》第 41 条第一款规定解除劳动合同的；
　　（五）甲方依照《中华人民共和国劳动合同法》第 44 条第一项规定终止固定期限劳动合同的；甲方维持或者提高劳动合同约定条件续订劳动合同，乙方不同意续订的情形除外。
　　（六）甲方依照《中华人民共和国劳动合同法》第 44 条第四项、第五项规定终止劳动合同的。
第四十七条 甲方向乙方支付的经济补偿金，以乙方本人解除劳动合同前十二个月的平均工资为标准，按乙方在甲方工作年限，工作每满一年支付一个月工资的经济补偿金，六个月以上不满一年的，按一年计算；不满六个月的，向乙方支付半个月工资的经济补偿，经济补偿金最多不超过十二个月。

图 3-27　建立好的"交叉引用"

3.4.2　使用书签进行交叉引用

步骤 1　选择命令。选定劳动合同文本中"一、合同订立条件"，然后单击"插入" | "书签"命令，如图 3-28 所示，弹出如图 3-29 所示的"书签"对话框。

步骤 2　录入书签名内容。在"书签名"中输入要插入的书签名"合同订立条件"，如图 3-30 所示，单击"添加"按钮，完成书签的插入。根据需要可按上述步骤插入更多的书签。

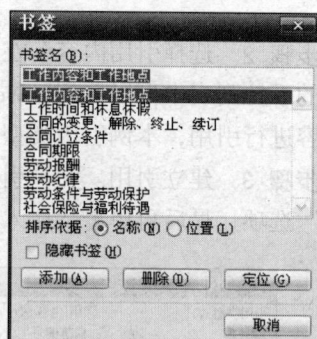

图 3-28　"插入" | "书签"命令　　　　图 3-29　"书签"对话框　　　　图 3-30　插入书签

🖊 **小贴士**

用户在建立书签时，"书签名"可以和选中的内容不同，可以随意地为要插入的书签命名。在一篇长文档中，如果使用了大量书签，可以利用"书签"对话框中的排序功能进行"名称"或"位置"上的排序，方便用户查找。

为方便编辑文档，还可选择显示书签。选择"工具" | "选项"命令，单击"视图"标签，打开"视图"选项卡，在"显示"选项区中选中"书签"复选框，单击"确定"按钮，即可显示所

有书签，并以[……]的形式出现，[……]的形式只是为了方便编辑，不会被打印出来。

　　步骤 3　设置书签交叉引用。在书签插入完成后，就可以对它进行交叉引用操作。将插入定位在要插入交叉引用书签名的位置，选择"插入"|"引用"|"交叉引用"命令，弹出"交叉引用"对话框，在"引用类型"中选择"书签"，在"引用内容"中选择"书签文字"，在"引用哪一个书签"选项中选择要插入的书签名，单击"插入"按钮，如图 3-31 所示。

　　步骤 4　设置引用类型并定位页码位置。将插入点定位在插入书签名页码的位置上，选择"插入"|"引用"|"交叉引用"命令，弹出"交叉引用"对话框，在"引用类型"中选择"书签"，在"引用内容"中先选择"页码"，在"引用哪一个书签"选项中选择对应的书签名，单击"插入"按钮，如图 3-32 所示。

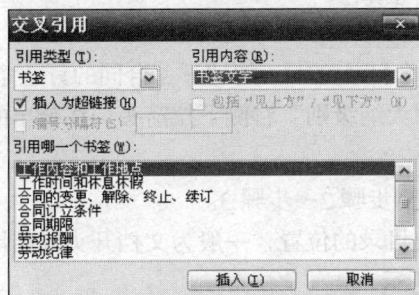

图 3-31　交叉引用书签类型　　　　　　图 3-32　引用"页码"内容

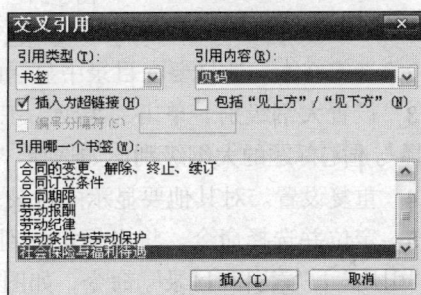

　　步骤 5　完成效果图如图 3-33 所示。

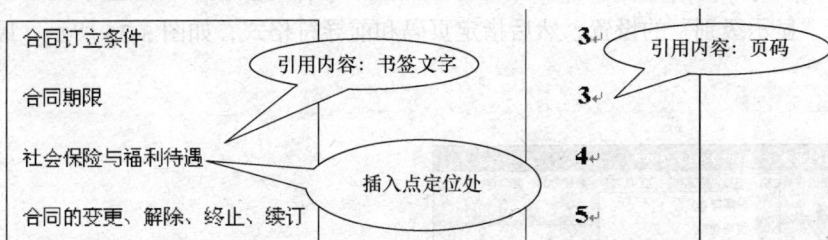

图 3-33　完成效果图

　　按照文档要求在文档中建立多个这样的引用，可大大方便文档的浏览。

　　✎ **小贴士**

　　交叉引用使用标题时，应先对标题进行定义样式等处理，同样，使用编号项、书签、题注等进行交叉引用也应先进行定义，否则不能进行交叉引用。

3.5　制　作　目　录

　　目录通常是长文档不可缺少的部分，Word 提供了自动生成目录的功能。在生成目录之前，要确认文档中已经使用了标题样式，否则不能生成目录。

　　目录有使用大纲级别编制方式、自定义样式编制方式和用自已标记的条目编制目录 3 种方式，最简单的方法是使用内置的大纲级别格式或标题样式。

3.5.1 使用大纲级别创建目录

步骤 1 选择命令。单击菜单"视图"|"工具栏"|"大纲"命令，即可添加的"大纲"工具栏，如图 3-34 所示。

图 3-34 "大纲"工具栏

步骤 2 选定文本。选择要在目录中显示的第 1 个目录文本，如"一、合同的订立条件"。

步骤 3 设置大纲级别。单击"大纲"工具栏"大纲级别"右侧下拉箭头，在弹出的下拉列表框中选择与选定标题的大纲级别，如选择"3 级"。

步骤 4 重复设置。对其他要显示的目录文本重复步骤 2～步骤 3。

步骤 5 定位并选择命令。将光标定位到要生成目录的位置，一般为文档开头或结尾。单击"插入"|"引用"|"索引和目录"命令，如图 3-35 所示。

步骤 6 设置目录选项卡参数。在打开的"索引和目录"对话框中选择"目录"选项卡，在"格式"下拉列表框中选择目录的风格，选择结果可通过"打印预览"列表框查看，如选择"来自模板"选项，在"显示级别"微调框中指定目录要显示的标题层次，一般显示到 3 级目录，也可根据需要进行"显示级别"的设置，然后指定页码和前导符格式，如图 3-36 所示，最后单击"确定"按钮。

图 3-35 选择"索引与目录"命令

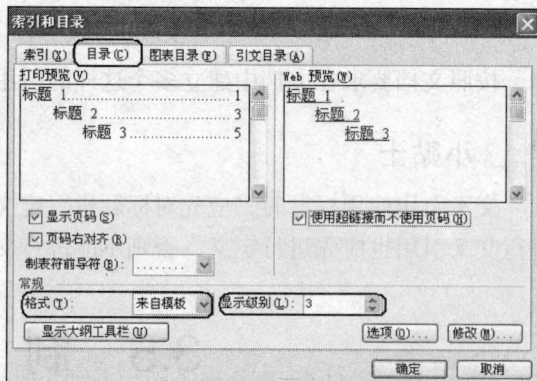

图 3-36 "索引和目录"对话框"目录"选项卡

步骤 7 完成目录设置。完成目录设置后，Word 自动将文章中所有要显示的目录文本提取出来，并列出这些目录文本所在的页码，在目录文本和页码之间加上前导字符。完成效果如图 3-37 所示。

图 3-37　目录完成后效果图

3.5.2　用自定义样式创建目录

如果已将自定义样式应用于要显示的目录，则可以指定 Microsoft Word 在编制目录时使用的样式设置。

步骤 1　选定文本并设置样式。在打开的"劳动合同"文件中选定要显示的目录"一、合同订立条件"文本，再单击右侧"样式与格式"任务窗格中上文所建的"AA"样式，如图 3-38 所示。

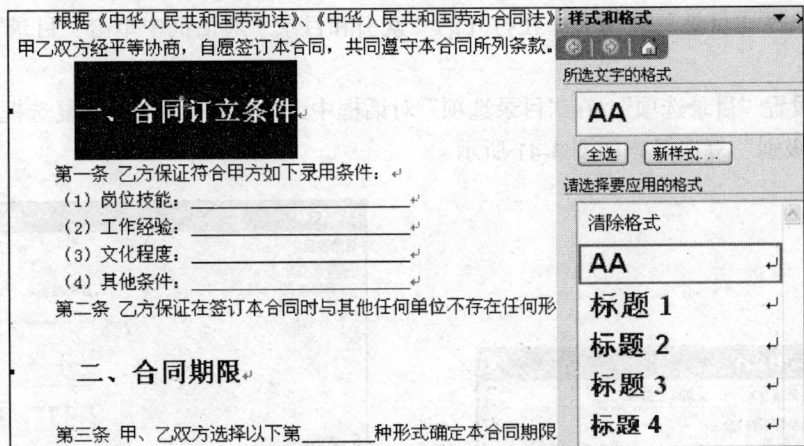

图 3-38　选择自定义"AA"样式

步骤 2　设置其他目录样式。按照步骤 1 选定其他要显示的目录文本如"二、合同期限"等运用"AA"样式。

步骤 3　光标定位并选择命令。将光标定位到要生成目录的位置，一般为文档开头或结尾。然后单击"插入"|"引用"|"索引和目录"命令。

步骤 4　选择"目录"选项卡。在打开的"索引和目录"对话框中单击"目录"选项卡中的"选项"按钮。

步骤 5　查找并选定样式。在弹出的"目录选项"对话框中，在"有效样式"下查找应用于

51

文档的标题样式框中选择"AA"样式，如图 3-39 所示。

步骤 6　设置目录级别。在样式名右边的"目录级别"下键入 1 到 9 的数字，表示每种标题样式所代表的级别。

步骤 7　完成目录创建。单击"确定"按钮。完成效果如图 3-37 所示。

小贴士

如果仅使用自定义样式，请删除内置样式的目录级别数字，如"标题 1"的"目录级别 1"，"标题 2"的"目录级别 2"等。在"目录选项"对话框中的"有效样式"列表框中只显示自定义样式的名称和相应的"目录级别"。

图 3-39　"目录选项"对话框

3.5.3　用已标记的条目编制目录

步骤 1　选定文本。选定包含在目录中的第一部分文本，如"一、合同订立条件"。

步骤 2　设置"标记目录项"对话框。按"Alt + Shift + O"组合键，在打开的对话框中，选择级别并单击"标记"，如图 3-40 所示。

步骤 3　选择其他需显示的文本。选择其他要显示的目录文本，如"二、合同期限"等，单击"目录项"框，再单击"标记"进行其他标题的添加操作，添加条目结束后，单击"关闭"按钮。

步骤 4　光标定位并选择命令。将光标定位到要生成目录的位置，一般为文档开头或结尾。然后单击菜单栏"插入"|"引用"|"索引和目录"命令。

步骤 5　选择"目录"选项卡。在打开的"索引和目录"对话框中单击"目录"选项卡中的"选项"按钮。

步骤 6　设置"目录选项"。在"目录选项"对话框中，选中"目录项域"复选框，并清除"样式"和"大纲级别"复选框，如图 3-41 所示。

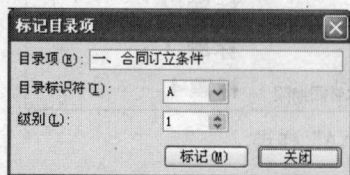

图 3-40　"标记目录项"对话框

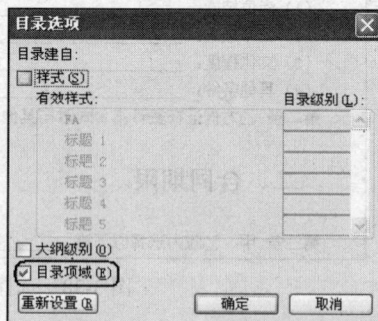

图 3-41　设置"目录选项"对话框

步骤 7　设置完成。单击"确定"按钮，完成效果如图 3-37 所示。

3.5.4　利用提升字符的方法使目录的制表位居中

利用 Word 自动生成目录时，有时制表符是位于底部的，为适应排版要求，可将目录中的制表符设置为居中。

步骤 1 选定文本并选择命令。选中目录中的制表符，单击菜单栏"格式"|"字体"命令，打开"字体"对话框，选择"字符间距"选项卡。

步骤 2 设置字符间距选项卡。在"位置"下拉列表中，选择"提升"选项，并设置"磅值"为"3 磅"，也可根据需要设置为相应的磅值，如图 3-42 所示。

步骤 3 完成设置并查看效果。单击"确定"按钮即可完成制表符提升。

其他制表符可利用工具栏上的"格式刷"来完成制表符的提升。

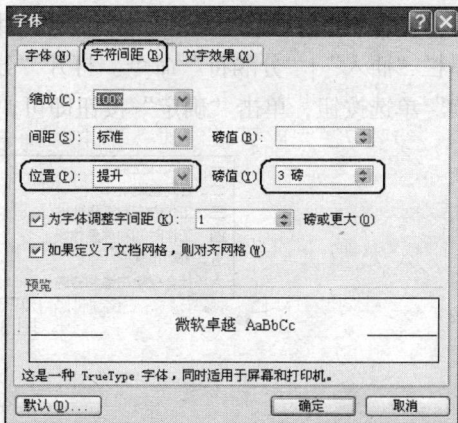

图 3-42 在"字体"对话框中制表符居中设置

3.5.5 设置目录分栏

在排版时，有时需要目录分为两栏，这样看上去较美观也便于查找。目录分栏的操作步骤如下。

步骤 1 选定文本。选中要分栏的目录。

步骤 2 选择命令。单击菜单栏"格式"|"制表位"命令，弹出"制表位"对话框，如图 3-43 所示。

步骤 3 设置参数。在"制表位位置"文本框中，输入合适的数值，如"19.5 磅"等。

小贴士

19.5 磅是没有分栏前整个页面制表位位置数值的一半，若不知具体数值，可选中一个目录的制表符，再选择菜单栏上"格式"|"制表位"命令，即可看到该目录的制表位字符数。

步骤 4 设置对齐方式。在"对齐方式"选项组中，选中"右对齐"单选按钮。

步骤 5 选择制表符。在"前导符"选项组中，选择与已经存在的制表符相同的制表符。单击"设置"按钮，再单击"确定"按钮，返回文档。

步骤 6 设置对话框参数。单击菜单栏"格式"|"分栏"命令，在"预设"选项组中，选择"两栏"选项，在"间距"微调框中输入数据"2 字符"或"1.5 字符"，再选中"分隔线"和"栏宽相等"复选框，如图 3-44 所示。单击"确定"按钮，即可将目录分为两栏。

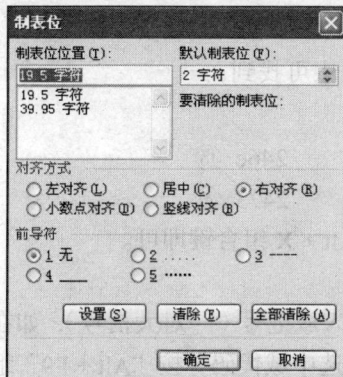

图 3-43 设置"制表位"对话框

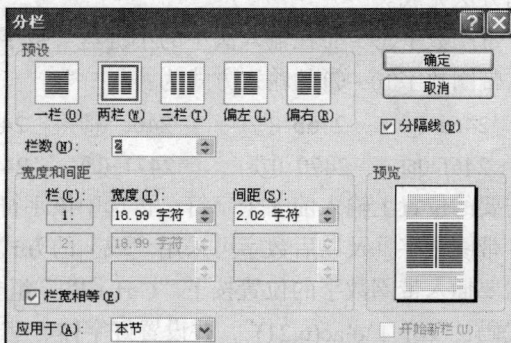

图 3-44 设置"分栏"对话框

步骤 7 设置目录等长。若得到的目录不是等长栏时，可将光标移到目录的结尾处，单击菜单栏"插入"|"分隔符"命令。打开"分隔符"对话框，在"分节符类型"选项组中，选中"连续"单选按钮，单击"确定"按钮即可，完成效果图如图 3-45 所示。

一、合同订立条件 2	七、劳动条件与劳动保护 3
二、合同期限 2	八、劳动纪律 4
三、工作内容和工作地点 2	九、合同的变更、解除、终止、续订 4
四、工作时间和休息休假 2	十、经济补偿与赔偿 5
五、劳动报酬 3	十一、劳动争议处理 6
六、社会保险与福利待遇 3	十二、其他 6

图 3-45　目录分栏效果图

3.6　插入脚注和尾注

脚注和尾注用于在打印文档中为文档中的文本提供解释、批注以及相关的参考资料。脚注是在页面下端添加的注释，可用脚注对文档内容进行注释说明；而用尾注则是在文档尾部（或节的尾部）添加的注释，如说明引用的文献等。

脚注或尾注由两个互相链接的部分组成：注释引用标记和与其对应的注释文本。

步骤 1 选择插入点。将插入点置于需要更改脚注格式的节中，如果没有分节，可将插入点置于文档中的任意位置。

步骤 2 选择命令。单击菜单栏"插入"|"引用"|"脚注"命令，打开"脚注和尾注"对话框，如图 3-46 所示。

步骤 3 设置对话框位置参数。单击选中"脚注"单选项，或"尾注"单选项。

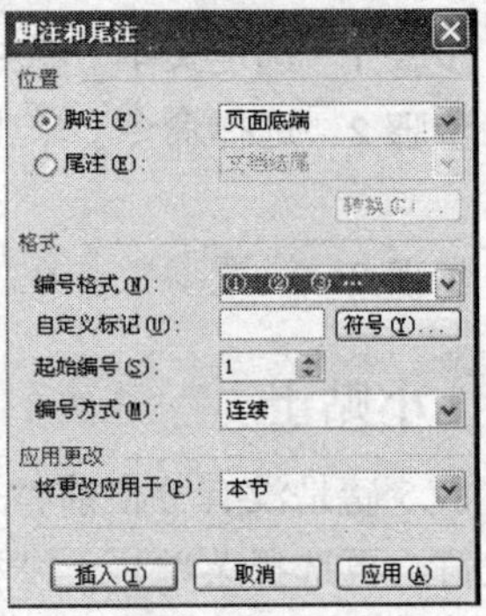

图 3-46　设置"脚注和尾注"对话框

步骤 4 设置对话框格式等参数。在"编号格式"框中，选择所需的格式类型。如果文档分为多个节，在"将更改应用于"下拉框中选择"本节"，将只更改本节的脚注格式；选择"整篇文档"，则会更改全文的脚注格式。设置好后单击"应用"按钮。

📝 **小贴士**

在 Word 中，带圈数字只有 1～10，超出 10 的带圈数字就无法利用键盘进行输入，带圈数字可用下列方法完成。

（1）带圈数字①～⑩在输入法中的小键盘"数字序号"中可找到；

（2）带圈数字⑪～⑳的输入方式为：

246a ⑪	246b ⑫	246c ⑬	246d ⑭	246e ⑮
246f ⑯	2470 ⑰	2471 ⑱	2472 ⑲	2473 ⑳

在需要的位置上输入前 4 个字符，再选中该字符，按 Alt + X 组合键即可。

（3）带圈数字㉑及以后数字可采用"域"的方式输入：

在需要插入带圈数字的位置按下"Ctrl + F9"组合键输入域记号（一对大括号），如在域记号中输入代码："eq␣\o\ac(o,21)"，并设置好字体、字号等。选中域代码，按"Alt + F9"组合键查看效果。若不满意则再按一次"Alt + F9"组合键，返回域代码状态，分别选中域代码中的字母"o"

和数字 "21"，执行 "格式" | "字体" 命令，设置 "字体" 和 "字符间距"，通过不断调整 "缩放"、"间距" 和 "位置" 的相关数字，来调整字母 "o" 和数字 "21" 的大小、间距和上、下位置。可通过反复按 "Alt + F9" 组合键查看效果，直到满意为止。

在输入域代码时，字符 "eq" 与后续字符应保留一个空格；在文档中若经常要进行这样的输入，可将调整好的代码添加到自动图文集中供以后调用和修改。

3.7　快速浏览长文档

长文档的查看是非常不方便的，文档过大，就不容易找到自己要查看的内容。而在处理长文档时应用样式就是为了方便后续的查看和处理。

步骤 1　选择命令。单击 "视图" | "文档结构图" 命令，打开文档结构图，在该视图中可以快速查看文档的整体信息，在此视图中右键单击章或节前的折叠按钮，从弹出的快捷菜单上可以决定显示的标题级别，如图 3-47 所示。

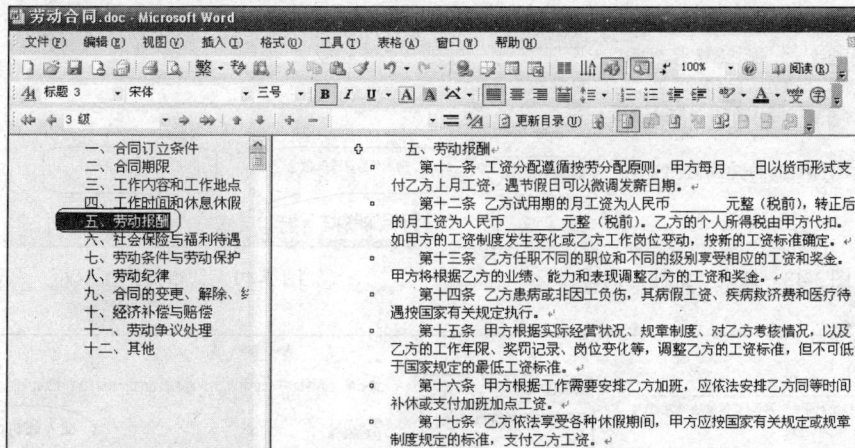

图 3-47　文档结构图

步骤 2　应用文档结构图标题级别。用鼠标直接单击对应的的标题，即可将文档视图中的文档内容立即切换到相应的章节，这项功能使浏览文档变得非常方便。

📝 **小贴士**

在使用文档结构图时，所有的标题必须经过样式处理，即对所有标题进行样式设计，否则，使用文档结构图就达不到快速浏览的作用。

3.8　使用批注和修订

3.8.1　在文档中插入批注和修订

在合同或文件的定制过程当中，经常要通过多人修改，并需要对合同的某些细节进行说明、解释或者标注。这时，我们就需要在 Word 文档当中加入批注进行修订。

1. 在文档中插入批注

步骤 1 选定文本。选定要为其插入批注的文本。

步骤 2 选择命令。单击菜单栏中"插入"|"批注"命令。

步骤 3 设置批注及格式。在需要插入批注的地方插入相应批注，在批注框中输入批注的内容，要添加注释的文本和批注框中添加批注的内容将会被特殊的颜色圈选起来，如图 3-48 所示。

2. 在文档中修订文本内容

步骤 1 内容修订。选择"视图"|"工具栏"|"审阅"命令，单击如图 3-49 所示的"审阅"工具栏中的"修订"按钮" "，再将插入点移到要修订的位置进行修订。若要删除文本，选定要删除的文本，按"Del"键删除内容，此时，Word 将会以类似批注的形式，提示被删除的内容；如图 3-50（a）所示；若要插入文字，所添加的文本将会以红色和下划线的格式来显示，如图 3-50（b）所示。

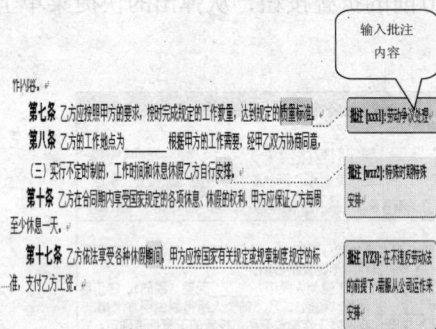

图 3-48 插入"批注"内容

图 3-49 "审阅"工具栏

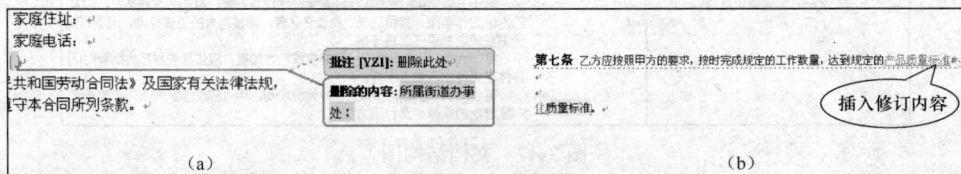

图 3-50 修订要进行修改的内容

步骤 2 接受修订。单击"接受所选修订"下拉按钮" "，在展开的下拉列表中单击"接受对文档所做的所有修订"选项，如图 3-51 所示，此时可完成对文档的修订。

3. 删除文档中的批注或修订

文档在完成上述的插入批注或内容修订后，通常在 Word 跟踪更改时，它会用删除线格式显示删除内容，而将插入内容显示为带下划线的文本。删除内容与插入内容以及批注（或"注释"）都可显示在页边上的批注框中。

有各种方法可以隐藏修改或批注，但使用修订功能所作的修改会一直打开，而所有插入的批注也一直是文档的一部分，直到它们被接受或拒绝(对于批注来说是删除)为止。

关闭修订功能并不会从文档删除修订标记或批注。关闭修订会使用户能修改文档而不存储插入内容与删除内容，以及将其显示为带删除线、下划线或批注框。

步骤 1 选择命令。单击菜单栏上"视图"|"工具栏"|"审阅"命令。

步骤 2 设置"显示"下拉列表选项。在"审阅"工具栏上，单击"显示"右侧下拉箭头，然后确保下列每个项目旁边都勾选，如图 3-52 所示。

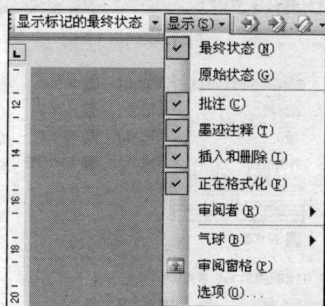

图 3-51 "接受所选修订"下拉列表　　　图 3-52 "审阅"工具栏"显示"菜单

步骤 3 查看修订。在"审阅"工具栏上，单击"后一处修订或批注"从一处修订或批注前进到下一处。

步骤 4 完成修订。在"审阅"工具栏上，对每处修订或批注单击"接受修订"或"拒绝修订/删除批注"。

重复步骤 3 和步骤 4，直至接受或拒绝文档中所有修改并删除所有批注。

📝 小贴士

在"审阅"工具栏的"显示与审阅"组合框中，有 4 种审阅方式，即显示标记的最终状态、最终状态、显示标记的原始状态、原始状态。

显示标记的最终状态：当文档进行过内容的修订时，选择此审阅方式可浏览文档在修订后的最终状态，可查看修订内容。即正文中能显示新插入的内容，删除的内容会以修订框的形式标志。

最终状态：选择此审阅方式，不能查看被修订的内容。此方式一般用于查看接受所有修订后的文档状态，即显示修订后的结果状态。

显示标记的原始状态：使用此审阅方式，可以浏览修订前的文档原始状态，也可以查看在进行修订操作后将会修改的内容，即在被删除的内容上显示删除线，在修订框中显示新插入的内容。

原始状态：此审阅方式可浏览修订前的文档状态，但不可查看执行修订操作后将会变更的文本内容。

3.8.2 设置批注格式和批注中使用的姓名

在对 Word 文档进行批注的时候，我们可以根据需要对批注的格式进行修改设置。批注格式的修改设置主要可以分为两个方面：第一方面进行批注字体、字号和颜色的设置，它们可以通过在菜单栏"格式"|"字体"等命令进行设置；第二方面为批注框的设置，可以通过在"审阅"工具栏，选择其中的"显示"按钮。在其下拉菜单中，选择"选项"，在弹出的"修订"对话框中，根据具体需要进行设置，如图 3-53 所示。

另外，由于文档中可能做批注的人有多个，为了区别不同人做的批注，我们需要对批注者在他们的批注中加上他们自己的姓名。

在菜单栏中选择"工具"|"选项"，在弹出的"选项"对话框中选择"用户信息"选项卡，如图 3-54 所示，修改其中的用户信息，就可以使批注中出现不同批注添加者的姓名。

图 3-53 "修订"对话框

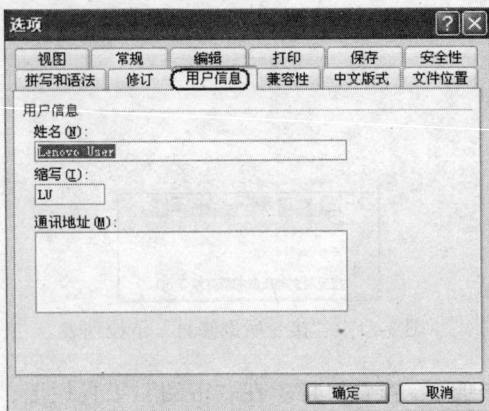

图 3-54 "用户信息"选项卡

3.8.3 审阅批注和修订

在 Word 文档中，由于一篇文档的批注不止一处，因此，为了方便浏览该文档中的所有批注和修订，Word 文档在其下方提供了一个审阅批注和修订的窗口，如图 3-55 所示。

要打开此窗口，可单击"审阅"工具栏中的"审阅窗格"图标即可打开审阅窗格。或单击"审阅"工具栏的"显示"按钮，选择"审阅窗格"命令，如图 3-56 所示。

图 3-55 审阅批注窗口

图 3-56 启动"审阅窗格"

3.8.4 打印带有批注或修订的文档

对于带有批注和修订的文档，有时候，我们需要将这些批注和修订打印出来，以方便我们进行阅读。这时，我们需要在"审阅"工具栏中的"显示以审阅"下拉菜单中选择"显示标记的最终状态"，如图 3-57 所示。这样，就能够将批注和修订一起打印出来。

图 3-57 选择"显示标记的最终状态"

或者选择菜单栏上"文件"|"打印"命令，在"打印"对话框中的"打印内容"列表中选择"显示标记文档"选项，如图 3-58 所示。

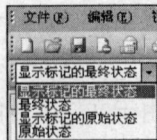

图 3-58　"打印"对话框中"打印内容"的设置

3.8.5　比较并合并文件

若是检阅者不清楚如何使用或是没有使用内容修订功能，而是直接修改文档的内容，这时我们就很难通过追踪修订内容功能来检查对方修改的内容。为了能清楚知道文档被修订的地方，可用 Word 的文档比较与合并功能。

步骤 1　选择命令并设置参数。单击菜单栏上"工具"|"比较并合并文档"命令，打开"比较并合并文档"对话框。选择要进行比较的文档，选择"精确比较"复选框，单击"比较"按钮，如图 3-59 所示。

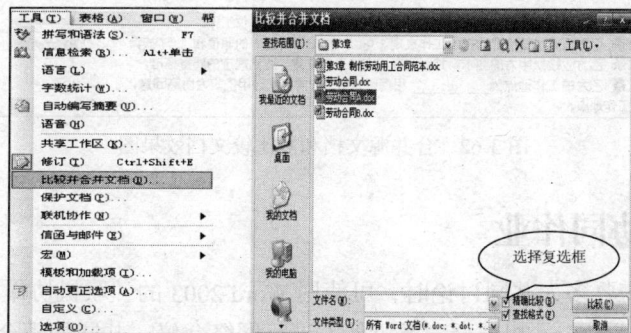

图 3-59　打开要比较的文档

步骤 2　文档比较。打开被比较的文档，若此文档与原文档存在着差别，差别的地方会以与内容修订相同的样式显示出来。当执行接受或拒绝删除等操作，处理两个文档存在差别的地方后，单击"保存"按钮，保存所作的修改，关闭被比较的文档，如图 3-60 所示。

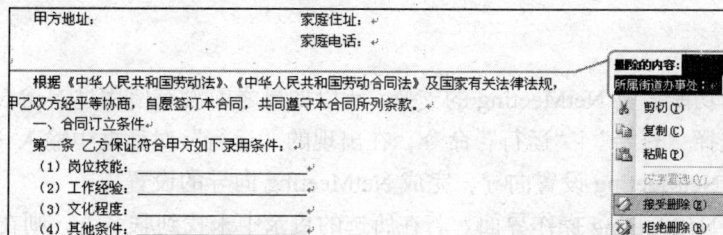

图 3-60　处理被比较文档的修订内容

步骤 3 合并生成新文档。返回源文件，单击菜单栏上"工具"|"比较并合并文档"命令。再次打开"比较并合并文档"对话框，不勾选"精确比较"复选框。选择刚才已处理修订内容的文档，单击"合并"按钮右侧下拉箭头，从列表中选择"合并到新文档"选项，如图 3-61 所示。

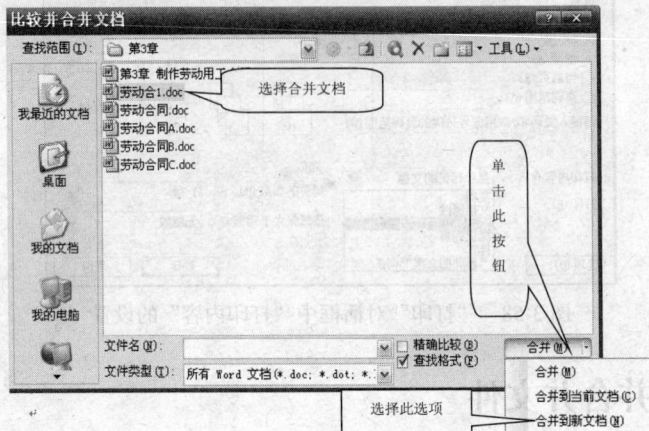

图 3-61 将两个文档合并到新文档

步骤 4 此时会打开一新文档，Word 把源文档与被比较文档的内容合并至新文档中。如果两文档中存在差别，那么也会以内容修订的方式显示出来，如图 3-62 所示。可使用接受或拒绝修订、接受或拒绝插入功能，处理合并后的文档，完成后保存指定位置。

图 3-62 合并源文档和被比较文档效果图

3.8.6 联机协同作业

当合同或者文件需要多人共同讨论时，可使用 Word 2003 的"联机协作"功能，与 Windows 中的线上聊天软件 NetMeeting 相结合，邀请他人进行网络会议，共同处理合同或文件。

步骤 1 选择命令。单击菜单栏上"工具"|"联机协作"|"现在开会"命令，如图 3-63 所示。这时系统会自动启动 NetMeeting 程序，在"NetMeeting"对话框中设置"我的信息"，单击"确定"按钮，如图 3-64 所示。弹出"找到某人"对话框，在"选择一个目录"列表框中选择 NetMeeting 要登录的目录。

🖊 小贴士

由于联机协作功能需要 NetMeeting 的支持，所以如果之前没有使用过 NetMeeting，则要先进行设置。方法是选择"开始"|"运行"命令，在出现的"运行"对话框中输入"conf"命令，再按 Enter 键，打开 NetMeeting 设置向导，完成 NetMeeting 向导的设置。

步骤 2 打开 NetMeeting 操作界面。若在所选的目录中未找到联系人，则在系统任务栏上双击 NetMeeting 的"🖼"图标，打开 NetMeeting 操作界面，如图 3-65 所示。单击"进行呼叫"按

钮 "🕾"，打开 "发出呼叫" 窗口，如图 3-66 所示。

图 3-63　选择 "现在开会" 命令　　　　图.3-64　"NetMeeting" 对话框

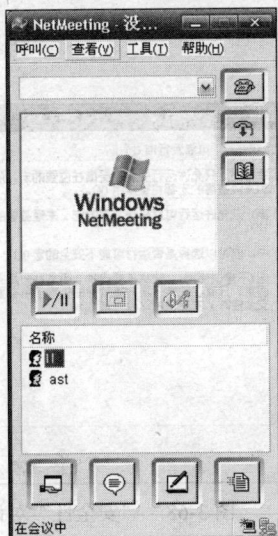

图 3-65　NetMeeting 操作界面　　　　图 3-66　"发出呼叫" 窗口

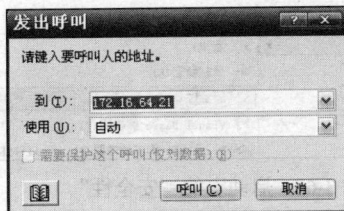

步骤 3　发出呼叫。在 "到" 文本框中输入被呼叫人的 IP 地址，再单击 "呼叫" 按钮。当被呼叫者接受你的呼叫申请后，在 NetMeeting 的名称框中将出现会议参加者的名字，图 3-65 中的 ll。会议参与者可以根据屏幕显示的内容进行讨论，但被呼叫者没有编辑文档的权限。

3.9　文档的安全与加密

文档里的内容可能涉及单位的一些机密数据。在文档传递过程中，存在许多安全问题，如果公司连入了 Internet，会受网络上 Word 宏病毒的侵扰，就算在公司内部，有些文档也只希望大家可以共享查看，而不希望对其进行任意修改。因此，给 Word 文档加上一定的安全保护是十分必要的，Word 提供了多种方法解决文档的安全问题。

3.9.1　防止宏病毒

宏是一系列 Word 命令和指令，这些命令和指令组合在一起，形成了一个单独的命令，以实现任务执行的自动化。宏在 Visual Basic for Applications 编程语言中录制。如果一个 Word 文档中含有宏，则打开 Word 文档时，Word 宏也被加载，但是可以通过宏安全性设置来确定是否加载宏。

相信宏病毒给人们带来的余悸并未完全消除，防范病毒最彻底的办法是使用最新的杀毒软件。Word 文档可以携带宏病毒，现从几个方面尽量杜绝 Word 中宏病毒的发作和传播。

步骤 1 选择命令。单击菜单栏上"工具"|"宏"|"安全性"命令，如图 3-67 所示。

步骤 2 设置安全级别。在弹出的"安全性"对话框中"安全级"选项卡中，选择"非常高"单选项，如图 3-68 所示。"安全级"选项卡中有"非常高"、"高"、"中"和"低"4个选项。选择高等级的安全性设置，当然会比较保险，但这也可能会使许多其实并没有危害的宏命令被禁止执行，建议在安装了杀毒软件并开启自动防护功能后，将宏的安全性限制降低。

图 3-67　启动宏的"安全性"　　　　　图 3-68　"安全性"对话框

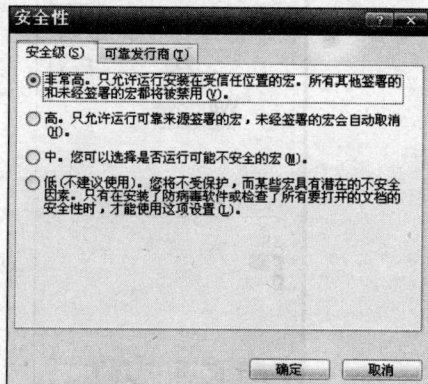

3.9.2　设置文档权限密码

Word 提供了两种文件密码保护功能，一是打开文件的密码，二是修改文件的密码。保护文档免受未经授权的用户查看或更改的最好办法就是给文档设置打开权限和修改权限密码，有密码才可以打开或修改，没有密码则没有相应的权限。

步骤 1 选择命令并设置密码。单击菜单栏上"工具"|"选项"命令，在打开的"选项"对话框中切换至"安全性"选项卡。在"打开文件时的密码"文本框中输入打开文件时的密码，如"1234"；在"修改文件时的密码"文本框中输入修改文件时使用的密码，如"abcd"，设置完成后单击"确定"按钮即可，如图 3-69 所示。

步骤 2 确认密码。在弹出的"确认密码"对话框中，在"请再次键入打开文件时的密码"文本框中再次输入打开文件的密码"1234"，单击"确认"按钮，如图 3-70 所示。再弹出"确认密码"对话框，在"请再次键入修改文件时的密码"文本框中再次输入修改密码"abcd"，单击"确认"按钮，如图 3-70 所示。

步骤 3 完成密码设置。设置好打开及修改文件的密码后，当用户重新打开文档时，则弹出如图 3-71 所示的"密码"对话框，要输入正确的密码才能打开文档。

图 3-69　设置打开文件以及修改文件的密码

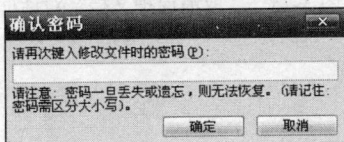

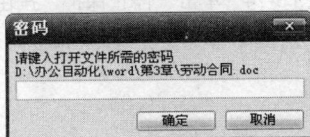

图 3-70　"确认密码"对话框　　　　　图 3-71　"密码"对话框

3.9.3　启用强制保护

在 Word 中设置文件强制保护,可进一步加强文件的安全性。要启动文件的强制保护,必须具有修改文档的权限。

步骤 1　设置任务窗格。在菜单栏中选择"工具"|"保护文档"命令,右边弹出"保护文档"任务窗格,在"编辑限制"项目下选择"仅允许在文档中进行此类编辑"复选框,在其编辑项目列表框中选择"未作任何更改(只读)"项,则表明只能浏览,不能修改,如图 3-72 所示。

步骤 2　设置编辑限制。若从"编辑限制"中选择"仅允许在文档中进行此类编辑"复选框,在编辑项目列表框中选择"修订"项,则表明允许他人对文档进行修订操作。

步骤 3　启动强制保护。单击"是,启动强制保护"按钮,弹出"启动强制保护"对话框,在"新密码"文本框中输入密码,如"123456",然后再在"确认新密码"文本框中输入相同的密码,如"123456",单击"确定"按钮即可,如图 3-73 所示。

图 3-72　"保护文档"窗格　　　　图 3-73　"启动强制保护"对话框

步骤 4 停止强制保护。若要停止强制保护，则返回"保护文档"任务窗格，如图 3-74 所示，单击"停止保护"按钮，在弹出的"取消保护文档"对话框中，在"密码"文本框中输入设置保护文档的密码，如"123456"，然后单击"确定"按钮，即取消了对文档的保护，如图 3-75 所示。

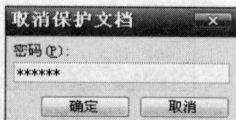

图 3-74 单击"停止保护"按钮   图 3-75   "取消保护文档"对话框

✏️ **小贴士**

如果选择了修订，则可以让审阅者修改文档，但会突出显示所有修改之处，以便作者跟踪修订，如果文档对修订进行了保护，则不能关闭修订，也不能用"工具"菜单中的"修订"命令来接受或拒绝修订；如果选择了批注，则允许审阅者插入批注，但不允许修改文档内容。如果选择填写窗体，则保护文档中除窗体域或不受保护的节以外的内容不被修改；如果选择了未作任何修改（只读），则该文档不允许被编辑。

步骤 5 添加用户。在"保护文档"任务窗格中，单击"更多用户"文字链接，弹出"添加用户"对话框，在文本框中输入允许编辑文档的用户名称，并以分号隔开，如图 3-76 所示。

步骤 6 设置用户参数。用户也可以设置编辑的用户为每个用户，只需勾选"每个人"复选框，如图 3-77 所示。

步骤 7 格式设置限制。在"保护文档"任务窗格中还可以单击"格式设置限制"选项组中的"设置"文字链接，弹出"格式设置限制"对话框，用户可以根据自己的需要进行设置，如图 3-78 所示。

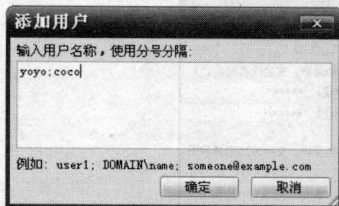

图 3-76   "添加用户"对话框   图 3-77 设置编辑用户为每个人   图 3-78   "格式设置限制"对话框

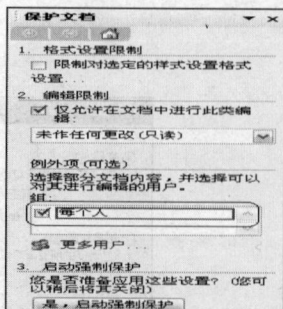

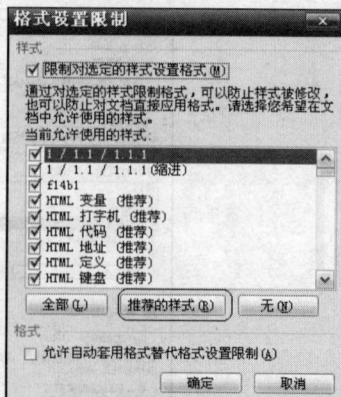

3.9.4　IRM 权限管理

IRM（Information Right Management，信息权限管理）能够很好地保护企业和知识工作者们的劳动成果。IRM 是一个文件管理级别的安全性，允许用户定义谁有权利访问和使用文档，并保护电子文档不被非法打印、转发或复制。

步骤 1　下载并安装软件。在"保护文档"任务窗格中，单击"限制权限"文字链接，弹出如图 3-79 所示的"Microsoft Office"提示框，单击"是"按钮，系统将链接 Interner 下载该客户端软件，安装并通过 Hotmail 账号注册后才能进行相应的权限设置，如图 3-80 所示。

图 3-79　"Microsoft Office"提示框　　　　图 3-80　下载客户端软件

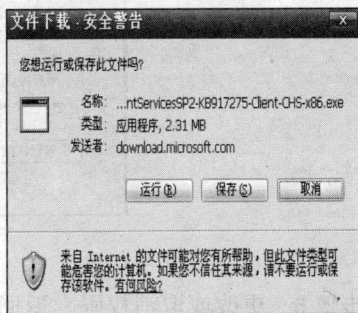

步骤 2　设置权限参数。从弹出的"权限"对话框中选择"限制对此文档的权限"复选框，如图 3-81 所示。在"权限"对话框中可单击"读取"文字链接或"更改"文字链接从通信簿里添加用户。在"读取"列表中的用户对文档只有访问权限，不能对文档进行任何修改；在"更改"列表中的用户可以对文档进行修改；没有包含在"读取"和"更改"这两个列表中的用户，对文档没有访问权限。

图 3-81　限制此文档的权限　　　　图 3-82　添加用户

步骤 3　添加用户。单击如图 3-81"权限"对话框中的"其他选项"按钮，弹出"权限"对话框，单击"添加"按钮，弹出"添加用户"对话框，在"读取"文字链接后的文本框输入用户的电子邮件地址，单击"确定"按钮，即可添加用户，如图 3-82 所示。

步骤 4　设置访问权限。用户还可以设置新用户的"读取"、"更改"和"完全控制"访问权限，如图 3-83 所示。设置完成后，单击"确定"按钮即可。

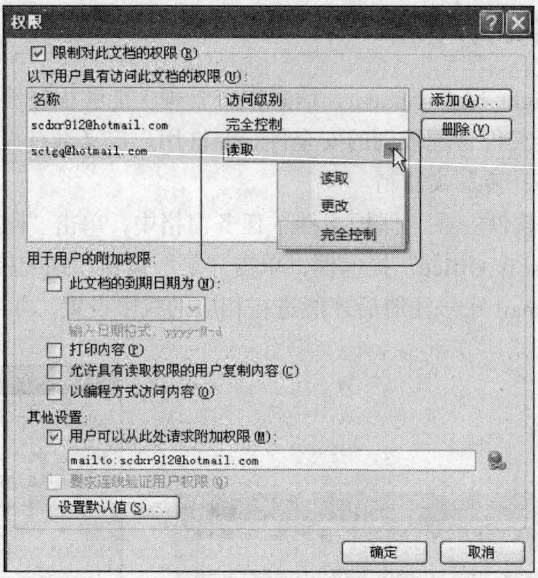

图 3-83　更改用户权限

步骤 5　更改或取消权限。返回文档，还可单击"保护文档"下拉列表中的"更改权限"按钮，对访问权限进行更改。若要取消访问权限，也可单击"保护文档"下拉列表中的"无限制访问"选项即可。

本章小结

本章通过对劳动合同的编辑和设计，学习了 Word 2003 中样式的建立与应用，标题和书签的交叉引用，以及灵活使用 Word 2003 提供的文档结构图来处理长文档的浏览。利用 Word 的审阅功能实现对文档的批阅，以及如何解决文档交流过程中的安全性问题，包括受病毒攻击及受非法更改和查看。

习　题　三

一、单项选择题

1. 启动追踪修订功能时，可以使用（　　）快捷键来进行。
　　A．Ctrl + Shift + E
　　B．Ctrl + Alt + E
　　C．Alt + Shift + E
　　D．Alt + E

2. 关于 Word 的强制保护功能，（　　）是错误的。
　　A．只要具备修改文档的权限，就能取消强制保护
　　B．可限制用户修改文档的样式
　　C．可限制用户使用的编辑操作
　　D．需要有修改文档的权限，才能为文档添加强制保护措施

3. 要在文档中应用样式可使用快捷键，Word 2003 默认的标题 1 样式按（　　）快捷键，正文样式按（　　）快捷键。

    A. Ctrl + Alt + 3　　　　　　　　　　B. Ctrl + Alt + 2

    C. Ctrl + Alt + 1　　　　　　　　　　D. Ctrl + Shift + N

4. 在 Word 2003 中，可以利用"视图"中（　　）命令实现文档的快速浏览。

    A. 页面视图　　　　B. 大纲视图　　　　C. 普通视图　　　　D. 文档结构图

5. 在 Word 中，若要显示文档在修订后的状态，并查看修订内容，应选择（　　）。

    A. 显示标记的最终状态　　　　　　　B. 原始状态

    C. 显示标记的原始状态　　　　　　　D. 最终状态

6. 在使用文档结构图时，所有要在文档结构图左窗格中显示的内容必须经过（　　）处理。

    A. 字体　　　　　　B. 格式　　　　　　C. 样式　　　　　　D. 段落

7. RM 即信息权限管理，它是一个（　　）级别的安全性。

    A. 磁盘管理　　　　B. 文件管理　　　　C. 软件管理　　　　D. 程序管理

8. 在对 Word 文档进行批注时，可根据需要对批注的（　　）进行修改设置。

    A. 样式　　　　　　B. 格式　　　　　　C. 段落　　　　　　D. 宏

9. 在 Word 中，为确保文档中段落格式的一致性，可以使用（　　）。

    A. 样式　　　　　　B. 模板　　　　　　C. 向导　　　　　　D. 页面设置

二、填空题

1. Word 2003 联机协同作业需要 Windows 的_____程序支持。

2. 在新建样式时，若要使此样式在此后每创建一个新文档时都能使用，应勾选_____复选框。

3. Word 2003 提供了两种文件密码保护功能，一是_____密码，二是_____密码。

4. 若要将文档中的标注与修订的内容一并打印出来，可在"打印"对话框中的"打开内容"列表框中选择_____。

5. 要查看文档中已使用过的样式和格式，可以从"样式和格式"窗格的"显示"列表中选择_____。

6. 宏是一系列 Word 命令和指令，这些命令和指令组合在一起，形成了一个_____的命令，以实现任务执行的自动化。

三、上机操作题

1. 从网上下载一份论文或总结报告文档，要求对下载的文档进行如下操作，完成后以"论文.doc"或"年终总结报告排版.doc"为文件名保存在指定目录下。

（1）设置所有标题的样式。不同级别的标题样式应不同。

（2）修订文档中的错误，并能在批注中显示修改者学号等内容。

（3）在文档最前面加上如图 3-84 所示的样式目录，目录内容可不一样。

提示：参考 3.4.2 小节

（4）在文档适当位置添加尾注和脚注。

（5）为文档添加打开文档的密码，密码为"123"。

（6）启动强制保护功能，让他人只可为文档添加批注，不能进行其他修改。文档强制保护的密码为"321"。

图 3-84

2. 从网上下载一份单位的年终总结报告，并以"年终总结报告.doc"为文件名存放在电脑 E 盘上。打开"年终总结报告.doc"文件，对其进行修订和删除部分内容操作，并以"年终总结报告修改.doc"为文件名存放在 E 盘，打开这两个文件，并进行"比较并合并文档"操作，并查看"年终总结报告修改.doc"文档中有多少处修订，并显示修订内容，最后以"年终总结报告终稿.doc"为文件名保存在指定目录下。

第4章
制作员工工资管理表

财务部门是每个单位中一个非常重要的部门，其中管理和发放工资是会计工作中比较重要的工作。在手工条件下，编制工资发放明细表较为复杂，并且单位员工越多，工作量越大，就越容易出错。利用 Excel 2003 软件可以帮我们快速制作员工工资管理系统，减轻工作负担，提高工作效率，规范工资核算。

员工工资管理关系到员工的基本工资记录、出勤记录及福利数据等内容，制作员工基本工资表能够汇总与管理这些数据。

4.1　获取外部数据

Excel 2003 可以获取的外部数据库文件类型有很多种，如 Access、FoxPro、dBase、SQL Server、Lotus、Oracle、HTML 文件、Web 档案、XML 文件和文本数据等。对于这些文件，Excel 都能访问，并能将这些文件转化为 Excel 中的表格形式。

步骤1　启动 Excel 2003 后，单击"常用"工具栏上的的"打开"按钮" 📂"，或选择"文件"|"打开"命令。

步骤2　弹出"打开"对话框，在"查找范围"下拉列表中选择"员工基本情况表.txt"文件位置，如图 4-1 所示。选中要导入的文件后，单击"打开"按钮，即可获取所要的数据记录。

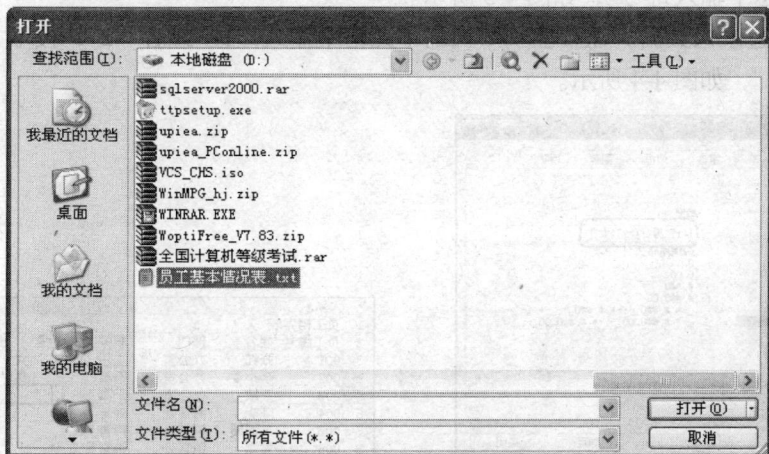

图 4-1　"打开"对话框

📝 **小贴士**

还可以通过选择"数据"|"导入外部数据命令"|"导入数据"命令，在弹出的"获取数据源"对话框的"查找范围"下拉列表中，选择要导入的数据文件存放的位置。再单击"打开"按钮的操作获取外部数据。

4.2 快速准确录入数据

4.2.1 快速录入"性别"列数据

步骤1 编辑数据。在 Excel 中打开"员工基本情况表.txt"，在"姓名"列右边插入"性别"列，如图 4-2 所示。

	A	B	C	D	E	F	G	H	I
1	员工档案表								
2	员工编号	姓名	性别	部门	职务	出生年月	年龄	学历	底薪
3	001	张红				1966年2月		大专	
4	002	李小青				1976年2月		硕士	
5	003	王敏				1982年1月		本科	
6	004	陈晓				1970年2月		本科	
7	005	冯珊珊				1980年5月		中专	
8	006	黄斌				1979年7月		大专	
9	007	姚小朋				1982年1月		中专	
10	008	朱珠				1975年2月		本科	
11	009	陈世豪				1984年5月		本科	
12	010	柳叶				1985年7月		硕士	
13	011	康其忠				1982年1月		本科	
14	012	程明君				1971年10月		本科	
15	013	伍小薇				1974年1月		大专	
16	014	谢玲玲				1979年5月		大专	
17	015	余丽华				1965年2月		本科	
18	016	卢俊峰				1968年7月		本科	
19	017	熊鸿燕				1980年2月		硕士	
20	018	杨莉				1971年1月		中专	
21	019	吴辉煌				1980年2月		高中	
22	020	赵吕明				1983年6月		高中	

图 4-2 插入"性别"列

步骤 2 设置单元格格式。选中"C3：C22"单元格区域，鼠标右键单击选中区域，从弹出的快捷菜选择"设置单元格格式"命令，弹出"设置单元格格式"对话框。选择"数字"选项卡，在"分类"列表框中单击"自定义"选项，然后在右侧的"类型"文本框中输入"[=1]"男"；[=2]"女""（英文状态下输入符号），如图 4-3 所示。

步骤3 快速录入数据。在"性别"列的单元格中输入"1"或者"2"，按下 Enter 键即可输入"男"或"女"，如图 4-4 所示。

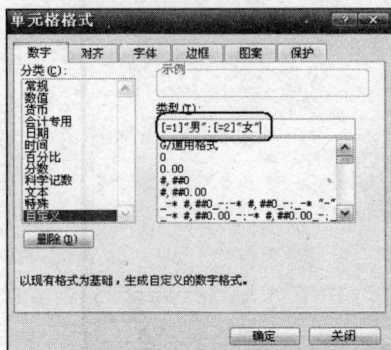

	A	B	C	D	E	F
1	员工档案表					
2	员工编号	姓名	部门	职务	性别	出生年月
3	001	张红	办公室	主任	女	1966年2月
4	002	李小青	办公室	干事	男	1976年2月
5	003	王敏	办公室	干事	2	1982年1月
6	004	陈晓	销售处	处长		1970年2月
7	005	冯珊珊	销售处	销售员工		1980年5月
8	006	黄斌	销售处	销售员工		1979年7月

图 4-3 自定义数字格式　　　　　图 4-4 利用快捷方式输入性别

4.2.2　设置数据输入有效性

按单位人事工资制度中工龄工资规定：工龄工资最高不超过 1000 元，最低不低于 0。所以工龄工资就应位于 0～1000 之间；而单位的部门、员工的职务和员工的学历等是固定的，可制作为下拉列表从中选择即可。

为了尽量避免输入错误和提高工作效率，用户可以通过设置单元格格式、数据有效性等方法来提高输入数据的效率和准确性。

1. 设置"工龄工资"列数据的有效性

步骤 1　选择命令。选中"工龄工资"列中的所有单元格，然后单击菜单栏"数据"|"数据有效性"命令。

步骤 2　"设置"选项卡设置。在弹出的"数据有效性"对话框中，单击"设置"选项卡，在"允许"下拉列表中选择"整数"，在"数据"下拉列表中选择"介于"；在"最小值"和"最大值"选项中分别输入 0 和 1000（可视具体情况而定），如图 4-5 所示。

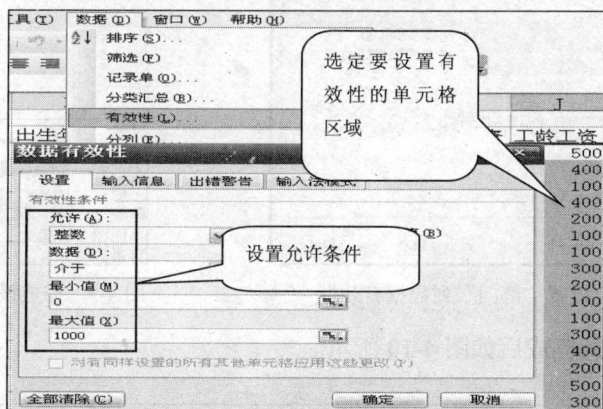

图 4-5　数据有效性设置

步骤 3　设置"出错警告"选项卡。切换到"出错警告"选项卡，在"样式"下拉列表中选择"停止"，在"标题"文本框中输入"输入值错误"，在"错误信息"文本框中输入"根据人事工资制度规定：工龄工资最高不超过 1000 元。"如图 4-6 所示，最后单击"确定"按钮完成设置。

在进行了以上有效性设置后，就可以进行该有效性的验证了。如果输入不满足条件的数据时，系统就会弹出提示信息，如图 4-7 所示。以便用户即时发现并修改，从而有效地提高了工作效率和质量。

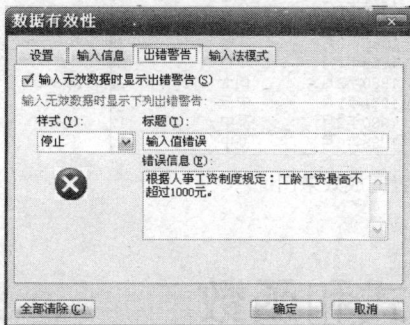

图 4-6　设置"出错警告"选项卡

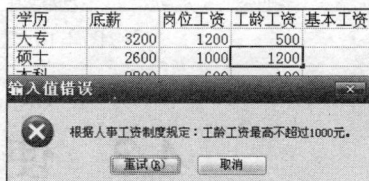

图 4-7　数据输入错误时的提示信息

根据规定和需要还可以对底薪、岗位工资以及姓名等列设置数据有效性。

2. 设置"部门"列数据的有效性

步骤 1 选择命令选中"部门"列中的所有单元格,然后单击菜单栏"数据"|"数据有效性"命令。

步骤 2 设置"数据有效性"。在弹出的"数据有效性"对话框中,单击"设置"选项卡,在"允许"下拉列表中选择"序列",在"来源"文本框中输入"办公室,销售处,外联部,售后服务处,财务处,后勤处"。如图 4-8 所示,最后单击"确定"按钮完成设置。

> **提示** "来源"文本框中各个值之间的间隔逗号一定要在英文状态下输入。

完成"部门"列数据有效性设置后,其效果如图 4-9 所示。同样操作,还可以职务、学历等列设置数据有效性。

图 4-8 设置"部门"列数据有效性   图 4-9 完成设置后效果图

所有数据录入并设置完成后如图 4-10 所示。

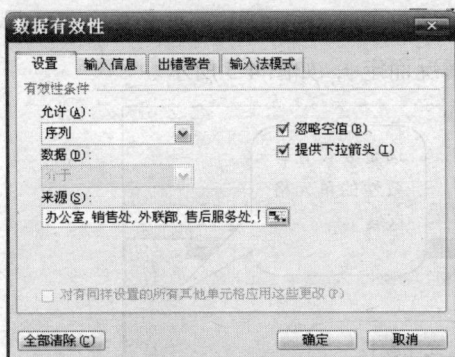

图 4-10 数据录入设置完成效果图

4.3 使用公式和函数

公式是单元格中一系列值、单元格的引用、名称或运算符的组合,可生成新的值。可利用公式对工作表的数据进行加、减、乘、除等运算。在公式中，不但可以引用同一个工作表中的不同单元格，也可以引用同一工作簿中的不同工作表中的单元格，还能引用其他工作簿任意工作表中的单元格。

4.3.1　利用公式求基本工资

Excel 中的公式由等号、单元格和运算符号 3 部分组成，以 "=" 开头，公式中也可以出现函数。公式实质上也是单元格数据，Excel 会将输入单元格中以等号开头的数据自动认为是公式。接下来介绍以简单公式求出 "基本工资记录表" 中的基本工资项，具体操作步骤如下所述。

步骤 1　输入公式。打开 "员工基本情况表 xls"，在 "基本工资" 列中的单元格 L3 中输入公式 "= I3 + J3 + K3"，如图 4-11 所示。

图 4-11　输入公式

步骤 2　确认公式输入。按编辑栏中的 "✔" 输入按钮输入公式，或直接按 Enter 键确认公式输入，此时单元格 L3 中的数据如图 4-12 所示。

图 4-12　输入公式得出计算结果

步骤 3　完成单元格填充。拖动 L3 单元格右下角的填充柄，用自动填充功能计算出所有员工的基本工资，如图 4-13 所示。

图 4-13　填充其他员工的基本工资

4.3.2　引用函数求年龄

函数是 Excel 2003 内置的一种复杂公式，其功能是完成某些特定计算。所有的函数都包括一个函数名和一系列参数，其格式为："函数名（参数值 1，参数值 2…）"。函数名表示将执行的操作，参数是函数中用来执行操作或计算的数值。合理地使用函数，可以大大节省用户的输入时间，简化公式的输入。

步骤 1　应用函数。打开"员工基本情况表.xls"，单击"年龄"列中的单元格 F3，在其中输入公式"= YEAR(TODAY())-YRAR(E3)"公式，如图 4-14 所示。按 Enter 键确认公式输入，则单元格 F3 显示"1900 年 2 月"。

图 4-14　输入公式计算员工年龄

步骤 2　设置单元格格式。右键单击"G3"单元格，从弹出的快捷菜选择"设置单元格格式"命令，弹出"设置单元格格式"对话框，选择"数字"选项卡，在"分类"列表框中单击"数字"选项或"常规"选项，再单击"确定"按钮。返回工作表中，拖动 G3 单元格右下角的填充柄，用自动填充功能计算出所有员工的年龄，如图 4-15 所示。

小贴士

在计算员工年龄时，引用了两个函数：YEAR()和 TODAY()。YEAR()函数返回的是日期的年份值，是一个 1900～9999 之间的整数。TODAY()函数返回的是日期格式的系统当前日期。

	A	B	C	D	E	F	G	H
1	员工档案表							
2	员工编号	姓名	性别	部门	职务	出生年月	年龄	学历
3	001	张红	女	办公室	主任	1966年2月	43	大专
4	002	李小青	男	办公室	干事	1976年2月	33	硕士
5	003	王敏	女	办公室	干事	1982年1月	27	本科
6	004	陈晓	女	销售处	处长	1970年2月	39	本科
7	005	冯珊珊	女	销售处	销售员工	1980年5月	29	中专
8	006	黄斌	男	销售处	销售员工	1979年7月	30	大专
9	007	姚小朋	男	销售处	销售员工	1982年1月	27	中专
10	008	朱珠	女	外联部	部长	1975年2月	34	本科
11	009	陈世豪	男	外联部	干事	1984年5月	25	本科
12	010	柳叶	女	外联部	干事	1985年7月	24	硕士
13	011	廉其忠	男	外联部	干事	1982年1月	27	本科
14	012	程明君	男	售后服务处	处长	1971年10月	38	本科
15	013	伍小薇	女	售后服务处	员工	1974年1月	35	大专
16	014	谢玲玲	女	售后服务处	员工	1979年5月	30	大专
17	015	余丽华	女	财务处	处长	1965年2月	44	本科
18	016	卢俊峰	男	财务处	会计	1968年7月	41	本科
19	017	熊鸿燕	女	财务处	出纳	1980年2月	29	硕士
20	018	杨莉	女	后勤部	水电工	1971年1月	38	大专
21	019	吴辉煌	男	后勤部	维修工	1980年2月	29	高中
22	020	赵昌明	男	后勤部	司机	1983年6月	26	高中

图 4-15 填充 "年龄" 列

4.4 创建员工考勤表

每个单位都有其考勤制度，员工每天上班、下班，午休出入均需打卡（共计每日 4 次）。工作时间一般规定为：上午 8:00-12:00；下午 14:30-17:30。

迟到、早退和旷工的奖惩制度如下。

（1）迟到、早退。员工迟到或早退在 1 小时以内，扣当月工资的 2%。

（2）旷工。员工迟到、早退 1 小时以上，记旷工一次，扣当月工资 10%。

（3）请假制度。请假的时间按小时计算，若一个月累计请假时间不超过 8 小时，则不扣工资。超过 8 小时以外的，4 小时以内按 0.5 天计算，4 小时以外的按 1 天计算。

（4）事假：员工因私人原因请假，事假期间不支付薪水。

（5）病假：员工因病请假，支付 80% 的薪水。

（6）对出全勤的员工，全勤奖为当月工资的 10%。

国家法定假日均支付全额薪水，因工作需要加班，加班费 100 元/天。

4.4.1 创建考勤表

步骤 1 录入表头字段。在 Excel 中打开 "员工基本情况表.xls"，将其中的 "Sheet2" 工作表重命名为 "12 月份考勤表"，然后输入表头字段 "姓名"、"部门" 和 "日期"。

步骤 2 复制单元格。打开 "员工基本工资表" 工作表，选中 B3：C22 单元格区域，将其内容复制到 "12 月份考勤表" 中。

步骤 3 工作日填充。在 D1 单元格中输入 "12 月 1 日"，拖动 D1 单元格右下角的填充柄填充日期，单击 "自动填充选项" 按钮，从展开的下拉列表中单击 "以工作日填充" 选项，如图 4-16 所示。此时系统会自动将周六和周日去掉，不计入考勤日期。

步骤 4 设置单元格格式。鼠标右键单击选定 D1：Y1 单元格区域，从弹出的快捷菜单选择 "设置单元格格式" 命令，弹出 "设置单元格格式" 对话框，选择 "数字" 选项卡，在 "分类" 列表框中单击 "自定义" 选项，然后在右侧的 "类型" 文本框中输入 "d "日""（英文状态下输入符号）。

单击"确定"按钮，返回工作表中，设置日期格式后效果如图 4-17 所示。

图 4-16 选择填充格式

图 4-17 设置日期格式后的效果

4.4.2 录入考勤记录

步骤 1 设置单元格格式。在"12 月考勤表"中的"日期"列输入每名员工的"上班"和"下班"标题，然后选中 D2：Z41 区域。鼠标右键单击所选区域，从弹出的快捷菜单中选择"设置单元格格式"命令，打开"设置单元格格式"对话框，选择"数字"选项卡，在"分类"列表框中单击"时间"选项，然后在右侧的"类型"列表框中单击"13：00"选项，如图 4-18 所示。

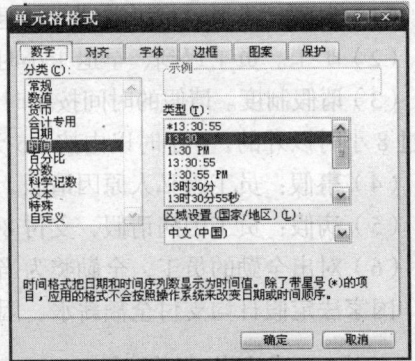

步骤 2 录入时间数据。单击"确定"按钮，返回工作表，在 D2：Z41 单元格区域内输入每位员工的上下班时间，如图 4-19 所示。

图 4-18 设置"数字"格式

图 4-19 输入员工上下班时间

4.4.3 利用函数统计出勤情况

根据单位考勤制度和迟到、早退和旷工的奖惩制度规定：上下班时间分别为 8:00 和 17:30；若大于 8:00 小于 9:00 上班的，则视为迟到，或大于 16:30 小于 17:30，则视为早退。若大于 9:00 上班或小于 16:30 下班则视为旷工。

步骤 1 录入列标题。在日期后的单元格中依次输入"迟到"、"早退"、"旷工"、"病假"和"事假"等需要统计的列标题。并将这 5 列单元格对应于姓名行上下两两合并，如图 4-20 所示。

	P	Q	R	S	T	U	V	W	X	Y	Z	AA	AB	AC	AD	AE
1	16日	18日	21日	22日	23日	24日	25日	28日	29日	30日	31日	迟到	早退	旷工	病假	事假
2	8:00	8:00	8:00	12:00	8:00	8:00	8:00	8:00	8:00	8:00	8:00					
3	17:30	17:50	17:30	17:30	17:30	17:30	17:30	16:55	17:30	17:30	17:30					
4		事假	8:00	8:00	8:00	8:00	8:00	8:00	8:00	8:00	8:00					
5	17:30		17:30	17:30	17:30	17:30	16:55	17:30	17:30	17:30	17:30					
6	8:00	8:00	8:00	8:00	8:00	8:00	8:00	8:00	8:00	8:00	8:00					
7	17:30	17:30	17:30	17:30	17:30	17:30	17:30	17:30	17:30	17:30	17:30					
9	17:30	17:30	17:30	17:30	17:30	17:30	17:30	17:30	17:30	17:30	17:30					
10	8:00	8:00	8:00	8:00	8:00	8:00	8:00	8:00	8:00	8:00	8:00					
11	17:30	17:30	17:30	17:30	17:30	17:30	17:30	17:30	17:30	17:30	17:30					
12	8:00	8:00	8:00	8:00	8:00	8:00	8:00	8:00	8:00	8:00	8:00					
13	17:30	17:58	17:30	17:30	17:30	17:30	17:30	17:30	17:30	17:30	17:30					
14	8:00	8:00	8:00	8:00	8:00	8:00	8:00	8:00	8:00	8:00	8:00					
15	17:30	17:30	17:30	17:30	17:30	17:30	17:30	17:30	17:30	17:30	17:30					

图 4-20 输入统计项目和合并单元格

步骤 2 统计员工"迟到"结果。单击 AA2 单元格，在其中输入公式"=SUMPRODUCT((C2:Z2>TIMEVALUE("8:00"))*(C2:Z2<TIMEVALUE("9:00")))"，按下 Enter 键，统计出迟到的结果，如图 4-21 所示。

AA2 ▼ fx =SUMPRODUCT((C2:Z2>TIMEVALUE("8:00"))*(C2:Z2<TIMEVALUE("9:00")))

	V	W	X	Y	Z	AA	AB	AC	AD	AE	AF
1	25日	28日	29日	30日	31日	迟到	早退	旷工	病假	事假	
2	8:00	8:00	8:00	8:00	8:00	0					
3	17:30	16:55	17:30	17:30	17:30						
4	8:00	8:00	8:00	8:00	8:00						
5	16:55	17:30	17:30	17:30	17:30						
7	17:30	17:30	17:30	17:30	17:30						
8	8:00	8:00	8:00	8:00	8:00						
9	17:30	17:30	17:30	17:30	17:30						
10	8:00	8:00	8:00	8:00	8:00						
11	17:30	17:30	17:30	17:30	17:30						
12	8:00	8:00	8:00	8:00	8:00						

图 4-21 统计迟到结果

步骤 3 统计员工"早退"结果。单击 AB2 单元格，在其中输入公式"= SUMPRODUCT((C3：Z3>TIMEVALUE("16：30"))*(C3：Z3<TIMEVALUE("17：30")))"，按下 Enter 键，统计出早退的结果，如图 4-22 所示。

AB2 ▼ fx =SUMPRODUCT((C3:Z3>TIMEVALUE("16:30"))*(C3:Z3<TIMEVALUE("17:30")))

	S	T	U	V	W	X	Y	Z	AA	AB	AC	AD	AE
1	22日	23日	24日	25日	28日	29日	30日	31日	迟到	早退	旷工	病假	事假
2	12:00	8:00	8:00	8:00	8:00	8:00	8:00	8:00	0	1			
3	17:30	17:30	17:30	17:30	16:55	17:30	17:30	17:30					
4	8:00	8:00	8:00	8:00	8:00	8:00	8:00	8:00					
5	17:30	17:30	17:30	16:55	17:30	17:30	17:30	17:30					
6	8:00	8:00	8:00	8:00	8:00	8:00	8:00	8:00					
7	17:30	17:30	17:30	17:30	17:30	17:30	17:30	17:30					
8	8:00	8:00	8:00	8:00	8:00	8:00	8:00	8:00					
9	17:30	17:30	17:30	17:30	17:30	17:30	17:30	17:30					
10	8:00	8:00	8:00	8:00	8:00	8:00	8:00	8:00					
11	17:30	17:30	17:30	17:30	17:30	17:30	17:30	17:30					
13	17:30	17:30	17:30	17:30	17:30	17:30	17:30	17:30					

图 4-22 统计早退结果

步骤 4 统计员工"旷工"结果。单击 AC2 单元格，在其中输入公式"=SUMPRODUCT((C2：Z3>TIMEVALUE("9：00"))*(C2：Z3<TIMEVALUE("16：30")))"，按下 Enter 键，统计出早退的结果，如图 4-23 所示。

	R	S	T	U	V	W	X	Y	Z	AA	AB	AC	AD	AE
	21日	22日	23日	24日	25日	28日	29日	30日	31日	迟到	早退	旷工	病假	事假
2	8:00	12:00	8:00	8:00	8:00	8:00	8:00	8:00	8:00	0	1	3		
3	17:30	17:30	17:30	17:30	17:30	16:55	17:30	17:30	17:30					
4	8:00	8:00	8:00	8:00	8:00	8:00	8:00	8:00	8:00					
5	17:30	17:30	17:30	17:30	16:55	17:30	17:30	17:30	17:30					
6	8:00	8:00	8:00	8:00	8:00	8:00	8:00	8:00	8:00					
7	17:30	17:30	17:30	17:30	17:30	17:30	17:30	17:30	17:30					
8	8:00	8:00	8:00	8:00	8:00	8:00	8:00	8:00	8:00					
9	17:30	17:30	17:30	17:30	17:30	17:30	17:30	17:30	17:30					
10	17:30	17:30	17:30	17:30	17:30	17:30	17:30	17:30	17:30					
11	17:30	17:30	17:30	17:30	17:30	17:30	17:30	17:30	17:30					
12	8:00	8:00	8:00	8:00	8:00	8:00	8:00	8:00	8:00					

图 4-23 统计旷工结果

步骤 5 统计员工"病假"结果。单击 AD2 单元格，在其中输入公式"= COUNTIF(C2：Z3，"病假")"，按下 Enter 键，即可统计出员工请病假的结果，如图 4-24 所示。

步骤 6 统计员工"事假"结果。单击 AE2 单元格，在其中输入公式"= COUNTIF(C2：Z3，"事假")"，按下 Enter 键，即可统计出员工请事假的结果，如图 4-25 所示。

	Y	Z	AA	AB	AC	AD
	30日	31日	迟到	早退	旷工	病假
2	8:00	8:00	0	1	3	1
3	17:30	17:30				
4	8:00	8:00				
5	17:30	17:30				
6	8:00	8:00				
7	17:30	17:30				
8	8:00	8:00				
9	17:30	17:30				

图 4-24 统计病假结果

	Y	Z	AA	AB	AC	AD	AE
	30日	31日	迟到	早退	旷工	病假	事假
2	8:00	8:00	0	1	3	1	0
3	17:30	17:30					
4	8:00	8:00					
5	17:30	17:30					
6	8:00	8:00					
7	17:30	17:30					
8	8:00	8:00					
9	17:30	17:30					

图 4-25 统计事假结果

步骤 7 完成数据填充。选中 AA2：AE2 单元格区域，然后将鼠标移至 AE2 单元格右下角处，当指针变为实心十字形时，按住鼠标左键拖至 AE41 时，释放鼠标左键，即可完成其他员工的考勤统计工作，如图 4-26 所示。

	Y	Z	AA	AB	AC	AD	AE
	30日	31日	迟到	早退	旷工	病假	事假
2	8:00	8:00	1	1	0	1	0
3	17:30	17:30					
4	8:00	8:00	0	1	2	0	1
5	17:30	17:30					
6	8:00	8:00	0	0	1	0	0
7	17:30	17:30					
8	8:00	8:00	0	0	0	0	0
9	17:30	17:30					
10	8:00	8:00	0	0	0	1	0
11	17:30	17:30					
12	8:00	8:00	0	0	3	0	0
13	17:30	17:30					
14	8:00	8:00	0	0	2	0	0
15	17:30	17:30					
16	8:00	8:00	0	1	2	0	1
17	17:30	17:30					
18	8:00	8:00	0	0	1	0	0
19	17:30	17:30					
20	8:00	8:00	0	1	0	0	0
21	17:30	17:30					
22	8:00	8:00	0	1	1	0	0
23	17:30	17:30					

图 4-26 完成其他员工的统计效果

小贴士

在统计员工考勤时，引用了 3 个函数：SUMPRODUCT()、TIMEVALUE()和 COUNTIF()。

（1）数学函数 SUMPRODUCT ()：在给定的几组数组中，将数组间对应的元素相乘，并返回乘积之和。数组参数必须具有相同的维数，否则，函数 SUMPRODUCT 将返回错误值#VALUE!。函数 SUMPRODUCT 将非数值型的数组元素作为 0 处理。

语法：SUMPRODUCT（array1，array2，array3，…）

array1，array2，array3，… 为 2 到 30 个数组，其相应元素需要进行相乘并求和。

例如：有两个数组 array1（3，4，8，6，1，9）和 array2（2，7，6，7，5，3），数据分布如图 4-27 所示，则函数 SUMPRODUCT(A2:B4, C2:D4) = (3*2 + 4*7 + 8*6 + 6*7 + 1*5 + 9*3) = 146

	A	B	C	D
1	Array1	Array1	Array2	Array2
2	3	4	2	7
3	8	6	6	7
4	1	9	5	3

图 4-27　数组 Array1 和 Array2 数据分布表

（2）日期和时间函数 TIMEVALUE()：返回由文本字符串所代表的时间的小数值。该小数值为 0 到 0.999999999 之间的数值，代表从 0:00:00 (12:00:00 AM)到 23:59:59(11:59:59 PM)之间的时间。

语法：TIMEVALUE（time_text）

time_text 文本字符串，代表以 Microsoft Excel 时间格式表示的时间（例如，代表时间的具有引号的文本字符串 "6:45 PM" 和 "18:45"）。

例如：TIMEVALUE("2:24 AM")=0.1；

TIMEVALUE("22-Aug-2008 6:35 AM") = 0.274305556

（3）统计函数 COUNTIF()：计算某区域中满足给定条件的单元格的个数。

语法：COUNTIF(range，criteria)

Range　为需要计算其中满足条件的单元格数目的单元格区域。

Criteria　为确定哪些单元格将被计算在内的条件，其形式可以为数字、表达式、单元格引用或文本。例如，B2：B4 区域中输入有 32、45、74、86 数据，则 COUNTIF(B2:B4,">45") = 2。

> **注意** 在输入公式或函数时，所有的标点符号都要在英文状态下输入，即标点符号为英文标点符号。否则会出错。

4.5　创建出勤统计表

单位考勤制度中规定对于迟到、早退、旷工、病假和事假，按照考勤要求都要扣取部分工资。

4.5.1　创建考勤表

步骤 1　录入列标题。插入一新工作表，将其标签名改为 "12 月份考勤统计表"，然后在工作表中输入标题 "2008 年 12 月份考勤统计表"，在第 2 行输入表头字段：姓名、部门、迟到次数、早退次数、旷工、病假天数、事假天数、本月工资、应扣工资和全勤奖。

步骤 2　引用数据。使用引用公式引用 "员工基本工资表" 工作表 "姓名" 数据。单击 "12

月份考勤统计表"A2 单元格，在其中输入公式"= 员工基本工资表!B3"；或只输入"="，再单击"员工基本工资表"中对应的单元格如 B3，按 Enter 键确认输入，如图 4-28 所示。

步骤 3 填充数据。利用自动填充功能填充该列中的其他单元格。

在"12 月份考勤统计表"中用同样方式引用"员工基本工资表"中的"部门"和"基本工资"列数据。

图 4-28 引用"员工基本工资表"数据

✎ **小贴士**

引用公式"= 员工基本工资表!B3"的含义是引用员工基本工资表中 B3 单元格的数据，使用引用公式引用数据或保持数据同步更新。

4.5.2 不同工作表利用函数统计数据

步骤 1 统计迟到次数。单击 C2 单元格，在其中输入公式"= VLOOKUP(A2,'12 月考勤表'!$A$1:$AE$41,27,0)"，按 Enter 键即可得到该员工迟到的次数，并利用自动填充功能填充该列的其他单元格，如图 4-29 所示。

步骤 2 统计早退次数。单击 D2 单元格，在其中输入公式"= VLOOKUP(A2,'12 月考勤表'!$A$1:$AE$41,28,0)"，按 Enter 键即可得到该员工早退的次数，并利用自动填充功能填充该列的其他单元格。

步骤 3 统计旷工次数。单击 E2 单元格，在其中输入公式"= VLOOKUP(A2,'12 月考勤表'!$A$1:$AE$41,29,0)"，按 Enter 键即可得到该员工旷工的次数，并利用自动填充功能填充该列的其他单元格，如图 4-30 所示。

图 4-29 输入公式计算员工迟到次数

图 4-30 完成计算早退次数和旷工效果

步骤 4 统计病假天数。单击 F2 单元格，在其中输入公式"=VLOOKUP(A2,'12 月考勤表'!$A$1:$AE$41,30,0)"，按 Enter 键即可得到该员工病假天数，并利用自动填充功能填充该列的其他单元格。

步骤 5 统计事假天数。单击 G2 单元格，在其中输入公式"= VLOOKUP(A2,'12 月考勤表'!$A$1:$AE$41,31,0)"，按 Enter 键即可得到该员工事假天数，并利用自动填充功能填充该列的其他单元格。完成后的效果如图 4-31 所示。

	A	B	C	D	E	F	G	H	I	J
1	姓名	部门	迟到次数	早退次数	旷工	病假天数	事假天数	本月工资	应扣工资	全勤奖
2	张红	办公室	1	1	0	1	0	4900		
3	李小青	办公室	0	1	2	0	0	4000		
4	王敏	办公室	0	0	1	0	0	2900		
5	陈晓	销售处	0	0	0	0	0	4800		
6	冯珊珊	销售处	0	0	0	1	0	3000		
7	黄斌	销售处	0	0	3	0	0	2700		
8	姚小朋	销售处	0	0	2	0	0	2700		
9	朱珠	外联部	0	1	2	0	1	4700		
10	陈世豪	外联部	0	0	1	0	0	3800		
11	柳叶	外联部	0	1	1	0	0	3300		
12	康其忠	外联部	0	1	1	0	0	2900		
13	程明君	售后服务处	0	0	1	1	0	4700		
14	伍小微	售后服务处	0	0	1	0	0	2800		
15	谢玲玲	售后服务处	0	0	2	0	0	2600		
16	余丽华	财务处	0	0	1	0	0	4900		
17	卢俊峰	财务处	0	1	1	0	0	3900		
18	熊鸿燕	财务处	0	0	0	1	1	3200		
19	杨莉	后勤部	0	0	2	0	0	2000		
20	吴辉煌	后勤部	0	0	2	0	0	1700		
21	赵吕明	后勤部	0	0	2	0	1	1600		

图 4-31　输入公式完成后效果

小贴士

在统计迟到、早退等数据时引用了一个查找函数 VLOOKUP()。

VLOOKUP()函数的作用是在表格或数值数组的首列查找指定的数值，并由此返回表格或数组当前行中指定列的数值。

语法：VLOOKUP(lookup_value,table_array,col_index_num,range_lookup)

Lookup_value：为需要在数组第一列中查找的数值。Lookup_value 可以为数值、引用或文本字符串。

Table_array：为需要在其中查找数据的数据表。可以使用对区域或区域名称的引用，如数据库或列表。

Col_index_num：为 table_array 中待返回的匹配值的列序号。Col_index_num 为 1 时，返回 table_array 第一列中的数值；col_index_num 为 2，返回 table_array 第二列中的数值，依此类推。如果 col_index_num 小于 1，函数 VLOOKUP 返回错误值值#VALUE!；如果 col_index_num 大于 table_array 的列数，函数 VLOOKUP 返回错误值#REF!。

Range_lookup：为一逻辑值，指明函数 VLOOKUP 返回时是精确匹配还是近似匹配。如果为 TRUE 或省略，则返回近似匹配值，也就是说，如果找不到精确匹配值，则返回小于 lookup_value 的最大数值；如果 range_value 为 FALSE，函数 VLOOKUP 将返回精确匹配值。如果找不到，则返回错误值#N/A。

例如，搜索大气特征表的"密度"列以查找"粘度"和"温度"列中对应的值，数据输入如图 4-32 所示。

	A	B	C
1	密度	粘度	温度
2	0.457	3.55	500
3	0.525	3.25	400
4	0.616	2.93	300
5	0.675	2.75	250
6	0.746	2.57	200
7	0.835	2.38	150
8	0.946	2.17	100
9	1.09	1.95	50
10	1.29	1.71	0

VLOOKUP（1，A2:C10，2）=2.17。此公式使用近似匹配搜索 A 列中的值 1，在 A 列中找到小于等于 1 的最大值 0.946，然后返回同一行中 B 列的值。

VLOOKUP（1，A2:C10，3，TRUE）=100。此公式使用近似匹配搜索 A 列中的值 1，在 A 列中找到小于等于 1 的最大值 0.946，然后返回同一行中 C 列的值。

图 4-32　大气特征相关数据表

VLOOKUP(0.7，A2:C10，3，FALSE) = #N/A。此公式使用精确匹配在 A 列中搜索值 0.7。因为 A 列中没有精确匹配的值，所以返回一个错误值。

步骤 6 计算应扣工资。制度中规定：迟到和早退扣工资的 2%/次；旷工扣工资的 10%/次；病假扣当天工资的 20%；事假扣当天工资。单击 A2 单元格，在其中输入公式 "= IF(C2>0,H2*0.02*C2) + IF(D2>0,H2*0.02*D2) + IF(E2>0,H2*0.1*E2) + IF(F2>0,H2/22*0.2*F2)+IF(G2>0,H2/22*G2)"，按 Enter 键即可得到第一名员工应扣的工资，利用自动填充功能填充该列的其他单元格，并设置数字格式为数值，保留小数点 2 位，如图 4-33 所示。

	A 姓名	B 部门	C 迟到次数	D 早退次数	E 旷工	F 病假天数	G 事假天数	H 本月工资	I 应扣工资	J 全勤奖
2	张红	办公室	1	1	0	1	0	4900	240.55	
3	李小青	办公室	0	1	2	0	1	4000	1061.82	
4	王敏	办公室	0	0	1	0	0	2900	290.00	
5	陈晓	销售处	0	0	0	0	0	4800	0.00	
6	冯珊珊	销售处	0	0	0	1	0	3000	27.27	
7	黄斌	销售处	0	0	3	0	0	2700	810.00	
8	姚小朋	销售处	0	0	2	0	0	2700	540.00	
9	朱珠	外联部	0	1	2	0	1	4700	1247.64	
10	陈世豪	外联部	0	0	1	0	0	3800	380.00	
11	柳叶	外联部	0	1	0	0	0	3300	66.00	
12	康其忠	外联部	0	0	1	0	0	2900	348.00	
13	程明君	售后服务处	0	0	1	1	0	4700	512.73	
14	伍小薇	售后服务处	0	0	1	0	0	2800	280.00	
15	谢玲玲	售后服务处	0	0	2	0	0	2600	520.00	
16	余丽华	财务处	0	0	1	0	0	4900	490.00	
17	卢俊峰	财务处	0	1	1	0	0	3900	468.00	
18	熊鸿燕	财务处	0	0	0	1	1	3200	174.55	
19	杨莉	后勤部	0	0	2	0	0	2000	400.00	
20	吴辉煌	后勤部	0	0	2	0	0	1700	340.00	
21	赵吕明	后勤部	0	0	2	0	1	1600	392.73	

图 4-33 计算应扣工资

步骤 7 计算全勤奖。根据全勤奖制度，应奖励全勤员工当月工资的 10%作奖金。单击 J2 单元格，在其中输入公式 "= IF(I2 = 0,H2*0.1,0)"，使用自动填充功能完成该列数据的填充。数据并保留 2 位小数位，如图 4-34 所示。

	A 姓名	B 部门	C 迟到次数	D 早退次数	E 旷工	F 病假天数	G 事假天数	H 本月工资	I 应扣工资	J 全勤奖
2	张红	办公室	1	1	0	1	0	4900	240.55	0.00
3	李小青	办公室	0	1	2	0	1	4000	1061.82	0.00
4	王敏	办公室	0	0	1	0	0	2900	290.00	0.00
5	陈晓	销售处	0	0	0	0	0	4800	0.00	480.00
6	冯珊珊	销售处	0	0	0	1	0	3000	27.27	0.00
7	黄斌	销售处	0	0	3	0	0	2700	810.00	0.00
8	姚小朋	销售处	0	0	2	0	0	2700	540.00	0.00
9	朱珠	外联部	0	1	2	0	1	4700	1247.64	0.00
10	陈世豪	外联部	0	0	1	0	0	3800	380.00	0.00
11	柳叶	外联部	0	1	0	0	0	3300	66.00	0.00
12	康其忠	外联部	0	0	1	0	0	2900	348.00	0.00
13	程明君	售后服务处	0	0	1	1	0	4700	512.73	0.00
14	伍小薇	售后服务处	0	0	1	0	0	2800	280.00	0.00
15	谢玲玲	售后服务处	0	0	2	0	0	2600	520.00	0.00
16	余丽华	财务处	0	0	1	0	0	4900	490.00	0.00
17	卢俊峰	财务处	0	1	1	0	0	3900	468.00	0.00
18	熊鸿燕	财务处	0	0	0	1	1	3200	174.55	0.00
19	杨莉	后勤部	0	0	2	0	0	2000	400.00	0.00
20	吴辉煌	后勤部	0	0	2	0	0	1700	340.00	0.00
21	赵吕明	后勤部	0	0	2	0	1	1600	392.73	0.00

图 4-34 计算全勤奖

小贴士

逻辑函数 IF()的作用是执行真假值判断，根据逻辑计算的真假值，返回不同结果。

IF()函数的语法是：IF(logical_test,value_if_true,value_if_false)。最多可嵌套 7 层。

Logical_test：表示计算结果为 TRUE 或 FALSE 的任意值或表达式。

Value_if_true：logical_test 为 TRUE 时返回的值。

Value_if_false：logical_test 为 FALSE 时返回的值。

例如，A1 = 40，IF(A1< = 100，“Within budget”，“Over budget”) = Within budget，此公式表示如果 A1 的数字小于等于 100，则公式将显示“Within budge”。否则，公式显示“Over budget”。

4.6　创建并编辑员工工资管理表

员工工资管理涉及员工的基本工资记录、出勤记录及福利数据等内容，因此员工工资管理表应该能够汇总与管理这些数据。

4.6.1　创建员工工资管理表

步骤 1　输入列标题。插入一新工作表，将其标签名改为“12 月份工资管理表”。然后在工作表中输入标题“员工工资管理表”，在第 2 行输入表头字段：月份、员工编号、姓名、部门、基本工资、住房补贴、交通补贴、全勤奖、考勤扣款、社保金、应发工资、应扣所得税和实发工资。

步骤 2　引用数据。使用引用公式引用“员工基本工资表”中“员工编号”、“姓名”、“部门”、“基本工资”等列数据。完成后如图 4-35 所示。

步骤 3　输入“月份”列数据。先选中 A3：A22 单元格区域，设置单元格式格式如图 4-36 所示。然后在 A3 单元格中输入“2008-12-31”，再按住 Ctrl 键把月份复制到相应的单元格。

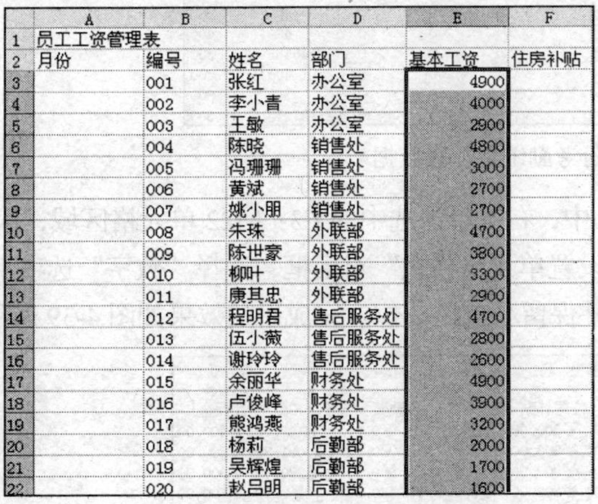

	A	B	C	D	E	F
1	员工工资管理表					
2	月份	编号	姓名	部门	基本工资	住房补贴
3		001	张红	办公室	4900	
4		002	李小青	办公室	4000	
5		003	王敏	办公室	2900	
6		004	陈晓	销售处	4800	
7		005	冯珊珊	销售处	3000	
8		006	黄斌	销售处	2700	
9		007	姚小朋	销售处	2700	
10		008	朱珠	外联部	4700	
11		009	陈世家	外联部	3800	
12		010	柳叶	外联部	3300	
13		011	康其忠	外联部	2900	
14		012	程明君	售后服务处	4700	
15		013	伍小薇	售后服务处	2800	
16		014	谢玲玲	售后服务处	2600	
17		015	余丽华	财务处	4900	
18		016	卢俊峰	财务处	3900	
19		017	熊鸿燕	财务处	3200	
20		018	杨莉	后勤部	2000	
21		019	吴辉煌	后勤部	1700	
22		020	赵吕明	后勤部	1600	

图 4-35　引用数据

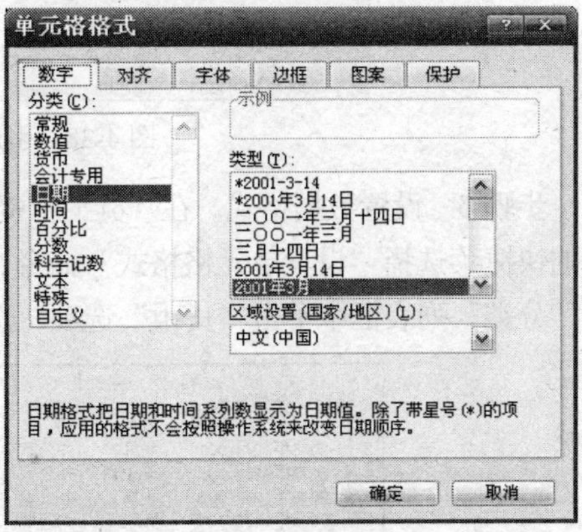

图 4-36　设置“月份”单元格格式

步骤 4　引用“员工福利表”数据。打开第 4 章建立的“员工福利表.xls”，返回“12 月份工资管理表”，单击 F3 单元格，在其中输入引用公式“= [员工福利表.xls]Sheet1!D3”，在“员工工资管理表”中“住房补贴”列中引用“员工福利表.xls”Sheet1 中相对应的数据。同理，在“员工工资管理表”中“交通补贴”和“社保金”列中引用“员工福利表.xls”Sheet1 中相对应的数据，并填充完所选列数据，完成后如图 4-37 所示。

步骤 5　引用“12 月份考勤统计表”中“应扣工资”和“全勤奖”两列数据。在“12 月份工资管理表”中分别单击 H3 和 I3 单元格，在其中分别输入引用公式“='12 月份考勤统计表'!J2”和

“='12 月份考勤统计表'!I2”，再选中 H3：I3 单元格区域，利用填充柄填充完其余数据，完成后如图 4-38 所示。

G30	A	B	C	D	E	F	G	H	I	J
1	员工工资管理表									
2	月份	编号	姓名	部门	基本工资	住房补贴	交通补贴	全勤奖	考勤扣款	社保金
3	2008年12月	001	张红	办公室	4900	300	300			400
4	2008年12月	002	李小青	办公室	4000	300	200			300
5	2008年12月	003	王敏	办公室	2900	300	200			300
6	2008年12月	004	陈晓	销售处	4800	300	300			500
7	2008年12月	005	冯珊珊	销售处	3000	300	200			400
8	2008年12月	006	黄斌	销售处	2700	300	200			300
9	2008年12月	007	姚小朋	销售处	2700	300	200			300
10	2008年12月	008	朱珠	外联部	4700	300	300			400
11	2008年12月	009	陈世蒙	外联部	3800	300	200			300
12	2008年12月	010	柳叶	外联部	3300	300	200			300
13	2008年12月	011	康其忠	外联部	2900	300	200			300
14	2008年12月	012	程明君	售后服务处	4700	300	300			300
15	2008年12月	013	伍小薇	售后服务处	2800	300	200			300
16	2008年12月	014	谢玲玲	售后服务处	2600	300	200			300
17	2008年12月	015	余丽华	财务处	4900	300	300			500
18	2008年12月	016	卢俊峰	财务处	3900	300	200			400
19	2008年12月	017	熊鸿燕	财务处	3200	300	200			300
20	2008年12月	018	杨莉	后勤部	2000	300	200			300
21	2008年12月	019	吴辉煌	后勤部	1700	300	200			300
22	2008年12月	020	赵吕明	后勤部	1600	300	200			300

图 4-37　引用“员工福利表”数据

	A	B	C	D	E	F	G	H	I	J
1	员工工资管理表									
2	月份	编号	姓名	部门	基本工资	住房补贴	交通补贴	全勤奖	考勤扣款	社保金
3	2008年12月	001	张红	办公室	4900	300	300	0	142.545455	400
4	2008年12月	002	李小青	办公室	4000	300	200	0	1021.81818	300
5	2008年12月	003	王敏	办公室	2900	300	200	0	290	300
6	2008年12月	004	陈晓	销售处	4800	300	300	480	0	500
7	2008年12月	005	冯珊珊	销售处	3000	300	200	0	27.2727273	400
8	2008年12月	006	黄斌	销售处	2700	300	200	0	810	300
9	2008年12月	007	姚小朋	销售处	2700	300	200	0	540	300
10	2008年12月	008	朱珠	外联部	4700	300	300	0	1200.63636	400
11	2008年12月	009	陈世蒙	外联部	3800	300	200	0	380	300
12	2008年12月	010	柳叶	外联部	3300	300	200	0	33	300
13	2008年12月	011	康其忠	外联部	2900	300	200	0	319	300
14	2008年12月	012	程明君	售后服务处	4700	300	300	0	512.727273	300
15	2008年12月	013	伍小薇	售后服务处	2800	300	200	0	280	300
16	2008年12月	014	谢玲玲	售后服务处	2600	300	200	0	520	300
17	2008年12月	015	余丽华	财务处	4900	300	300	0	490	500
18	2008年12月	016	卢俊峰	财务处	3900	300	200	0	429	400
19	2008年12月	017	熊鸿燕	财务处	3200	300	200	0	174.545455	300
20	2008年12月	018	杨莉	后勤部	2000	300	200	0	400	300
21	2008年12月	019	吴辉煌	后勤部	1700	300	200	0	340	300
22	2008年12月	020	赵吕明	后勤部	1600	300	200	0	392.727273	300

图 4-38　引用“12 月份考勤统计”表数据

步骤 6　设置数据格式。在“员工工资管理表”中，右键单击选中的 E3：M22 单元格区域，从弹出的快捷菜选择“设置单元格格式”命令，弹出“设置单元格格式”对话框，选择“数字”选项卡，在“分类”列表框中单击“货币”选项，选择样式并保留小数位 2 位。完成后的效果如图 4-39 所示。

	A	B	C	D	E	F	G	H	I	J
1	员工工资管理表									
2	月份	编号	姓名	部门	基本工资	住房补贴	交通补贴	全勤奖	考勤扣款	社保金
3	2008年12月	001	张红	办公室	￥4,900.00	￥300.00	￥300.00	￥0.00	￥142.55	￥400.00
4	2008年12月	002	李小青	办公室	￥4,000.00	￥300.00	￥200.00	￥0.00	￥1,021.82	￥300.00
5	2008年12月	003	王敏	办公室	￥2,900.00	￥300.00	￥200.00	￥0.00	￥290.00	￥300.00
6	2008年12月	004	陈晓	销售处	￥4,800.00	￥300.00	￥300.00	￥480.00	￥0.00	￥500.00
7	2008年12月	005	冯珊珊	销售处	￥3,000.00	￥300.00	￥200.00	￥0.00	￥27.27	￥400.00
8	2008年12月	006	黄斌	销售处	￥2,700.00	￥300.00	￥200.00	￥0.00	￥810.00	￥300.00
9	2008年12月	007	姚小朋	销售处	￥2,700.00	￥300.00	￥200.00	￥0.00	￥540.00	￥300.00
10	2008年12月	008	朱珠	外联部	￥4,700.00	￥300.00	￥300.00	￥0.00	￥1,200.64	￥400.00
11	2008年12月	009	陈世蒙	外联部	￥3,800.00	￥300.00	￥200.00	￥0.00	￥380.00	￥300.00
12	2008年12月	010	柳叶	外联部	￥3,300.00	￥300.00	￥200.00	￥0.00	￥33.00	￥300.00
13	2008年12月	011	康其忠	外联部	￥2,900.00	￥300.00	￥200.00	￥0.00	￥319.00	￥300.00
14	2008年12月	012	程明君	售后服务处	￥4,700.00	￥300.00	￥300.00	￥0.00	￥512.73	￥300.00
15	2008年12月	013	伍小薇	售后服务处	￥2,800.00	￥300.00	￥200.00	￥0.00	￥280.00	￥300.00
16	2008年12月	014	谢玲玲	售后服务处	￥2,600.00	￥300.00	￥200.00	￥0.00	￥520.00	￥300.00
17	2008年12月	015	余丽华	财务处	￥4,900.00	￥300.00	￥300.00	￥0.00	￥490.00	￥500.00
18	2008年12月	016	卢俊峰	财务处	￥3,900.00	￥300.00	￥200.00	￥0.00	￥429.00	￥400.00
19	2008年12月	017	熊鸿燕	财务处	￥3,200.00	￥300.00	￥200.00	￥0.00	￥174.55	￥300.00
20	2008年12月	018	杨莉	后勤部	￥2,000.00	￥300.00	￥200.00	￥0.00	￥400.00	￥300.00
21	2008年12月	019	吴辉煌	后勤部	￥1,700.00	￥300.00	￥200.00	￥0.00	￥340.00	￥300.00
22	2008年12月	020	赵吕明	后勤部	￥1,600.00	￥300.00	￥200.00	￥0.00	￥392.73	￥300.00

图 4-39　设置数据格式完成后的效果

4.6.2　公式和函数运用

一般工资表中都包含所得税一项，而所得税是根据员工的应发工资进行计算的。而“应发工资”是利用“员工工资管理表”中的“基本工资”、“住房补贴”、“交通补贴”、“全勤奖”等计算得出的。“实发工资”是“应发工资”减去“所得税”、“考勤扣款”、“社保金”得出来的。

在“员工工资管理表”中至少要建立 3 个公式，一个是计算“所得税”，一个是计算“应发工资”，还有一个是计算“实发工资”。

根据纳税规定个人取得工资、薪金所得，以每月收入额减去费用 2000 元后的余额为应纳税所得额。

外籍人员工资、薪金，中国居民境外取得工资、薪金所得，可在减去费用 2000 元的基础上，再减除附加减去费用 3200 元，仅就超过部分作为应纳税所得额。

表 4-1 中列出了所得税税率即速算扣除数。从表中可看到所得税是累进税率，在计算中应考虑到需要对不同的应纳税所得额选用不同的税率和扣除金额。

表 4-1　所得税税率及扣除金额（工资、薪金所得适用）

应纳锐所得额	税率（%）	速算扣除数
< 500	5	0
< 2000	10	25
< 5000	15	125
< 20000	20	375
< 40000	25	1375
< 60000	30	3375
< 8000	35	6375
< 100000	40	10375
> =1000	45	15375

步骤 1　输入公式。在“应发工资”列 K3 单元格中输入公式“= E3 + F3 + G3 + H3−I3−J3”，或用鼠标单击引用相应的单元格，按下 Enter 键，将根据公式计算出相应的值。拖动 K3 单元格右下角的填充柄，用自动填充功能计算出所有员工的应发工资，如图 4-40 所示。

K3　=E3+F3+G3+H3-I3-J3

	A	B	C	D	E	F	G	H	I	J	K
1	员工工资管理表										
2	月份	编号	姓名	部门	基本工资	住房补贴	交通补贴	全勤奖	考勤扣款	社保金	应发工资
3	2008年12月	001	张红	办公室	￥4,900.00	￥300.00	￥300.00	￥0.00	￥142.55	￥400.00	￥4,957.45
4	2008年12月	002	李小青	办公室	￥4,000.00	￥300.00	￥200.00	￥0.00	￥1,021.82	￥300.00	￥3,178.18
5	2008年12月	003	王敏	办公室	￥2,900.00	￥300.00	￥200.00	￥0.00	￥290.00	￥300.00	￥2,810.00
6	2008年12月	004	陈晓	销售处	￥4,800.00	￥300.00	￥300.00	￥480.00	￥0.00	￥500.00	￥5,380.00
7	2008年12月	005	冯珊珊	销售处	￥3,000.00	￥300.00	￥200.00	￥0.00	￥27.27	￥400.00	￥3,072.73
8	2008年12月	006	黄斌	销售处	￥2,700.00	￥300.00	￥200.00	￥0.00	￥810.00	￥300.00	￥2,090.00
9	2008年12月	007	姚小朋	销售处	￥2,700.00	￥300.00	￥200.00	￥0.00	￥540.00	￥300.00	￥2,360.00
10	2008年12月	008	朱珠	外联部	￥4,700.00	￥300.00	￥300.00	￥0.00	￥1,200.64	￥400.00	￥3,699.36
11	2008年12月	009	陈世豪	外联部	￥3,800.00	￥300.00	￥200.00	￥0.00	￥380.00	￥300.00	￥3,620.00
12	2008年12月	010	柳叶	外联部	￥3,300.00	￥300.00	￥200.00	￥0.00	￥33.00	￥300.00	￥3,467.00
13	2008年12月	011	康其忠	外联部	￥2,900.00	￥300.00	￥200.00	￥0.00	￥319.00	￥300.00	￥2,781.00
14	2008年12月	012	程明君	售后服务处	￥4,700.00	￥300.00	￥300.00	￥0.00	￥512.73	￥300.00	￥4,487.27
15	2008年12月	013	伍小薇	售后服务处	￥2,800.00	￥300.00	￥200.00	￥0.00	￥280.00	￥300.00	￥2,720.00
16	2008年12月	014	谢玲玲	售后服务处	￥2,600.00	￥300.00	￥200.00	￥0.00	￥520.00	￥300.00	￥2,280.00
17	2008年12月	015	余丽华	财务处	￥4,900.00	￥300.00	￥300.00	￥0.00	￥490.00	￥500.00	￥4,510.00
18	2008年12月	016	卢俊峰	财务处	￥3,900.00	￥300.00	￥200.00	￥0.00	￥429.00	￥400.00	￥3,571.00
19	2008年12月	017	熊鸿燕	财务处	￥3,200.00	￥300.00	￥200.00	￥0.00	￥174.55	￥300.00	￥3,225.45
20	2008年12月	018	杨莉	后勤部	￥2,000.00	￥300.00	￥200.00	￥0.00	￥400.00	￥300.00	￥1,800.00
21	2008年12月	019	吴辉煌	后勤部	￥1,700.00	￥300.00	￥200.00	￥0.00	￥340.00	￥300.00	￥1,560.00
22	2008年12月	020	赵吕明	后勤部	￥1,600.00	￥300.00	￥200.00	￥0.00	￥392.73	￥300.00	￥1,407.27

图 4-40　输入公式并利用填充功能计算应发工资

步骤 2 计算“所得税”。在“应发工资”列中 L3 单元格中输入公式“= IF(K3<2000,0,IF((K3−2000)<500,(K3−2000)*0.05,IF((K3−2000)<2000,(K3−2000)*0.1−25,IF((K3−2000)<5000,(K3−2000)*0.15−125,(K3−2000)*0.2−375))))”，用填充柄填充“应扣所得税”列其余数据，如图 4-41 所示。

L3 =IF(K3<2000,0,IF((K3-2000)<500,(K3-2000)*0.05,IF((K3-2000)<2000,(K3-2 K3-2000)*0.15-125,(K3-2000)*0.2-375))))

	C	D								
1										
2	姓名	部门	基本工资	住房补贴	交通补贴	全勤奖	考勤扣款	社保金	应发工资	应扣所得税
3	张红	办公室	￥4,900.00	￥300.00	￥300.00	￥0.00	￥142.55	￥400.00	￥4,957.45	￥318.62
4	李小青	办公室	￥4,000.00	￥300.00	￥200.00	￥0.00	￥1,021.82	￥300.00	￥3,178.18	￥92.82
5	王敏	办公室	￥2,900.00	￥300.00	￥200.00	￥0.00	￥290.00	￥300.00	￥2,810.00	￥56.00
6	陈晓	销售处	￥4,800.00	￥300.00	￥300.00	￥480.00	￥0.00	￥500.00	￥5,380.00	￥382.00
7	冯珊珊	销售处	￥3,000.00	￥300.00	￥200.00	￥0.00	￥27.27	￥400.00	￥3,072.73	￥82.27
8	黄斌	销售处	￥2,700.00	￥300.00	￥200.00	￥0.00	￥810.00	￥300.00	￥2,090.00	￥4.50
9	姚小朋	销售处	￥2,700.00	￥300.00	￥200.00	￥0.00	￥540.00	￥300.00	￥2,360.00	￥18.00
10	朱珠	外联部	￥4,700.00	￥300.00	￥300.00	￥0.00	￥1,200.64	￥400.00	￥3,699.36	￥144.94
11	陈世豪	外联部	￥3,800.00	￥300.00	￥200.00	￥0.00	￥380.00	￥300.00	￥3,620.00	￥137.00
12	柳叶	外联部	￥3,300.00	￥300.00	￥200.00	￥0.00	￥33.00	￥300.00	￥3,467.00	￥121.70
13	康其忠	外联部	￥2,900.00	￥300.00	￥200.00	￥0.00	￥319.00	￥300.00	￥2,781.00	￥53.10
14	程明君	售后服务处	￥4,700.00	￥300.00	￥300.00	￥0.00	￥512.73	￥300.00	￥4,487.27	￥248.09
15	伍小薇	售后服务处	￥2,800.00	￥300.00	￥200.00	￥0.00	￥280.00	￥300.00	￥2,720.00	￥47.00
16	谢玲玲	售后服务处	￥2,600.00	￥300.00	￥200.00	￥0.00	￥520.00	￥300.00	￥2,280.00	￥14.00
17	余丽华	财务处	￥4,900.00	￥300.00	￥300.00	￥0.00	￥490.00	￥500.00	￥4,510.00	￥251.50
18	卢俊峰	财务处	￥3,900.00	￥300.00	￥200.00	￥0.00	￥429.00	￥400.00	￥3,571.00	￥132.10
19	熊鸿燕	财务处	￥3,200.00	￥300.00	￥200.00	￥0.00	￥174.55	￥300.00	￥3,225.45	￥97.55
20	杨莉	后勤部	￥2,000.00	￥300.00	￥200.00	￥0.00	￥400.00	￥300.00	￥1,800.00	￥0.00
21	吴辉煌	后勤部	￥1,700.00	￥300.00	￥200.00	￥0.00	￥340.00	￥300.00	￥1,560.00	￥0.00
22	赵吕明	后勤部	￥1,600.00	￥300.00	￥200.00	￥0.00	￥392.73	￥300.00	￥1,407.27	￥0.00

图 4-41 计算所得税及填充列

小贴士

在计算所得税时，使用了函数的嵌套。函数的嵌套是指将某函数作为另一函数的参数，当嵌套函数作为参数使用时，它返回的数值类型必须与参数使用的数值类型相同。

IF(K3<2000，0，IF((K3-2000)<500，(K3-2000)*0.05，IF((K3-2000)<2000，(K3-2000)*0.1-25，IF((K3-2000)<4000，(K3-2000)*0.15-125，(K3-2000)*0.2-375))))这个公式表示，如果工资总额<2000 则应扣所得税为 0，当（工资总额−2000）小于 500 时，按照个人所得税税率表的第一级计算所得税，即按（K3−2000）*0.05 计算。当（工资总额−2000）大于 500 小于 2000 时，按照个人所得税税率表的第二级计算所得税，即按(K3-2000)*0.1−25 来计算。当（工资总额−2000）大于 2000 时，按照个人所得税税率表的第三级计算所得税，即按(K3-2000)*0.15−125 来计算，依此类推。

步骤 3 计算实发工资。在单元格 L3 中输入公式“= K3-L3”。按 Enter 键确认公式输入，然后利用自动句柄填充功能填充数据，得出实发工资如图 4-42 所示。

M3 =K3-L3

	C	D	E	F	G	H	I	J	K	L	M
1											
2	姓名	部门	基本工资	住房补贴	交通补贴	全勤奖	考勤扣款	社保金	应发工资	应扣所得税	实发工资
3	张红	办公室	￥4,900.00	￥300.00	￥300.00	￥0.00	￥142.55	￥400.00	￥4,957.45	￥318.62	￥4,638.84
4	李小青	办公室	￥4,000.00	￥300.00	￥200.00	￥0.00	￥1,021.82	￥300.00	￥3,178.18	￥92.82	￥3,085.36
5	王敏	办公室	￥2,900.00	￥300.00	￥200.00	￥0.00	￥290.00	￥300.00	￥2,810.00	￥56.00	￥2,754.00
6	陈晓	销售处	￥4,800.00	￥300.00	￥300.00	￥480.00	￥0.00	￥500.00	￥5,380.00	￥382.00	￥4,998.00
7	冯珊珊	销售处	￥3,000.00	￥300.00	￥200.00	￥0.00	￥27.27	￥400.00	￥3,072.73	￥82.27	￥2,990.45
8	黄斌	销售处	￥2,700.00	￥300.00	￥200.00	￥0.00	￥810.00	￥300.00	￥2,090.00	￥4.50	￥2,085.50
9	姚小朋	销售处	￥2,700.00	￥300.00	￥200.00	￥0.00	￥540.00	￥300.00	￥2,360.00	￥18.00	￥2,342.00
10	朱珠	外联部	￥4,700.00	￥300.00	￥300.00	￥0.00	￥1,200.64	￥400.00	￥3,699.36	￥144.94	￥3,554.43
11	陈世豪	外联部	￥3,800.00	￥300.00	￥200.00	￥0.00	￥380.00	￥300.00	￥3,620.00	￥137.00	￥3,483.00
12	柳叶	外联部	￥3,300.00	￥300.00	￥200.00	￥0.00	￥33.00	￥300.00	￥3,467.00	￥121.70	￥3,345.30
13	康其忠	外联部	￥2,900.00	￥300.00	￥200.00	￥0.00	￥319.00	￥300.00	￥2,781.00	￥53.10	￥2,727.90
14	程明君	售后服务处	￥4,700.00	￥300.00	￥300.00	￥0.00	￥512.73	￥300.00	￥4,487.27	￥248.09	￥4,239.18
15	伍小薇	售后服务处	￥2,800.00	￥300.00	￥200.00	￥0.00	￥280.00	￥300.00	￥2,720.00	￥47.00	￥2,673.00
16	谢玲玲	售后服务处	￥2,600.00	￥300.00	￥200.00	￥0.00	￥520.00	￥300.00	￥2,280.00	￥14.00	￥2,266.00
17	余丽华	财务处	￥4,900.00	￥300.00	￥300.00	￥0.00	￥490.00	￥500.00	￥4,510.00	￥251.50	￥4,258.50
18	卢俊峰	财务处	￥3,900.00	￥300.00	￥200.00	￥0.00	￥429.00	￥400.00	￥3,571.00	￥132.10	￥3,438.90
19	熊鸿燕	财务处	￥3,200.00	￥300.00	￥200.00	￥0.00	￥174.55	￥300.00	￥3,225.45	￥97.55	￥3,127.91
20	杨莉	后勤部	￥2,000.00	￥300.00	￥200.00	￥0.00	￥400.00	￥300.00	￥1,800.00	￥0.00	￥1,800.00
21	吴辉煌	后勤部	￥1,700.00	￥300.00	￥200.00	￥0.00	￥340.00	￥300.00	￥1,560.00	￥0.00	￥1,560.00
22	赵吕明	后勤部	￥1,600.00	￥300.00	￥200.00	￥0.00	￥392.73	￥300.00	￥1,407.27	￥0.00	￥1,407.27

图 4-42 计算实发工资

4.7　拆分和冻结工作表

若工作表中的记录很多，查看进来就相当费劲，容易出现错行或错列现象。可以运用工作表的拆分和冻结功能解决此问题。

4.7.1　拆分工作表

拆分工作表是把工作表的当前活动窗口拆分成窗格式样，每个窗格中都可通过滚动条来查看工作表的每一部分，即可用拆分窗口在一个文档窗口中查看不同的内容。

步骤 1　选择命令。选定要进行拆分的拆分点单元格，单击菜单栏中"窗口"|"拆分"命令，在选定单元格的左方和上方工作表被拆分为 4 个独立的窗格，如图 4-43 所示。

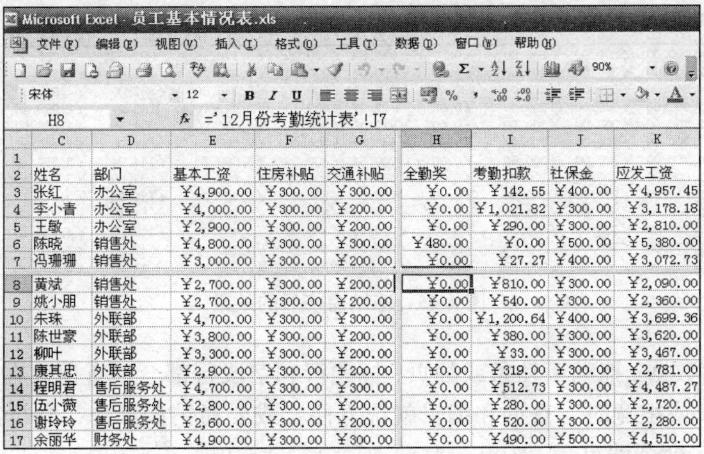

图 4-43　拆分工作表

步骤 2　查看拆分窗格。拖动滚动条可发现每一个窗格中都能看到整个工作表的内容，如图 4-44 所示。若要撤销工作表的拆分，可再次单击"拆分"按钮，也可直接单击拆分框，即可完成撤销拆分操作。

图 4-44　每个窗格都能看到整个工作的内容

4.7.2 冻结工作表

冻结工作表是将当前工作表的活动窗口拆分成窗格，与拆分工作表窗口不同的是，在冻结工作表拆分窗口操作中，只是将活动工作表拆分的上窗格、左窗格进行冻结。冻结窗格可在选择滚动工作表时始终保持可见的数据。在滚动时保持行和列标志可见。若要冻结窗格，请执行下列操作之一。

步骤 1 选择命令。先选定要冻结的单元格或单元格区域，单击菜单栏上“窗口”|“冻结窗格”命令，出现如图 4-45 所示的效果。

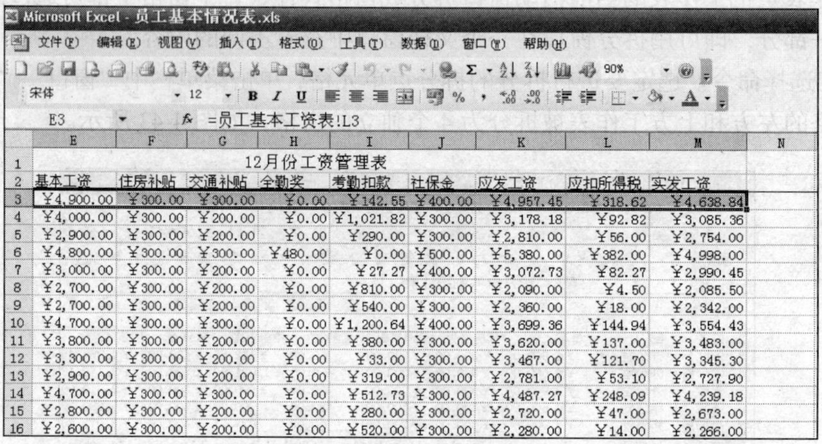

	E	F	G	H	I	J	K	L	M	N
1	12月份工资管理表									
2	基本工资	住房补贴	交通补贴	全勤奖	考勤扣款	社保金	应发工资	应扣所得税	实发工资	
3	￥4,900.00	￥300.00	￥300.00	￥0.00	￥142.55	￥400.00	￥4,957.45	￥318.62	￥4,638.84	
4	￥4,000.00	￥300.00	￥200.00	￥0.00	￥1,021.82	￥300.00	￥3,178.18	￥92.82	￥3,085.36	
5	￥2,900.00	￥300.00	￥200.00	￥0.00	￥290.00	￥300.00	￥2,810.00	￥56.00	￥2,754.00	
6	￥4,800.00	￥300.00	￥300.00	￥480.00	￥0.00	￥500.00	￥5,380.00	￥382.00	￥4,998.00	
7	￥3,000.00	￥300.00	￥200.00	￥0.00	￥27.27	￥400.00	￥3,072.73	￥82.27	￥2,990.45	
8	￥2,700.00	￥300.00	￥200.00	￥0.00	￥810.00	￥300.00	￥2,090.00	￥4.50	￥2,085.50	
9	￥2,700.00	￥300.00	￥200.00	￥0.00	￥540.00	￥300.00	￥2,360.00	￥18.00	￥2,342.00	
10	￥4,700.00	￥300.00	￥300.00	￥0.00	￥1,200.64	￥400.00	￥3,699.36	￥144.94	￥3,554.43	
11	￥3,800.00	￥300.00	￥200.00	￥0.00	￥380.00	￥300.00	￥3,620.00	￥137.00	￥3,483.00	
12	￥3,300.00	￥300.00	￥200.00	￥0.00	￥33.00	￥300.00	￥3,467.00	￥121.70	￥3,345.30	
13	￥2,900.00	￥300.00	￥200.00	￥0.00	￥319.00	￥300.00	￥2,781.00	￥53.10	￥2,727.90	
14	￥4,700.00	￥300.00	￥300.00	￥0.00	￥512.73	￥300.00	￥4,487.27	￥248.09	￥4,239.18	
15	￥2,800.00	￥300.00	￥200.00	￥0.00	￥280.00	￥300.00	￥2,720.00	￥47.00	￥2,673.00	
16	￥2,600.00	￥300.00	￥200.00	￥0.00	￥520.00	￥300.00	￥2,280.00	￥14.00	￥2,266.00	

图 4-45 冻结窗格后的效果

步骤 2 查看数据。拖动滚动条或翻页，标题行和字段行都会一直保留在屏幕上，如图 4-46 所示。若表格很长或很宽时，查询和编辑就很方便。或要撤销该操作，则再次单击菜单栏“窗口”|“冻结窗格”命令即可。

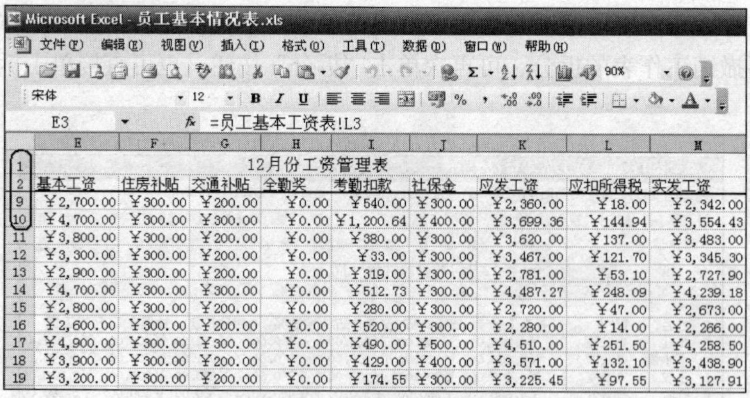

	E	F	G	H	I	J	K	L	M
1	12月份工资管理表								
2	基本工资	住房补贴	交通补贴	全勤奖	考勤扣款	社保金	应发工资	应扣所得税	实发工资
9	￥2,700.00	￥300.00	￥200.00	￥0.00	￥540.00	￥300.00	￥2,360.00	￥18.00	￥2,342.00
10	￥4,700.00	￥300.00	￥300.00	￥0.00	￥1,200.64	￥400.00	￥3,699.36	￥144.94	￥3,554.43
11	￥3,800.00	￥300.00	￥200.00	￥0.00	￥380.00	￥300.00	￥3,620.00	￥137.00	￥3,483.00
12	￥3,300.00	￥300.00	￥200.00	￥0.00	￥33.00	￥300.00	￥3,467.00	￥121.70	￥3,345.30
13	￥2,900.00	￥300.00	￥200.00	￥0.00	￥319.00	￥300.00	￥2,781.00	￥53.10	￥2,727.90
14	￥4,700.00	￥300.00	￥300.00	￥0.00	￥512.73	￥300.00	￥4,487.27	￥248.09	￥4,239.18
15	￥2,800.00	￥300.00	￥200.00	￥0.00	￥280.00	￥300.00	￥2,720.00	￥47.00	￥2,673.00
16	￥2,600.00	￥300.00	￥200.00	￥0.00	￥520.00	￥300.00	￥2,280.00	￥14.00	￥2,266.00
17	￥4,900.00	￥300.00	￥300.00	￥0.00	￥490.00	￥500.00	￥4,510.00	￥251.50	￥4,258.50
18	￥3,900.00	￥300.00	￥200.00	￥0.00	￥429.00	￥400.00	￥3,571.00	￥132.10	￥3,438.90
19	￥3,200.00	￥300.00	￥200.00	￥0.00	￥174.55	￥300.00	￥3,225.45	￥97.55	￥3,127.91

图 4-46 滚动查看工作表记录

小贴士

若要冻结顶部水平窗格，则选择待拆分处的下一行。若要冻结左侧垂直窗格，则选择待拆分处的右边一列。若要同时生成顶部和左侧窗格，则单击待拆分处右下方的单元格。

4.8　自动筛选和排序功能

4.8.1　应用自动筛选

Excel 数据筛选功能为查找记录提供了很大的方便，可对某些特定数据进行操作。

步骤 1　选择命令。单击工作表中任意含有数据的单元格，单击菜单栏"数据"|"筛选"|"自动筛选"命令，字段行的所有单元格右侧均会出现一个下拉按钮，如图 4-47 所示。

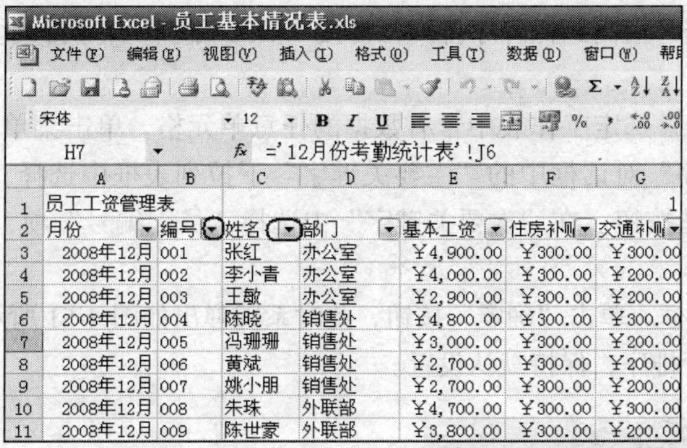

图 4-47　显示自动筛选按钮

步骤 2　筛选数据。单击"部门"右侧的下拉按钮，从展开的下拉列表中单击"财务处"选项，单击"确定"按钮，将筛选出满足条件的记录，如图 4-48 所示。

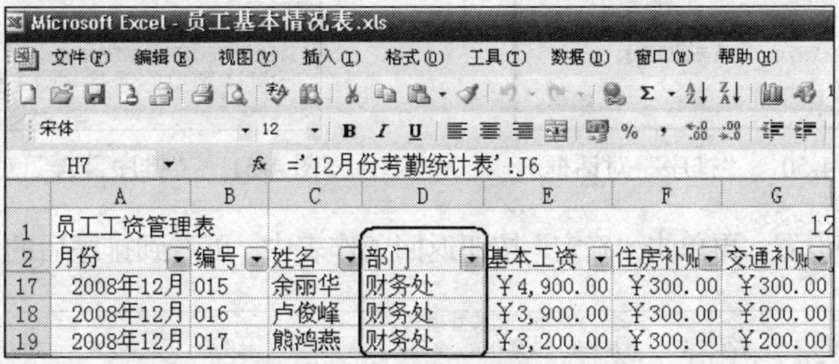

图 4-48　筛选出财务处的记录

步骤 3　取消筛选。若要取消自动筛选功能，只需再选择"数据"|"筛选"|"自动筛选"命令，取消勾选"自动筛选"复选框即可。

小贴士

若要筛选出基本工资大于 3000 元，小于 4000 元的记录，就要使用"自定义"选项了。具体操作是：单击"基本工资"右侧的下拉按钮，在出现的下拉列表中选择"自定义"选项，在打开的"自定义自动筛选方式"对话框中设置筛选方式，如图 4-49 所示。并单击"确定"按钮，即可显示筛选出的记录。

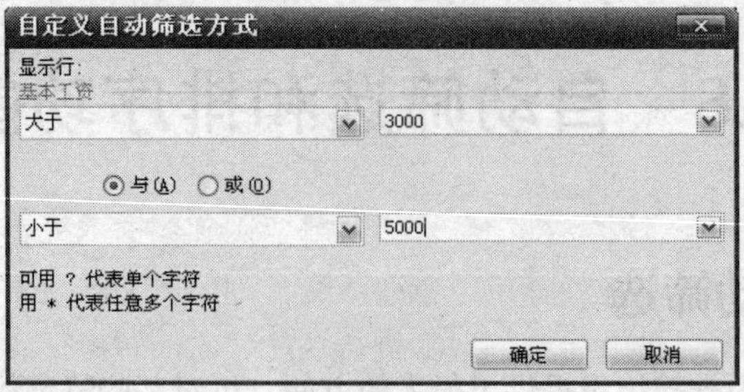

图 4-49　设置筛选方式

4.8.2　应用排序功能

若按照"实发工资"由高到低降序排列，再按"员工编号"升序排列。则可使用 Excel 排序功能。

步骤 1　选择命令。选定工作表中含有数据的任意单元格，单击菜单栏中"数据"|"排序"命令，在出现的"排序"对话框中的"主要关键字"下拉列表框中选择"实发工资"项，再单击其右侧"降序"单选按钮。在"次要关键字"中选择"员工编号"项，再单击右侧"升序"，如图 4-50 所示。

步骤 2　设置对话框。单击"确定"按钮，此时系统弹出如图 4-51 所示的对话框，提示用户将按照文本或数字进行排序，保持默认设置。

图 4-50　"排序"对话框

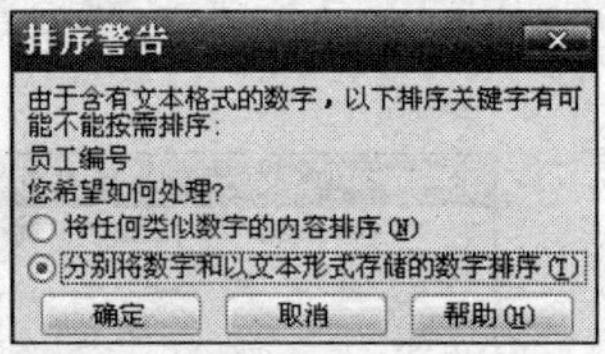

图 4-51　"排序警告"对话框

步骤 3　完成排序设置。再单击"确定"按钮返回工作表中，可看到排序后的效果，如图 4-52 所示。

员工工资管理表										
员工编号	姓名	部门	基本工资	住房补贴	交通补贴	全勤奖	考勤扣款	社保金	应发工资	应扣所得税	实发工资
004	陈晓	销售处	¥4,800.00	¥300.00	¥300.00	¥480.00	¥0.00	¥500.00	¥5,380.00	¥382.00	¥4,998.00
001	张红	办公室	¥4,900.00	¥300.00	¥300.00	¥0.00	¥142.55	¥400.00	¥4,957.45	¥318.62	¥4,638.84
015	余丽华	财务处	¥4,900.00	¥300.00	¥300.00	¥0.00	¥490.00	¥500.00	¥4,510.00	¥251.50	¥4,258.50
012	程明君	售后服务处	¥4,700.00	¥300.00	¥300.00	¥0.00	¥512.73	¥300.00	¥4,487.27	¥248.09	¥4,239.18
008	朱珠	外联部	¥4,700.00	¥300.00	¥300.00	¥0.00	¥1,200.64	¥400.00	¥3,699.36	¥144.94	¥3,554.43
009	陈世豪	外联部	¥3,800.00	¥300.00	¥200.00	¥0.00	¥380.00	¥300.00	¥3,620.00	¥137.00	¥3,483.00
016	户俊峰	财务处	¥3,900.00	¥300.00	¥200.00	¥0.00	¥429.00	¥400.00	¥3,571.00	¥132.10	¥3,438.90
010	柳叶	外联部	¥3,300.00	¥300.00	¥200.00	¥0.00	¥33.00	¥300.00	¥3,467.00	¥121.70	¥3,345.30
017	熊鸿燕	财务处	¥3,200.00	¥300.00	¥200.00	¥0.00	¥174.55	¥300.00	¥3,225.45	¥97.55	¥3,127.91
002	李小青	办公室	¥4,000.00	¥300.00	¥300.00	¥0.00	¥1,021.82	¥300.00	¥3,178.18	¥92.82	¥3,085.36
005	冯珊珊	销售处	¥3,000.00	¥300.00	¥200.00	¥0.00	¥27.27	¥400.00	¥3,072.73	¥82.27	¥2,990.45
003	王敏	办公室	¥2,900.00	¥300.00	¥300.00	¥0.00	¥290.00	¥400.00	¥2,810.00	¥56.00	¥2,754.00
011	康其忠	外联部	¥2,900.00	¥300.00	¥200.00	¥0.00	¥319.00	¥300.00	¥2,781.00	¥53.10	¥2,727.90
013	伍小薇	售后服务处	¥2,800.00	¥300.00	¥300.00	¥0.00	¥280.00	¥400.00	¥2,720.00	¥47.00	¥2,673.00
007	姚小朋	销售处	¥2,700.00	¥300.00	¥200.00	¥0.00	¥540.00	¥300.00	¥2,360.00	¥18.00	¥2,342.00
014	谢玲玲	售后服务处	¥2,700.00	¥300.00	¥200.00	¥0.00	¥520.00	¥400.00	¥2,280.00	¥14.00	¥2,266.00
006	黄斌	销售处	¥2,700.00	¥300.00	¥200.00	¥0.00	¥810.00	¥300.00	¥2,090.00	¥4.50	¥2,085.50
018	杨莉	后勤部	¥2,000.00	¥300.00	¥200.00	¥0.00	¥400.00	¥300.00	¥1,800.00	¥0.00	¥1,800.00
019	吴辉煌	后勤部	¥1,700.00	¥300.00	¥200.00	¥0.00	¥340.00	¥300.00	¥1,560.00	¥0.00	¥1,560.00
020	赵昌明	后勤部	¥1,600.00	¥300.00	¥200.00	¥0.00	¥392.73	¥300.00	¥1,407.27	¥0.00	¥1,407.27

图 4-52　排序后的效果

4.9　数据透视表的应用

在实际发放工资时，会将工资按部门统计，这就要用到数据透视表了。

数据透视表是一种对大量数据快速汇总和建立交叉列表的交互式表格，可以快速合并和比较大量数据，具有透视和筛选功能和极强的数据分析功能，它能转换行或列以查看数据的不同汇总结果，也可以显示不同页面以筛选数据，还可以根据需要显示区域中的明细数据。

步骤 1　选定单元格。单击"员工工资管理表"中任意含有数据单元格。

步骤 2　选择命令。单击菜单栏上"数据"|"数据透视表和数据透视图"命令，打开"数据透视表和数据透视图向导"对话框，如图 4-53 所示。

步骤 3　选定区域。在"请指定待分析数据的数据源类型"栏中选择"Microsoft Excel 数据列表或数据库"选项，然后在"所需创建的报表类型"栏中选择"数据透视表"，单击"下一步"按钮，打开如图 4-54 所示的对话框。

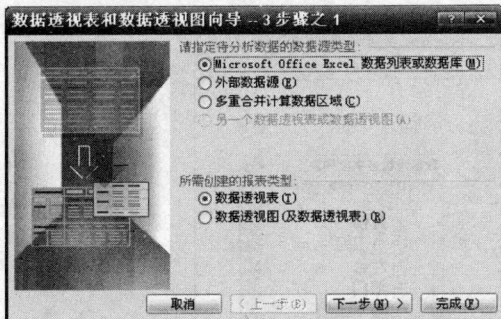

图 4-53　"数据透视表和数据透视图向导"对话框

图 4-54　选定数据区域对话框

步骤 4　选择透视表显示位置。单击"下一步"按钮，打开如图 4-55 所示的对话框，选择"新建工作表"选项。

步骤 5　透视表布局。单击"布局"选项，打开如图 4-56 所示的对话框。在"数据透视表布局"对话框中，可以设计数据透视表的布局。将数据清单中的字段名拖至页、行、列或数据区域。例如，要将"住房补贴"、"交通补贴"、"基本工资"、"应发工资"和"实发工资"按部门汇总的操作是：把"月份"拖到"页"，把"部门"拖至"行"，把"住房补贴"、"交通补贴"、"基本工资"、"应发工资"和"实发工资"等字段名拖至"数据"区域，如图 4-57 所示。

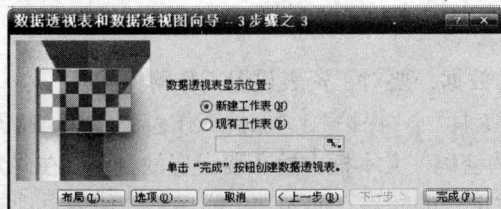

图 4-55　选择"新建工作表"

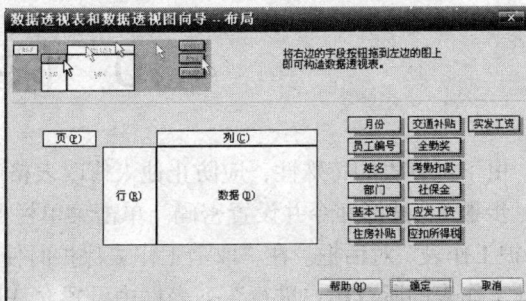

图 4-56　数据透视表的布局对话框

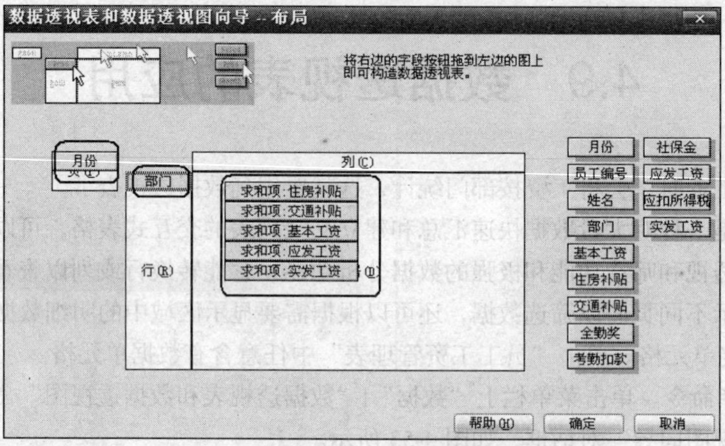

图 4-57　完成拖动后的数据透视图布局

步骤 6　完成透视表设置。单击"确定"按钮，生成的数据透视表如图 4-58 所示。

图 4-58　完成后的数据透视表

当员工基本工资表的数据发生变化时，生成的透视表中的数据也随之变化。在数据透视表中只能对数据进行查看而不能进行修改。

4.10　保护工资表

由于工资表的特殊性，应防止他人修改表格中的数据，要对工资表设置工作簿保护。

步骤 1　选择命令并设置密码。单击菜单栏上"工具"|"保护"|"保护工作表"命令，打开"保护工作表"对话框。在"取消工作表保护时使用的密码"文本框中输入要设置的密码；在"允许此工作表的所有用户进行"列表框中设置允许用户进行的操作，如勾选"排序"、"使用自动筛选"复选框等，如图 4-59 所示。

步骤 2　确认密码。单击"确定"按钮，系统将弹出如图 4-60 所示的"确认密码"对话框，再次输入密码，单击"确定"按钮。

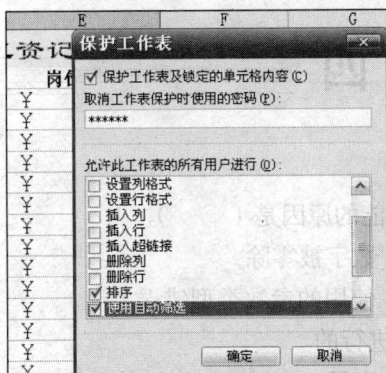

图 4-59　"保护工作表"对话框设置

图 4-60　"确认密码"对话框

步骤 3　完成工作簿保护。当试图清除工资表中某个员工的记录时，系统将弹出如图 4-61 所示的提示信息。提示如果要清除该内容，必须要撤销对工作表的保护。

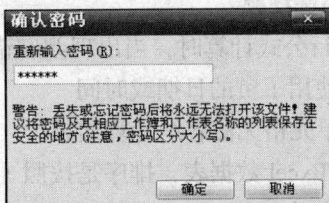

图 4-61　提示信息

步骤 4　取消工作簿保护。如果要撤销对工作表的保护，可单击菜单栏上"工具"|"保护"|"撤销工作表保护"命令。在出现的"撤销工作表保护"对话框中输入正确的密码，再单击"确定"按钮即可完成撤销工作表保护功能的操作。

✎ **小贴士**

在图 4-62 所示的选项中，"允许用户编辑区域"可以让用户编辑指定的区域，实现方法是为不同的区域设置不同的操作密码；"保护工作簿"可以对整个工作簿起到保护作用，还可以根据需要选择只保护工作簿的"结构"或者"窗口"；"保护并共享工

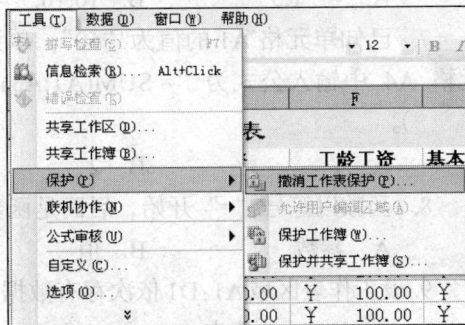

图 4-62　"保护"命令的其他选项

作簿"可以共享工作簿，提供以追踪修订方式共享，从而避免丢失修订信息。

本章小结

本章通过学习创建员工工资管理表，介绍了多工作表的创建，掌握了如何获取外部数据和快速录入数据的方法，学会了不同工作簿或工作表中如何引用数据以及 YEAR 函数、IF 函数、COUNT 函数、VLOOKUP 函数、SUMPRODUCT 函数和 TIMEVALUE 函数的功能和使用；了解了工作表的拆分和冻结，掌握了数据的自动筛选和排序功能以及数据透视表的应用和文档加

密等操作。使读者对 Excel 2003 中数据的设置、多工作簿或工作表数据引用及函数的应用等能够有一个较全面的了解。

习 题 四

一、单项选择题

1. 在进行公式计算时，当出现####错误时，可能的原因是（   ）。
   - A. 使用了负的日期或时间
   - B. 数字被零除
   - C. 单元格无法容纳计算结果
   - D. 使用的参数类型错误

2. 对于 Excel 数据表，排序是按照（   ）来进行的。
   - A. 记录
   - B. 工作表
   - C. 字段
   - D. 单元格

3. 在工作表的区域 A2：A4 中，依次输入数值 2、4、6、8。在 D2 中输入数值 2。B2 中输入公式 = A2^2 + $D$2，现将单元格 B2 复制到 C2，则单元格 C2 显示结果为（   ）。
   - A. 18
   - B. 6
   - C. 38
   - D. 66

4. 在工作表的区域 B2：E2 中分别存入数值 100，200，300，400，在单元格 G4 中输入公式 = AVERAGE（B2：E2）+ 80，则 G4 显示结果为（   ）。
   - A. 240
   - B. 330
   - C. 480
   - D. 1080

5. 在 Excel 中，可以交互、交叉制表的电子报表是（   ）。
   - A. 图表
   - B. 数据透视表
   - C. 工作表
   - D. 数据透视图

6. （   ）输入到 Excel 工作表的单元格中是不正确的。
   - A. = "1,5"
   - B. 10,10.5
   - C. = 10 ^ 2
   - D. = 10,2

7. 已知单元格 A1 的值为 "60"，单元格 A2 的值为 "70"，单元格 A3 的值为 "80"，在单元格 A4 中输入公式为 "= SUM(A1:A3)/AVERAGE(A1 + A2 + A3)"，那么 A4 单元格的值为（   ）。
   - A. 1
   - B. 2
   - C. 3
   - D. 4

8. 函数以等号 "=" 开始，后面是函数名和括号，其中括号里的内容是（   ）。
   - A. 参数
   - B. 值
   - C. 公式
   - D. 嵌套函数

9. 设工作表区域 A1:D1 依次存有数据 4、0、5、18,在单元格 E1 中输入公式=ROUND(SUM(B1:C1)/7, 1)，则 E1 的值为（   ）。
   - A. 4.2
   - B. 2.1
   - C. 0.7
   - D. 1.3

10. 若要冻结顶部水平窗格，用户则应选择（   ）。
    - A. 待拆分处的下一行
    - B. 拆分处的右边一列
    - C. 拆分处右下方的单元格
    - D. 全部单元格

二、填空题

1. Excel 输入公式的标志是前导符_____。

2. 在工作表区域 A1：D1 中依次为 1、5、10、15；A2：D2 中依次为 9、8、20、12；在单元格 G2 中输入公式 = 8*COUNT(A1：D1) + 100，将 G2 复制到 G3，则 G3 的值为_____。

3. Excel 的数据排序，最多可按_____个关键字进行排序。

4. 在 Excel 中，如果引用数据发生改变，那么被引用的数据_____。

5. “数据透视表和数据透视图向导”为用户提供了________个步骤创建数据透视表或数据透视图。

6. ________函数可以搜索表区域首列满足条件的元素，并返回选定单元格的值。

三、上机操作题

1. 建立如图 4-63 所示的工作表（要求：包含有产地、商品名、单价、数量和金额，不少于 10 条记录），然后完成下列操作。

Microsoft Excel - 商品记录表

文件(F)　编辑(E)　视图(V)　插入(I)　格式(O)　工具(T)　数据(D)　窗口(W)　帮助(H)

A16

	A	B	C	D	E	F
1	商品名称	型号	数量	单价	金额	产地
2	投影仪	明基MP512ST	20	4800		台湾
3	计算机	联想扬天M4900V	500	4350		中国
4	服务器	IBM SYSTEM 3650	20	37500		中国
5	服务器	HP ML350	5	12800		中国
6	多功能一体机	爱普生600F	20	1980		中国
7	网络交换机	Netcore5124NS	12	1280		中国
8	方正文祥E630	方正文祥E630	300	3000		中国
9	空调	美的KF-71LW/F2Y	10	3700		中国
10	投影幕布	Fujitsu	20	900.00		中国
11	中控系统	YX100plus smart contrl system	20	1200.00		中国
12	数字混音器	DIGISYNTHETIC	20	3300.00		中国

图 4-63　商品记录表

要求：

（1）用公式求出金额字段所对应的金额数（单价 × 数量 = 金额）。

（2）按商品名称为主关键字，产地为次关键字，单价为三级关键字进行多列排序。

（3）筛选出单价大于 10000 的商品。

（4）创建产地数据透视图。

（5）完成后以“商品记录表.xls”为文件名保存在指定位置。

2. 建立如图 4-64 所示的工作表，用函数计算员工的工龄和可享有的有薪年假天数，完成后以“员工年假表.xls”为文件名存放指定位置。

	A	B	C	D	E	F
1	员工年假表					
2	员工编号	姓名	所属部门	何时加入单位	工龄	年假
3	001	张红	办公室	1998-12		
4	002	李小青	办公室	2001-1		
5	003	王敏	办公室	2001-1		
6	004	陈晓	销售处	2001-1		
7	005	冯珊珊	销售处	2002-1		
8	006	黄斌	销售处	2001-5		
9	007	姚小朋	销售处	2001-5		
10	008	朱珠	外联部	2002-5		
11	009	陈世豪	外联部	2002-5		
12	010	柳叶	外联部	2002-12		
13	011	康其忠	外联部	2002-12		
14	012	程明君	售后服务处	2002-12		
15	013	伍小薇	售后服务处	2002-12		
16	014	谢玲玲	售后服务处	2003-5		
17	015	余丽华	财务处	2003-5		
18	016	卢俊峰	财务处	2003-5		
19	017	熊鸿燕	财务处	2003-10		
20	018	杨莉	后勤部	2003-10		
21	019	吴辉煌	后勤部	2003-10		
22	020	赵旦明	后勤部	2004-1		

图 4-64　员工年假表

单位年假制度规定：（1）工龄在 1 年或 1 年以上可以享有年假，工龄小于 3 年者，年假为 7 天（不含法定假日），工龄 3 年以上者，工龄每增加 1 年年假增加 1 天。

① 工龄计算用 YEAR() 和 TODAY() 函数，方法与求员工年龄相似。

② 根据单位年假制度，求年假可用 IF() 函数。

3. 建立如图 4-65 所示工作表，完成如下操作：

	A	B	C	D	E
1	员工考勤表				
2	员工编号	姓名	部门	日期	
3	001	张红	办公室		
4	002	李小青	办公室		
5	003	王敏	办公室		
6	004	陈晓	销售处		
7	005	冯珊珊	销售处		
8	006	黄斌	销售处		
9	007	姚小朋	销售处		
10	008	朱珠	外联部		
11	009	陈世豪	外联部		
12	010	柳叶	外联部		
13	011	康其忠	外联部		
14	012	程明君	售后服务处		
15	013	伍小薇	售后服务处		
16	014	谢玲玲	售后服务处		
17	015	余丽华	财务处		
18	016	卢俊峰	财务处		
19	017	熊鸿燕	财务处		
20	018	杨莉	后勤部		
21	019	吴辉煌	后勤部		
22	020	赵吕明	后勤部		

图 4-65 员工考勤表

（1）在"日期"单元格后输入 3 月份的工作天数（不含法定假日）。

（2）增加"迟到"、"早退"、"旷工"、"病假"和"事假"列，并对这几项进行统计。

（3）完成后以"考勤表.xls"为文件名保存在指定位置。

参考本章的"创建员工考勤表"。

第5章
制作贷款模拟运算表

在现代金融中，公司或企业要发展，靠自身的资金来完成扩大生产通常是远远不够的，解决的方法就是从银行贷款。但银行的利息计算起来很繁琐，Excel 2003 中的 PMT 财务函数，可通过单、双变量的模拟运算来实现贷款的利息计算，这样能很清楚地知道在不同的银行利率下，每月公司或企业要偿还的分期付款的利息和合适的还款金额，从而选择付款最优的方式。

Excel 2003 提供了多种方法进行预测分析，模拟运算表是常用的一个工具。

模拟运算表是一个单元格区域，它可显示一个或多个公式中替换不同值时的结果，主要用来考查一个或两个重要决策变量的变动对于分析结果的影响。单变量模拟运算表中，用户可以对一个变量输入不同值来查看该变量对一个或多个公式的影响。双变量模拟运算表中，用户可以对两个变量输入不同值来查看它们对公式的影响。

5.1   单变量模拟运算表

由于企业业务发展，需要购置新设备，而购置的资金需要￥8000000 元。准备用银行贷款买下设备，然后在今后 10 年中按月进行分期偿还。作为企业领导，应该很清楚地知道在不同银行利率下，企业每个月需要偿还银行的贷款金额是多少。

5.1.1   创建单变量模拟运算表

当只有银行利率发生变化时，可使用单变量模拟运算表。单变量模拟运算表必须包括输入值和相应的结果值，运算表的输入值要在一列或一行中。若输入值在一行，则称为行引用；若输入值在一列，则称为列引用。

步骤 1   创建工作表。建立基本的运算工作表，输入如图 5-1 所示的数据。

步骤 2   设置数据格式。将标题行"贷款偿还模拟运算表"合并居中，"本金"列和"每月偿还"列设置为货币型，并保留 2 位小数，"利率"列设置为"百分比"型，并将"Sheet1"工作表标签重命名为"单变量模拟运算表"，如图 5-2 所示。完成设置后以"企业贷款模拟运算表.xls"为文件名保存在指定位置。

✎ **小贴士**

快速输入大量含小数点的数字：如果需要在 Excel 2003 工作表中输入大量带有小数点的数字时，可利用 Excel 2003 中的小数点自动定位功能，让所有数字的小数点自动定位，从而快速提高小数数字的输入速度。

图 5-1　输入相关数据

图 5-2　设置数据格式

具体操作为：打开 Excel 2003 的编辑界面，用鼠标依次单击菜单栏上"工具"|"选项"|"编辑"标签，在弹出的如图 5-3 所示的对话框中，选中"自动设置小数点"复选框，再设置"位数"微调框中需要显示在小数点后面的位数即可。设置完成后，在某单元格中输入 8，按 Enter 键确认后，该单元格的数字自动变为"0.08"。

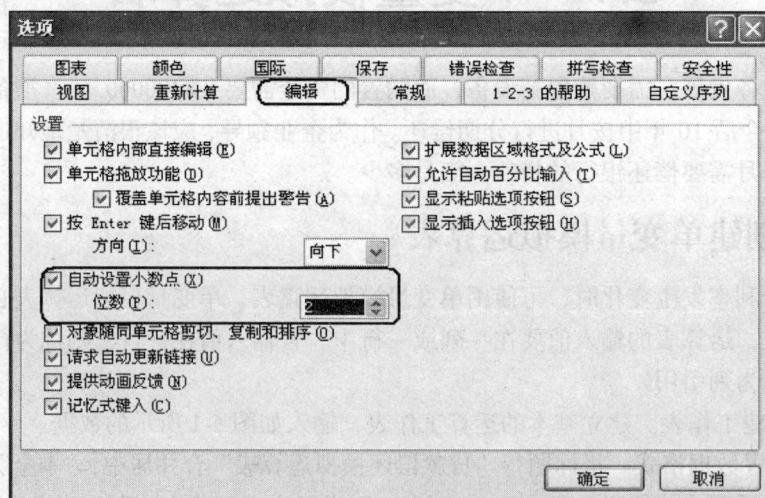

图 5-3　设置"编辑"标签对话框

5.1.2　运用财务函数

财务函数可以进行一般的财务计算，如确定贷款的支付额、投资的未来值或净现值，以及债券或息票的价值。这些财务函数大体上可分为 4 类：投资计算函数、折旧计算函数、偿还率计算函数、债券及其他金融函数。它们为财务分析提供了极大的便利。财务函数中常见的参数包括以下几个。

- 未来值（fv）：在所有付款发生后的投资或贷款的价值。
- 期间数（nper）：为总投资（或贷款）期，即该项投资（或贷款）的付款期总数。
- 付款（pmt）：对于一项投资或贷款的定期支付数额。其数值在整个年金期间保持不变。通常 pmt 包括本金和利息，但不包括其他费用及税款。
- 现值（pv）：在投资初期的投资或贷款的价值。例如，贷款的现值为所借入的本金数额。
- 利率（rate）：投资或贷款的利率或贴现率。
- 类型（type）：付款期间内进行支付的间隔，如在月初或月末，用 0 或 1 表示。
- 日计数基准类型（basis）：basis 为 0 或省略代表 US (NASD) 30/360，为 1 代表实际天数/实际天数，为 2 代表实际天数/360，为 3 代表实际天数/365，为 4 代表欧洲 30/360。

在模拟运算表中如要使用公式或函数，则必须引用输入单元格。在创建单变量模拟运算表时要使用财务函数 PMT()。PMT()函数是基于固定利率及等额分期付款方式，根据固定贷款利率、定期付款和贷款金额，来求出每期（一般为每月）应偿还的贷款金额。语法为：PMT(rate，nper，pv，fv，type)。

- rate：贷款利率，即每期利率。
- nper：总投资或贷款期数，即该项投资或贷款的付款期总数。
- pv：当前值，或一系列未来付款的当前值的累积和，也称为本金，也就是贷款金额。
- fv：为未来终值，或在最后一次付款后希望得到的现金余额，如果省略 fv，则假设其值为 0，也就是一笔贷款的未来值为 0。一般银行贷款，此值为 0。
- type：数字 0 或 1，0 指期末，1 指期初，用以指定各期的付款时间是在期初还是期末。默认值为 0。

步骤 1 引用 PMT 函数。选定单元格 D3，在其中输入公式"=PMT（C3/12，B3*12，-A3）"，按 Enter 键确认公式输入并计算出"每月偿还"的数值，如图 5-4 所示。

步骤 2 单元格地址转换。将输入公式"=PMT（C3/12，B3*12，-A3）"中的相对地址"B3"和"A3"转换为绝对地址"$B$3"和"$A$3"，即输入公式"=PMT（C3/12，$B$3*12，-$A$3）"，用填充柄填充"每月偿还"数据列，完成效果如图 5-5 所示。

	D3		fx	=PMT(C3/12, $B$3*12, -$A$3)
	A	B	C	D
1	贷款偿还模拟运算表			
2	本金	年限	利率	每月偿还
3	￥8,000,000	10	5.40%	￥86,425.15
4			5.76%	
5			5.94%	
6			6.30%	
7			6.50%	
8			7.00%	
9			7.50%	
10			8.00%	
11			8.50%	
12			9.00%	
13			9.50%	
14			10.00%	
15			10.50%	
16			11.00%	
17			11.50%	
18			12.00%	

图 5-4 输入公式计算结果

	D3		fx	=PMT(C3/12, $B$3*12, -$A$3)
	A	B	C	D
1	贷款偿还模拟运算表			
2	本金	年限	利率	每月偿还
3	￥8,000,000	10	5.40%	￥86,425.15
4			5.76%	￥87,855.29
5			5.94%	￥88,575.55
6			6.30%	￥90,026.41
7			6.50%	￥90,838.38
8			7.00%	￥92,886.78
9			7.50%	￥94,961.42
10			8.00%	￥97,062.08
11			8.50%	￥99,188.55
12			9.00%	￥101,340.62
13			9.50%	￥103,518.05
14			10.00%	￥105,720.59
15			10.50%	￥107,948.00
16			11.00%	￥110,200.01
17			11.50%	￥112,476.36
18			12.00%	￥114,776.76

图 5-5 填充"每月偿还"数据列

在图 5-5 所示"每月偿还"列中显示出了不同利率下，企业每月应偿还的贷款金额。

由于"本金"单元格和"年限"单元格的数据针对于每一种利率都是不变的，因此要将这两个单元格中的数据设为绝对引用，"利率"单元格每行不同，则设为相对地址。公式中"C3/12"为月利率，"B3*12"为贷款按月计的期限，"-A3"为贷款本金，因是贷款，所以为负值。付款时间为系统默认值。

小贴士

单元格引用有 3 种方式：相对引用、绝对引用和混合引用。

相对引用： 公式中的相对单元格引用（如 C3）是基于包含公式和单元格引用的单元格的相对位置。如果公式所在单元格的位置改变，引用也随之改变。如果多行或多列地复制公式，引用会自动调整。默认情况下，新公式使用相对引用。

绝对引用： 单元格中的绝对单元格引用（如$B$3）总是在指定位置引用单元格。如果公式所在单元格的位置改变，绝对引用保持不变。如果多行或多列地复制公式，绝对引用将不作调整。默认情况下，新公式使用相对引用，需要将它们转换为绝对引用。

相对引用和绝对引用的转换： 在编辑栏中，选择公式或需要转换成绝对地址的部分，按下 F4 键，即可将选中内容自动进行相对地址和绝对地址的转换了，可多按几次 F4 键，实现不同的地址转换效果。

5.2 利用单变量求解逆算利率

利用 Excel 中的单变量求解可对利率进行逆运算，即可以根据企业的偿还能力来计算其能够承受的银行贷款利率。

根据企业自身的情况，每月还贷可量力而行。假设企业可承担的每月贷款偿还金额为¥100000，则从图 5-5 的计算结果中发现企业可接受的银行利率为 8.50%～9.00%，大于此范围，企业财务就会出现危机。

为更好地使用贷款，在 Excel 2003 中可利用单变量求解功能来实现企业在贷款期限上的选择。

步骤 1 录入数据并设置格式。切换至"Sheet2"工作表，输入相关数据，并设置数据格式，并将工作表标签重命名为"逆算利率"，如图 5-6 所示。

步骤 2 引用 PMT 函数。选定单元格 B7，在其中输入公式"=PMT（B6/12，B4*12，-B3）"，按 Enter 键确认公式输入。

	A	B
1		
2	逆算利率	
3	贷款金额	¥8,000,000.00
4	贷款年限	10
5		
6	可接受年率	
7	可接受月偿还金额	

图 5-6 创建"逆算利率"工作表

步骤 3 选择命令。单击菜单栏上"工具"|"单变量求解"命令，如图 5-7 所示，弹出"单变量求解"对话框，如图 5-8 所示。

步骤 4 设置参数。在"单变量求解"对话框中的"目标单元格"文本框中输入"可接受月偿还金额"对应的单元格，按 F4 键将其转换为单元格绝对地址，在"目标值"文本框中输入可承受的月偿还预期金额"100000"，在"可变单元格"文本框中输入"可接受利率"对应的单元格"$B$6"，如图 5-8 所示。

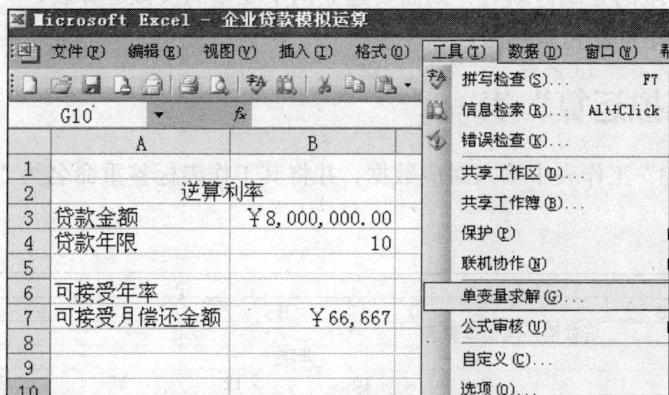

图 5-7　选择"单变量求解"命令

图 5-8　"单变量求解"对话框

步骤 5　单变量求解状态。完成运算单击"确定"按钮，弹出"单变量求解状态"对话框，求得一个解，如图 5-9 所示。

步骤 6　显示运算结果。单击"确定"按钮，返回工作表，则数据工作表中对应单元格中就出现了求解结果，如图 5-10 所示。

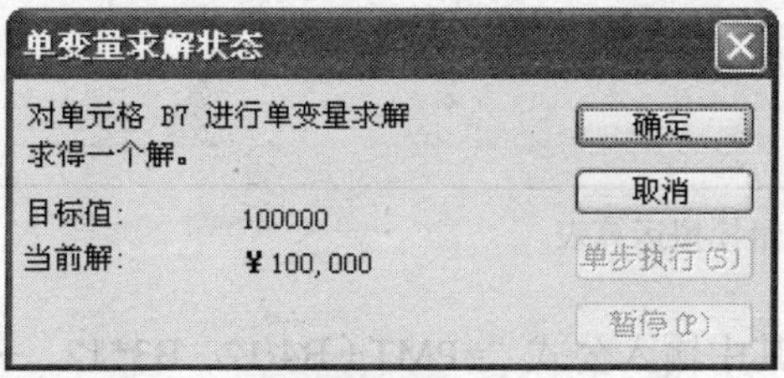

图 5-9　"单变量求解状态"对话框

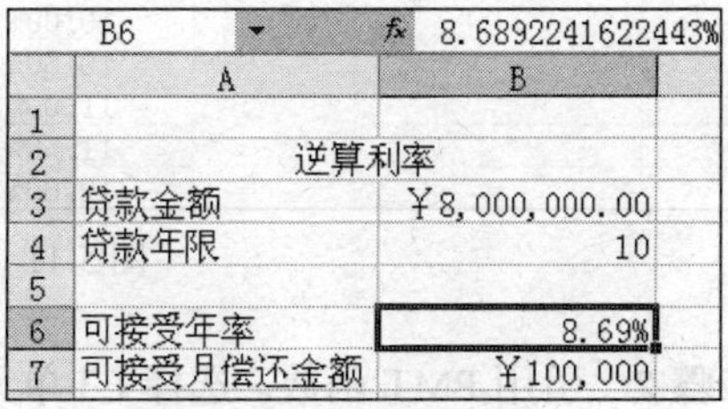

图 5-10　单变量求解结果

🖉 小贴士

从图 5-9 中可看到，通过单变量求解逆算利率，当可接受的月偿还金额为 ¥100000 元时，即可求解到可接受的利率为 8.69%，企业就可从银行年率中找到适合的年率。

如果已知单个公式的预期结果，而用于确定此公式结果的输入值未知，则可使用"单变量求解"功能。当进行单变量求解时，Microsoft Excel 会不断改变特定单元格中的值，直到依赖于此单元格的公式返回所需的结果为止。

"单变量求解"是一组命令的组成部分，这些命令有时也称作假设分析工具。Excel 2003 提供了一组数据分析工具。可以为实际工作提供很大帮助，解决许多实际问题。

5.3　双变量模拟运算表的运用

模拟运算表实质上只是为简化某些数值变化对最终结果的影响而建立的一个数据表。单变量模拟运算表中包含一个可变化的数值，如"单变量模拟"表中的"利率"。而在实际的银行贷款中，年限也是一个可变量。有时在实际工作中往往会考虑不同的利率和不同的分期付款年限条件下的每月付款额。当计算不同利率不同年限的分期付款时，则需要建立两个变量的模拟运算表，一个变量表示不同利率，另一个变量表示不同的付款年限。

5.3.1 创建"双变量模拟运算"表

步骤 1 创建工作表。在"Sheet3"工作表中输入对应数据，并将其工作表标签重命名为"双变量模拟运算表"，如图 5-11 所示。

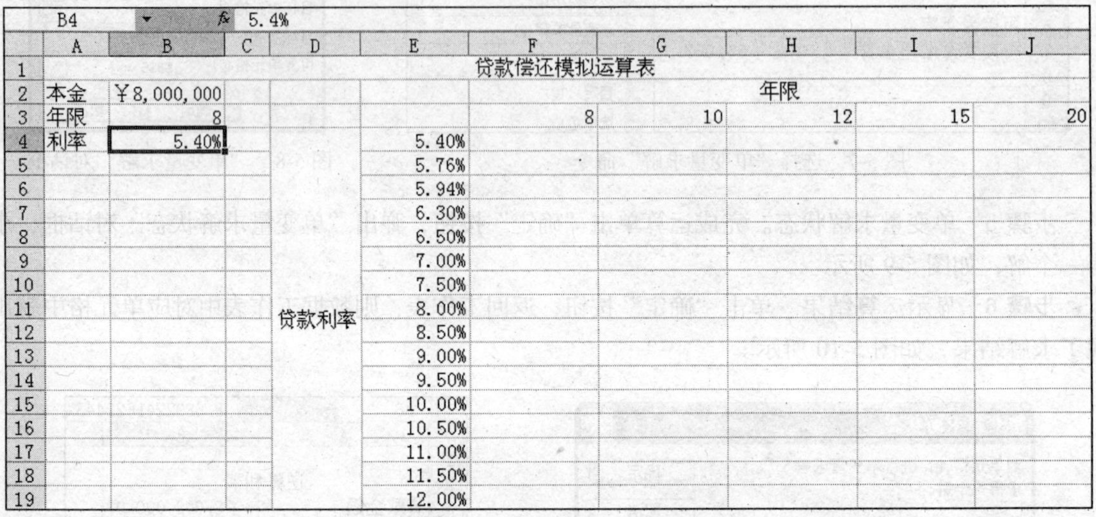

图 5-11 创建双变量模拟运算表

步骤 2 引用 PMT 函数。选择 E3 单元格，在其中输入公式"=PMT（B4/12，B3*12，-B2）"，如图 5-12 所示。

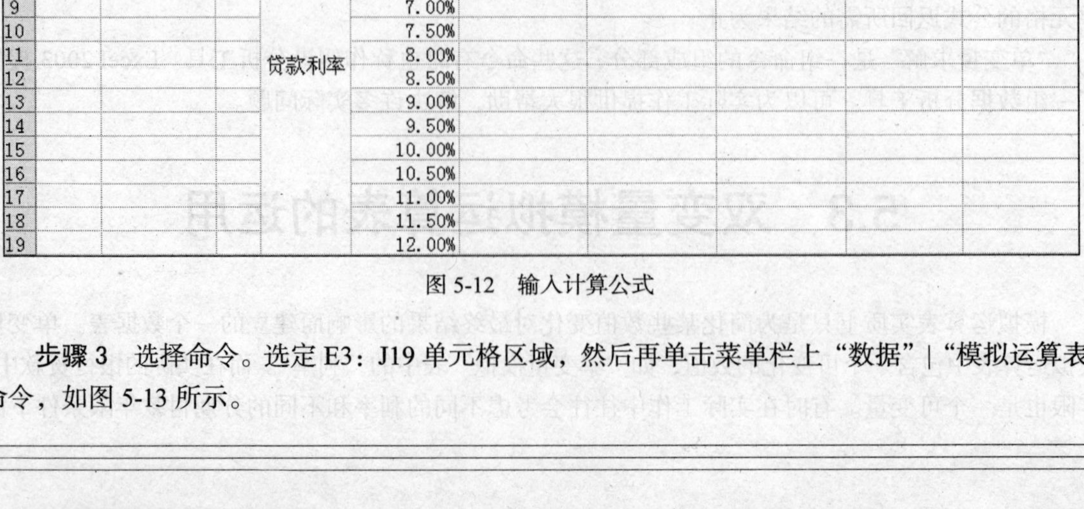

图 5-12 输入计算公式

步骤 3 选择命令。选定 E3：J19 单元格区域，然后再单击菜单栏上"数据"|"模拟运算表"命令，如图 5-13 所示。

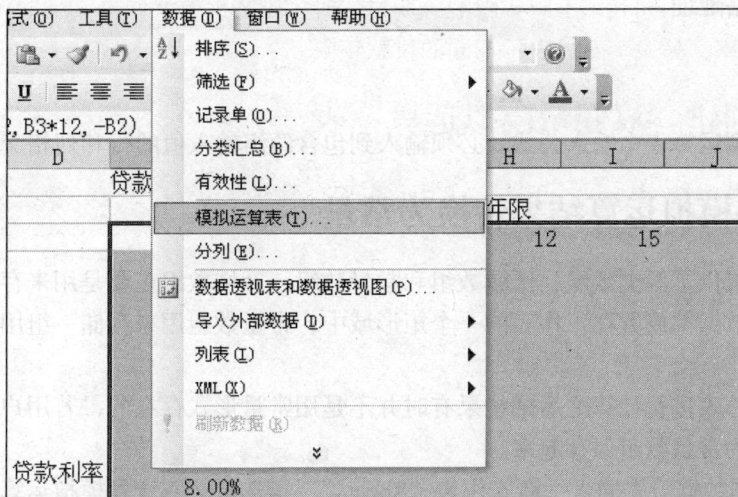

图 5-13 选定数据区域并选择"模拟运算表"命令

步骤 4 输入单元格地址。设置对话框。在弹出的"模拟运算表"对话框中,在"输入引用行的单元格"文本框中输入"年限"变量所在的单元格地址"$B$3",在"输入引用列的单元格"文本框输入"利率"变量所在的单元格地址"$B$4",如图 5-14 所示。引用的单元格地址必须是绝对引用。

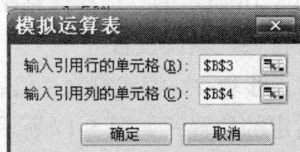

图 5-14 "模拟运算表"单元格

步骤 5 设置数据格式单击"确定"按钮,返回工作表,即可得到将利率和年限同时为变量的贷款偿还模拟运算表的计算结果,并将其的数据格式设置为"货币型",小数点保留 2 位,如图 5-15 所示。

	A	B	C	D	E	F	G	H	I	J
	F4			fx	{=表(B3, B4)}					
1					贷款偿还模拟运算表					
2	本金	¥8,000,000					年限			
3	年限	8			¥102,810	8	10	12	15	20
4	利率	5.40%			5.40%	¥102,809.80	¥86,425.15	¥75,606.72	¥64,942.93	¥54,580.13
5					5.76%	¥104,199.05	¥87,855.29	¥77,078.04	¥66,475.65	¥56,212.36
6					5.94%	¥104,897.88	¥88,575.55	¥77,819.84	¥67,249.50	¥57,037.91
7					6.30%	¥106,303.91	¥90,026.41	¥79,315.67	¥68,812.03	¥58,707.63
8					6.50%	¥107,089.86	¥90,838.38	¥80,153.69	¥69,688.59	¥59,645.85
9					7.00%	¥109,069.74	¥92,886.78	¥82,270.49	¥71,906.26	¥62,023.91
10					7.50%	¥111,070.96	¥94,961.42	¥84,418.10	¥74,160.99	¥64,447.46
11				贷款利率	8.00%	¥113,093.43	¥97,062.08	¥86,596.21	¥76,452.17	¥66,915.21
12					8.50%	¥115,137.03	¥99,188.55	¥88,804.45	¥78,779.16	¥69,425.86
13					9.00%	¥117,201.63	¥101,340.62	¥91,042.46	¥81,141.33	¥71,978.00
14					9.50%	¥119,287.10	¥103,518.05	¥93,309.86	¥83,537.97	¥74,570.50
15					10.00%	¥121,393.31	¥105,720.59	¥95,606.09	¥85,968.41	¥77,201.73
16					10.50%	¥123,520.13	¥107,948.00	¥97,931.25	¥88,431.91	¥79,870.39
17					11.00%	¥125,667.41	¥110,200.01	¥100,284.42	¥90,927.75	¥82,575.07
18					11.50%	¥127,834.99	¥112,476.36	¥102,665.33	¥93,455.18	¥85,314.37
19					12.00%	¥130,022.73	¥114,776.76	¥105,073.53	¥96,013.44	¥88,086.89

图 5-15 求出双变量模拟运算表的计算结果

从计算结果可以看到,使用双变量模拟运算表进行计算之后的结果也保存在数组中,但它们不是以常量的形式存在的,是以二维区域数组形式出现的。单击 E3:J18 单元格区域中任一单元格,则在编辑栏中出现{"=表(B3, B4)"},其中"B3"为引用行变量的单元格地址,"B4"为引用列变量的单元格地址。

📝 **小贴士**

在双变量模拟运算表中输入公式，必须输入到包含两组输入值的行和列相交的单元格中。

5.3.2 将模拟运算结果转换为常量

Excel 2003 提供了两类数组：区域数组和常量数组。区域数组主要是用来存储使用同一公式的数据，且这些数据都放置在工作表的一个矩形域中；常量数组用来存储一组用于某一公式参量的常量。

使用模拟运算表进行计算之后的结果有时并不是用常量形式存在的，若用户需要，可以将这些运算结果转换为常量数组保存起来。

步骤 1 复制数据。先插入一新工作表"Sheet4"，再选定"双变量模拟运算表"中的计算结果区域 E3：J19，右键单击选定区域，从弹出的快捷菜单中单击"复制"命令。然后在工作表"Sheet4"中选择要粘贴到的位置，右键单击，再从弹出的快捷菜单中单击"选择性粘贴"命令，打开如图 5-16 所示的"选择性粘贴"对话框，从对话框的"粘贴"选项组选中"数值"单选按钮，其余保持系统默认设置。

步骤 2 完成复制。然后再单击"确定"按钮，即可将模拟运算表的计算结果作为常量保存在指定的位置，如图 5-17 所示。

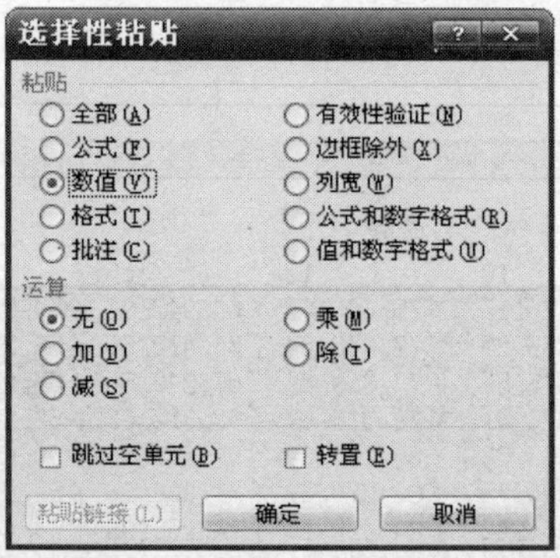

图 5-16 设置"选择性粘贴"对话框 图 5-17 数据转换后的效果

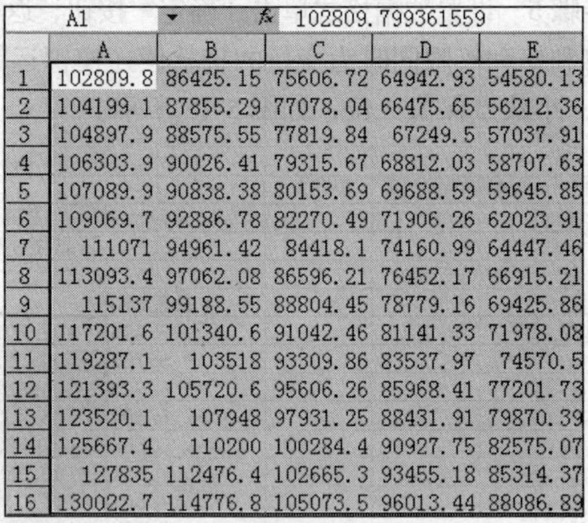

步骤 3 重命名工作表。用鼠标左键双击"Sheet4"工作表标签，此时，工作表标签呈反白显示，表示该工作表为编辑状态。直接输入"数据常量"，即可完成对工作表重命名操作。

步骤 4 隐藏工作表。单击菜单栏上"格式"|"工作表"|"隐藏"命令，将"数据常量"工作表隐藏起来，如图 5-18 所示。此时，在工作表标签位置上，"数据常量"工作表被隐藏了。

若要显示"数据常量"工作表，则再单击菜单栏上的"格式"|"工作表"|"取消隐藏"命令，从弹出的"取消隐藏"对话框"取消隐藏工作表"列表框中，选择要取消隐藏的工作表，单击"确定"按钮即可，如图 5-19 所示。

图 5-18 设置隐藏工作表

图 5-19 取消隐藏工作表

5.4 加速工作表的运算速度

在 Excel 2003 中，可以通过设置加快包含模拟运算数据在内的工作表的计算速度，减少重新计算的时间，提高工作效率。

单击菜单栏上的"工具"|"选项"命令，在弹出的"选项"对话框中切换到"重新计算"选项卡，在"计算"选项中单击"除模拟运算表外，自动重算"单选按钮，如图 5-20 所示。完成该设置，下次更新若不涉及模拟运算表的数据，这个设置就会起作用。

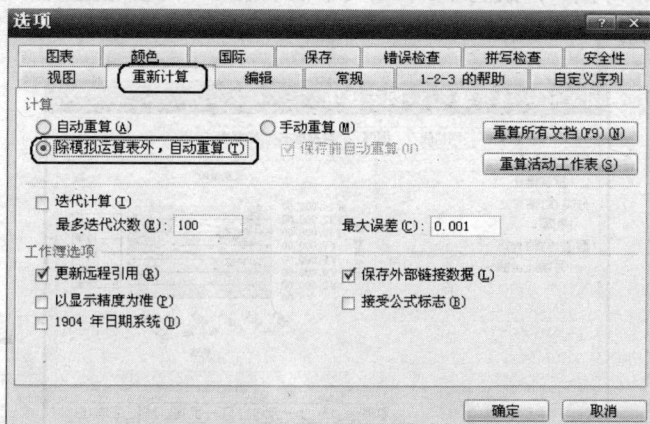

图 5-20 设置"重新计算"选项卡

5.5 将双变量模拟运算表转化为直观的图表

步骤 1 设置图表类型。选定模拟运算表中的计算结果，即选中 E4：J19 单元格。然后单击菜单栏上的"插入"|"图表"命令，打开"图表向导"对话框，选择"图表类型"下拉列表中的折线图，如图 5-21 所示。

步骤 2 设置"源数据"对话框。单击如图 5-21 所示的"下一步"按钮，进入图表"源数据"界面，切换至"数据区域"选项卡，设置系列产生在"列"，再切换至"系列"选项卡，选择"系列"下拉列表中"系列 1"，再单击"名称"文本框中输入"8 年"，再在"值"文本框中选择"$F$4：$F$19"单元格区域，在"分类（X）轴标志"文本框中选择"$E$4：$E$19"，如图 5-22 所示。

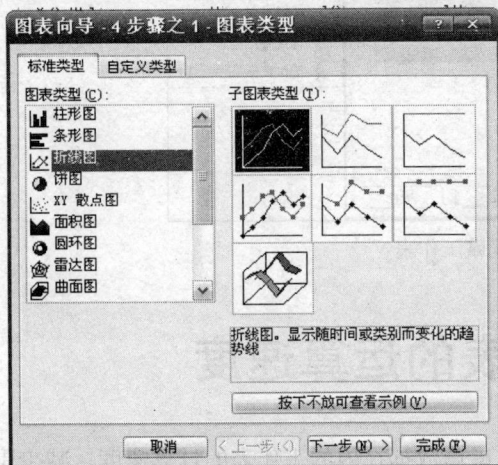

图 5-21 选择图表类型

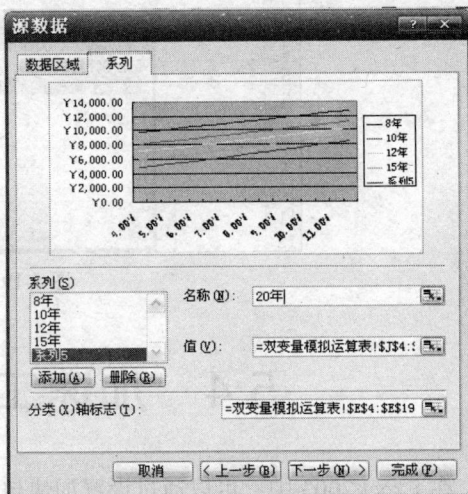

图 5-22 设置"系列"标签

步骤 3 设置"图表选项"对话框。单击图 5-22 所示的"下一步"按钮，进入"图表选项"界面，设置标题内容，再选择"标题"选项卡，在"图表标题"文本框中输入"贷款偿还"，分类（X）轴文本框中输入"利率"，数值（Y）轴文本框中输入"月偿还金额"，其他设置使用系统默认值，如图 5-23 所示。

图 5-23 设置图表选项

步骤 4 设置"图表位置"对话框。单击图 5-23 所示的"下一步"按钮，进入"图表位置"界面。选中"作为新工作表插入"单选按钮，单击"完成"按钮，即可插入一张图表。将新插入的图表重命名为"贷款偿还图"，如图 5-24 所示。

图 5-24　设置图表的插入形式

步骤 5 完成图表设置。单击"保存"按钮，完成后效果如图 5-25 所示。

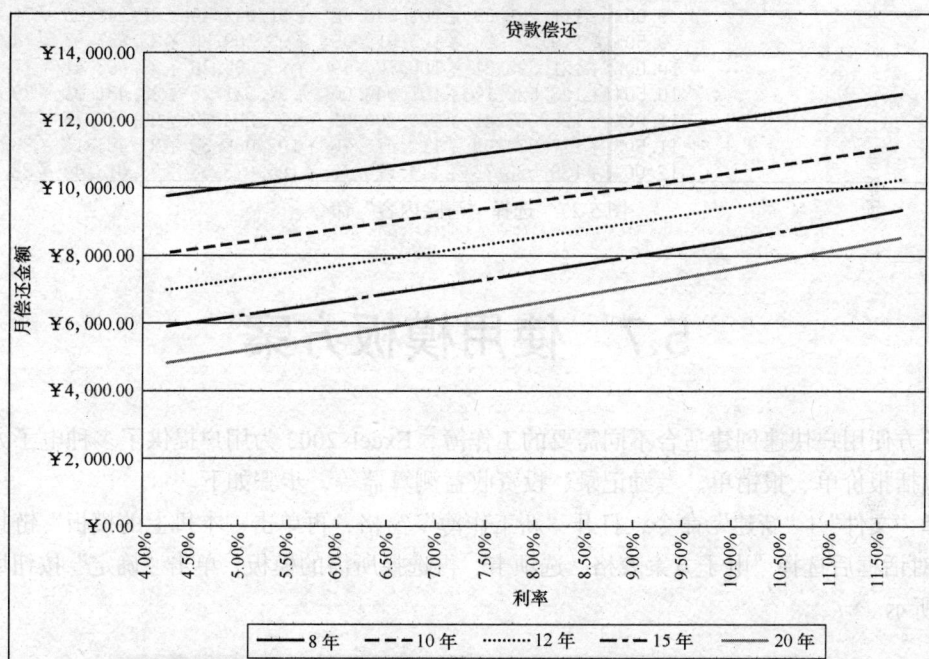

图 5-25　完成后的图表效果

5.6　清除模拟运算表

若不再需要使用模拟运算表，或模拟运算表中的数据需要重新设置时，就需对模拟运算表进行清除操作。

由于模拟运算表的计算结果是存放在数组中的，若要清除模拟运算表的计算结果只能对其整个区域进行完全清除，而无法清除个别结果，如图 5-26 所示。

选定计算结果所在的单元格区域，然后选择"编辑"|"清除"|"内容"，即可将整个计算结果清除，如图 5-27 所示。

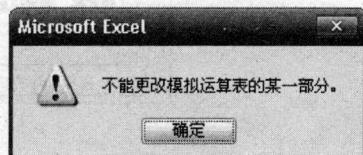

图 5-26　提示错误

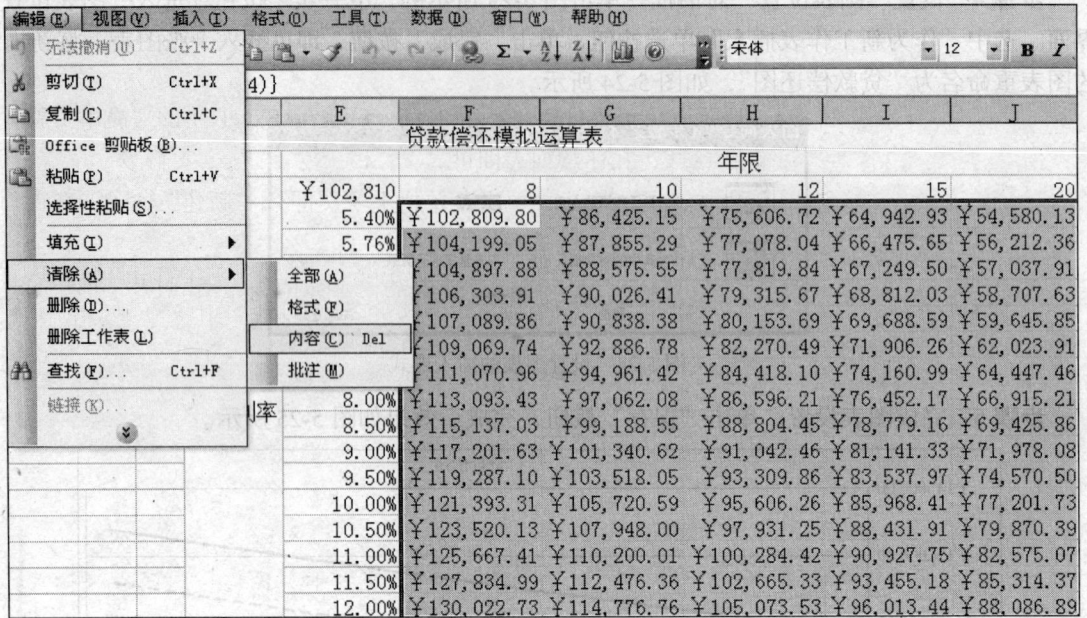

图 5-27　选择"清除内容"命令

5.7　使用模板方案

为了方便用户快速创建适合不同需要的工作簿，Excel 2003 为用户提供了多种电子方案表格模板，包括报价单、报销单、考勤记录、投资收益测算器等，步骤如下。

选择"文件"|"新建"命令，打开"新工作簿"窗格，再单击"本机上的模板"链接，打开"模板"对话框后选择"电子方案表格"选项卡，再选择所需的模板，单击"确定"按钮即可，如图 5-28 所示。

图 5-28　本机上的模板对话框

若本机没有提供合适的模板，则可以通过 Office Online 搜索相关的模板，并将模板下载到本机上使用。

方法一：在“新建工作簿”窗格中单击“Office Online 模板”链接；方法二：在如图 5-28 所示的“模板”对话框中单击“Office Online 模板”按钮。用户可以在 Office 模板首页根据类别查找合适的模板。

例如，使用“简单贷款计算器”模板来计算贷款的本息。只需在 Excel 中的“简单贷款计算器”中输入值，然后查看“贷款总计”和还款列表即可。

步骤 1　选择模板类型。在 Excel 2003 中，单击菜单栏上“文件”|“新建”命令。在窗口右边的“新建工作簿”任务窗格中，单击“本机上的模板”。

步骤 2　在弹出的“模板”对话框中单击“电子方案表格”选项卡中，双击打开“简单贷款计算器”模板，并输入相关数据，如图 5-29 所示。

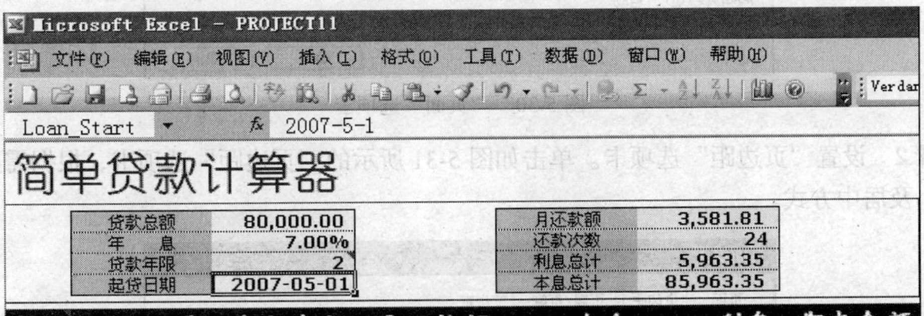

序号	还款日期	期初余额	月还款额	本金	利息	期末余额
1	2007-6-1	80,000.00	3,581.81	3,115.14	466.67	76,884.86
2	2007-7-1	76,884.86	3,581.81	3,133.31	448.50	73,751.55
3	2007-8-1	73,751.55	3,581.81	3,151.59	430.22	70,599.96
4	2007-9-1	70,599.96	3,581.81	3,169.97	411.83	67,429.99
5	2007-10-1	67,429.99	3,581.81	3,188.46	393.34	64,241.52
6	2007-11-1	64,241.52	3,581.81	3,207.06	374.74	61,034.46
7	2007-12-1	61,034.46	3,581.81	3,225.77	356.03	57,808.69
8	2008-1-1	57,808.69	3,581.81	3,244.59	337.22	54,564.10
9	2008-2-1	54,564.10	3,581.81	3,263.52	318.29	51,300.58
10	2008-3-1	51,300.58	3,581.81	3,282.55	299.25	48,018.03
11	2008-4-1	48,018.03	3,581.81	3,301.70	280.11	44,716.33
12	2008-5-1	44,716.33	3,581.81	3,320.96	260.85	41,395.37
13	2008-6-1	41,395.37	3,581.81	3,340.33	241.47	38,055.03
14	2008-7-1	38,055.03	3,581.81	3,359.82	221.99	34,695.21
15	2008-8-1	34,695.21	3,581.81	3,379.42	202.39	31,315.80
16	2008-9-1	31,315.80	3,581.81	3,399.13	182.68	27,916.67
17	2008-10-1	27,916.67	3,581.81	3,418.96	162.85	24,497.71
18	2008-11-1	24,497.71	3,581.81	3,438.90	142.90	21,058.80
19	2008-12-1	21,058.80	3,581.81	3,458.96	122.84	17,599.84
20	2009-1-1	17,599.84	3,581.81	3,479.14	102.67	14,120.70
21	2009-2-1	14,120.70	3,581.81	3,499.44	82.37	10,621.26
22	2009-3-1	10,621.26	3,581.81	3,519.85	61.96	7,101.42
23	2009-4-1	7,101.42	3,581.81	3,540.38	41.42	3,561.03
24	2009-5-1	3,561.03	3,581.81	3,561.03	20.77	0.00

图 5-29　使用“简单贷款计算器”

5.8　打 印 文 件

在打印之前，为了确保打印出来的表格符合要求，一般先进行打印预览，若对预览效果不满意，就要不断地进行修改，直到满意为止。

步骤 1　设置“页面”选项卡。打开已编辑好的电子表格文档后，单击菜单栏上“文件”|“页面设置”命令。在弹出的“页面设置”对话框中单击“页面”选项卡再根据需要选择纸张“方向”（默认为纵向），纸张“缩放比例”微调框及“纸张大小”（默认为 A4 纸）等选项，如图 5-30 所示。

图 5-30 "页面"选项卡

步骤2 设置"页边距"选项卡。单击如图 5-31 所示的"页边距"选项卡，根据需要设置页边距大小及居中方式。

图 5-31 "页边距"选项卡

步骤3 设置"页眉"选项卡。单击如图 5-32 所示的"页眉/页脚"选项卡，然后单击"自定义页眉"按钮，弹出"页眉"对话框后，根据需要将页眉的内容输入在相对应的左、中、右文本框中，如在"中"文本框中输入"员工基本工资表"，单击"确定"按钮。

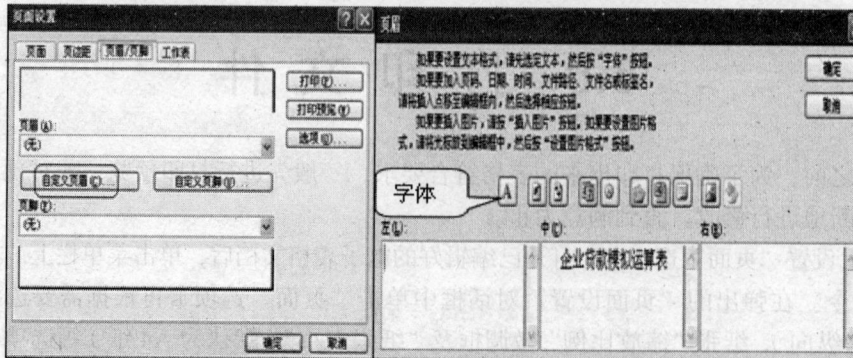

图 5-32 "页眉/页脚"对话框和"页眉"对话框

步骤 4　设置"页脚"选项卡。返回"页眉/页脚"对话框，根据需要选择"页脚"下拉列表中的选项，如选择"第 1 页，共 ? 页"选项，即可完成"页眉/页脚"选项卡中"页脚"的设置，如图 5-33 所示。或者单击"自定义页脚"按钮，弹出"页脚"对话框后，根据需要将页脚的内容输入在相对应的左、中、右文本框中。

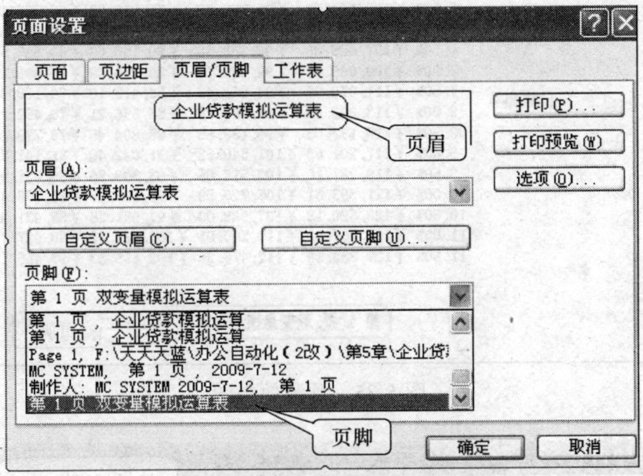

图 5-33　设置"页脚"选项卡

步骤 5　设置"工作表"选项卡。单击如图 5-34 所示的"工作表"选项卡。若要在每一页上打印标题行（字段名），单击"打印标题"选项中的"顶端标题行"文本框后的" "按钮，输入列标志所在行的行号，如"$1:$1"，或用鼠标选择标题行的位置，即可在每一页上都能显示标题行了。

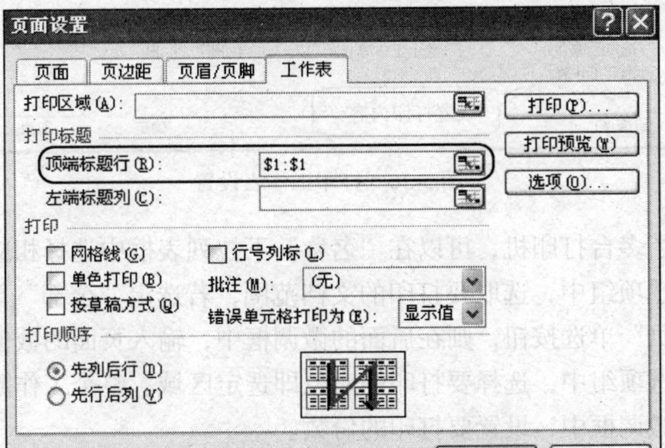

图 5-34　每页显示标题行的设置

步骤 6　打印预览。完成所有设置后，单击如图 5-35 所示的"打印预览"按钮。或者单击"确定"按钮，返回工作表编辑窗口，再单击"常用"工具栏中的"打印预览"按钮" "图标，或者单击菜单栏上"文件"|"打印预览"命令，即可预览要打印工作表的效果，预览效果如图 5-34 所示。若预览效果没有达到要求，则返回"页面设置"对话框进行设置修改。

步骤 7　打印工作表。预览完成后，可直接在预览窗口单击"打印"按钮，弹出"打印内容"对话框，在"打印内容"对话框中，根据需要设置打印机程序、打印范围、打印内容和份数等选项，如图 5-36 所示，最后单击"确定"按钮即可打印出工作表。

图 5-35　预览效果图

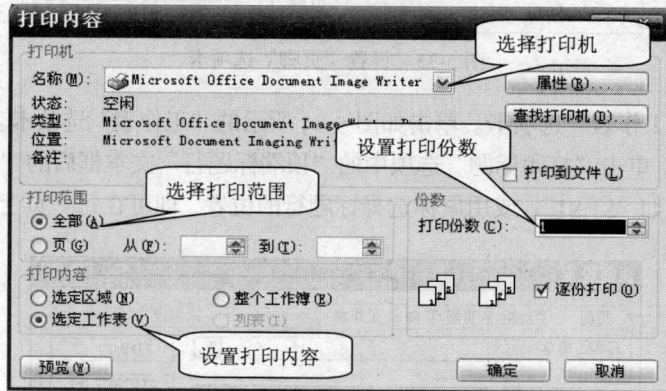

图 5-36　打印工作表设置

　　如果电脑上安装了多台打印机，可以在"名称"下拉列表框中选择相应的打印机。

　　在"打印范围"选项组中，选取要打印的文档范围，若选定"全部"单选按钮，则将打印整个工作表；若选定"页"单选按钮，则在后面的微调框中，输入页面的数值范围。

　　在"打印内容"选项组中，选择要打印的对象即选定区域、整个工作簿还是当前的工作表。

　　在"打印份数"微调框中，设置要打印的份数。

　　若要打印到文件上，则勾选"打印到文件"复选框。而勾选"打印到文件"复选框，是为以后能够在其他类型的打印机上输出，但如果以后用的打印机与当前用的打印机不同，则文档的分页符和空格在输出时可能会发生改变。

　　还可单击"属性"按钮设置打印机的属性。

本章小结

　　本章通过学习企业贷款模拟运算表的制作，掌握了单变量模拟运算和双变量模拟运算在工作中的应用以及单元格数据相对和绝对引用；学会了 PTM()财务函数在投资或贷款时的使用以及图表的创建。

习 题 五

一、单项选择题

1. 在进行公式计算时，当出现"#NAME?"错误时，可能的原因是（　　）。
   - A. 使用了负的日期或时间
   - B. 使用了 Excel 无法识别的文本
   - C. 单元格无法容纳计算结果
   - D. 使用的参数类型错误

2. 在 Excel 2003 中，单元格地址的引用方式有（　　）。
   - A. 复制、移动和粘贴
   - B. 相对引用、绝对引用和混合引用
   - C. 编辑、删除和查找
   - D. 逻辑地址、物理地址和单位地址

3. 图表是与生成它的工作表数据相链接的，因此，工作表数据发生变化时，图表会（　　）。
   - A. 自动更新
   - B. 断开链接
   - C. 保持不变
   - D. 随机变化

4. 新创建的图表不可以（　　）。
   - A. 作为对象插入到别的已存在的工作表中
   - B. 作为新的工作表插入到其他工作簿
   - C. 作为对象插入到其他工作簿已存在的工作表中
   - D. 生成一个图像文件

5. 在 Excel 2003 中，若要对单元格数据进行"单变量求解"，则应使用（　　）。
   - A. "数据"菜单
   - B. "工具"菜单
   - C. "插入"菜单
   - D. "视图"菜单

6. 按下（　　）功能键，可实现相对引用、绝对引用和混合引用的轻松转换。
   - A. F1
   - B. F8
   - C. F4
   - D. F12

7. 若要向银行贷款，则在 PMT()函数中，贷款本金则为（　　）。
   - A. 正值
   - B. 小数
   - C. 负值
   - D. 整数

8. 若要清除模拟运算表计算结果单元格区域中的数据，应选择（　　）命令。
   - A. "文件"|"属性"
   - B. "编辑"|"清除"|"格式"
   - C. "工具"|"宏"
   - D. "编辑"|"清除"|"内容"

二、填空题

1. "单变量求解"是一组命令的组成部分，这些命令有时也称做＿＿＿＿＿＿。

2. 在双变量模拟运算表中输入公式，必须输入到＿＿＿＿＿＿＿＿＿＿＿＿。

3. 使用双变量模拟运算表进行计算之后的结果是以＿＿＿＿＿＿＿＿＿形式出现的。

4. "图表向导"为用户提供＿＿＿＿＿＿步骤创建图表。

5. Excel 2003 提供了两类数组：＿＿＿＿＿＿＿＿＿＿＿。

6. 在财务函数 PMT（C3/12，B3*12，−A3）"中，−A3 表示＿＿＿＿＿＿。

三、上机操作题

1. 某人的家庭月总收入约为 1.1 万元，想存储一笔教育基金 50 万元，计划存 18 年。请根据银行现有存款利率和她家庭收入，利用财务函数帮她计算分析，在规定年限内，选择哪一种银行利率，每月要存多少钱适合她。完成后以"教育基金.xls"为文件名保存在指定位置。

银行存款利率如下：

一年期：2.25%

二年期：2.75%

三年期：3.33%

五年期：3.50%

2. 假定采取分期付款的方式，用户贷款 30 万元用于购买住房，从 2008 年 3 月 5 日开始起贷。如果年利率为 4.2%，分期付款的年限为 20 年。用"简单贷款计算器"模板帮助该用户计算在给定条件下的每期应付款数。完成后以"住房贷款.xls"为文件名保存在指定位置。

3. 若付款年限和贷款利息发生如下表所示的变化，则请帮助第 2 题的用户计算在不同贷款期限和利率下每月应支付的款数。他的最优还款方案是哪一种？完成后以"双变量住房贷款.xls"为文件名保存在指定位置。

银行贷款利率表

年限	5 年	10 年	12 年	15 年	20 年
利率	5.50%	5.80%	5.98%	5.05%	5.24%

第6章
Word 和 Excel 的使用技巧

Word 和 Excel 已经成为工作中不可缺少的助手，掌握其使用技巧，可以使效率成倍提高。

6.1　使用宏命令

宏是微软公司为其 Office 软件包设计的一个特殊功能，目的是让用户文档中的一些任务自动化，利用宏，可大大简化用户的工作，准确快速地完成一系列繁琐的任务，实现真正意义的办公自动化，从而提高工作效率。

Office 里的宏是用 Visual Busic 编写的命令或执行项，它可使任务自动化。如果在 Word 中重复进行某项工作，就可用宏使其自动执行。宏是将一系列的 Word 命令和指令组合在一起，形成的一个命令，以实现任务执行的自动化。用户可创建并执行一个宏，以替代人工进行一系列费时而重复的 Word 操作。事实上，它是一个自定义命令，用来完成所需任务。

宏的一些典型应用如：加速日常编辑和格式设置、组合多个命令、使对话框中的选项更易于访问、使一系列复杂的任务自动执行等。

Microsoft Office Word 2003 和 Microsoft Office Excel 2003 提供了两种创建宏的途径：宏录制器和 Visual Basic 编辑器。宏录制器是从录制开始到结束的所有操作都将被系统自动记录下来，会自动生成 VBA 代码，而 Visual Basic 编辑器需要手动编写 VBA 代码来实现宏所要完成的功能。

6.1.1　使用宏录制器创建"设置文本格式"

在 Microsoft Office Word 2003 中，可以通过创建宏自动执行频繁使用的任务。宏是一系列命令和指令组合，可以作为单个命令执行来自动完成某项任务。

1. 创建录制宏

步骤 1　选择命令。打开需要录制的文件，选中要进行设置文本格式的文本，单击菜单栏上"工具" | "宏" | "录制新宏"命令，弹出如图 6-1 所示的"录制宏"对话框，在"宏名"对话框中输入录制宏的名称，如"设置文本格式"，然后单击"确定"按钮。

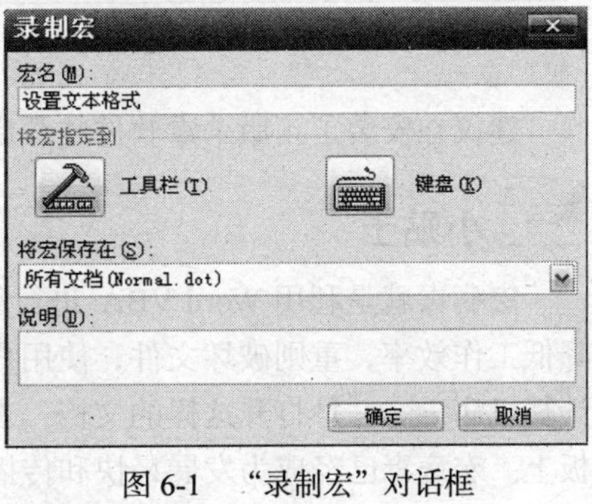

步骤 2　宏录制工具栏。此时会出现宏录制工具栏，如图 6-2 所示。鼠标的形状也发生了改变，对文档的操作将会被记录到宏中去。

图 6-1　"录制宏"对话框

步骤 3 创建宏。设置文本的字体为"楷体 GB-2312"，字体为"小四"。然后设置段落行距，选择菜单栏"段落"命令，弹出"段落"对话框，在"缩进和间距"选项卡上设置"间距"组中的"行距"为"1.5 倍行距"，单击"确定"按钮。

图 6-2 宏录制工具栏

步骤 4 完成宏录制。设置完成后，单击菜单栏上的"工具"|"宏"|"停止录制"命令，则可停止宏的录制。

🖉 **小贴士**

宏的录制过程通常应当一气呵成，但如果中间实在要执行一些不想被录制进去的动作，可单击宏录制工具栏上的"暂停录制"按钮，待完成其他不相关的动作后，单击"恢复录制"按钮，继续宏的录制。

2. 运行宏

步骤 1 运行宏。选中文档中要运行宏的文本，单击菜单栏上的"工具"|"宏"命令，在弹出的对话框中，选择要运行的宏，再单击"运行"按钮，如图 6-3 所示。

步骤 2 查看宏运行效果。运行宏后，在文档中用户可以看到所选中的文本的格式与刚刚录制宏时所设置的文本的格式相同。

3. 宏的安全性

宏是 Word 里一个非常有用的工具，但也是 Word 的安全漏洞之一。

用户可以通过选择"工具"|"宏"|"安全性"命令，打开如图 6-4 所示的设置"安全性"对话框，在该对话框中，可根据需要来设置允许执行的宏的安全等级。选择高等级的安全性设置，当然是比较保险的，但也可能会使许多其实并没有危害的宏命令被禁止执行。

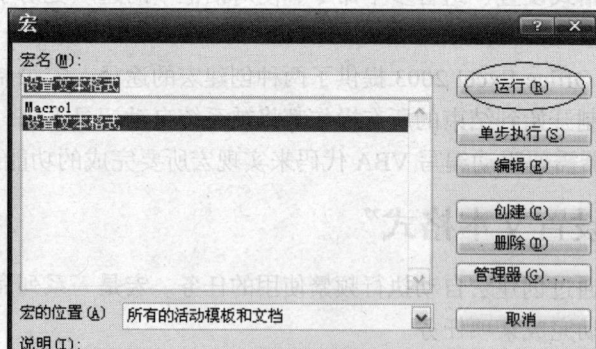

图 6-3 运行宏

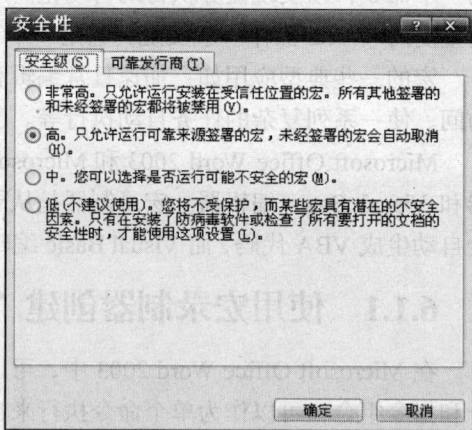

图 6-4 "安全性"对话框

建议在安装了正版杀毒软件并开启自动防护功能后，将宏的安全性限制降低。

🖉 **小贴士**

宏病毒就是利用 Word VBA 进行编写的一些宏，这些宏可以自动运行，干扰用户工作，轻则降低工作效率，重则破坏文件，使用户遭受巨大损失。宏病毒是一种寄存在文档或模板的宏中的计算机病毒。一旦打开这样的文档，宏病毒就会被激活，转移到计算机上，并驻留在 Normal 模板上。宏病毒已经成为发展最快和传播最迅速的病毒。

6.1.2　使用 Visual Basic 编辑器创建"登录界面"

Visual Basic 编辑器是一种环境，它用于编写 Visual Basic 的代码和过程，并编辑已有的代码和过程。

例：为"员工工资管理表.xls"创建"登录界面"。

步骤 1　选择命令。打开"员工工资管理表.xls"，单击菜单栏上的"工具"|"宏"|"Visual Basic 编辑器"命令。打开 Visual Basic 编辑器后，再选择"插入"|"用户窗体"命令，插入窗体后，调整窗体大小，如图 6-5 所示。

图 6-5　插入用户窗体并调整大小

步骤 2　设置窗体标题属性。选择用户窗体，再单击工具栏上的"属性窗口"按钮" "，或选择"视图"|"属性窗口"命令，打开"属性"对话框后，在"Caption"选项文本框中输入"员工工资管理表"设置窗体标题，如图 6-6 所示。

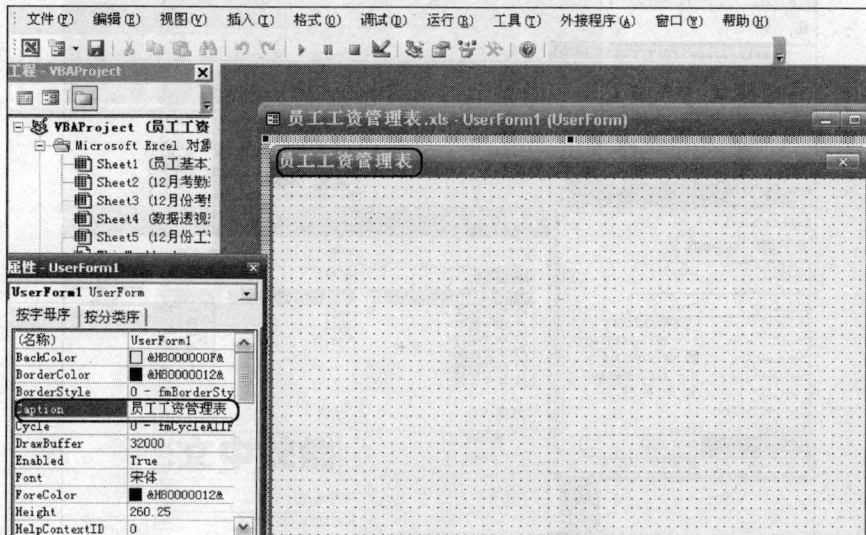

图 6-6　打开"属性"窗口设置窗体标题

步骤 3   绘制标签控件。单击工具箱和"标签"按钮 **A**，然后在窗体上拖动鼠标绘制 3 个标签控件"Label1"、"Label2"和"Label3"。分别选中这 3 个标签控件，再在其对应的"属性"对话框中输入标签文本"登录系统"、"登录系统账号"和"登录密码"，如图 6-7 所示。

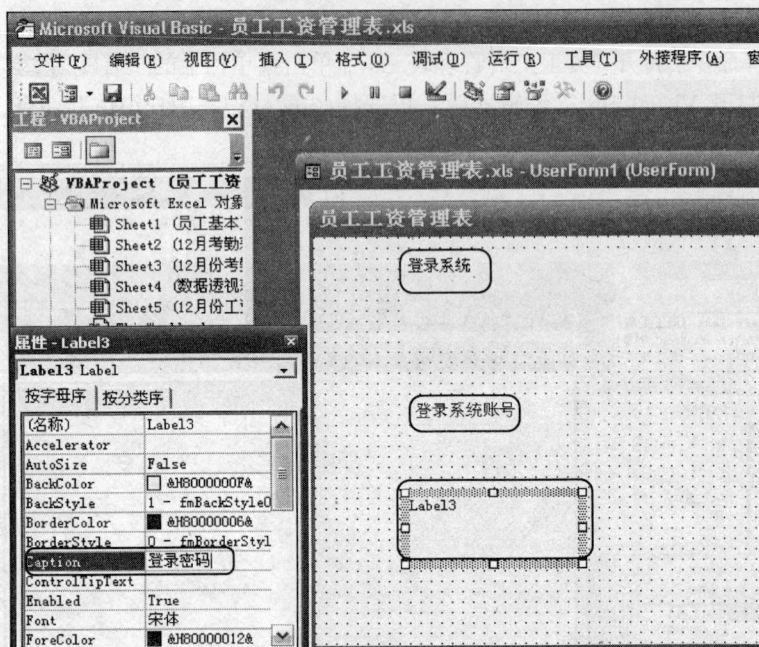

图 6-7   添加"登录系统"等标签

步骤 4   设置标签字体。选择"登录系统"标签，设置字体为"华文琥珀"，大小为"一号"，字体颜色为"红色"，单击"确定"按钮；再在"AutoSize"文本框中选择"True"，最后将"登录系统"标签移动到适当位置，如图 6-8 所示。

图 6-8   设置"登录系统"标签

步骤 5　设置标签背景等属性。分别选择"登录系统账号"和"登录密码"标签,设置其标签背景颜色为"白色",字体颜色为"蓝色",字体为"黑体",大小为"小四号",设置"AutoSize"选项为"True",再调整到适当位置,如图 6-9 所示。

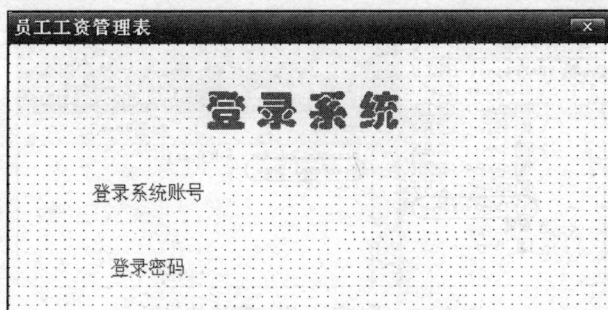

图 6-9　设置"登录密码"标签等

步骤 6　设置文本框属性。单击工具箱的"文本框"按钮"**abl**",在窗体上拖动鼠标绘制 2 个文本框控件,分别称为"TextBox1"和"TextBox2"。设置"TextBox1"文本框前部颜色为"深蓝色"。再在"属性"对话框中设置"TextBox2"的"PasswordChar"文本框中输入"123456",即登录密码为"123456",如图 6-10 所示。

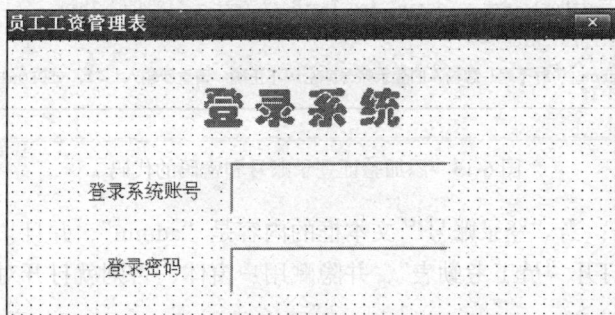

图 6-10　添加并设置文本框

步骤 7　设置命令按钮属性。单击工具箱的"命令"按钮"▭",在用户窗体上添加两个命令按钮控件,设置"CommandButton1"按钮的"Caption"属性为"登录系统",如图 6-11 所示。同样操作,设置"CommandButton2"按钮的"Caption"属性为"退出系统"。

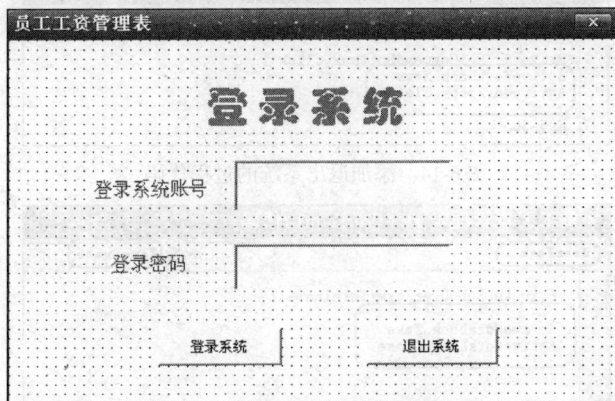

图 6-11　添加并设置命令按钮

步骤8 设置 "UserForm1.Show" 代码。再双击 "工程" 窗格的 "ThisWorkbook" 选项，打开 "代码" 窗口后，输入 "UserForm1.Show" 代码，以便让系统启动后即打开用户窗体，关闭该 "代码" 窗口，如图 6-12 所示。

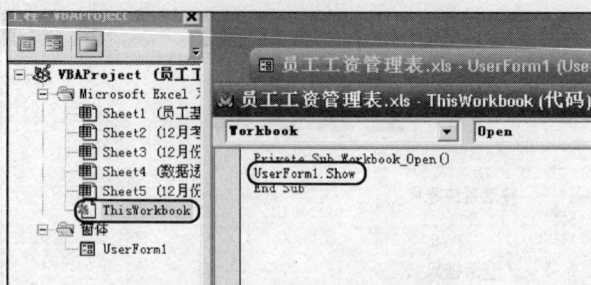

图 6-12　添加打开用户窗体的代码

步骤9 设置 "登录系统" 代码。双击用户窗体上的 "登录系统" 命令按钮，打开 "代码" 窗口后，输入如图 6-13 所示的代码后，关闭该 "代码" 窗口。

图 6-13　添加验证登录账号和密码的代码

此段代码的含义是：当 "登录账号" 文本框的内容是 "admin"，并且 "登录密码" 文本框的内容为 "123456"，则打开 "员工考勤表"，并隐藏用户窗体，否则就打开对话框并显示输入账号和密码不正确的信息。

步骤10 设置 "退出系统" 代码。双击 "退出系统" 按钮，打开 "代码" 窗口后，输入如图 6-14 所示的代码后，关闭 "代码" 窗口。此段代码是让用户在单击 "退出系统" 按钮后即可保存和关闭系统，如图 6-15 所示。

图 6-14　添加退出系统的过程代码

图 6-15　终止程序时的过程代码

步骤 11　完成设置。单击菜单栏上"文件"|"关闭并返回到 Microsoft Excel"命令，返回 Excel 应用程序，再保存工作薄文件即可。完成效果图如图 6-16 所示。

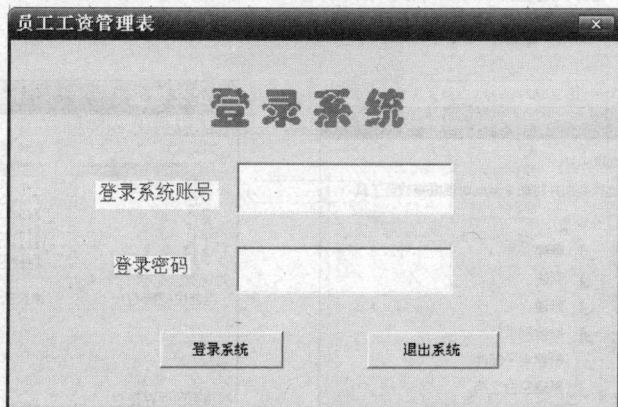

图 6-16　"登录系统"界面效果

6.2　快捷键的定义和使用

Word 中的菜单命令大部分都有快捷键，功能区上指向相应选项按钮时，显示的提示信息中的组合键即为此按钮对应的快捷键。

在 Office 软件中，使用最多的快捷键是 Ctrl+C 和 Ctrl+V。熟练掌握常用的快捷键可提高操作速度。

表 6-1 为常用快捷键，这些基本的快捷键适用于大部分应用程序，如 Office 系列软件、记事本、画图等。

表 6-1　常用快捷键

快　捷　键	功　能	快　捷　键	功　能
Ctrl+C	复制	Ctrl+S	保存文件
Ctrl+X	剪切	Ctrl+O	打开已保存的文件
Ctrl+V	粘贴	Ctrl+P	打印
Ctrl+Z	复原	Ctrl+W	关闭文件
Ctrl+A	全选	Ctrl+F2	打印预览
Ctrl+F6	依序关闭打开的文件	Shift+F6	跳到下一页
F12	另存新文件		

6.2.1　自定义快捷键

键盘快捷键方式是一种宏，它用来记录和保存在特定名称或键代码下的一组键和指令，当用户键入该名称或键代码时，程序就会执行这些指令。

步骤 1 选择命令。单击菜单栏上的"工具"|"自定义"命令，弹出如图 6-17 所示的自定义对话框。

步骤 2 设置"自定义键盘"对话框。在自定义对话框中，单击"命令"选项卡，再单击"键盘"按钮，则弹出"自定义键盘"对话框，如图 6-18 所示。

图 6-17 "自定义"对话框

图 6-18 "自定义键盘"对话框

步骤 3 设置新快捷键在"自定义键盘"对话框中，在"命令"列表框中单击"FileClose"选项，然后在"请按新快捷键"文本框中，同时按下一组组合键"Alt+Ctrl+C"，再单击"指定"按钮，此时在该文本框中则显示出按下的组合键，如图 6-19 所示。

步骤 4 完成设置。最后多次单击"关闭"按钮即可完成自定义快捷键的操作，如图 6-20 所示。选择菜单栏上的"文件"|"关闭"命令即可发现其多了一个快捷键的组合键"Alt+Ctrl+C"。

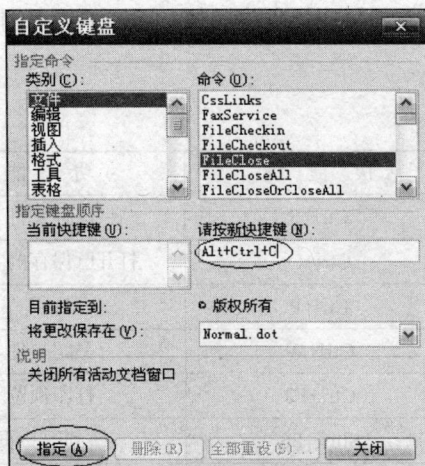

图 6-19 添加新快捷键

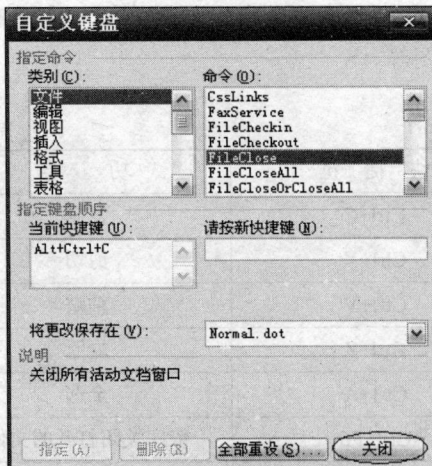

图 6-20 完成快捷键的设置

6.2.2 用 F8 键选取文本

F8 键的主要功能是"扩充选取范围"。以往用户选择对象常常使用鼠标拖动的方式，但使用 F8 功能键，可以在选取文章的指定段落、章节时更得心应手。

步骤 1　设置选取点。将光标移到合适位置，按 F8 键，设置要选取内容的起点。

步骤 2　F8 键选取相应对象。连续按 2 次 F8 键：选取一个字；连续按 3 次 F8 键：选取一个句子；连续按 6 次 F8 键：选取一个段；连续按次 F8 键：全选。

也可以不用按 F8 键，而使用编辑键，包括方向键、PgUp 键和 PgDn 键等，或是鼠标指针来选定特定的文本范围。

在要结束的地方按一下鼠标左键，则从起点处到当前位置的所有内容都会反白显示，即处于被选中状态，可以执行复制、剪切等操作。在跨页选取文章段落时，这种选择方法比"按住鼠标左键不放，直接往下拖动选取"的方法更好。

如果要在选择过程中退出该状态，只需按 Esc 键即可。

6.3　Word 中的隐蔽操作与快捷操作

Word 字处理软件中，有许多极易被人忽略的隐蔽操作与快捷操作，使用它们能起到事半功倍的效果。

6.3.1　Alt、Ctrl、Shift 的妙用

（1）按住 Alt 键或同时按信鼠标上的两个键，再拖动左右、上下边距，可精确调整其值（在标尺上会显示具体值）。

（2）按住 Alt 键再进行相应操作，可精确调整图形、艺术字等对象的形状、大小和在文档中的位置等。

（3）按住 Alt 键后单击任意单元格可快速选定单元格所在列；按住 Alt 键后双击单元格中任意位置，可快速选定整个表格。

（4）按住 Alt 键后拖动鼠标可以按列选定文本。

（5）快速创建或撤销上标与下标：如果要快速创建上标，可先选定文字，并按"Ctrl"+"Shift"+"+"快捷键，若再按"Ctrl"+"Shift"+"+"快捷键，则撤销上标。同样，如果要快速创建下标，可先选定文字，并按"Ctrl"+"Shift"+"="快捷键，若再按"Ctrl"+"="快捷键，则撤销上标。

（6）快速为文本提升为标题：先将光标定位至待提升为标题的文本中，当按"Alt"+"Shift"+"←"快捷键时，可把文本提升为标题，且样式为标题 1，再连续按"Alt"+"Shift"+"→"快捷键时，可将标题 1 降低为标题 2、标题 3……标题 9 等。

（7）快捷改变文本字号：Word 的字号下拉菜单中，中文字号为八号到初号，英文字号为 5 磅到 62 磅，在一些特殊情况下，如打印海报可宣传墙报时，常要用到更大的字体。可利用以下几种方法来实现。

① 知道具体的磅值，可直接在"字号"文本框中直接输入并按回车键即可。

② 选中文字后，按"Ctrl+Shift+>"快捷键，快速以 10 磅一级增大；按"Ctrl+Shift+<"快捷键，快速以 10 磅一级缩小。

③ 选中文字后，按"Ctrl+]"快捷键，逐磅增大文字；按"Ctrl+["快捷键，逐磅缩小文字。

6.3.2　单击、双击、右击的妙用

双击大多数对象，都将弹出相应的设置对话框，可以快速设置有关项目；选定对象或将光标

置于特定位置后右键单击，弹出的快捷菜单常会出现功能区中没有的选项。

（1）双击横标尺上的空白灰色区域或竖标尺上任意位置，会弹出"页面设置"对话框。

（2）双击标尺栏上栏间距区域，会弹出"分栏"对话框。

（3）双击标尺上任何一个制表位，会弹出"制表位"对话框。

（4）状态栏中的双击：双击职工状态栏中的"页面"按钮可快速打开"查找和替换"对话框；双击"中文（中国）"按钮，可弹出"语言"对话框；双击"录制"则弹出"录制宏"对话框。

（5）选定多边形后右键单击，在弹出的快捷菜单中选择"编辑顶点"选项，按住 Ctrl 键，单击连线可增加顶点，单击顶点则删除该顶点。

6.4 Word 快速录入技巧

1. Word 中快速输入省略号

除了在 Word 中输入省略号时常采用单击菜单栏上"插入"|"符号"命令来输入省略号的方法之外。还可以用"Ctrl+ Alt+."组合键来实现省略号的快速输入。在需要输入省略号时按下"Ctrl+ Alt+."组合键便可快速得到。并且在不同的输入法下都可采用这个方法快速输入。

2. Word 中快速修改格式

在 Word 文件中，如果要对多处文本进行相同格式修改，如果一处处地进行修改，或者利用格式刷来进行操作（特别是对不连续的文本进行修改时），比较麻烦。可以利用"替换"命令来完成。

步骤 1 选择命令。单击菜单栏上"编辑"|"替换"命令，打开"查找和替换"对话框。

步骤 2 设置查找格式。光标定位到"查找内容"文本框中，再单击"高级"按钮，单击对话框下面的"格式"打开下拉菜单，选择其中"字体（F）"命令，在其中选择要被替换的文本格式信息，单击"确定按钮"。如在"查找内容"文本框中选择"黑体、小三号字"的格式。

步骤 3 设置替换格式。光标定位到"替换为"文本框中，按相同的方法找输入新的文本格式信息，如在"替换为"文本框中设置替换为"华文琥珀、三号字"的格式。

步骤 4 完成格式替换。最后单击"替换"或者"全部替换"按钮，即可完成将文本中黑体小三号字的格式全部替换为"华文琥珀、三号字"的修改，如图 6-21 所示。

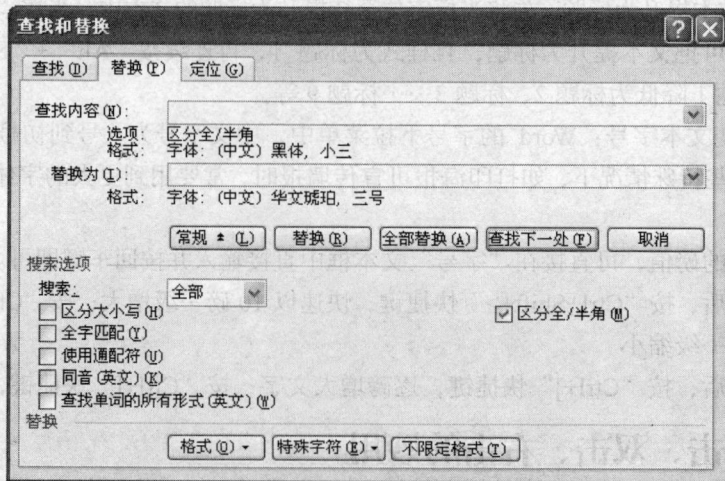

图 6-21 查找并替换指定格式

还可以用 Word 中的"查找和替换"命令，来实现一些如人工换行符、空格等特殊字符的修改。如我们从网上复制一篇文章，复制完成后发现该文章的段落标记全是人工换行符。这样就无法对它进行段落格式设置。因此，可以利用 Word 中的"查找和替换"命令，将所有的人工换行符全部修改为段落标记，以实现文章的排版需要，如图 6-22 所示。

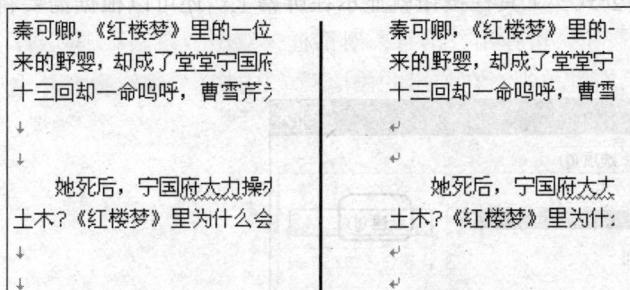

图 6-22 替换特殊字符对比图

步骤 1 选择命令。单击菜单栏上"编辑"|"替换"命令，打开"查找和替换"对话框。

步骤 2 选择要查找的特殊字符。将光标定位到"查找内容"文本框中，鼠标单击"特殊字符"按钮，在弹出的菜单中选择"人工换行符"。

步骤 3 设置替换的特殊字符。将光标定位到"替换为"文本框中，鼠标单击"特殊字符"按钮。在弹出的菜单中选择"段落标记"，返回"查找和替换"对话框。

步骤 4 完成特殊字符的替换。最后单击"替换"或者"全部替换"按钮，即可完成将文本中所有的"人工换行符"全部替换为"段落标记"的修改，完成后的对比效果如图 6-22 所示。

3. Word 中快速删除单词或句子

根据光标所在位置的不同，可利用下面的方法快速完成删除。当要删除光标前的英文单词或汉字句子时，可利用"Ctrl+BackSpace"组合键进行；而要删除光标后的英文单词或汉字句子时，可利用"Ctrl+Del"组合键进行。

4. Word 中快速插入脚注和尾注

首先把光标移至文件中需插入脚注或尾注的位置，然后按下"Ctrl+Alt+F"组合键便可快速插入脚注，而按下"Ctrl+Alt+E"组合键则可快速插入尾注。

5. Word 中建立"公式"工具栏

我们编辑有些文档时，常常要输入许多数学公式。在 Word 文档中插入数学公式的通常方法是：选择公式。单击菜单栏"插入/对象"命令。打开"对象"对话框，选择"新建"标签；在"对象类型"列表框中选择"Microsoft 公式 3.0"，再单击对话框中的"确定"按钮才能打开公式编辑器，如图 6-23 所示。

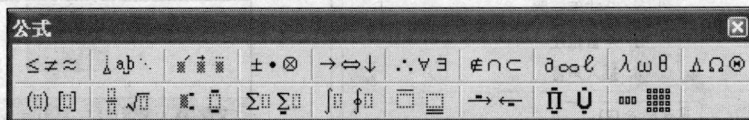

图 6-23 公式编辑器

如果要经常输入公式，则可以建立一个"公式"工具栏，使公式输入更快捷。方法如下。

步骤 1 选择命令。单击菜单栏"工具/自定义"命令，打开"自定义"对话框。

步骤 2 设置"工具栏"标签。选择对话框的"工具栏"标签，再单击对话框左边的"新建"

按钮打开"新建工具栏"对话框，如图 6-24 所示。

步骤 3 设置"新建工具栏"对话框。在对话框的"工具栏名称"文本框内输入一个自定的名字（如"编辑公式"），并在"工具栏有效范围"下拉列表框中点选"Normal"（通用模板），如图 6-25 所示。再单击"确定"按钮关闭"新建工具栏"对话框，即可建立一个名为"编辑公式"的自定义工具栏，"编辑公式"工具栏按钮就显示在屏幕上。还可以根据需要将其插到 Word 工具栏上其他的位置。

图 6-24 "自定义"对话框   图 6-25 设置"新建工具栏"对话框

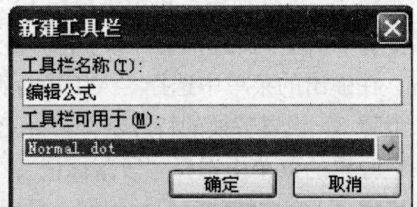

步骤 4 设置"命令"标签。单击菜单栏"工具/自定义"命令，打开"自定义"对话框。在"自定义"对话框中打开"命令"标签，在"类别"列表框中选择"插入"。在"命令"列表框中选择"公式编辑器"，如图 6-26 所示。

步骤 5 生成公式编辑工具按钮。并将选中的"公式编辑器"拖至刚建立的"公式"工具栏按钮中，即可完成公式编辑工具按钮，如图 6-27 所示。

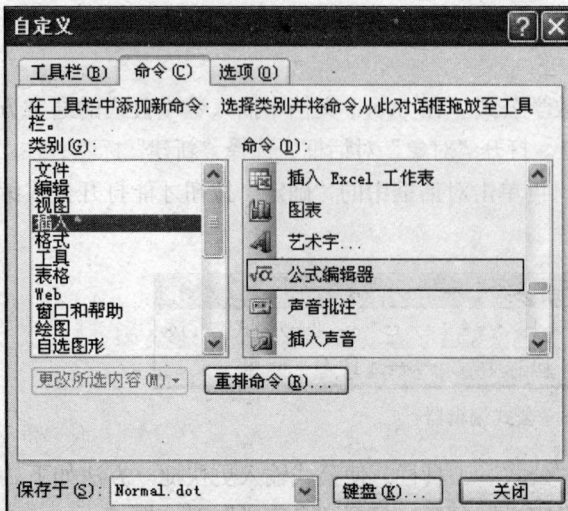

图 6-26 设置"自定义"对话框   图 6-27 生成公式编辑工具按钮

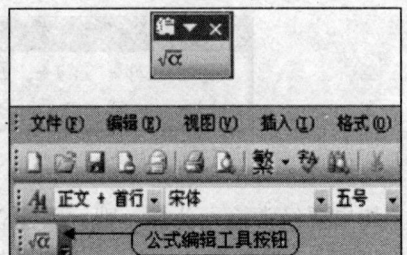

6.5　Excel 快速录入数据

Excel 2003 常用的数据类型有：数字、文字、日期以及时间等常量数据，还有公式、声音、图形等混合数据，每种数据都有自己的数据格式和显示方式。

6.5.1　输入基本数据

基本数据包括数值型数据和字符型数据。数值型数据由数字 0～9、正号、负号、小数点、分数号"/"、百分号"%"、指数符号"E"或"e"、货币符号"￥"或"$"和千位分隔号","等组成。字符型数据是由字母、汉字或其他字符开头的数据。

1．输入数值型数据

单击工作表中的任意单元格，直接用键盘即可输入基本数据。默认情况下，数值型数据在单元格中右对齐，即沿单元格右边对齐。输入数值型数据的注意事项如下。

（1）如果要输入负数，必须在数字前加一个负号"–"，或给数字加上圆括号。例如，输入"–1"或"（1）"都可以在单元格中得到–1。

（2）如果要输入分数，如 1/3，应先输入"0"和一个空格，然后输入"1/3"。

（3）如果要输入百分数，直接在数值后输入百分号"%"即可。

（4）如果要输入日期和时间，需要按照各自规定的格式进行输入。日期的格式为"年-月-日"，时间的格式为"时：分：秒"。输入完成后，可以通过"单元格格式"对话框设置日期和时间的其他格式。打开"单元格格式"对话框的方法是：在数据单元格上单击右键，在弹出的快捷菜单中选择"设置单元格格式"菜单项，在弹出的"单元格格式"对话框中切换到"数字"选项卡，在"分类"列表框中选择"日期"或"时间"项，在右侧的"类型"列表框中选择要改变的类型即可，如图 6-28 所示。

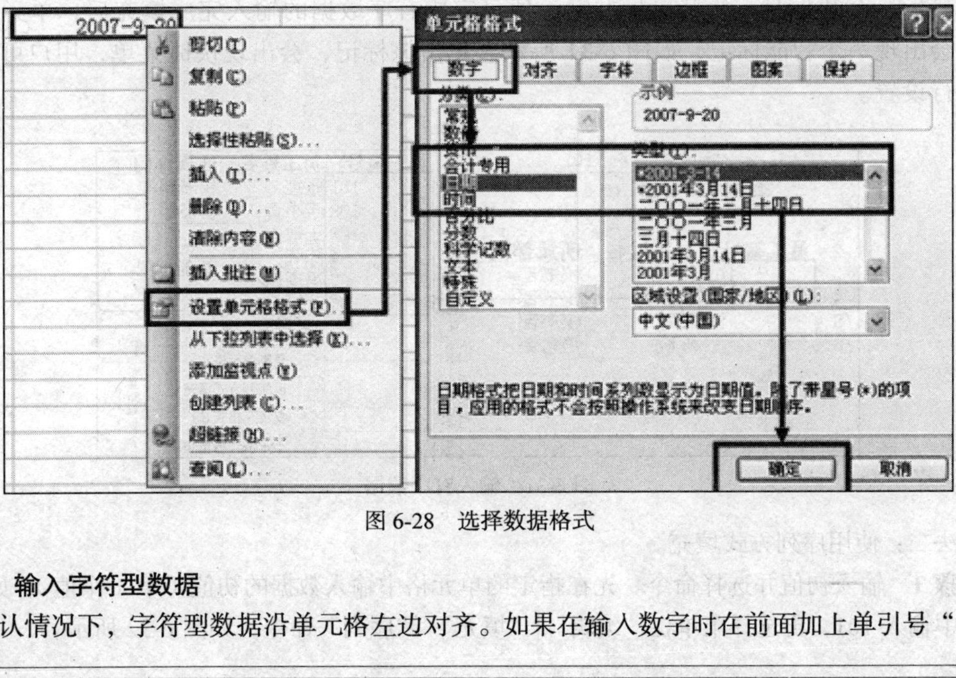

图 6-28　选择数据格式

2．输入字符型数据

默认情况下，字符型数据沿单元格左边对齐。如果在输入数字时在前面加上单引号"'"，如

"'12345678"，数据会自动沿单元格左边对齐，如图 6-29 所示。图 6-30 所示为输入数值型数据和字符型数据的工作表。

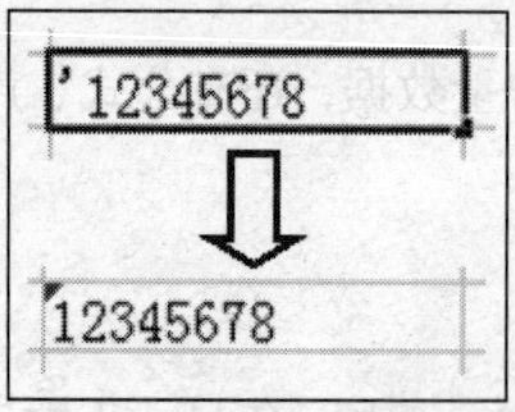

图 6-29　数字前加单引号左对齐

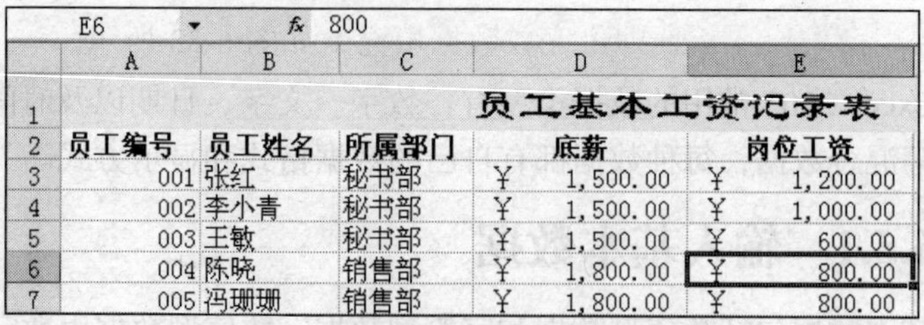

图 6-30　在工作表中输入基本数据

✎ **小贴士**

数值型数据和字符型数据最大的区别是：是否参与运算。数值型数据在单元格中以右对齐方式显示。默认情况下，在 Excel 中输入的数字都是数值型数据。字符型数据在单元格中以左对齐方式显示。

6.5.2　自动填充数据

输入数据时，Excel 提供了很多能快速输入数据的方法，输入像编号、学号、公司等有序或相同的数据时，可使用自动填充方式快速输入。

1. 输入有序数据

方法一：利用填充柄进行填充。

在同一列或同一行相邻的两个单元格中输入有序数据。例如，在 A3、A4 单元格中分别输入代码 101、102，然后单击单元格 A3，按住鼠标左键向下拖动到单元格 A4，再将鼠标指针指向选中单元格区域右下角的填充柄，这时鼠标指针变成"＋"号，按住鼠标左键向下拖动，到最后一个数据时，松开鼠标左键，便可完成有序数据的输入完成填充后，单元格区域右下角会出现一个智能标记，如图 6-31 所示。单击该标记，会出现快捷菜单，用户可以根据需要进行设置。

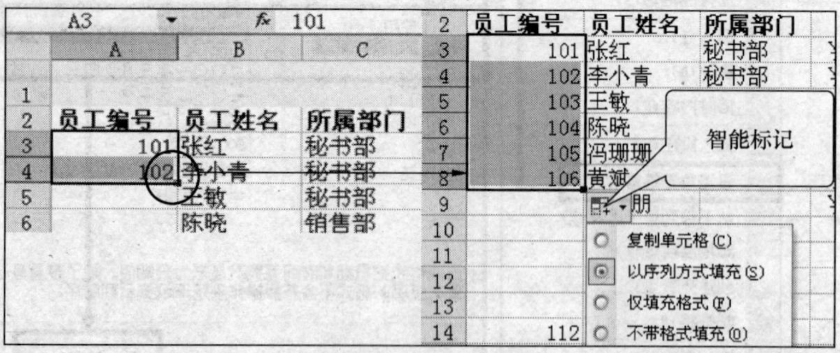

图 6-31　输入有序数据

方法二：使用序列方式填充。

步骤 1　输入初值并选择命令。先在指定的单元格中输入数据的初值（第 1 个值），如在 A3 单元格中输入 101，再选择菜单栏"编辑"｜"填充"｜"序列"命令，如图 6-32 所示。

步骤 2 设置"序列"对话框。在弹出的"序列"对话框中选择"序列产生在"选项，根据数据是产生在行还是产生在列来选择"行"或"列"单选按钮，再根据数据的类型来选择"类型"选项，在"步长值"文本框中输入数据的实际步长；在"终止值"文本框中输入数据的最后一个值，单击"确定"按钮即可完成数据填充，如图 6-33 所示。

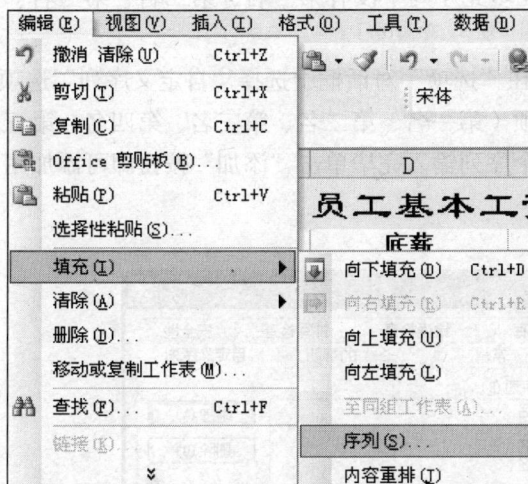

图 6-32 选择"序列"命

图 6-33 "序列"对话框

从图 6-32 中可以看出，填充的方式有向下填充、向上填充、向左填充和向右填充等方式；从图 6-33 中可以看出在 Excel 2003 中可以建立的类型序列包括：

★ 时间：时间序列可以包括用户指定的日、星期或月增量，或者如工作日、月名字或季度的重复序列。

★ 一组数字：包括等差数列、等比数列和数字序列。

★ 一组字母：如 A、B、C …… 或 a、c、e ……

★ 日期：Excel 2003 根据中国的传统习惯，预先设有星期一、星期二、星期三、星期四、星期五、星期六、星期日和第一季度、第二季度、第三季度、第四季度。

★ 中文序列：甲、乙、丙、丁等。

2．输入相同数据

在某个单元格中输入某个数值型数据或字符型数据，然后用鼠标向左或向下拖动单元格填充柄到某个位置，松开鼠标即可快速在多个单元格中输入相同数据，如图 6-34 所示。完成填充后，单元格区域右下角会出现一个智能标记。单击该标记，会出现快捷菜单，用户可以根据需要进行设置。

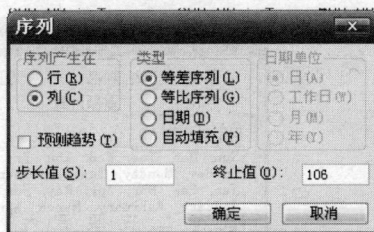

图 6-34 输入相同数据及显示智能标记

从图 6-31 和图 6-34 的智能标记可看出，有序数据产生的智能标记比相同数据产生的智能标记除 "复制单元格"、"仅填充格式" 和 "不带格式填充" 3 个相同选项之外，还多出了 "以序列方式填充" 选项。

3. 用户自定义填充序列

Excel 允许用户自定义填充序列。例如，在填充序列中没有第一名、第二名、第三名、第四名、第五名、第六名序列。

单击菜单栏上的 "工具" | "选项" 命令，在 "选项" 对话框中选择 "自定义序列" 选项卡。然后在 "输入序列" 文本框中输入自定义序列项（第一名、第二名、第三名、第四名、第五名），每输入一项，要按一次 Enter 键作为分隔。整个序列输入完毕单击 "添加" 按钮即可添加用户自定义序列，如图 6-35 所示。

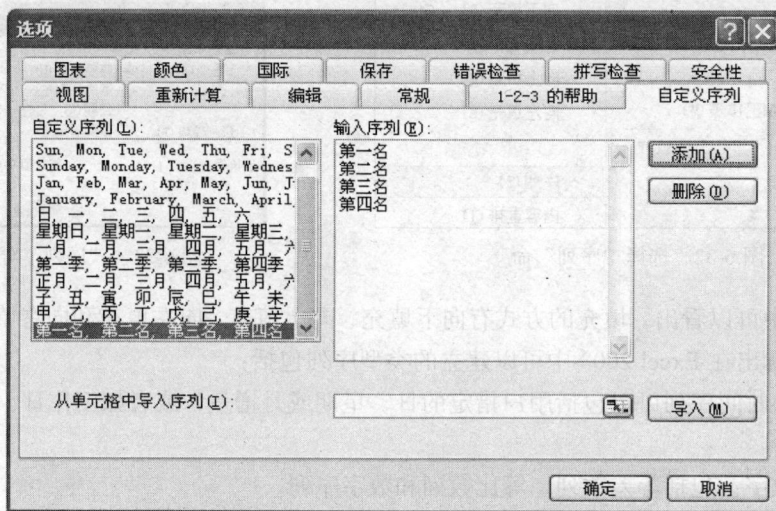

图 6-35 用户自定义填充序列

6.6 数据的导入和导出

若在一个工作簿中需要用到以前的工作表，那就可以不用逐个输入数据，Excel 2003 提供了多种方法来获取数据。Excel 2003 可获取的外部数据库文件的类型有：Access、FoxPro、dBase、SQL Server、Lotus、Oracle、HTML 文件、Web 档案、XML 文件和文本数据等。

利用 Excel 2003 提供的导入外部数据等功能，可以很方便地将所需的其他数据导入 Excel 电子表格中。

6.6.1 导入外部数据

导入外部数据的方法有很多，现主要介绍两种：一种是新建工作簿后，单击菜单栏上 "文件" | "打开" 命令。或常用工具栏上的打开 "📂" 按钮，在 "打开" 对话框的 "查找范围" 下拉列表中找到要导入的文件，直接单击 "打开" 按钮即可实现数据的导入。另一种是使用 "导入数据"

命令，完成数据的导入。其操作步骤如下。

步骤 1　选择命令。启动 Excel 2003，新建一工作簿，单击菜单栏上的"数据"｜"导入外部数据命令"｜"导入数据"命令，打开"选取数据源"对话框，如图 6-36 所示。

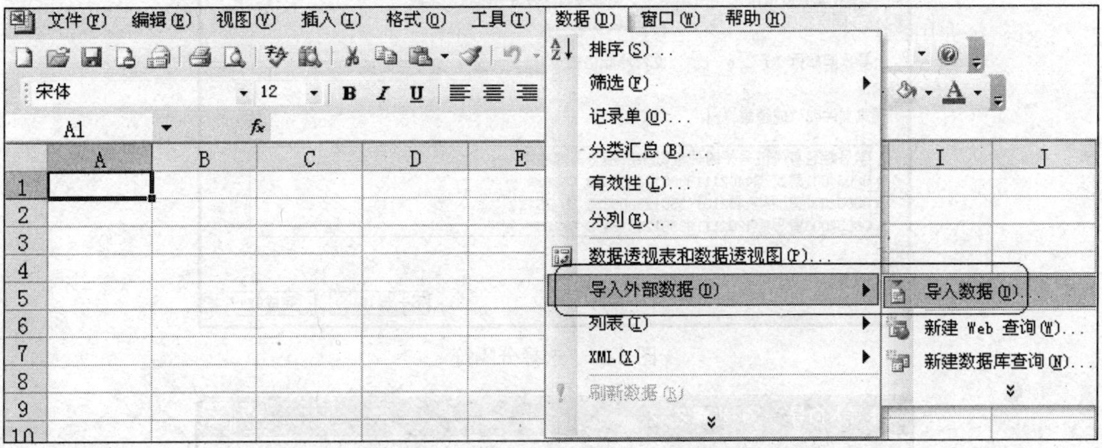

图 6-36　选择导入数据命令及"选取数据源"对话框

步骤 2　选取数据源。在弹出的"获取数据源"对话框中的"查找范围"下拉列表选择要导入的数据文件存放的位置，再单击"打开"按钮，如图 6-37 所示。本例选择的文件类型是文本文件类型。

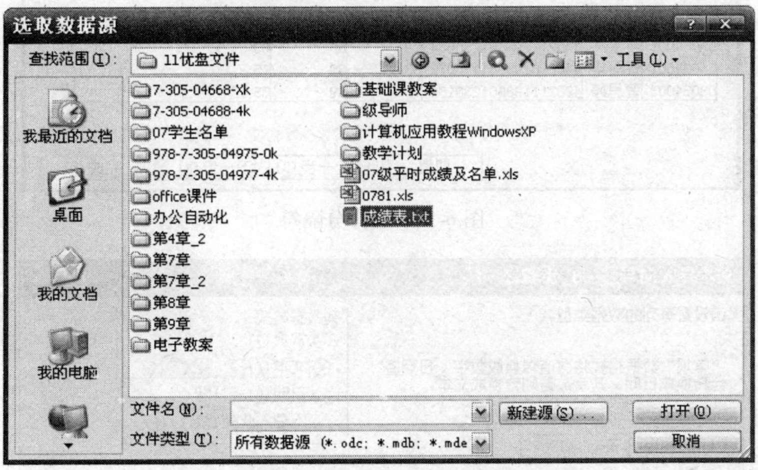

图 6-37　选择导入文件的位置

步骤 3　选择原始数据类型。在弹出的"文本导入向导步骤之 1"对话框中，根据导入文件的格式选择"原始数据类型"选项中的单选按钮，完成后单击"下一步"按钮，如图 6-38 所示。

步骤 4　选择分隔符。在弹出的"文本导入向导步骤之 2"对话框中，勾选"分隔符号"选项中复选框，完成后单击"下一步"按钮，如图 6-39 所示。

步骤 5　设置数据类型。在弹出的"文本导入向导 步骤之 3"对话框中，单击"完成"按钮，如图 6-40 所示。

图 6-38　选择分隔符

图 6-39　选择分隔符

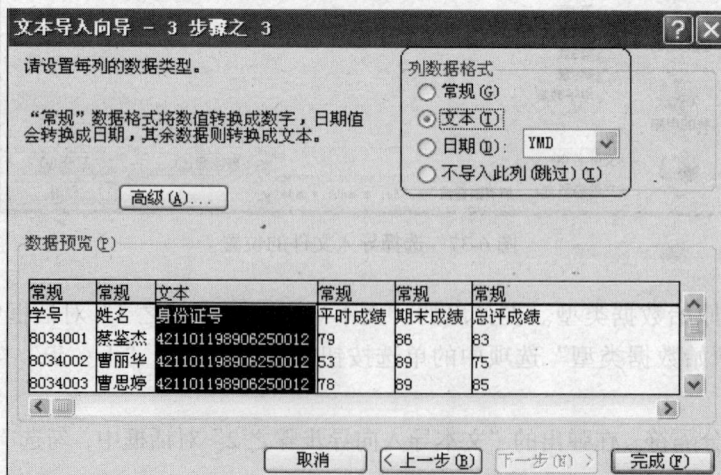

图 6-40　设置数据格式

步骤 6　完成数据导入。在弹出的"导入数据"对话框中，选择数据的放置位置单选按钮，单击"确定"按钮即可导入文本文件的数据,如图 6-41 所示。

小贴士

（1）在 Excel 2003 工作表中导入文本文件或 Word 文档时,若导入文件中包括身份证号等比较长 的数据时,则应在导入的第三步（图 6-40）"设置 每列数据格式"对话框中选择身份证号所在列,再 选择"列数据格式"为"文本",即可将身份证号完

图 6-41 "导入数据"对话框

整导入,否则在导入身份证号时,该列数据时会出现科学计数法,而不是所需的文本数据。同理, 根据需要还可以设置其他"列数据格式"。

（2）若在 Excel 2003 工作表中导入 Access 数据库文件,则导入过程中没有"文本导入向导" 其中的步骤 4～步骤 6 三个步骤,从步骤 3 直接到步骤 7 就能完成外部数据的导入。

（3）若直接使用常用工具栏上的打开" "按钮,或直接选择"文件"|"打开"命令,直接 打开"Access 数据库"文件时,如直接打开"成绩表.mdb"文件,系统会弹出一个"打开查询" 对话框。用户单击"打开"按钮才能打开 Access "成绩表.mdb"数据库文件。每次只能打开一个 工作表,若"成绩表.mdb"文件中有 3 个数据表,则要用 3 个工作簿分 3 次才能全部打开。

6.6.2 导出电子表格数据

在 Excel 2003 中,数据导出一般采用文件"另存为"操作,将电子表格数据文件保存为其他 类型的数据文件。

步骤 1 选择命令。打开已编辑好的工作表,单击菜单栏上"文件"|"另存为"命令。

步骤 2 设置"另存为"文本框。在弹出的"另存为"对话框的"保存位置"选项下列表中选 择导出数据文件的位置,在"文件名"选项文本框中输入要导出数据文件的文件名,再在"保存 类型"选项下拉列表中选择要保存的文件类型,如选择"Unicode 文本"文件类型。

步骤 3 完成数据导出。最后单击"保存"按钮,则将 Excel 2003 电子表格类型的数据文件 导出成了文本文件类型的数据,如图 6-42 所示。

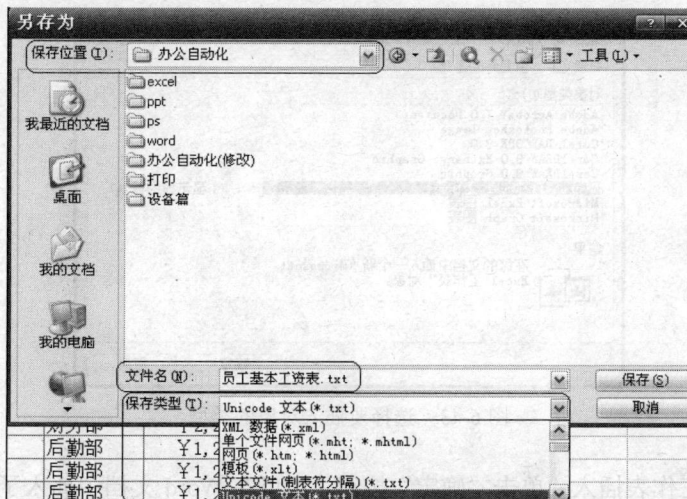

图 6-42 重新设置文件类型

小贴士

在 Excel 2003 中，使用"另存为"命令改变文件类型时，只对打开的工作簿当前活动工作表有效，对其他工作表无效。即只能改变打开的工作簿当前活动工作表中的数据的文件类型。

6.7 Excel 与 Word 的协作使用

在 Excel 2003 中，插入的外部对象可分为链接对象与嵌入对象两种。因此当 Excel 与其他程序之间进行信息复制时，即可将信息复制为链接对象，也可将信息复制为嵌入对象。

所谓链接对象是指该对象在源文件中创建，然后插入到目标文件中，并且维持这两个文件之间的链接关系。更新源文件时，目标文件中的链接对象也可以得到更新。嵌入对象是指直接插入到文件中的信息。

链接对象和嵌入对象的区别在于数据存放的位置，以及对象放置到目标文件中之后的更新方式。嵌入对象存放在插入的文档中，并且不进行更新；链接对象保持独立的文件，并且可被更新。

6.7.1 在 Word 中嵌入 Excel 工作表或图表

在链接对象时，只有在修改源文件时可以更新信息，链接对象存储于源文件中，目标文件中仅存储源文件的地址，并可以显示链接数据。

在嵌入对象时，嵌入对象是目标文件的一部分，对源文件的修改不影响目标文件中的信息。

将 Excel 工作表或图表作为嵌入对象插入到 Word，有两种方法：一是直接使用"复制"和"粘贴"命令；二是通过"插入"|"对象"命令来完成。本节介绍第 2 种方法。

步骤 1 选择命令。打开 Word 2003 文档，单击菜单栏上"插入"|"对象"命令，在弹出的"对象"对话框中单击"Microsoft Office Excel 工作表"选项，如图 6-43 所示。

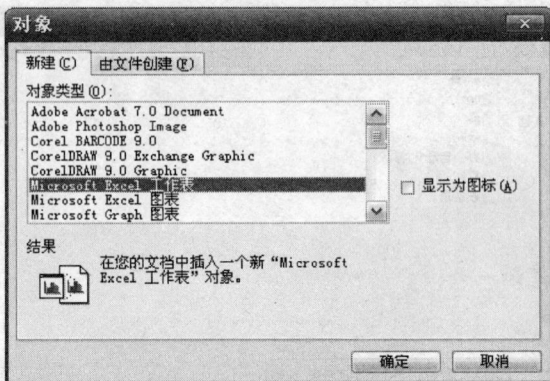

图 6-43 选择要插入对象的类型

步骤 2 完成工作表插入。单击"确定"按钮，即可在 Word 文档中插入了一个新工作表，如图 6-44 所示。

图 6-44　在 Word 中插入空白的工作表

用同样的方法还可以在 Word 中插入 Excel 的图表。

6.7.2　在 Word 中链接 Excel 工作表

步骤 1　选择命令。在 Word 中选中要链接的对象，单击菜单栏上的"插入"|"对象"命令，在弹出的"对象"对话框中选择"由文件创建"选项卡，切换至"由文件创建"选项卡下，如图 6-45 所示。

步骤 2　设置"对象"对话框。单击"浏览"按钮，在出现的"浏览"对话框中选择需要链接的 Excel 文件，单击"插入"按钮，返回"对象"对话框中勾选"链接到文件"复选框，如图 6-46 所示。系统的默认状态是嵌入对象，若要改变默认状态，一定要勾选"链接到文件"复选框。

图 6-45　选择"由文件创建"选项卡

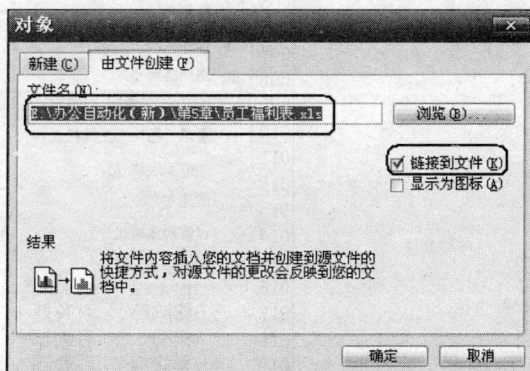

图 6-46　选择要链接的文件和勾选复选框

步骤 3　完成工作表链接。单击"确定"按钮，返回 Word 文档中，发现所选择的 Excel 工作表已插入到 Word 文档中了，如图 6-47 所示。

步骤 4　编辑工作表。双击该对象，系统会启动 Excel 来对工作表进行编辑。

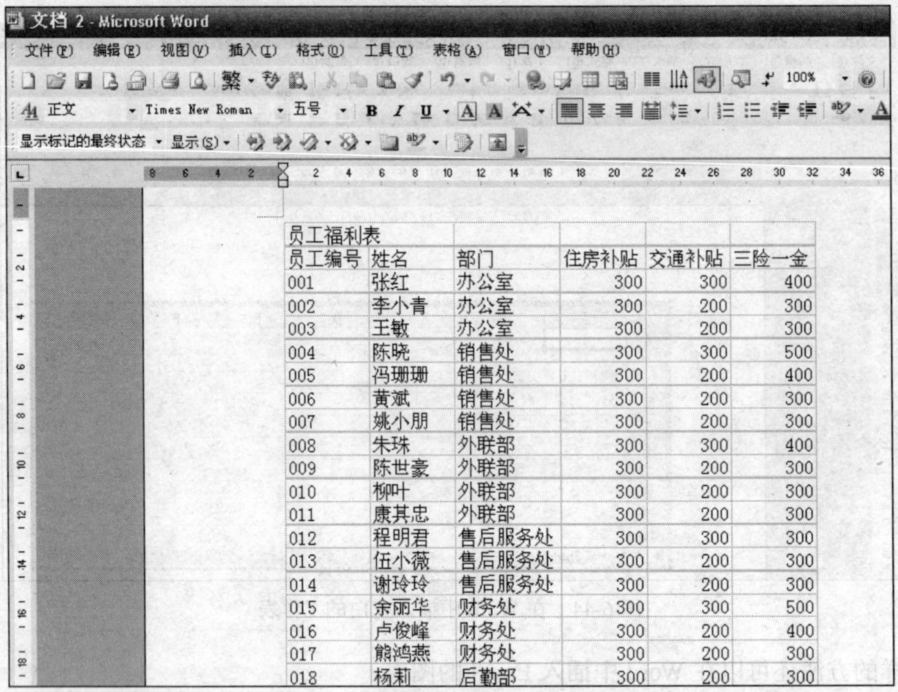

图 6-47　在 Word 中建立 Excel 链接对象

步骤 5　设置相关链接操作。在 Word 中鼠标右键单击插入的工作表，从弹出的快捷菜单中选择"链接的工作表对象"命令，再从弹出的级联菜单中根据需要选择"编辑链接"、"打开链接"等操作，如图 6-48 所示。

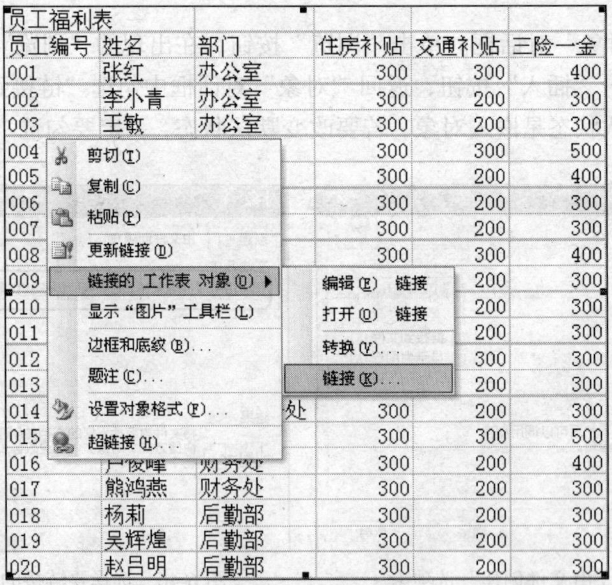

图 6-48　选择"链接"命令

步骤 6　设置"链接"对话框。单击"链接"命令，在弹出的"链接"对话框中"所选链接的更新方式"选项组中选中"自动更新"单选按钮，如图 6-49 所示。单击"确定"按钮，返回文档。此时若在原 Excel 表格数据更新时，Word 中的数据也发生相应的变化。

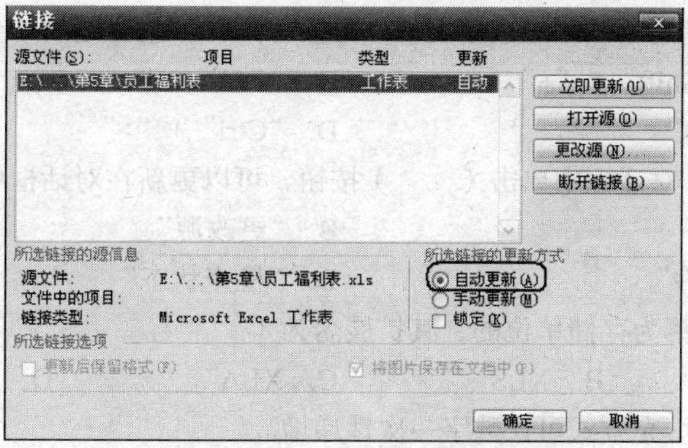

图 6-49　设置链接更新方式

本章小结

本章介绍了 Word 2003 和 Excel 2003 中宏的创建和应用，学习了快捷键的自定义和组合键的使用技巧，了解了宏病毒，掌握了宏安全性的设置；掌握了 Word 和 Excel 嵌入对象和链接对象的设置能及它们的不同。

习 题 六

一、单项选择题

1. 只允许运行可靠来源签署的宏，未经签署的宏会自动取消是属于宏（　　　）安全性。

　　A. 非常高　　　　　　　B. 高　　　　　　　　C. 中　　　　　　　　D 低.

2. 在 Office 软件中，使用最多的快捷键是（　　　）。

　　A. Ctrl+P 和 Ctrl+W　　　　　　　　B. Ctrl+A 和 Ctrl+X

　　C. Ctrl+S 和 Ctrl+O　　　　　　　　D. Ctrl+C 和 Ctrl+V

3. 链接对象和嵌入对象之间主要的区别是（　　　）。

A. 数据存放的位置和对象放置到目标文件中之后的更新方式

B. 数据存放的位置和支持的数据格式

C. 支持对象文件的大小和对象放置到目标文件中之后的更新方式

D. 支持对象文件的大小和支持的数据格式

4. 若要自定义快捷键，则应选择（　　　）命令。

　　A. "文件" | "权限"　　　　　　　　B. "插入" | "对象"

　　C. "工具" | "自定义"　　　　　　　　D. "格式" | "框架"

5. 宏病毒是一种寄存在（　　　）中的计算机病毒。

　　A. EXE 和 COM 文件　　　　　　　B. 文档或模板宏

　　C. 批处理文件　　　　　　　　　　D. 数据库文件

6. 连续按 3 次（　　　）功能键，则表示选取了一句话。

　　A. F1　　　　　　　B. F8　　　　　　　C. F4　　　　　　　D. F12

7. 如果要快速创建上标，可先选定文本，再按（　　　）组合键。

    A. "Ctrl" + "Shift" + "+"   B. "Ctrl" + "+"

    C. "Ctrl" + "<"   D. "Ctrl" + ">"

8. 在"编辑链接"对话框中单击（　　　）按钮，可以更新在对话框中选定的所有链接。

    A. "更新值"   B. "更改源"

    C. "打开源文件"   D. "检查状态"

9. Excel 是以工作簿为存储单位的，其扩展名为（　　　）。

    A. XLC   B. XLS   C. XLA   D. XLM

10. 以下（　　　）填充方式可让数字一次性递增。

    A. 以序列方式填充   B. 复制单元格

    C. 仅填充格式   D. 不带格式填充

11. 在 Excel 中，若要设置单元格的数据格式，应选择（　　　）。

    A. "编辑"菜单   B. "格式"菜单中的"单元格"命令

    C. "数据"菜单   D. "插入"菜单中的"单元格"命令

12. 在某单元格输入=6&87 后，该单元会（　　　）。

    A. 提出出错信息   B. 产生宏代换结果

    C. 产生一个字符串（正文 687）   D. 产生一个数值 687

二、填空题

1. 宏是将一系列_____组合起来形成的一个命令。

2. Word 提供了两种创建宏的途径：_____。

3. F8 键的主要功能是_____。

4. _____是目标文件文件的一部分，对源文件的修改不影响目标文件中的信息。

5. 当源文件数据发生变化后，_____的数据也会发生改变。

6. 若要按列选定文本，则应按住_____拖动鼠标即可。

7. Excel 会自动识别输入的数据类型，默认情况下，文本数据在单元格中_____，数字数据在单元格中_____。

8. 如果需要选取多个不相邻的工作表组成工作表组，用户可以单击第一个工作表标签，按住_____键，依次单击其他工作表标签。

9. 若要在一个单元格中输入多行数据，可在单元格输入了第一行数据后，按_____快捷键，就可在单元格内换行。

10. 若要在 Excel 单元格中输入当天的日期时，可按_____键。

三、上机操作题

1. 利用宏命令创建"文本格式宏"。要求设置文本的字体为"华文楷体"，"小四"蓝色字，"行距"为"1.3 倍行距"。

2. 新建 Word 文档，分别嵌入和链接一 Excel 工作表，修改 Excel 工作表数据，查看 Word 文档数据的变化。

3. 创建"基本工资表"。完成后效果图如图 6-50 所示。

要求：（1）利用 Excel 2003 数据"自动填充"功能完成"员工编号"字段列的内容；其他字段列的内容用键盘输入完成。

（2）将工作表"Sheet1"标签名改为"员工基本工资表"，标签颜色为蓝色。

	A	B	C	D	E	F	G
1	员工基本工资记录表						
2	员工编号	姓名	部门	底薪	岗位工资	工龄工资	基本工资
3	001	张红		1500	1200	500	
4	002	李小青		1500	1000	400	
5	003	王敏		1500	600	100	
6	004	陈晓		1800	800	400	
7	005	冯珊珊		1800	800	200	
8	006	黄斌		1800	800	100	
9	007	姚小朋		1800	800	100	
10	008	朱珠		1500	800	300	
11	009	陈世豪		1500	600	200	
12	010	柳叶		1500	600	100	
13	011	康其忠		1500	600	100	
14	012	程明君		1200	500	300	
15	013	伍小薇		1200	500	400	
16	014	谢玲玲		1200	500	200	
17	015	余丽华		1800	1200	500	
18	016	卢俊峰		1800	800	300	
19	017	熊鸿燕		1800	600	400	
20	018	杨莉		1200	500	300	
21	019	吴辉煌		1200	300	200	
22	020	赵吕明		1200	300	100	

图 6-50 “基本工资表”数据内容

（3）根据数据特点，设置“部门”、“岗位工资”和“工龄工资”等列数据的有效性。“部门”有：院办、教务处、学生处、招生办、后勤处、保卫处；“岗位工资”在 1200～1800 元之间，“工龄工资”在 0～1000 元之间。

完成设置要求后，以“基本工资表.xls”为文件名保存在指定位置上。

4. 打开第 1 题所创建“基本工资表.xls”。完成以下操作要求后，效果如图 6-51 所示。

	A	B	C	D	E	F	G	H	I	J	K
1	员工档案表										
2	员工编号	姓名	部门	职务	出生年月	年龄	学历	底薪	岗位工资	工龄工资	基本工资
3	001	张红	办公室	主任	1966年2月		大专	3200	1200	500	
4	002	李小青	办公室	干事	1976年2月		硕士	2600	1000	400	
5	003	王敏	办公室	干事	1982年1月		本科	2200	600	100	
6	004	陈晓	销售处	处长	1970年2月		本科	3200	1200	400	
7	005	冯珊珊	销售处	销售员工	1980年5月		中专	1800	1000	200	
8	006	黄斌	销售处	销售员工	1979年7月		大专	1800	800	100	
9	007	姚小朋	销售处	销售员工	1982年1月		中专	1800	800	100	
10	008	朱珠	外联部	部长	1975年2月		本科	3200	1200	300	
11	009	陈世豪	外联部	干事	1984年5月		本科	2600	1000	200	
12	010	柳叶	外联部	干事	1985年7月		硕士	2600	600	100	
13	011	康其忠	外联部	干事	1982年1月		本科	2200	600	100	
14	012	程明君	售后服务处	处长	1971年10月		本科	3200	1200	300	
15	013	伍小薇	售后服务处	员工	1974年1月		大专	1800	600	400	
16	014	谢玲玲	售后服务处	员工	1979年5月		大专	1800	600	200	
17	015	余丽华	财务处	处长	1965年2月		本科	3200	1200	500	
18	016	卢俊峰	财务处	会计	1968年7月		本科	2600	1000	300	
19	017	熊鸿燕	财务处	出纳	1980年2月		硕士	2200	600	400	
20	018	杨莉	后勤部	水电工	1971年1月		中专	1200	500	300	
21	019	吴辉煌	后勤部	维修工	1980年2月		高中	1200	300	200	
22	020	赵吕明	后勤部	司机	1983年6月		高中	1200	300	100	

图 6-51 “员工基本情况表”完成图

（1）在工作表中增加“职务”、“出生年月”和“学历”四列，并完成相应数据的输入；所有列标题行一律水平居中，加粗。

（2）将第 1 行标题行“员工档案表”标题合并居中，设置字体为“隶书”，字号为 20，字体颜色为红色，底纹为浅绿 12.5%灰色。

（3）“底薪”、“岗位工资”、“工龄工资”和“基本工资”字段的数据格式为“￥**，***.**”格式。

（4）根据数据特点，分别设置“学历”、“职务”等数据的有效性。

（5）给工作表加上外边框为实心红色粗线，内框为蓝色实心细线的边框。

完成设置要求后，分别以“员工基本工资表.xls”和“员工基本情况表.txt”为文件名保存在指定位置上。

第7章
PowerPoint 与广告宣传

当要向观众介绍一个计划、作报告或产品演示时，最好的办法就是事先准备好一些带有文字、图片、图表的幻灯片，用于阐明自己的观点。这样还可以在面向观众播放幻灯片的同时，配以丰富详实的讲解。

PowerPoint 是制作演示课件的有力工具，用户无论是向观众介绍一个计划、一种新产品，还是作报告、培训员工、广告宣传，只要事先使用 PowerPoint 做一个演示文稿，就会使阐述过程简明而又清晰，轻松而又丰富翔实，从而更有效地与他人沟通。

利用 PowerPoint 中文版声音和图形处理等方面的强大功能，我们可以非常方便快捷地完成效果如图 7-1 所示的"童影毛绒玩具有限公司产品展示片"。

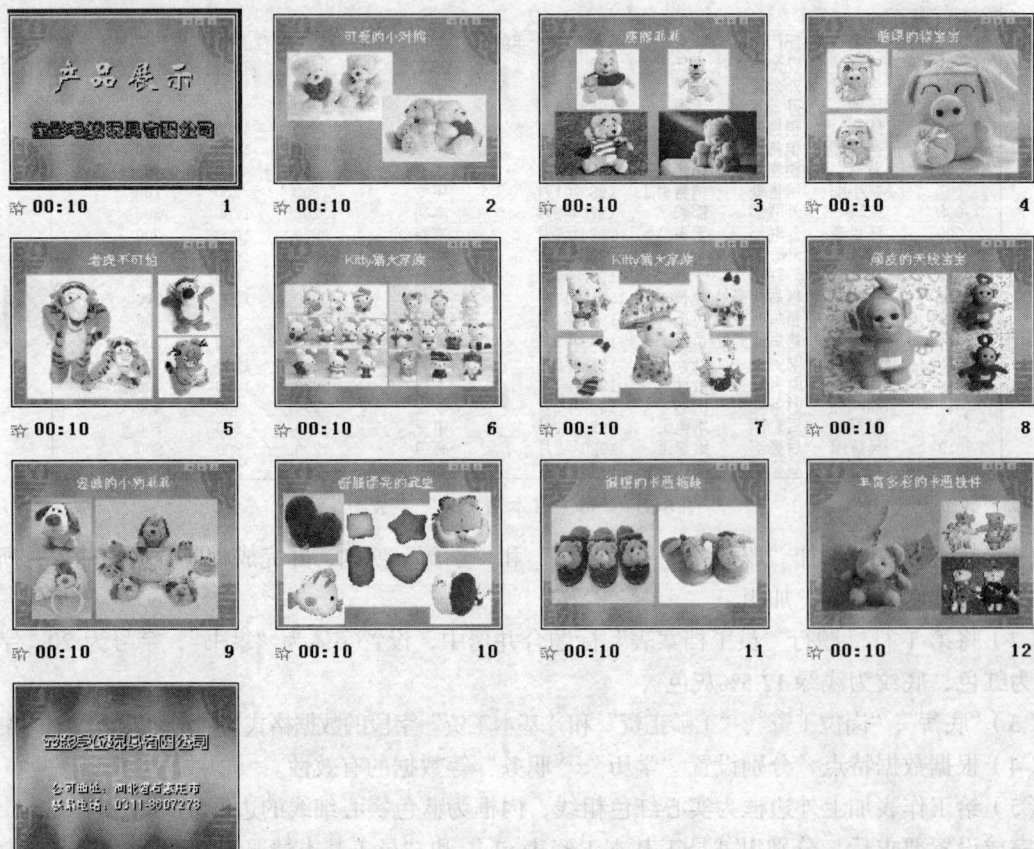

图 7-1　产品展示

7.1 素材图片及音乐的准备工作

步骤 1 收集素材。收集需要用到的素材图片及音乐文件。

步骤 2 处理图片素材。利用图形处理软件对素材图片进行适当的调整和处理。

步骤 3 存放素材。将素材图片及音乐文件存储到一个固定的文件夹中，以备使用。

7.2 创建并编辑演示文稿

在启动 PowerPoint 2003 时，就已经创建了一份演示文稿，默认的名称为"演示文稿 1"，用户就可以直接为该演示文稿输入内容，然后将其保存下来。

7.2.1 新建空演示文稿

在 PowerPoint 2003 中，可以使用多种方式新建演示文稿，包括新建空白演示文稿、利用设计模板、利用内容提示向导和利用现有演示文稿等。

步骤 1 启动演示文稿。启动 PowerPoint 2003，即可出现如图 7-2 所示的"新建演示文稿"窗口。单击工具栏上的"新建"图标。

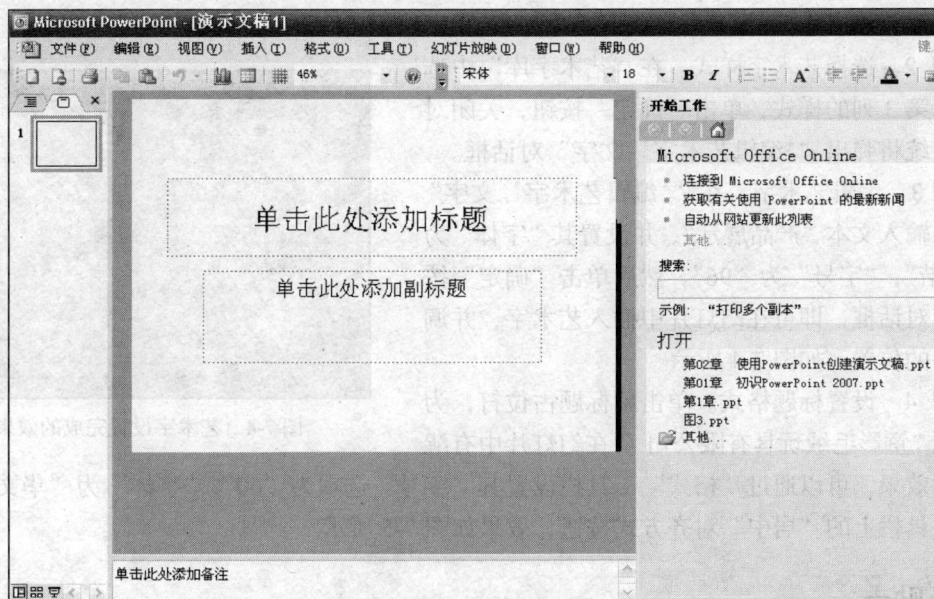

图 7-2 演示文稿编辑窗口

步骤 2 选择版式。根据需要选择右边的"幻灯片版式"任务窗格中的"文字版式"。

步骤 3 选择并应用设计模板。单击菜单栏上"格式"|"幻灯片设计命令"，在右边出现的"幻灯片设计"模板中选择所需要的模板，如图 7-3 所示。

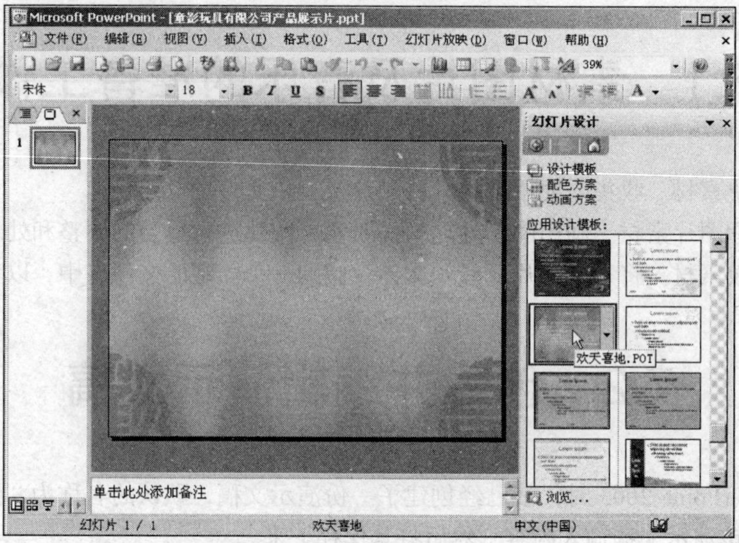

图 7-3 应用设计模板后的幻灯片

7.2.2 在幻灯片中插入艺术字与文本

艺术字是具有特殊效果的文字，它的灵活多变和绚丽多彩是一般的格式文本无法比拟的。艺术字也是一种图形对象，在幻灯片中适当地使用艺术字，可以使演示文稿增色不少。将标题设置为艺术字，能使标题更加醒目、美观。

步骤 1 选择"插入艺术字"命令。单击菜单栏中的"插入"|"图片"|"艺术字"命令，系统将弹出"艺术字库"对话框。

步骤 2 选择艺术字样式。在"艺术字库"中选择第 1 行第 3 列的样式，单击"确定"按钮，关闭对话框，系统将弹出"'编辑艺术字'文字"对话框。

步骤 3 编辑艺术字。在"'编辑艺术字'文字"对话框中输入文本"产品展示"，并设置其"字体"为"华文行楷"，"字号"为"96"，然后单击"确定"按钮，关闭对话框，即可在幻灯片中插入艺术字，并调整艺术字的位置，如图 7-4 所示。

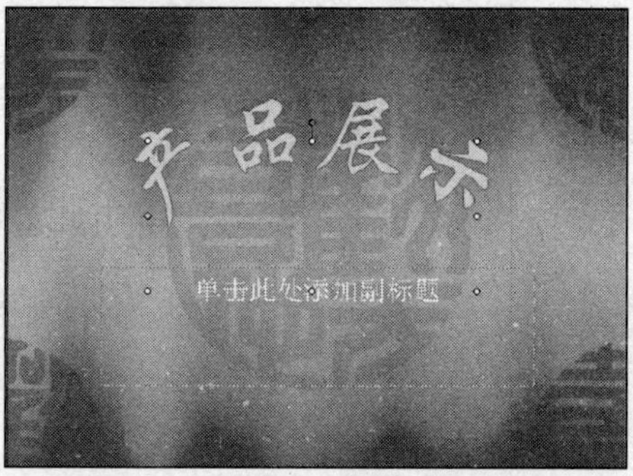

步骤 4 设置标题格式。单击副标题占位符，为使副标题"童影毛绒玩具有限公司"在幻灯片中有醒

图 7-4 艺术字设置完成的效果

目的显示效果，可以通过"格式"工具栏设置其"字号"选项为"60"，"字体"为"华文彩云"，并单击工具栏上的"居中"对齐方式按钮，效果如图 7-5 所示。

小贴士

（1）占位符是带有虚线或影线标记边框的框，如图 7-4 所示。它能容纳标题和正文，以及图表、表格和图片等对象。在输入文本之前，占位符中是一些提示性的文字。当用鼠标单击占位符中的提示后，这些提示就消失，而且光标的形状就变成一短竖线，这时就可以在占位符中输入文本了。当在占位符中输入文本后，若不选中该占位符，其边框就不显示出来。

图 7-5　在幻灯片中输入副标题

（2）可以调整占位符的位置，其操作步骤为：选中占位符后，拖动占位符边框到合适的位置释放即可。若要调整占位符的大小，其操作步骤为：选中占位符后，拖动其边框上的句柄即可。

（3）在应用了幻灯片版式后，幻灯片中的占位符就不能添加，但可以删除。当需要在幻灯片占位符外的位置添加文本时，可以选择菜单栏中的"插入"|"文本框"|"水平"命令或"插入"|"文本框"|"垂直"命令，也可以利用"绘图"工具栏中的"横排文本框"按钮或"竖排文本框"按钮，在幻灯片中的适当位置拖动鼠标即可绘制文本框，用来添加文本。

7.2.3　设置动画效果

增加动画效果能够使一张演示文稿更加生动而富有吸引力。PowerPoint 2003 提供了一些非常便捷地实现动画效果的功能，可以实现图片的动感效果。

步骤 1　选择艺术字"自定义动画"命令。选定艺术字，单击菜单栏中的"幻灯片放映"|"自定义动画"命令，系统将弹出"自定义动画"任务窗格，如图 7-6 所示。

步骤 2　选择文本框"自定义动画"命令。同步骤 1 的操作，选定文本框，选择菜单栏中的"幻灯片放映"|"自定义动画"命令，系统将弹出"自定义动画"任务窗格。

步骤 3　添加动画效果。单击"自定义动画"任务窗格中的"添加效果"按钮，在弹出的下拉列表中选择"进入"选项，设置其"进入"效果为"放大"、"之前"、"慢速"，

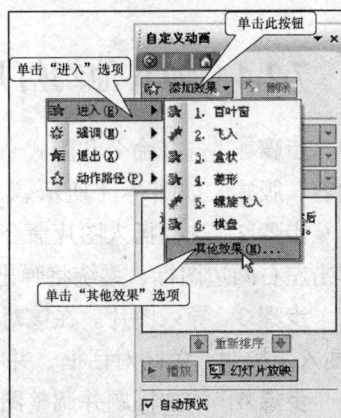

图 7-6　"自定义动画"对话框

如图 7-7 所示。

步骤 4 设置"计时"选项。单击"形状 1：产品"右边的下拉菜单，如图 7-8 所示。选择"效果选项"和"计时"选项，按要求分别对它们进行效果设置，如图 7-9 和图 7-10 所示。

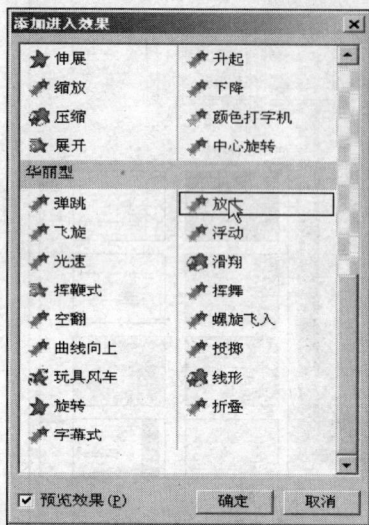

图 7-7　"添加进入效果"对话框

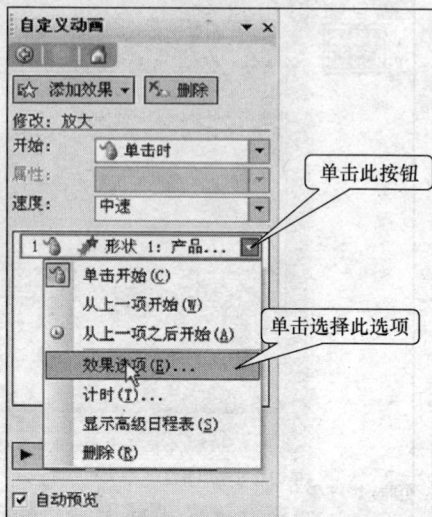

图 7-8　选择"效果选项"

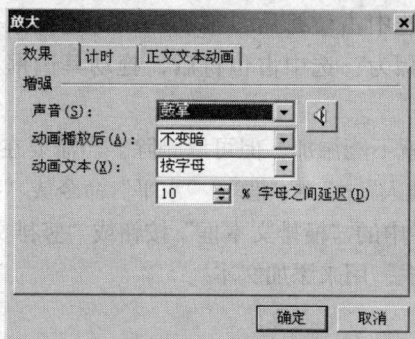

图 7-9　"放大"/"效果"选项卡

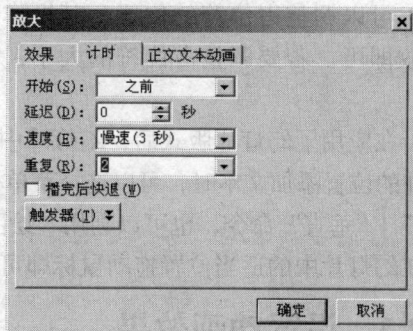

图 7-10　"放大"/"计时"选项卡

7.2.4　为其他幻灯片设置图片动感效果

步骤 1 选择命令和版式。单击菜单栏中的"插入"|"新幻灯片"命令，选择"标题和两项内容"版式，如图 7-11 所示。

步骤 2 选择插入图片命令。选择菜单栏中的"插入"|"图片"|"来自文件"命令，或分别单击左右两边图标，系统将弹出"插入图片"对话框。

步骤 3 导入图片。在该对话框中，查找并选择需要导入的图片，如图 7-12 所示。然后单击"插入"按钮，关闭对话框，并将图片插入到幻灯片中。

步骤 4 添加标题并调整图片大小。添加标题，并插入好两张所需图片后，调整图片的大小，并把图片移到相应位置，如图 7-13 所示。

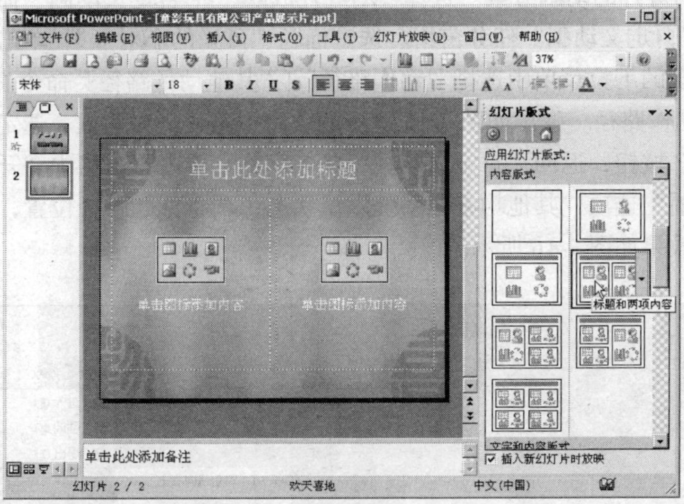

图 7-11　"标题和两项内容"版式的幻灯片

图 7-12　"插入图片"对话框

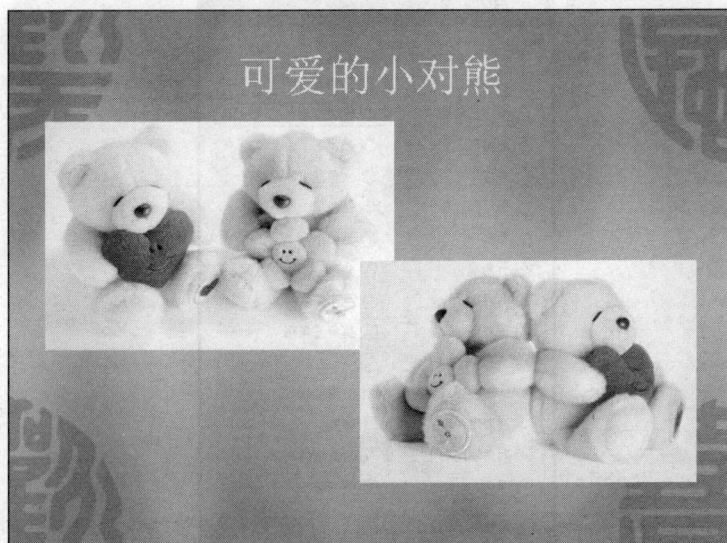

图 7-13　在幻灯片中插入两张图片

步骤5 设置幻灯片的动画方案。选择"幻灯片放映"|"自定义动画"命令，在右窗格弹出如图 7-14 所示的"自定义动画"任务窗格。选定标题"可爱的小对熊"，单击右窗格中的"添加效果"按钮，在出现的下拉菜单中选择"动作路径"|"其他动作路径"命令。

步骤6 设置动作路径。弹出如图 7-15 所示的"添中路径"对话框，选定"橄榄球形"动画类型，单击"确定"按钮，返回"自定义动画"任务窗格。单击右窗格中"开始"选项，在其下拉列表中选择"之前"选项，其他均采用系统默认状态，调整标题路径位置，即可完成对标题动态效果设置，完成效果如图 7-16 所示。

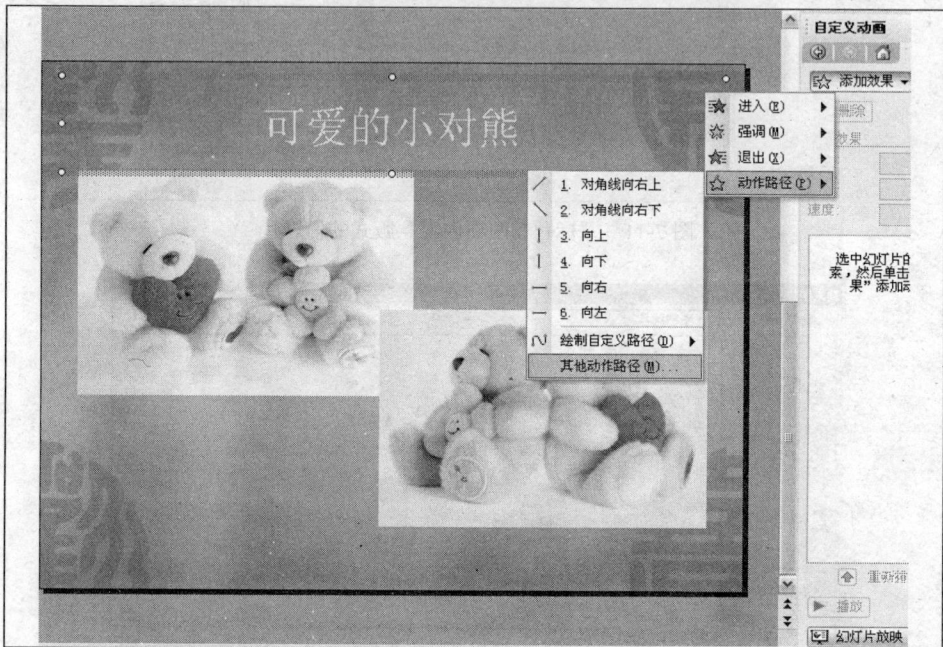

图 7-14 标题动感效果设置

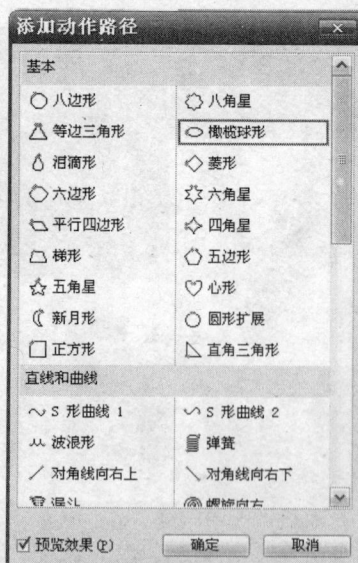

图 7-15 "添加动作路径"对话框

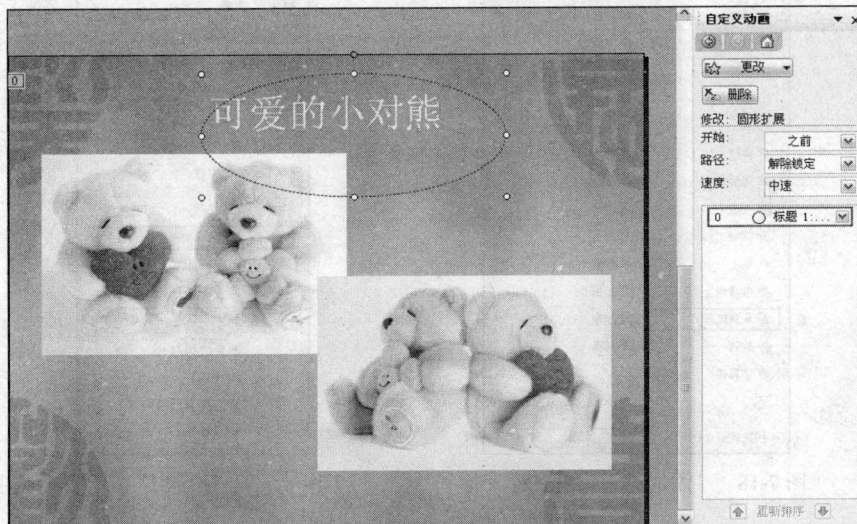

图 7-16　设置标题动态效果

　　步骤 7　添加其他效果。再选定上一张图片如"小熊 1",单击右窗格中的"添加效果"按钮,在出现的下拉菜单中选择"进入"|"其他效果"命令,如图 7-17 所示。

　　步骤 8　选择进入动态效果类型。弹出如图 7-18 所示的"添加进入效果"对话框,选中"玩具风车"动画类型,单击"确定"按钮,返回"自定义动画"任务窗格。单击右窗格中的"小熊1"下拉按钮,在其下拉列表中选择"从上一项之后开始"选项,如图 7-19 所示,其他均采用系统默认状态。"小熊 1"图片的"进入效果"就设置完成了。

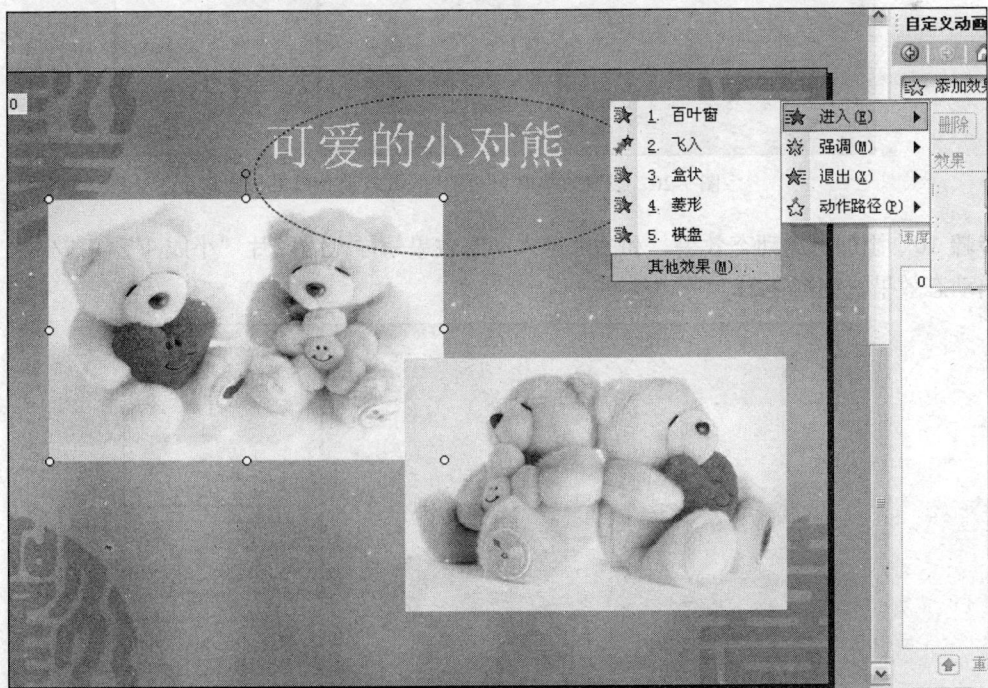

图 7-17　为图片设置动态效果

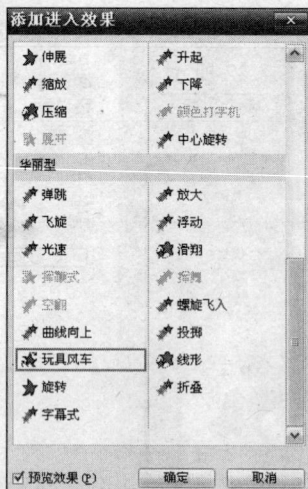

图 7-18   "添加进入效果"对话框   图 7-19 设置"小熊 1""开始"选项

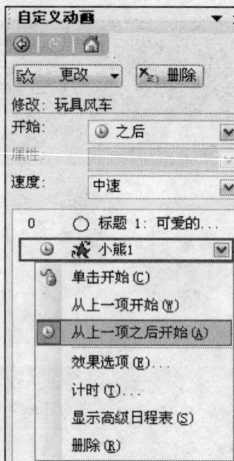

步骤 9   设置其他图片。再选定"小熊 2"图片，执行步骤 7 和步骤 8 设置其图片的"进入效果"。完成效果如图 7-20 所示。

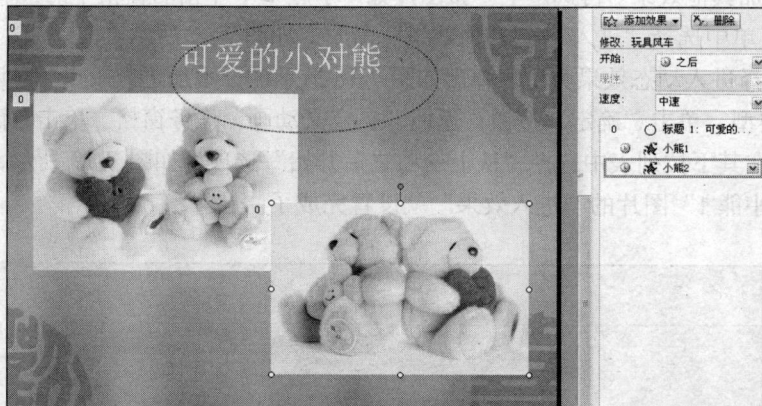

图 7-20   设置"小熊 2"图片的进入动态效果

步骤 10   添加退出动态效果。和添加进入动态效果一样，为图片"小熊 1"和"小熊 2"添加退出动态效果，如图 7-21 所示。

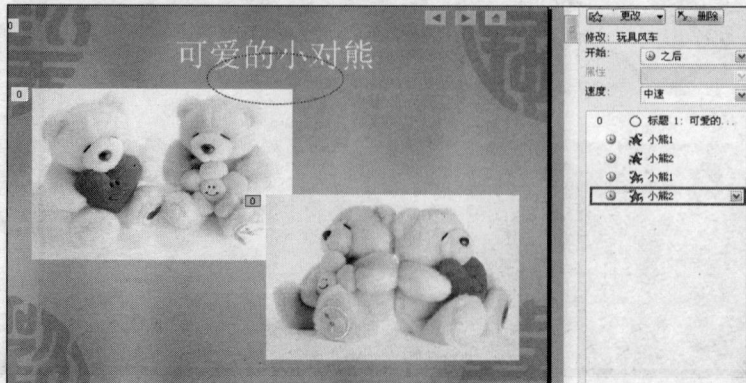

图 7-21   完成图片的退出效果设置

　　步骤 11　插入其他幻灯片。单击菜单栏上"插入"|"新幻灯片"命令，再选择右任务窗格中的"幻灯片版式"样式，即可插入一张新幻灯片，如图 7-22 所示。

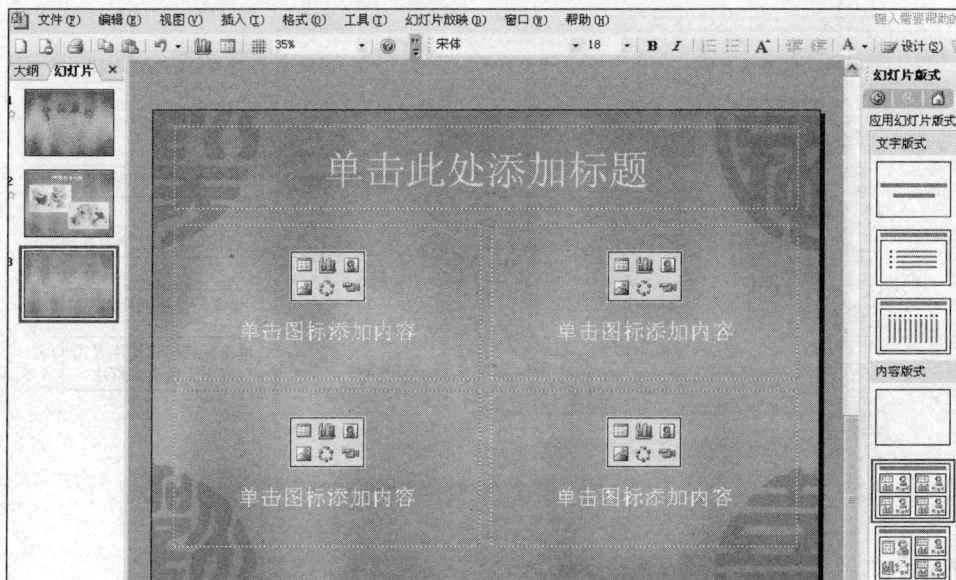

图 7-22　插入新幻灯片并设置版式

　　步骤 12　完成设置。按照上述步骤 2～步骤 10 的操作，给新幻灯片添加标题和图片，并完成动态效果设置，完成后的效果如图 7-23 所示。

图 7-23　添加标题和图片并完成标题和图片的动态效果设置

　　采用类似操作步骤，根据需求完成其他幻灯片的设置。并以"产品展示.PPT"为文件名保存在指定位置。

7.2.5　设置幻灯片的切换效果

　　步骤 1　选择"幻灯片切换"命令。单击菜单栏中的"幻灯片放映"|"幻灯片切换"命令，系统将弹出"幻灯片切换"任务窗格。

步骤2 设置幻灯片切换效果。在"幻灯片切换"任务窗格的"应用于所选幻灯片"列表框中，单击"随机"选项，速度选择"中速"，声音选择"风铃"，切换时间间隔为3秒，如图7-24所示。

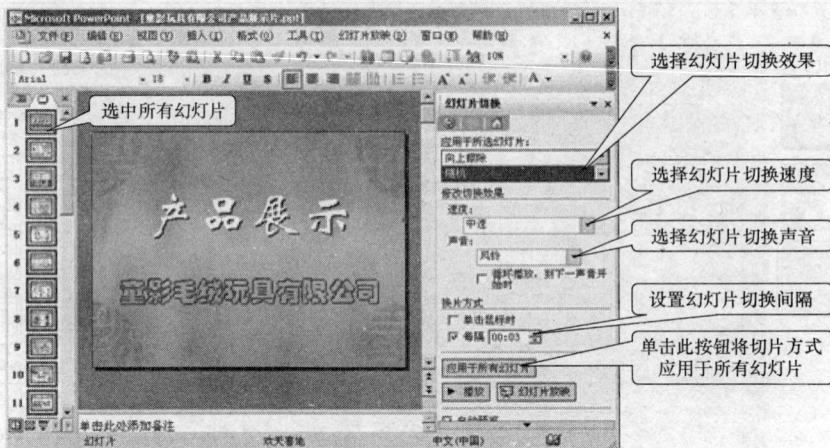

图 7-24   设置"幻灯片切换"选项

📝 **小贴士**

单击"幻灯片切换"任务窗格的"应用于所有幻灯片"按钮，可以直接将选定的切换方案应用于所有幻灯片。

7.2.6   添加音乐效果

在幻灯片中除了可以插入图形之外，还可以插入声音等多媒体对象，这样就可以制作出声色俱佳的演示文稿。

步骤1 选择插入声音命令。在"大纲"窗格中选择第1张幻灯片，单击菜单栏中的"插入"|"影片和声音"|"文件中的声音"命令，系统将弹出"插入声音"对话框。

步骤2 选择声音文件。在"插入声音"对话框中，查找并选中所需插入幻灯片的声音文件，如图7-25所示。

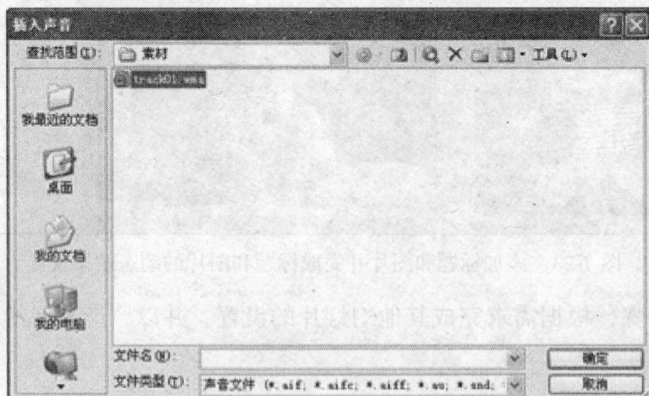

图 7-25   "插入声音"对话框

步骤3 设置提示对话框选项。单击"确定"按钮，即可关闭对话框，同时系统将弹出提示对话框，如图7-26所示。提示在幻灯片放映时如何开始播放声音，单击"自动"按钮，关闭对话框，将选定的声音文件插入幻灯片中，在幻灯片中将显示图标。

图 7-26　声音播放方式提示对话框

步骤 4　选择"效果选项"命令。在"自定义动画"任务窗格中，单击选项右侧的向下三角按钮，并从下拉菜单中单击"效果选项"命令，或直接双击选项，系统将弹出"播放声音"对话框。

步骤 5　设置"播放声音"对话框。在"播放声音"对话框中，单击"效果"选项卡，然后在"开始播放"选项组中单击"开始播放"单选按钮，将其设置为"00:02"，这样可以跳过音乐最开始的空白部分，然后在"停止播放"选项组中单击"在（F）张幻灯片后"单选按钮，将其设置为"13"，这样音乐在累计切换了 13 张幻灯片之后才会停止播放，其他选项保持不变，如图 7-27 所示。

步骤 6　设置"计时"选项卡。在"播放声音"对话框中，单击"计时"选项卡，然后将"开始"选项设置为"之前"，将"重复"选项设置为"直到下一次单击"，如图 7-28 所示。

图 7-27　设置播放声音"效果"选项卡

图 7-28　设置播放声音"计时"选项卡

步骤 7　设置"声音设置"选项卡。在"播放声音"对话框中，单击"声音设置"选项卡，单击勾选"幻灯片放映时隐藏声音图标"复选框，如图 7-29 所示。

步骤 8　完成声音效果设置。单击"确定"按钮，关闭对话框，即完成声音效果的设置。

📝 小贴士

也可以在幻灯片中插入影片对象，操作方法如下。

（1）选择要插入影片的幻灯片。

（2）选择菜单栏中的"插入"|"影片和声音"|"文件中的影片"命令，弹出"插入影片"对话框。

（3）在"插入影片"对话框中选择影片文件所在的文件夹，再选择要插入的影片文件，最后单击"插入"按钮。

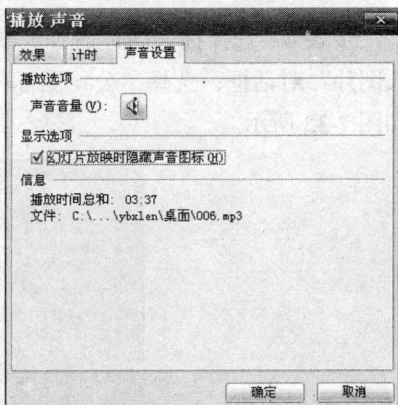

图 7-29　设置播放声音的"声音设置"

7.2.7　添加幻灯片编号及徽标

通过设置幻灯片母版（母版是一张可以预先定义背景颜色、文本格式的特殊幻灯片，对它的修改将直接作用到应用该母版的幻灯片中）可以将通用的或者相近的设置属性应用到所有的幻灯片中，以保证每一张幻灯片的风格一致，还可以提高编辑效率。

步骤 1 选择"幻灯片编号"命令。单击菜单栏中的"插入"|"幻灯片编号"命令，系统将弹出"页眉和页脚"对话框，如图 7-30 所示。

步骤 2 设置"页眉和页脚"对话框。单击"幻灯片编号"复选框，再单击"全部应用"，即可为幻灯片加上编号。

步骤 3 选择"幻灯片母版"命令。单击菜单栏中的"视图"|"母版"|"幻灯片母版"命令，文稿编辑窗口将出现当前演示文稿所使用的幻灯片母版，如图 7-31 所示。

图 7-30 "页眉和页脚"对话框

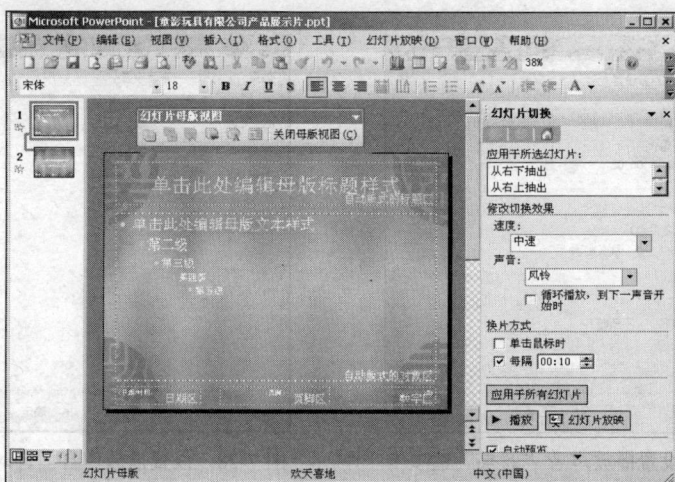

图 7-31 编辑窗口中的幻灯片母版

步骤 4 选择插入图片命令。单击菜单栏中的"插入"|"图片"|"来自文件"命令，打开"插入图片"对话框，选择"公司图标"图片作为徽标插入到母版中，并调整好徽标的大小和位置，如图 7-32 所示。

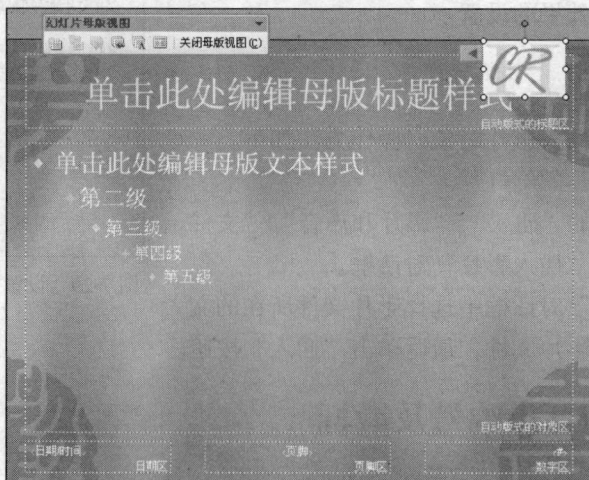

图 7-32 在母版中插入徽标

步骤 5　完成添加幻灯片编号及徽标设置。单击"幻灯片母版视图"工具栏中的"关闭母版视图"按钮，完成对母版的设置。于是在所有的幻灯片中都插入了徽标。

7.3　设置交互式演示文稿

7.3.1　创建超级链接

在默认的状态下，放映演示文稿时，其中的幻灯片会依次从第一张顺序显示到最后一张。通过在演示文稿中创建超级链接，可以根据需要自行控制幻灯片的放映顺序。

步骤 1　选择"超链接"命令。选中第 1 张幻灯片中的"童童毛绒玩具有限公司"汉字，再单击菜单栏中的"插入"|"超链接"命令，或单击"常用"工具栏中的"插入超链接"按钮，或对所选图片单击右键，在弹出的快捷菜单中选择"超链接"命令，则弹出如图 7-33 所示的"插入超链接"对话框。

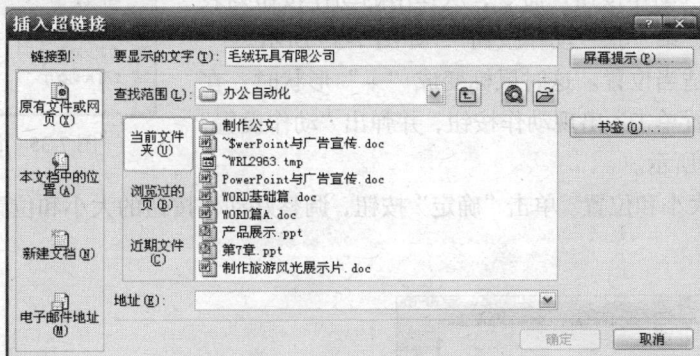

图 7-33　"插入超链接"对话框

步骤 2　设置链接到文档位置。在"插入超链接"对话框中，单击选择左边的"链接到"列表中的"本文档中的位置"选项，在"幻灯片标题"中选择"童影毛绒玩具有限公司"，如图 7-34 所示，单击"确定"按钮，这样当单击第 1 张幻灯片的"毛绒玩具有限公司"图片时，将链接到第 15 张幻灯片。

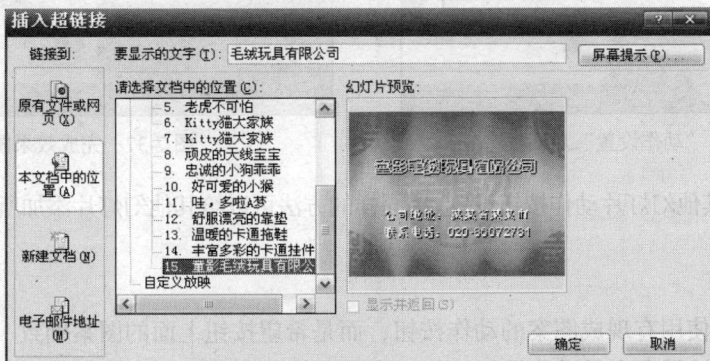

图 7-34　选择链接到的幻灯片

步骤 3　完成其他超链接设置。用同样的方法还可设置其他幻灯片中的文字和图片的超链接。

小贴士

（1）设置超链接之前，最好先创建好所有的幻灯片。

（2）对文本或图形对象创建超链接时，除了可以使用菜单"插入超链接"命令，还可以使用菜单"幻灯片放映"|"动作设置"命令。

（3）删除超链接的方法是：选择要删除超链接的文本或图形对象，单击鼠标右键，在弹出的快捷菜单中选择"删除超链接"命令（注意：删除超链接并不意味着删除代表超链接的文本或图形。相反，如果删除了代表超链接的所有文本或整个图形对象，那么就同时删除了该超链接）。

7.3.2　插入动作按钮

插入动作按钮，可以增强演示文稿的交互性，放映幻灯片时，只要单击动作按钮，就可以跳转到设置好的目标位置。

步骤1　设置动作按钮。选择第2张幻灯片，单击菜单栏上"幻灯片放映"|"动作按钮"命令，从弹出的动作按钮列表中选择"动作按钮：第一张"动作按钮，如图7-35所示。

步骤2　选择适当位置。这时鼠标变成"+"形状时，在幻灯片中适当的位置单击，出现动作按钮，并弹出"动作设置"对话框，如图7-36所示。

图7-35　设置动作按钮

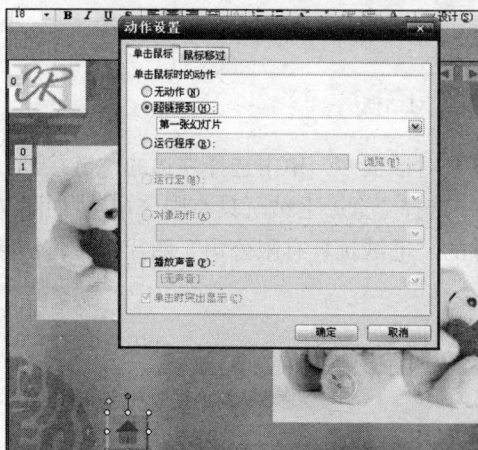

步骤3　调整大小和位置。单击"确定"按钮，调整好动作按钮的大小和位置，效果如图7-37所示。

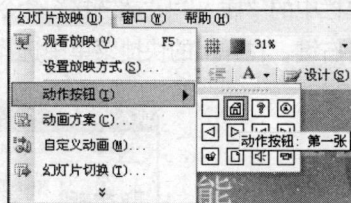

图7-36　"动作设置"对话框

图7-37　完成效果图

步骤4　完成其他幻灯片动作按钮设置。用同样的方法可以给其他幻灯片添加所需要的动作按钮。

小贴士

（1）如果不想使用有现成图案的动作按钮，而是希望按钮上面的图案别致一些，那么，可以在动作按钮列表中选择空白的动作按钮，然后在上面放置自选图形。

（2）可以在任何一种动作按钮上面添加文字，只需对按钮单击右键，在弹出的快捷菜单中选择"添加文本"命令。但习惯上，常常选择没有任何图案的动作按钮添加文字，从而创建自定义效果的动作按钮。

（3）若所有幻灯片所需的动作按钮相同，则可在幻灯片的母版中设置，并将所设的按钮图标对齐，如图 7-38 所示。

图 7-38　设置母版动作按钮

7.4　演示文稿的放映设计

有时候，可能要针对不同的用户或观众放映演示文稿指定的部分，这就要设置幻灯片的放映范围和方式。

7.4.1　设置排练时间

步骤 1　选择"排练时间"命令。单击菜单中的"幻灯片放映"|"排练时间"命令，幻灯片将开始放映，同时屏幕的左上角将显示用于计时的"预演"对话框，如图 7-39 所示。

步骤 2　打开提示对话框。待幻灯片放映结束时，单击"预演"对话框右上角的"关闭"按钮，或按下 Esc 键，即可结束排练，并关闭"预演"对话框，同时系统将弹出提示对话框，如图 7-40 所示。

图 7-39　"预演"对话框

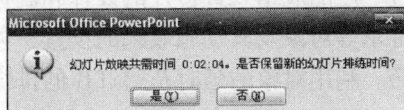

图 7-40　幻灯片排练时间提示对话框

步骤 3　完成排练时间设置。单击提示对话框中的"是"按钮，保存幻灯片的排练时间，并关闭对话框，系统将自动换到"幻灯片浏览视图"模式，且在幻灯片下方将显示每张幻灯片的排练时间。

7.4.2　设置幻灯片的放映方式

通过设置幻灯片的放映方式，我们可以将幻灯片设置成用户手动放映或自动播放。

步骤 1 选择"设置放映方式"命令。单击菜单栏中的"幻灯片放映"|"设置放映方式"命令，系统将弹出"设置放映方式"对话框。

步骤 2 设置"放映方式"对话框。在"设置放映方式"对话框中，设置其参数，如图 7-41 所示。

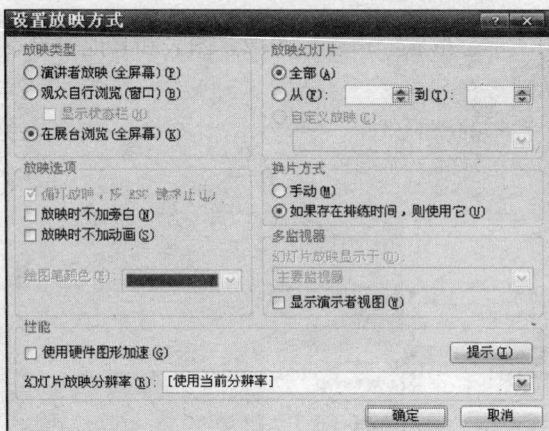

图 7-41 "设置放映方式"对话框

步骤 3 完成放映方式设置。单击"确定"按钮，关闭对话框，并返回演示文稿编辑窗口，完成对幻灯片放映方式的设置操作。

7.4.3 幻灯片放映及打包

使用 PowerPoint 2003 提供的演示文稿"打包"工具，可以将放映演示文稿所涉及的有关文件或程序连同演示文稿一起打包，形成一个文件，存放到其他位置，再到其他计算机上进行拆包放映。

步骤 1 选择"观看放映"命令。单击菜单栏中的"幻灯片放映"|"观看放映"命令，即可开始自动放映幻灯片。

步骤 2 文件保存。单击菜单栏中的"文件"|"保存"命令，对幻灯片进行保存，文件名为"玩具产品展示"。

步骤 3 演示文稿"打包"。单击菜单栏中的"文件"|"打包成 CD"命令，将幻灯片"打包"。

本章小结

本章通过"产品展示"宣传片的设计和制作过程，主要学习了在幻灯片中插入艺术字、文本框、图片、音乐等对象及其动画效果的设置，以及超链接、动作按钮、幻灯片的排练时间等的设置方法和技巧。利用对象的延时及幻灯片的排练时间可以有效地控制幻灯片的放映效果。

习 题 七

一、单项选择题

1. PowerPoint 2003 最主要的功能是（ ）。

    A. 创建和显示图形演示文稿   B. 文字处理

　　C. 图形处理　　　　　　　　　　　D. 收发邮件

2. 不属于幻灯片视图的是（　　　）。

　　A. 幻灯片视图　　　B. 备注页视图　　C. 大纲视图　　　D. 页面视图

3. 在 PowerPoint 中添加动画效果是指（　　　）。

　　A. 使幻灯片上的文本、形状、声音、图像、图表和其他对象具有动画效果

　　B. 插入多媒体动画

　　C. 设置幻灯片切换时的动画效果

　　D. 插入具有动画效果的影片文件

4. 放映幻灯片有多种操作方法，以下方法不正确的是（　　　）。

　　A. 选择"幻灯片放映"|"观看放映"命令

　　B. 单击窗口左下角的"幻灯片放映" 豆 按钮

　　C. 直接按 F11 键，放映幻灯片

　　D. 直接按 F5 键，放映幻灯片

5. 在 PowerPoint 中，下面表述正确的是（　　　）。

　　A. 幻灯片的放映必须是从头到尾的顺序播放

　　B. 所有幻灯片的切换方式可以是一样的

　　C. 每个幻灯片中的对象不能超过 10 个

　　D. 幻灯片和演示文稿是一个概念

6. 在 PowerPoint 中，下面不是幻灯片的对象的为（　　　）。

　　A. 占位符　　　　　B. 图片　　　　　C. 表格　　　　D. 文本

7. 在 PowerPoint 中，幻灯片的移动和复制应该在（　　　）。

　　A. 幻灯片浏览视图下进行　　　　　　B. 不能进行

　　C. 幻灯片放映视图下进行　　　　　　D. 任意视图下进行

8. 在 PowerPoint 中，欲在幻灯片中出现幻灯片编号，需要（　　　）。

　　A. 在幻灯片的页面设置中设置

　　B. 在幻灯片的页眉/页脚中设置

　　C. 在幻灯片母版中设置

　　D. 在幻灯片母版和幻灯片的页眉/页脚中分别做相应的设置

9. 在将演示文稿打包到 CD 时，系统不会将（　　　）复制到 CD 中。

　　A. PowerPoint 播放器　　　　　　　B. 除当前演示文稿外的其他演示文稿

　　C. PowerPoint 编辑器　　　　　　　D. 链接文件及 TrueType 字体

10. 有关将演示文稿保存为"PowerPoint 放映(*.pps)"，叙述不正确的是（　　　）。

　　A. 打开演示文稿后自动进入幻灯片放映状态，用户不能对其内容进行修改

　　B. 用户可以根据 PowerPoint 放映生成一个与其完全相同的演示文稿再进行编辑

　　C. 带有与源幻灯片相同的动画效果及切换效果

　　D. 是将演示文稿发布到因特网上的最常用形式

二、填空题

1. 保存 PowerPoint 演示文稿后，其文件的缺省扩展名为_____。

2. 在放映幻灯片时，希望退出放映状态，可以按_____键。

3. 应用_____可以给幻灯片轻松添加包括项目动画及幻灯片切换等动画在内的一系列动画效果。

4. 对于一个较大的演示文稿来说，可以通过_____命令记录每张幻灯片的放映时间。

5. 在 PowerPoint 中，在一张打印纸上打印多少张幻灯片，是通过_____设定的。

6. 在 PowerPoint 窗口中，_____被虚线框或斜线框环绕，它们已被预先进行了格式化，具有特殊的字体和字号。

7. _____是背景颜色、线条、文本颜色及其他 6 种颜色经巧妙搭配而成。

8. 设置超级链接之前，应先_____。

三、上机操作题

1. 新建一演示文稿，录入《春晓》唐诗，并完成如下设置：

（1）采用"标题和文本"版式制作幻灯片。标题采用 48 磅行楷，加粗，居中；正文采用 36 磅宋体，居中。

（2）在刚制作好的幻灯片之前插入一张"只有标题"幻灯片，其标题为"唐诗选读"，采用 60 磅隶书，加粗，居中，字体颜色为蓝色。

（3）将整个演示文稿的"设计模板"设置为"古瓶荷花.pot"样式，切换效果设置为"向右下插入"。

（4）完成后以"春晓.ppt"为文件名保存在指定位置。

2. 启动 PowerPoint，试根据"内容提示向导"，创建一个"风景区宣传"幻灯片，或"产品展示"等幻灯片，并将制作好的幻灯片保存在指定位置，文件名自定。

要求：（1）幻灯片的张数不少于 6 张；

（2）每张幻灯片必须有图片和文字说明；

（3）幻灯片中必须有动态效果设置和背景音乐；

（4）在第 3 张幻灯片中插入一张含有图表版式的新幻灯片；

（5）设置该幻灯片的切换效果为"随机"，切换时间为"每隔 10 秒"；

（6）在最后一张幻灯片中插入"剪辑管理器中"的影片和声音。

（7）将制作好的演示文稿发布到本地计算机上；

（8）将演示文稿打包到文件夹或打包成 CD。

第8章
常用办公软件的使用

为了让计算机发挥更大的作用，提高办公效率，除必备的操作系统之外，工具软件也必不可少，现介绍几种常用办公软件。

8.1 电子图书阅读器

目前，网上的电子图书很多，它们的格式也不同，常见的有：

- EXE，下载后直接可以运行的格式。
- TXT，最常见的文本格式，用"记事本"即可打开。
- DOC，用 Word 打开。
- HTML，网页格式，支持图片、音乐与动画，可用 FrontPage 等进行编辑。
- PDF，Adobe 公司的文件格式，目前是使用最普及的电子书格式。

PDF（Portable Document Format，便携式文档文件）像 Word 文档一样，也可用来保存文本格式和图像信息。PDF 文件要使用专用的阅读器程序才能打开，如 Adobe Reader 软件。

8.1.1 安装 Adobe Reader 9.1

Adobe Reader 是一款免费软件，可以在网上下载。下面介绍 Adobe Reader 的安装方法。

步骤1 打开 Adobe Reader 程序。双击 Adobe Reader 安装程序图标 ，出现如图 8-1 所示的安装界面。

图 8-1 正在处理 Adobe Reader

步骤 2 启动安装向导。处理 Adobe Reader 完成后，启动其安装向导，如图 8-2 所示。

步骤 3 安装软件。单击"下一步"按钮，然后按照向导的提示，一步一步安装下去，最后打开向导的最后一步"安装完成"，如图 8-3 所示。

图 8-2　启动安装向导　　　　　　　　图 8-3　安装完成

步骤 4 完成安装。单击"完成"按钮，即可完成 Adobe Reader 9.1 软件的安装。

8.1.2　利用 Adobe Reader 阅读电子图书

安装了 Adobe Reader 后，就可以随时阅读 PDF 格式的电子图书了。

步骤 1 打开 PDF 文档。打开 PDF 文档所在的文件夹，此时该类文档的文件图标都变成 Adobe Reader 的程序图标，如图 8-4 所示。也可以从"开始"菜单中启动 Adobe Reader，然后单击菜单栏上的"文件"|"打开"命令来打开 PDF 文档。此外，第一次启动 Adobe Reader 时，会打开一个"许可协议"对话框，如图 8-5 所示，然后单击"接受"按钮即可进入 Adobe Reader 程序界面。

步骤 2 利用其他方法打开 PDF 文档。单击工具栏上的"打开" 按钮，或选择菜单栏上的"文件"|"打开"命令，从"打开"对话框中选择要打开的文件，即可打开 PDF 文件。

步骤 3 PDF 文档窗口。或者直接双击要打开的文档名称，如图中的 001.pdf，也可启动 Adobe Reader，并打开该文档，整个文档分成两部分，左侧是导览区，右侧是正文区，如图 8-6 所示。

也可以对 Adobe Reader 进行一些相应的设置，方法是选择"编辑"|"首选项"命令，即可打开"首选项"对话框进行设置，如图 8-7 所示。

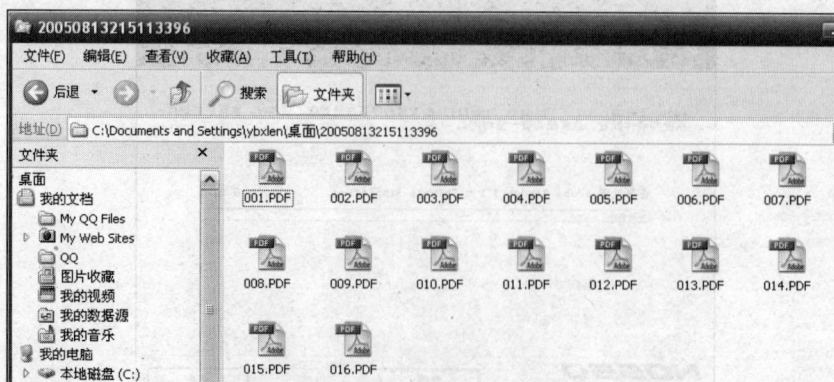

图 8-4　PDF 文档所在的文件夹

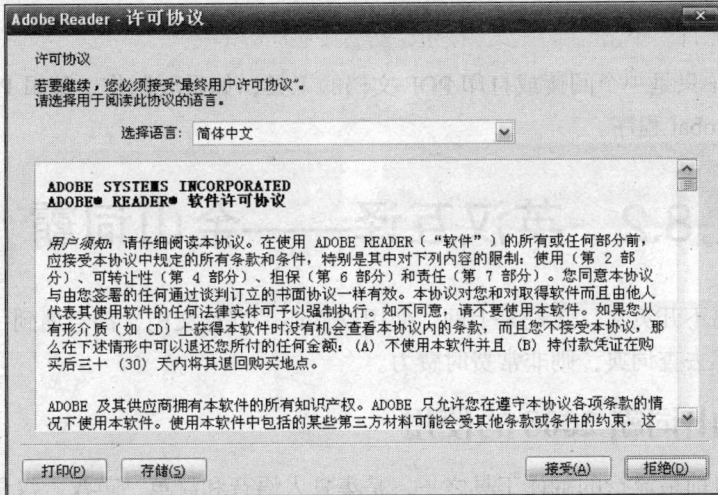

图 8-5   "许可协议"对话框

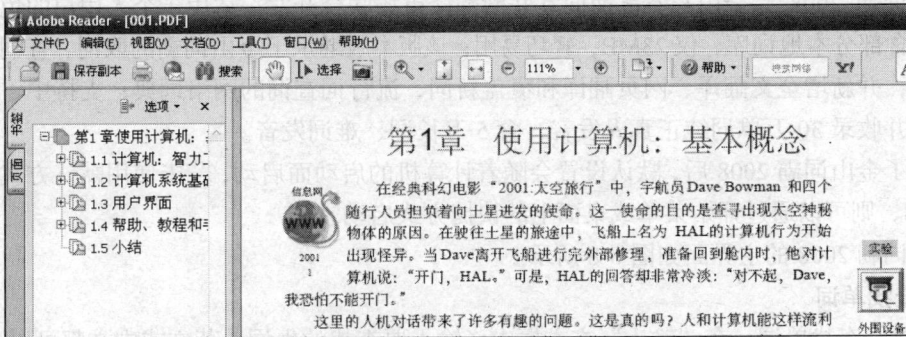

图 8-6   使用 Adobe Reader 阅读 PDF 文档

图 8-7   "首选项"对话框

🖊 小贴士

Adobe Reader 只是一个阅读或打印 PDF 文档的工具，如果要制作、编辑 PDF 文档，则需要功能更强大的 Acrobat 程序。

8.2　英汉互译——金山词霸

使用计算机离不开英文，无论是上网、使用软件还是浏览文档，都会遇到一些不认识的英文单词，如果每次都去查词典，则非常费时费力。

8.2.1　金山词霸 2008 的使用

金山词霸是目前最流行的翻译工具之一，是集真人语音和汉英、英汉、汉语词典于一体的多功能软件。可以实现中英文互译、单词发声和屏幕取词等多种功能，是用户工作和学习的好帮手。

金山词霸 2008 是金山与谷歌面向互联网翻译市场联合开发，适用于个人用户的免费翻译软件。软件含部分本地词库，仅 23MB，轻巧易用；该版本版继承了金山词霸的取词、查词和查句等经典功能，并新增全文翻译、网页翻译和覆盖新词、流行词查询的网络词典；支持中、日、英三语查询，并收录 30 万单词纯正真人发音，含 5 万长词、难词发音。

安装了金山词霸 2008 后，默认设置会随着计算机的启动而启动，若未使用默认方式启动金山词霸 2008，则可以通过开始菜单或桌面上的快捷方式启动它。

金山词霸 2008 的主界面如图 8-8 所示。

1. 查找单词

步骤 1　查找单词。在"输入"文本框中，输入要查找的生词（英文或中文都可以）。

步骤 2　显示查找内容。单击"查词"按钮，此时预览区中自动显示相关的内容，如图 8-9 所示。

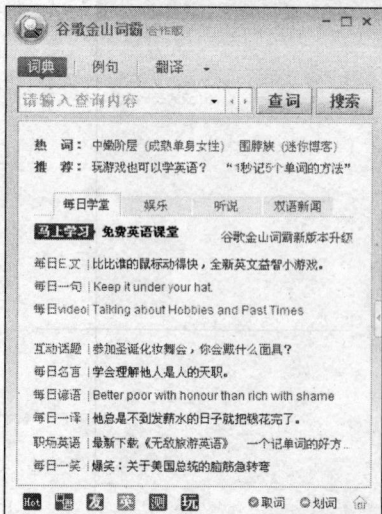

图 8-8　金山词霸 2008 主界面

图 8-9　使用金山词霸 2008 查找生词

2. 自动取词

开启金山词霸的自动取词功能后，当用户的鼠标指向屏幕上（文档或网页）的中文或英文时，会自动对该词进行翻译，然后进行查词典、复制解释和朗读等操作，如图 8-10 所示。

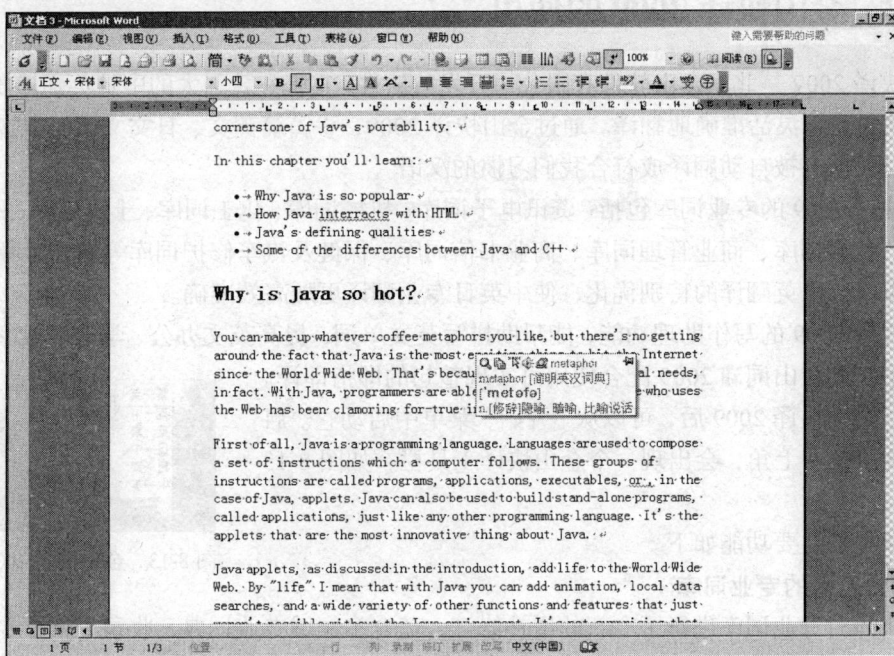

图 8-10　屏幕取词

3. 例句功能

金山词霸 2008 的"例句"功能，能在短时间内在词霸的所有数据里（包括单词的解释、例句等）检索到指定的通用句子，支持组合输入多个单词进行检索，帮助用户更准确地查找到所有相关资料，如图 8-11 所示。

4. 翻译功能

翻译功能界面如图 8-12 所示，在"翻译文字"下方文本框中输入要翻译的文字，如"办公自动化"，单击"翻译"按钮，则在下方会出现已翻译好的单词或句子等，还可以全文和网页翻译。

图 8-11　金山词霸例句功能

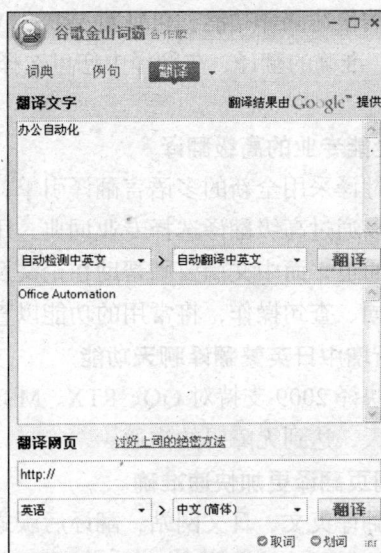

图 8-12　金山词霸的翻译功能

8.2.2 金山快译 2009 的使用

金山快译 2009 是北京金山软件有限公司开发的软件，它是一款强大的中日英翻译软件，既有广阔的词海，也可灵活准确地翻译。通过金山快译 2009，一篇篇英文、日文文章，丰富多彩的英文、日文网页就会被自动翻译成符合我们习惯的汉语。

金山快译 2009 的专业词库包括：资讯电子词库、机械词库、化工词库、土木词库、医学词库、法律词库、财经词库、商业管理词库、商业书信词库、保健及汽车修护词库等专业性翻译词库。实现了对英汉、汉英翻译的特别优化，使中英日专业翻译更加高效准确。

金山快译 2009 的写作助理功能，能帮助拼写英文单词，提高英文办公、学习的效率，是用户的得力助手。和金山词霸 2009 配合使用可实现整句的即指即译。

安装了金山快译 2009 后，可以从"开始"菜单中启动它。启动后，在屏幕的右上角，会出现一个金山快译工具栏，如图 8-13 所示。

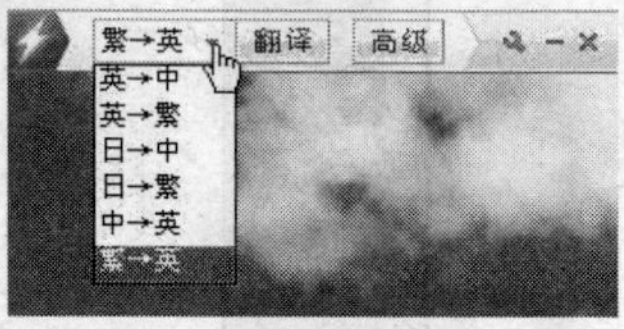

图 8-13 金山快译 2009 工具栏

金山快译的主要功能如下。

1. 蕴含全新的专业词库

金山快译对专业词库进行了全新的增补修订，蕴含多领域专业词典，收录了百万专业词库，实现了对英汉、汉英翻译的特别优化，使中英日专业翻译更加高效准确。包括：基本词库（252495条）、电子（254282条）、机械（304292条）、化工（39521条）、土木（69269条）、医学（54606条）、法律（75322条）、财经（87305条）、商业管理（39695条）、商业书信（32588条）、保健（50465条）及汽车修护（7188条）等专业性翻译词库。

2. AI 翻译引擎全面更新

金山快译历经 12 次 AI（人工智能）翻译引擎全面更新，支持更多的档案翻译格式，包括 PDF、TXT、Word、Outlook、Excel、HTML 网页、RTF 和 RC 格式文件。可直接翻译整篇文章，同时，翻译搭配多视窗整合界面，加强易用性操作，是英文/日文网页、Office 文件翻译的首选软件。

3. 高效准确的快速翻译

全新的快速翻译功能，可针对 WPS、Word、Excel、PDF、Outlook、IE、TXT 等软件进行高效、快速、准确的翻译，在翻译中您可选择不同的翻译模式，对结果进行查看，大大提高了学习、工作效率。

4. 全能专业的高级翻译

高级翻译采用全新的多语言翻译引擎，不仅扩充了翻译语种的范围，有效提高了翻译的质量；用户还可以通过高级翻译选择专业词典、用户词典进行翻译；全新的翻译筛选提供了选择最优翻译结果的通道，而中文摘要则帮助在论文及阅读中提取全文重点内容，并进行翻译。也可在界面上进行查词、查句操作，将常用的功能以直观的效果提出，节省了用户的操作时间。

5. 新增中日英繁翻译聊天功能

金山快译 2009 支持对 QQ、RTX、MSN、雅虎通等软件进行全文翻译聊天功能，帮助进行多语言的聊天，达到无障碍的沟通。

6. 网页翻译更加快速准确

及时翻译英文、日文网站，翻译后版式不变，并提供智能型词性判断，可以根据翻译上下文给予适当的解释，并支持原文对照查看。

7. 加强特色专业翻译

采用新一代人工智能文法解析，可以处理关系子句及倒装句等变化句型。

8.3 压缩解压软件——WinRAR

WINRAR 是目前流行的压缩工具，界面友好，使用方便，在压缩率和速度方面都有很好的表现。其压缩率较高，3.x 版采用了更先进的压缩算法，是现在压缩率最大、压缩速度最快的格式之一。3.x 版增加了扫描压缩文件内病毒、解压缩 "增强压缩" ZIP 压缩文件的功能，升级了分卷压缩的功能等。

其主要特点有：①对 RAR 和 ZIP 的完全支持；②支持 ARJ、CAB、LZH、ACE、TAR、GZ、UUE、BZ2、JAR、ISO 类型文件的解压；③多卷压缩功能；④创建自解压文件，可以制作简单的安装程序，使用方便；⑤强大的数据恢复记录功能，对数据的保护无微不至，新增的恢复卷的使用功能更强大；⑥强大的压缩文件修复功能，最大限度地恢复损坏的 rar 和 zip 压缩文件中的数据，如果设置了恢复记录，甚至可能完全恢复等。

8.3.1 安装压缩软件

步骤 1 安装 WinRAR 压缩软件。双击安装文件图标 "■"，弹出第一个安装界面，用户通过单击 "浏览" 按钮选择安装位置，列表框中是该软件的介绍，如图 8-14 所示。

步骤 2 设置选项。单击下面的 "安装" 按钮后，弹出文件关联界面，勾选 "RAR"、"ZIP"、"T-ZIP" 这些必要文件关联格式，也可以全部勾选。在窗口右侧的界面栏，可按照选择勾选相关选项。同样在外壳整合设置栏中，也可以选择将 WinRAR 整合到资源管理器中，或层叠右键关联菜单等，如图 8-15 所示。

图 8-14 软件安装界面

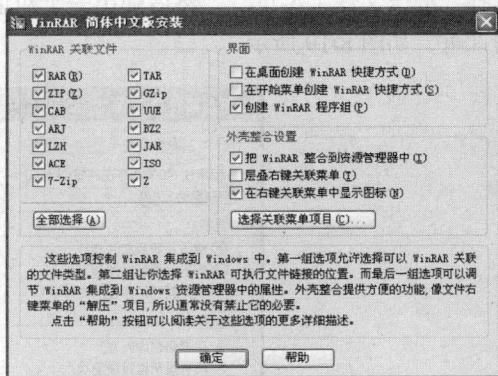

图 8-15 勾选需要的复选框

步骤 3 设置关联菜单项目。在关联菜单界面，"解压文件"、"解压到当前文件夹"、"解压到<文件夹\>"、"用 WinRAR 打开（用于自解压文件）"、"添加到压缩文件中"等选项为常用 WinRAR 选项，建议勾选，如图 8-16 所示。

步骤 4 完成安装。单击 "确定" 按钮，出现最后的完成界面。单击 "完成" 按钮安装使用，如图 8-17 所示。安装完成后，压缩文件的图标就会变成几本书的图标 "■"。

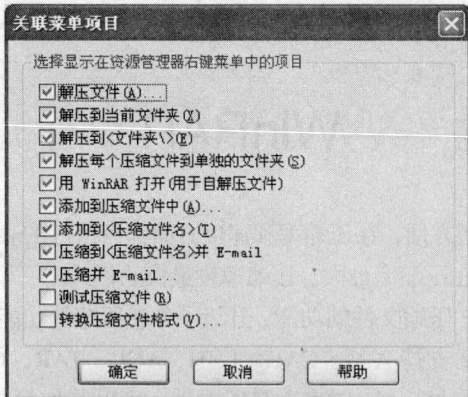
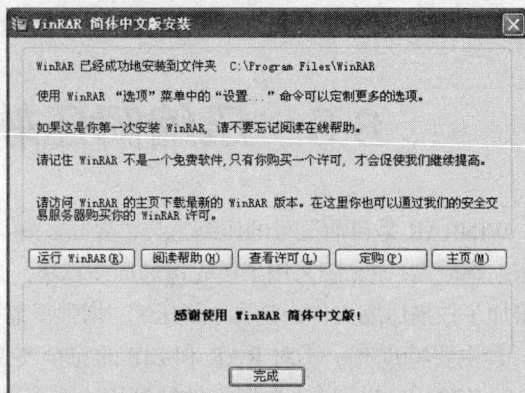

图 8-16　勾选"关联菜单项目"　　　　图 8-17　完成软件安装

8.3.2　解压文件

步骤 1　解压方式。在压缩文件上单击鼠标右键，在弹出的菜单中选择"解压到当前文件夹"或"解压到文件名\（E）"命令，这样就把文件解压到了指定的位置，如图 8-18 所示。

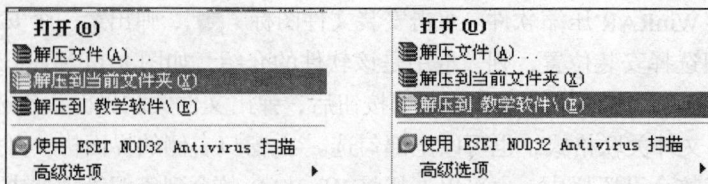

图 8-18　选择解压的方式

步骤 2　设置对话框。在压缩文件上单击鼠标右键，或双击压缩文件图标。在弹出的菜单中选择"解压文件（A）..."，然后弹出一个对话框，可手动选择解压的位置，然后单击"确定"按钮即可，如图 8-19 所示。

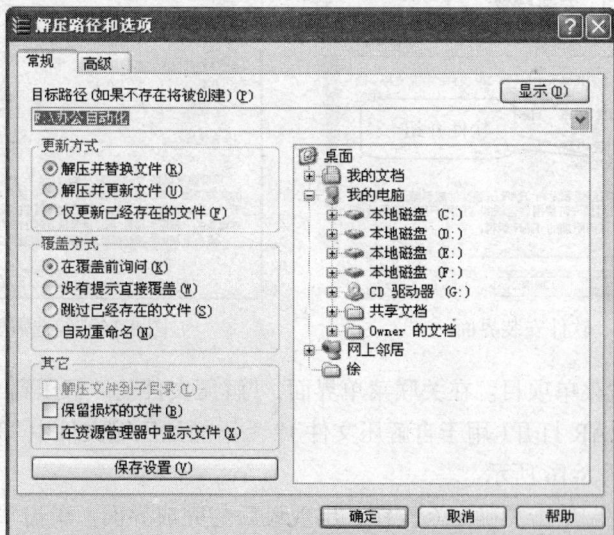

图 8-19　"解压路径和选项"对话框

8.3.3　压缩文件

步骤 1　选择压缩文件。选定要压缩的文件，如"办公自动化"，单击鼠标右键，在弹出的菜单中选择"添加到'办公自动化.rar'"命令，这表示在当前目录下生成"办公自动化.rar"压缩文件，如图 8-20 所示。

步骤 2　设置文件存放位置。若要将文件存放在其他位置，则选择图 8-20 中的"添加到压缩文件"命令，在弹出如图 8-21（a）所示的对话框中，单击"浏览"按钮。弹出"查找压缩文件"对话框，在"查找范围"选项的下拉列表中选择文件存放位置，如图 8-21（b）所示。

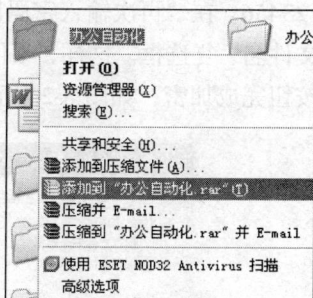

图 8-20　选择要压缩的文件

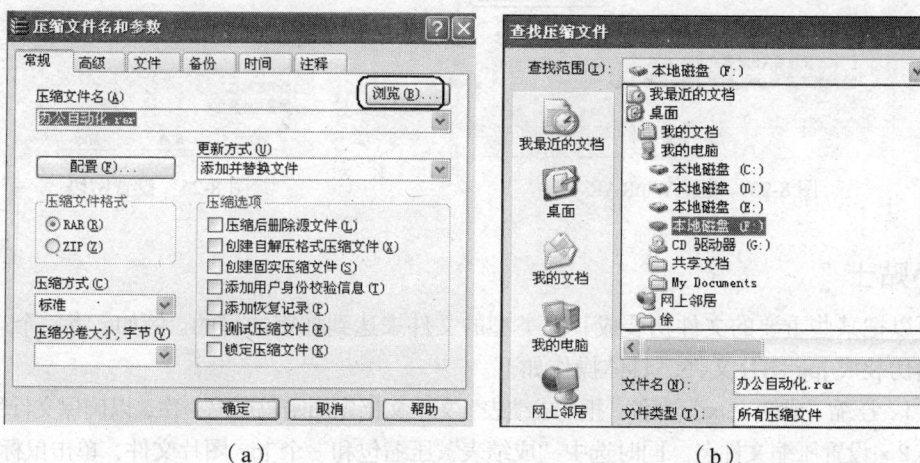

　　　　　　　（a）　　　　　　　　　　　　　　　（b）

图 8-21　选择压缩文件存放的位置

步骤 3　选定文件存放的位置后，单击"打开"按钮，返回"压缩文件名和参数"对话框，再单击"确定"按钮即可对文件进行压缩，如图 8-22 所示。

图 8-22　创建压缩文件

8.3.4　通过压缩为文件加密

在压缩时可以对压缩文件设置密码。用户可通过压缩的方法对一个或多个文件进行加密，方法如下。

步骤 1　设置"高级"选项对话框。选定要压缩文件，如"办公自动化"，单击鼠标右键，在弹出的菜单中选择"添加到压缩文件"命令，在打开的"压缩文件名和参数"对话框中单击"高级"选项卡，在"高级"选项卡对话框中选择"设置密码"选项，如图 8-23 所示。

步骤 2 输入密码。在打开的"带密码压缩"对话框的"输入密码"文本框中输入密码，如 123456。在"再次输入密码以确认"文本框中再次输入密码，如 123456，以确认。并勾选"加密文件名"复选框。这样，不但可对文件加密，并连被压缩文件的名称都加密不显示，单击"确定"按钮完成加密，如图 8-24 所示。

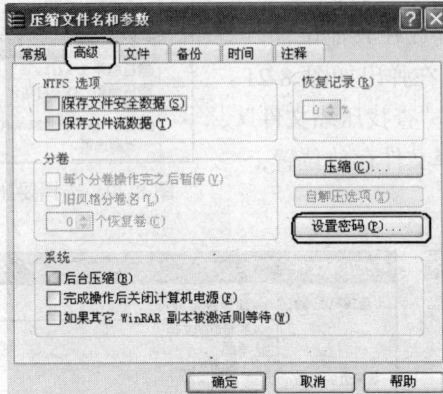

图 8-23　设置 WinRAR 密码　　　　　　　　　图 8-24　设置密码

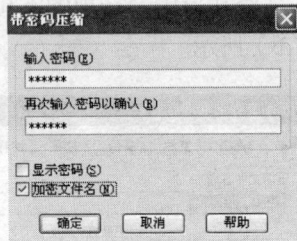

小贴士

还可以把某些重要的文件伪装成其他类型的文件来达到加密的目的。例如，将一个"成绩表"文本文档伪装成 jpg 图片文件。具体操作如下。

步骤 1 压缩"成绩表.txt"文件。把"成绩表"文本文档先加密码压缩一次，以确保文件的安全性。

步骤 2 设置压缩文件名。同时选中"成绩表"压缩包和一个 jpg 图片文件，单击鼠标右键，从弹出的快捷菜单中选择"添加到压缩文件"，在"压缩文件名和参数"窗口的"常规"选项卡中，把压缩文件名由"成绩表.rar"改为"梅花.jpeg"，然后完成压缩，如图 8-25 所示。压缩后的文件还是 jpg文件，双击打开看到的还是图片文件，而"成绩表"压缩包是看不到的。

步骤 3 恢复成绩表。如果要找到"成绩表"压缩包也很简单。鼠标双击任意一个"RAR"格式文件，在弹出的对话框中单击菜单栏上的"文件"|"打开压缩文件"命令。在"查找压缩文件"对话框中找到"梅花.jpg"文件并打开它，在弹出对话框中就可以看到"成绩表.rar"文件，如图 8-26所示。再单击"解压到"图标，就可以在指定目录下恢复成绩表压缩包，再对其解压即可。

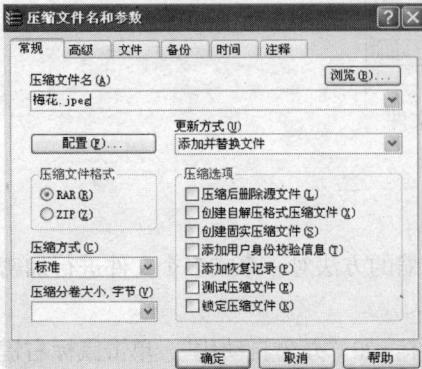

图 8-25　设置压缩文件名　　　　　　　　　图 8-26　恢复成绩表

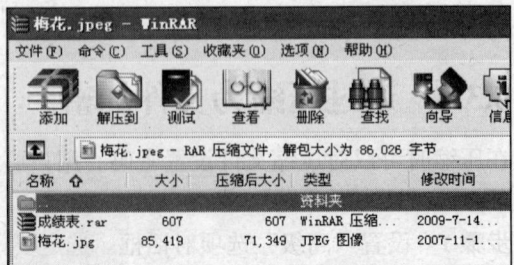

8.4　看图工具——ACDSee

计算机中可储存的文件类型很多，图像就是其中比较重要的一种，并且是以数字方式保存的，最常见的图像格式有 BMP、GIF、JPEG、TIFF 和 PNG 等。目前最著名的图像浏览工具有 ACDSee、豪杰大眼睛和 Comics Viewer 等。

ACDSee 是 ACDSystem 公司推出的共享软件，是目前流行的数字图像查看和处理软件，它能广泛应用于图片的获取、管理、浏览、优化和分享。

8.4.1　ACDSee 10 的主界面

启动 ACDSee 10 软件后，系统会弹出如图 8-27 所示的 ACDSee Photo Manager 的操作界面。界面的左上角是"文件夹"目录窗口；左下角是图形"预览"窗口；中间为"文件列表"窗口，该窗口上边的下拉列表框中显示的是用户所访问的路径；右边为"管理"窗口。

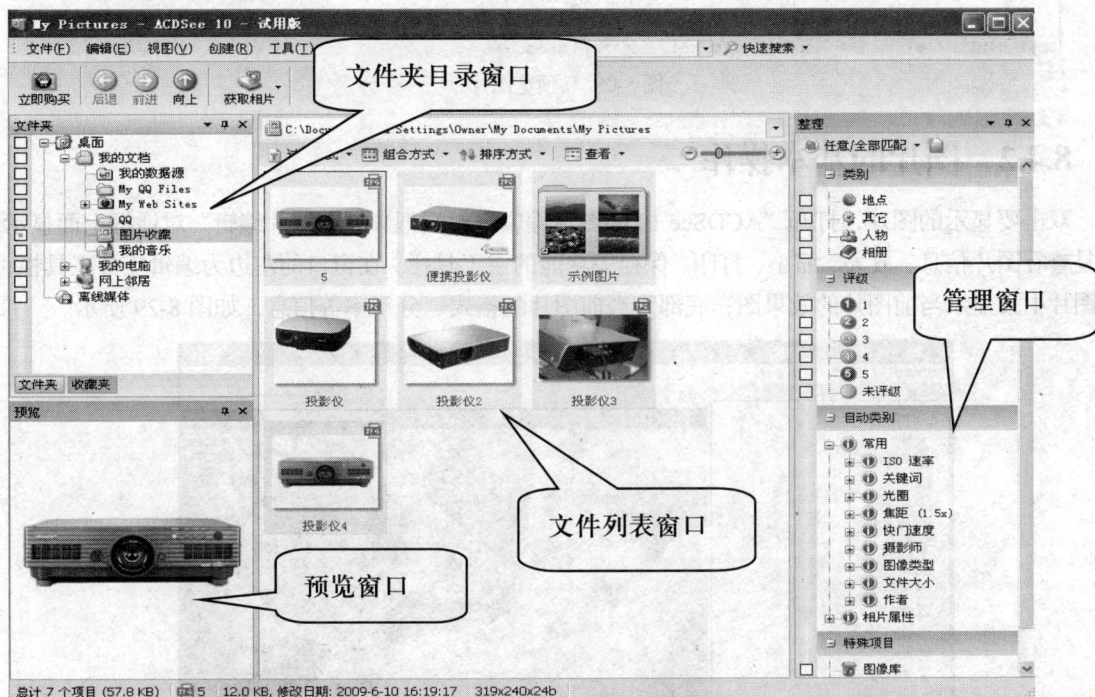

图 8-27　ACDSee 的主界面

在"文件夹"目录窗口中，将路径切换到要显示的图形文件所在的路径上。在中间"文件列表"窗口中将光标移到要显示的图形文件图标上，程序便会自动在左下角"预览"窗口中显示该图形文件的内容，如图 8-28 所示。

图 8-28　预览图片

8.4.2　图片的基本操作

双击要显示的图片，打开"ACDSee 10 的图片编辑"对话框。在"图片编辑"对话框上面显示的是查看图片信息、放大、缩小、打印、保存等功能的主工具栏。在窗口的左边为编辑任务工具栏；在图片中央显示当前图片的效果图；底部为当前图片的格式、分辨率等信息，如图 8-29 所示。

图 8-29　显示图片效果图

8.4.3　批量转换图形格式

单个文件转换我们只需打开该文件，选择"文件"|"另存为"命令，在"另存为"对话框中的"保存类型"选项下拉列表中再选择要保存的类型即可。

若是多个图形文件需要转换图形格式，按"另存为"命令转换就太麻烦了，因此，对多个图形文件转换图形格式，可以采用"转换文件格式"方法。

步骤 1 选择"转换文件格式"命令。在程序的系统文件列表窗口中选择需要转换格式的目标文件。然后单击菜单栏上的"工具"|"转换文件格式"命令，进入"批量转换文件格式"设置对话框，在对话框中选择要转换的输出格式，如图 8-30 所示。

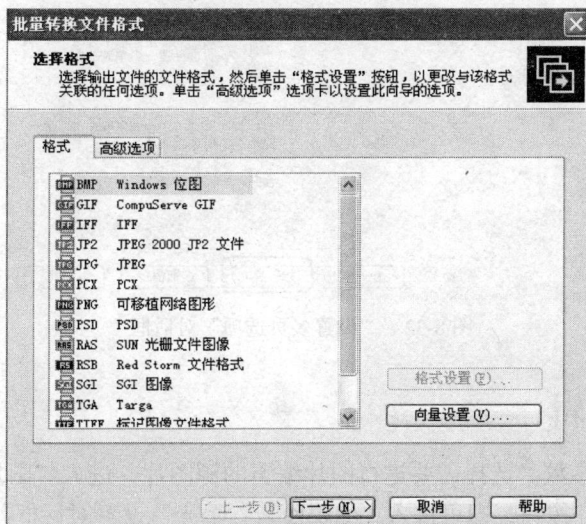

图 8-30　"批量转换文件格式"对话框

步骤 2 设置输出选项。单击"下一步"按钮，设置输出选项，并选择转换后图片的存放路径即可，如图 8-31 所示。当然，如果选择"把修改的图像放入源文件夹"，则转换后的图片自动创建到源文件夹。

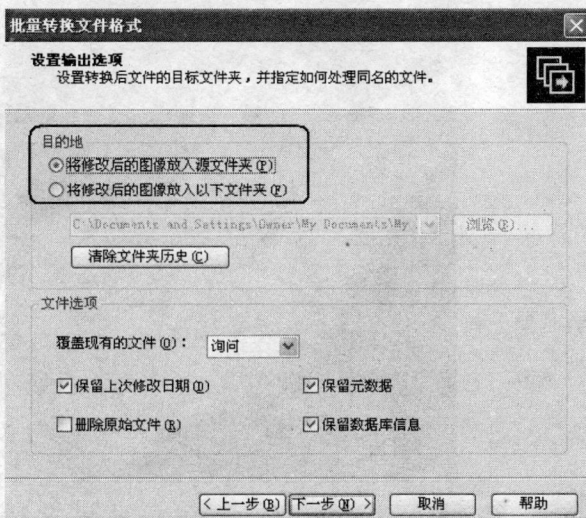

图 8-31　设置输出选项

步骤 3 设置多页选项。单击"下一步"按钮，在弹出的"设置多页选项"对话框中，可以选择"普通"、"分割"或"合并"输出，选择后，单击"开始转换"按钮即可完成转换，如图 8-32 所示。

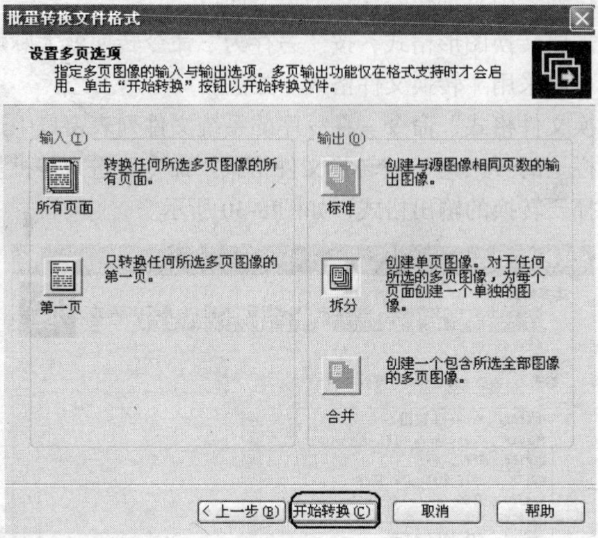

图 8-32 "设置多页选项"对话框

8.4.4 图片编辑

步骤 1 设置曝光参数。选择需要进行图片编辑的源图片，进入"图片编辑"对话框，单击左边工具栏中的"曝光"按钮，即可进入"编辑面板：曝光"设置对话框，如图 8-33 所示。对话框的左边为进行曝光调节的工具，右边为当前图片效果。

图 8-33 "图片编辑"对话框

步骤 2　通过鼠标对右边的"曝光"、"对比度"等设置条对应着左边的预览效果进行拖动，即可把当前图片处理成为需要的效果。完成后，单击"应用"按钮即可，如图 8-34 所示。

图 8-34　设置所需要的参数

8.5　图像捕捉软件——HyperSnap-DX

如果想把计算机中的屏幕保存下来，就需要一款截图软件了。HyperSnap-DX 是基于 Windows 操作系统的一款快捷便利的屏幕截图软件，自带多种截图方式，支持诸多保存格式。使用它可相当快速地从当前桌面、窗口或指定区域进行截图操作。还可以进行游戏及视频捕捉，另外还支持文本捕捉 (TextSnap)，也可以从 TWAIN 设备（扫描仪和数码相机）中截图。

8.5.1　软件介绍

步骤 1　打开 HyperSnap-DX 软件。HyperSnap-DX 是一款共享软件，用户可以方便地从网上找到它，其主界面如图 8-35 所示。

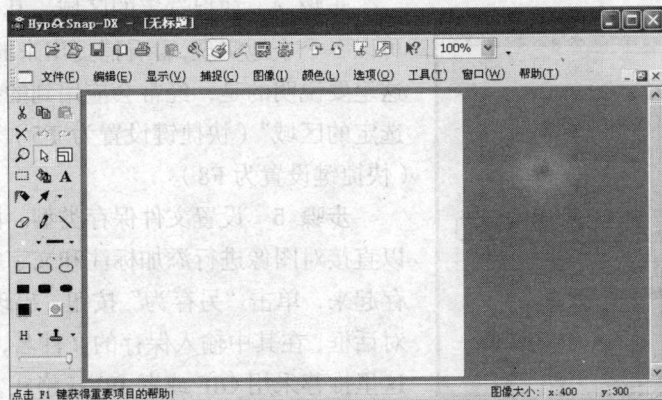

图 8-35　HyperSnap-DX 的主界面图

步骤 2 抓图快捷键。启动 HyperSnap-DX 程序，主要提供了截取整屏、任意窗口与活动窗口 3 种图像，用户可以通过鼠标点取或快捷键的方式来进行操作。最常见的截图方式是截取全屏画面、截取当前窗口和截取局部画面。按照前面说的方法来设置快捷键，如图 8-36 所示，单击"关闭"按钮，同时选择"激活快捷键"命令即可。

步骤 3 捕捉活动窗口。启动需要捕捉的图形或者程序，如打开 Windows Media Player 程序，可以按照要求来捕捉，只要按下快捷键即可捕捉不同的图形，如果要实现"捕捉活动窗口"功能，而该功能配置的快捷键是 F6，则可以把鼠标放在 Windows Media Player 程序上，按 F6 键，则该程序图形将被捕捉出来，如图 8-37 所示。

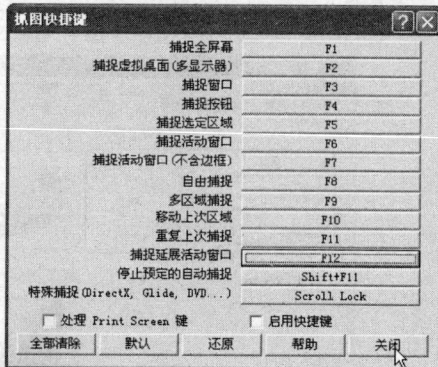

图 8-36　设置"抓图快捷键"

图 8-37　"捕捉"图像画面图

图 8-38　选择保存文件的类型

步骤 4 捕捉选定的区域。其他的功能也一样，可以一个个地实现，看看捕捉出来的图形之间的区别。这里要说明的是，经常会应用到的捕捉功能是"捕捉选定的区域"（快捷键设置为 F5）和"多区域捕捉"（快捷键设置为 F8）。

步骤 5 设置文件保存类型。图形捕捉后，还可以直接对图像进行添加标注和文字等加工，并把它保存起来，单击"另存为"按钮，出现如图 8-38 所示的对话框，在其中输入保存的文件名，保存图片的格式。这里推荐采用 GIF 或者 JPEG 格式，而如果采用 BMP 的格式，图片会很大，大概 1MB~2MB，而用上面的

GIF 和 JPEG 格式，图片会只有几十千字节，而且质量几乎没有变，选择后，单击"保存"按钮即可。

![小贴士图标] 小贴士

除了普通屏幕截图功能之外，HyperSnap-DX 还能抓取 DirectX、Dfx Glide 游戏和视频或 DVD 屏幕图片（方法：选择"捕捉" | "启用特殊捕捉"命令进行设置）。HyperSnap-DX 还提供了图像的高级编辑处理功能，可实现剪裁、伽马修正、调整大小、镜像、旋转、像素、灰度的调整等。此外，HyperSnap-DX 的功能还包括：在所抓的图像中显示鼠标轨迹、滚图截取、自定义热键、自动截图和调色板功能并能设置分辨率等。

8.5.2　HyperSnap-DX 抓图技巧

1．抓取滚动窗口

单击菜单栏上的"捕捉" | "捕捉设置"命令，打开捕捉设置对话框。在"捕捉"选项中勾选"窗口捕捉时自动滚动窗口"并设置自动滚屏的刷新时间即可，如图 8-39 所示。此时，将垂直滚动条放置在希望开始自动滚屏抓取的位置，按下窗口捕捉热键 Ctrl+Alt+W，然后在窗口中单击鼠标左键，屏幕会向下移动并自动捕捉画面。

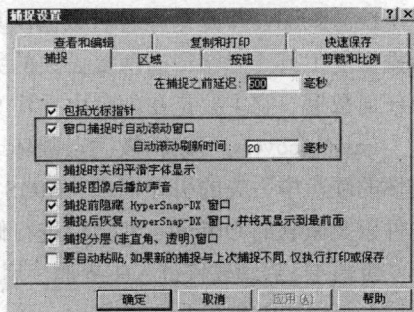

图 8-39　设置"捕捉"选项卡

2．抓图过程中切换边角形状

单击菜单栏上的"捕捉" | "捕捉设置" | "区域" | "设置区域捕捉模式"命令。在"设置区域捕捉模式"选项中进行区域形状的调整。有时候抓图的范围不仅仅局限于矩形，因此，在抓图过程中，我们可以利用 HyperSnap-DX 提供的热键 S 来快速切换抓取区域边角形状。

首先按下选定区域捕捉热键 Ctrl+Alt+R，用鼠标左键选择捕捉区域的起始点，移动鼠标选择捕捉区域，此时，可以按 S 键来切换捕捉区域的边角形状（如矩形、圆形、椭圆形等）。HyperSnap-DX 设定的捕获区域形状默认为矩形。

3．快速将捕捉的图像拼贴在一起

在 HyperSnap-DX 中，如果需要将抓取的几个画面拼合成一幅图像时，可以通过单击菜单栏上的"捕捉" | "捕捉设置"命令，打开"捕捉设置"窗口，在"查看和编辑"选项卡中进行"将每个新捕捉的图像都粘贴到当前图像上"的设置即可，如图 8-40 所示。必要时，还可以扩展绘图空间。

4．自定义文件名和快速保存图像

捕捉到的图像可通过设定 HyperSnap-DX 的"捕捉设置"选项进行快速保存，依次单击菜单栏上"捕捉" | "捕捉设置" | "快速保存"命令。勾选"自动将每次捕捉的图像保存到文件中"，通常情况下保存在"X:\Program Files\HyperSnap-DX"目录下。

用户还可以对保存图像自定义文件名和设置文件保存位置。单击"更改"按钮，设置文件名，并勾选"文件名依序递增"复选框，如图 8-41 所示。这样，以后截取的图像就会以用户自定义的文件名自动保存。

图 8-40 设置"查看和编辑"选项卡

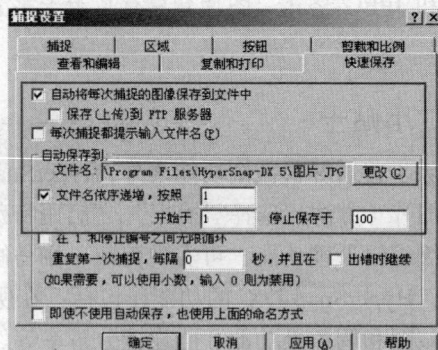

图 8-41 设置"快速保存"选项卡

8.6 数据恢复软件——EasyRecovery

EasyRecovery 是世界著名数据恢复公司 Ontrack 的技术杰作，它是一个威力非常强大的硬盘数据恢复工具。能够帮助恢复丢失的数据以及重建文件系统。EasyRecovery 不会向原始驱动器写入任何数据，它主要是在内存中重建文件分区表使数据能够安全地传输到其他驱动器中。

EasyRecovery 可以从被病毒破坏或是已经格式化的硬盘中恢复数据。支持长文件名。恢复被破坏的硬盘中丢失的引导记录、BIOS 参数数据块、分区表、FAT 表和引导区等。并且能够对 ZIP 文件以及微软的 Office 系列文档进行修复。

步骤 1 启动软件进入主界面。启动 EasyRecovery Professional，进入软件主界面，选择数据修复项会出现如图 8-42 所示的界面，可以根据自己的需要来选择应用。

步骤 2 数据恢复界面介绍。一般在恢复数据前可用磁盘诊断来诊断硬盘。在主界面左侧选择任何一种数据修复方式都会出现相应的用法提示，"高级恢复"是带有高级选项可以自定义的进行恢复，如设定恢复的起始和结束扇区，文件恢复的类型等；"删除恢复"是针对被删除文件的恢复；"格式化恢复"是对误操作格式化分区进行分区或卷的恢复，"Raw 恢复"是针对分区和文件目录结构受损时拯救分区重要数据的功能；"继续恢复"是继续上一次没有进行完毕的恢复事件继续恢复；"紧急启动盘"是创建紧急修复软盘，内含恢复工具，在操作系统不能正常启动时候修复，如图 8-43 所示。

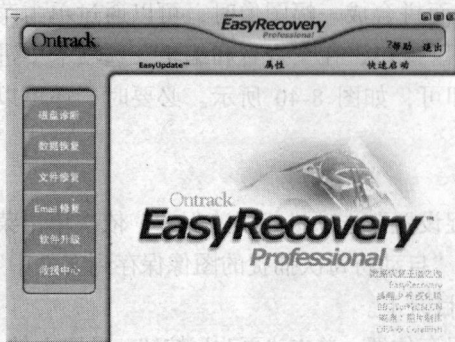

图 8-42 EasyRecovery 软件主界面

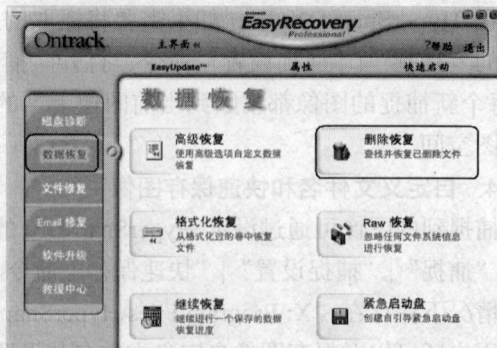

图 8-43 选择"数据恢复"界面中的"删除恢复"

步骤 3 删除恢复。选择"删除恢复"操作，再选择想要恢复的文件所在驱动器进行扫描，也可以在文件过滤器下直接输入文件名或通配符来快速找到某个或某类文件。如果要对分区执行更彻底的扫描，可以勾选"完全扫描"复选框，单击"前进"按钮，如图 8-44 所示。

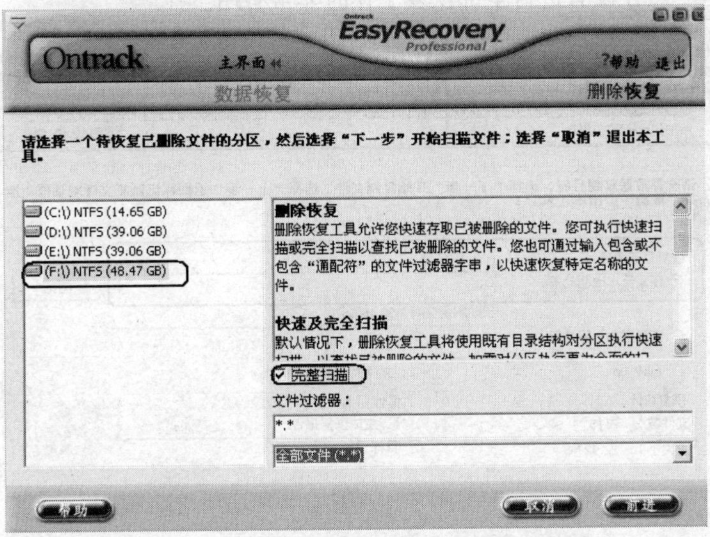

图 8-44　选择驱动器及扫描方式

步骤 4　勾选要恢复的文件。扫描之后，曾经删除的文件及文件夹会全部呈现出来，如图 8-45 所示。因为文件夹的名称和文件的位置会发生一些变化，因此就需要耐心地寻找、勾选。勾选完成后，单击"前进"按钮。如果不能确认文件是否是想要恢复的，可以通过单击"查看文件"命令来查看文件内容（这样会很方便的知道该文件是否是自己需要恢复的文件）。

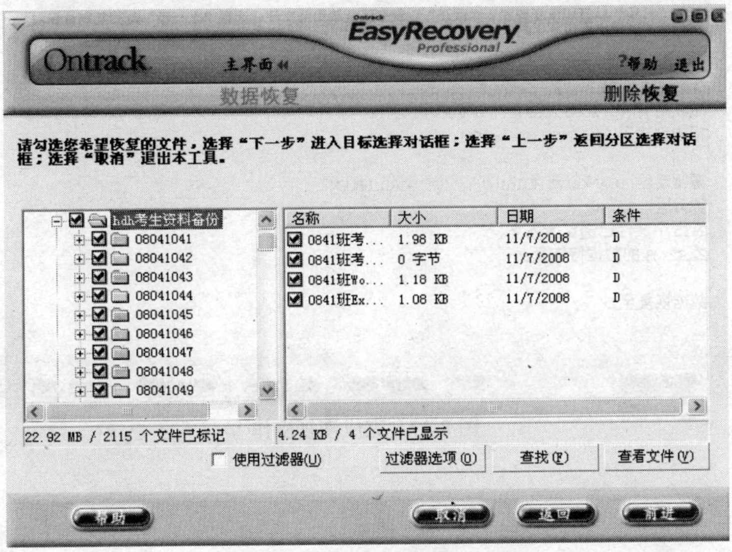

图 8-45　选择要恢复的文件

步骤 5　设置恢复文件的目录。选择好要恢复的文件后，它会提示选择一个用以保存恢复文件的逻辑驱动器，应选在其他分区上，如图 8-46 所示。最好准备一个大容量的移动硬盘，这一点在误格式化某个分区时尤为重要（使用的时候一定要记住这点）。

步骤 6　完成数据恢复。单击"前进"进行扫描后，会出现恢复摘要，可以打印出来也可以保存为文件。当恢复完成后要退出时，会弹出保存恢复状态的对话框，如图 8-47 所示。如果进行保存，则可以在下次运行 EasyRecovery Professional 时通过执行 EasyRecovery Professional 命令继续以前的恢复。这一点在没有进行全部恢复工作时非常有用。

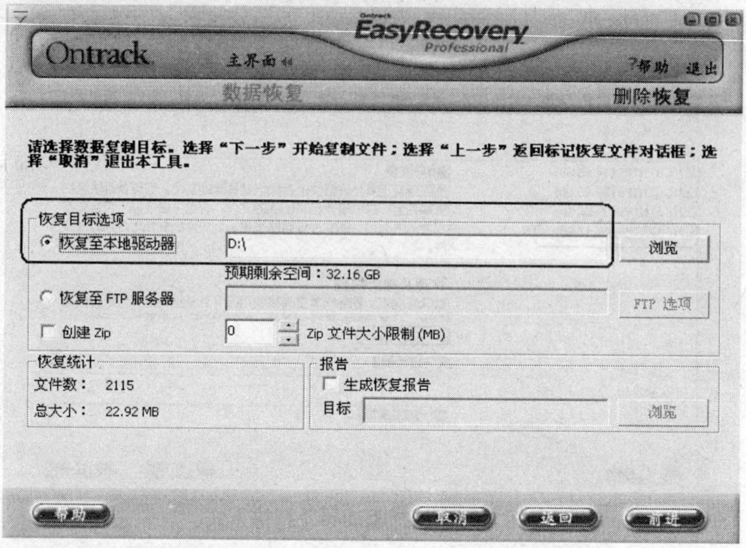

图 8-46　选择恢复文件的目录位置

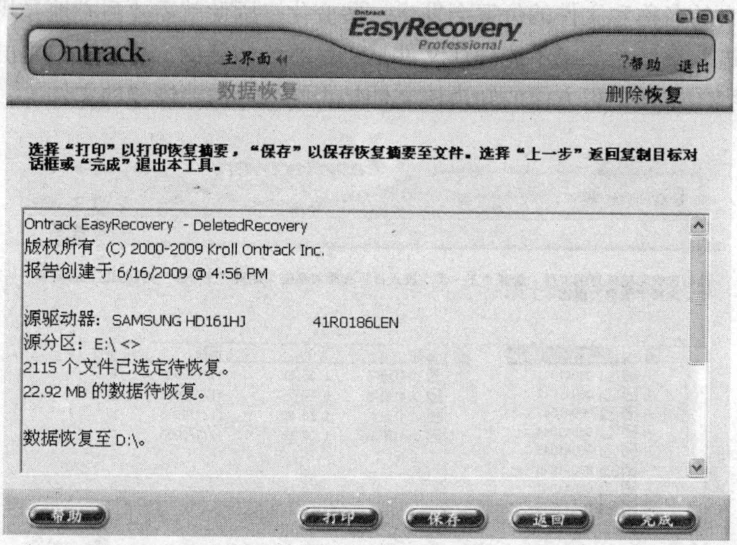

图 8-47　完成恢复操作

小贴士

删除文件后不要再对磁盘进行写操作、碎片整理、删除分区操作；虽然可以指定专门的文件夹进行搜索，但是还是要勾选上它所在的逻辑分区，因为这样能更好地保证文件的完整性；文件一定要保存到其他分区上，有别于它所在的分区；在预览中出现乱码，特别是 Word 文件，不必担心，只要找到文件，把它保存出来，也是有可能恢复的；在平时做文件保存时，尽量为文件、文件夹起个正规的名字，很多重复的名字也是造成文件永远恢复不过来的主要原因；体积大的文件由于在写磁盘时的特点，可能不会在连续的区域中，此时一定要做"完全扫描"或"完全格式化恢复"，不要再做"快速"方面的处理，这样能更完整地恢复被删除文件。

本章小结

工具软件很多，本章着重介绍了电子图书阅读器、看图软件、压缩软件、翻译软件、数据恢复软件等几种常见办公工具软件，通过学习掌握了这些常见办公工具软件的应用，让计算机在工作学习中发挥出更大的作用，使办公自动化操作更得心应手。

习 题 八

一、单项选择题

1. 打开 PDF 格式文件的软件是(　　)。
    A. Adobe Reader
    B. Adobe Photoshop
    C. Adobe Acrobat
    D. FrontPage

2. 金山公司开发的软件很多，其中集真人发音和汉英、英汉、汉语词典于一体的多功能软件是（　　）。
    A. 金山影霸　　　B. 金山快译　　　C. 金山词霸　　　D. WPS

3. 使用 HyperSnap-DX 截图时，截取局部画面的默认快捷键是（　　）。
    A. Ctrl+Shift+F　　B. Ctrl+Shift+W　C. Ctrl+Shift+R　D. Ctrl+Shift+M

4. 最常见的图像格式有（　　）等。
    A. EXE、COM、BAT、PRG
    B. BMP、GIF、JPEG、TIFF 和 PNG
    C. RAR、PDF、AVI、INI
    D. TXT、DOC、XLS、PPT

5. 在 ACDSee 看图软件中，若要对图片文件执行"批量转换文件格式"操作，则应选择(　　)命令。
    A. "文件"｜"打开"
    B. "编辑"｜"复制"
    C. "修改"｜"转换文件格式"
    D. "创建"｜"文件"

6. (　　)是基于 Windows 操作系统的一款异常优秀的屏幕截图软件。
    A. Adobe Reader
    B. ACDSee
    C. HyperSnap-DX
    D. Adobe Photoshop

7. (　　)是针对分区和文件目录结构受损时拯救分区重要数据的功能。
    A. 高级恢复　　B. 删除恢复　　C. 格式化恢复　　D. Raw 恢复

二、填空题

1. PDF 全称是_____，即是便携式文档文件之意，可以像 Word 文档一样，也可用来保存文本格式和图像信息。

2. Adobe Reader 软件对 PDF 文件只能执行_____的操作，不能制作和编辑。

3. _____是一款可实现中英文互译、单词发音和屏幕取词等多种功能的翻译软件。

4. 启动 ACDSee 看图软件后，其主界面上有 4 个窗口，分别是"文件夹目录"窗口、"预览"窗口、"文件列表"窗口和_____。

5. 在 HyperSnap-DX 中，实现"捕捉活动窗口"功能的快捷功能键是_____。

6. 双击要解压的压缩文件，在打开的 WinRAR 主窗口中，单击工具栏上的_____按钮，可以解压该文件。

7. _____是一个威力非常强大的硬盘数据恢复工具。

三、上机操作题

1. 使用金山快译软件翻译浏览英文网站。

（1）若计算机上没有安装金山快译软件，请从网上或学院 FTP 上下载并安装金山快译软件。

（2）打开一英文网页，使用金山快译软件对其进行翻译并浏览。

（3）执行"文件"|"另存为"操作，将翻译好的网页以学号为文件名保存在指定位置。

2. 使用 WinRAR 压缩 E 盘"图片"文件夹，然后对其进行加密压缩。

3. 使用 ACDSee 10 制作屏保。

提示

（1）选择"开始"|"所有程序"|"ACDSee 10"|"ACDSee 10"命令，启动 ACDSee 软件。

（2）选择"工具"|"配置屏幕保护程序"命令，打开"ACDSee 屏幕保护程序"对话框。

（3）单击"添加"按钮，打开"选择项目"对话框，选择要使用的图片（5 张以上的图片）如图所示。

（4）单击"确定"按钮，返回到"选择图片"对话框，选中"设置为默认屏幕保护程序"，选项，然后单击"确定"按钮。

（5）右键单击桌面，从弹出的快捷菜单中选择"属性"命令，打开"显示属性"对话框，切换"屏幕保护程序"选项卡，即可看到刚才制作的屏幕保护程序。

4. 练习使用 HypSnap-DX 捕捉网页窗口（滚动窗口并包括鼠标），并对其进行简单编辑。

5. 利用 WinRAR 压缩文件夹，并以自解压格式保存（.exe 文件）。

第9章
信息安全与系统优化

随着互联网技术的飞速发展，Internet 为世界亿万用户提供了多样化的网络与信息服务。以网络方式获得信息和交流信息已成为现代信息社会的一个重要特征。信息服务已涉及各行各业，信息网络已经成为社会发展的重要保证，网络信息安全具有举足轻重的地位和作用。因此，注意信息的安全，做好电脑安全防范已刻不容缓。

9.1 信 息 安 全

信息安全本身包括的范围很大，大到国家军事政治等机密安全，小到防范商业企业机密泄露，防范青少年对不良信息的浏览，个人信息的泄露等。网络环境下的信息安全体系是保证信息安全的关键，包括计算机安全操作系统、各种安全协议、安全机制（数字签名，信息认证，数据加密等）、安全系统，其中任何一个安全漏洞就可以威胁全局安全。信息安全服务至少应该包括支持信息网络安全服务的基本理论，以及基于新一代信息网络体系结构的网络安全服务体系结构。

信息安全是一门涉及计算机科学、网络技术、通信技术、密码技术、信息安全技术、应用数学、数论、信息论等多种学科的综合性学科。

从广义来说，凡是涉及网络上信息的保密性、完整性、可用性、真实性和可控性的相关技术和理论都是网络安全的研究领域。

9.2 计算机病毒的概念

随着互联网技术的发展，病毒发展可谓日新月异：从最初的文件型病毒只感染计算机文件、到 CIH 可以破坏计算机硬件、再到冲击波和震荡波病毒已具备网络破坏能力、再到 ARP 病毒……一台机器中毒，就可能导致整个单位局域网瘫痪，部分用户资料被盗，严重影响了单位网络的正常运行。目前，病毒、木马和黑客已成为引发电脑故障的主要因素，也成为危及用户电脑安全及个人隐私的最大祸害。

9.2.1 病毒、木马、后门和黑客

计算机病毒是一种人为编写的、在计算机程序中插入破坏计算机功能或者破坏数据，影响计算机使用并能够自我复制的程序。它隐藏在其他可执行的程序中，即有破坏性，又有传染性和潜伏性。计算机中毒后会破坏电脑的正常运行，损坏磁盘数据等，给用户造成损失。

木马是一种带有恶意性质的远程控制软件。也是计算机病毒，源自于古希腊特洛伊战争中著名的"木马计"。一般木马有两个程序：一个是控制端（也称服务器端），另一个是被控制端（客户端）。它常潜伏在用户电脑中，设置后门，定时发送用户的隐私到木马程序指定的地址，并可任意控制计算机，进行文件删除、拷贝、盗窃用户账号和密码等。

后门（Back Door）是指一种绕过安全性控制而获取对程序或系统访问权的方法。在软件的开发阶段，程序员常会在软件内创建后门以便可以修改程序中的缺陷。如果后门被其他人知道，或是在发布软件之前没有删除，那么它就成了安全隐患。

黑客最早源自英文 hacker，早期在美国的电脑界是带有褒义的。但在媒体报导中，黑客一词往往指那些"软件骇客"（software cracker）。

黑客一词，原指热心于计算机技术，水平高超的电脑专家，尤其是程序设计人员。但到了今天，黑客一词已被用于泛指那些专门利用电脑网络搞破坏或恶作剧的家伙。黑客一词一般有以下4种意义：①一个对（某领域内的）编程语言有足够了解，可以不经长时间思考就能创造出有用的软件的人。②一个恶意（一般是非法地）试图破解或破坏某个程序、系统及网络安全的人。③一个试图破解某系统或网络以提醒该系统所有者的系统安全漏洞。④一个通过知识或猜测而对某段程序做出（往往是好的）修改，并改变（或增强）该程序用途的人。

9.2.2　病毒的分类及特征

电脑病毒花样繁多，比较常见的电脑病毒有以下几种。

引导型病毒：引导型病毒就是潜伏在硬盘引导区的病毒。此类病毒攻击的对象就是磁盘的引导扇区。每次开机时，能使系统在启动时获得优先的执行权，从而达到控制整个系统的目的，造成系统无法正常启动，拥有强大的传染能力和破坏能力。

文件型病毒：这是最常见的电脑病毒种类，它会附着在正常的文件中。当复制、运行这些文件时，此病毒也会被一起复制并执行。此类病毒感染以 exe、com、dll、ovl、sys 等为扩展名的文件。

复合型病毒：复合型病毒兼具引导型病毒和文件型病毒的特点，它既可以感染正常文件，也可以传染到硬盘引导区。若没有对此类病毒进行全面的清除，则残留病毒可自我恢复。

隐匿型病毒：这种病毒在感染文件之后，会自动将文件恢复成外表看起来和原文件一模一样的文件，但事实上它会一直悄悄地在系统后台不断运行，直到主机崩溃为止。

多变复制型病毒：这种病毒能够复制自己，而且每次复制后都会生成不同的病毒代码，使得每个中毒的文件所含的病毒代码各不相同，用于对付扫描固定病毒代码的杀毒软件的查杀。

宏病毒：宏病毒主要是利用软件本身所提供的宏能力来设计病毒。此类病毒几乎感染所有的Office 文件。破坏方式从原始的删除、修改文件到现在的进行文件加密、窃取用户有用信息等。

蠕虫病毒：蠕虫病毒主要在网络中泛滥，这种病毒会像蠕虫般在网络中爬行，从一台计算机主动感染到另外一台计算机。此类病毒很多并不具有直接的破坏能力，但占用大量的系统、网络资源，使电脑、网络变得很慢。

9.2.3　病毒的传播途径

计算机病毒的主要传播途径有：光盘、硬盘、BBS、网络。

2008 年，新电脑病毒的种类和数量呈几何级数增长。根据有关防毒机构监测，2008 年所收集到的新病毒样本几乎是 2007 年的 10 倍。病毒传播渠道也发生了变化，2008 年所收集到的新病毒样本基本上是木马类的病毒，尤其网页木马的方式占了 90%以上。这说明了现在病毒的制造和编写目的发生了根本性的改变，已经转向窃取一些重要的数据和信息，从而获取经济利益。现在网页木马和 U 盘传播的病毒占了绝大部分，蠕虫类的病毒现在并不多见。

从病毒的发展趋势来看，病毒的制造技术在这几年没有发生根本性的改变，只是破坏的方式和目的有了一些改变。病毒制造已经形成了流水线作业，实现了模块化，有更多的人参与到这个流水线之中，所以病毒制造和传播的速度更快。还有一个趋势就是零日攻击，现在病毒制造和传播的主流方法就是利用漏洞，以前只有蠕虫是利用系统自身的漏洞来进行攻击的,但现在超过 60% 的病毒是利用操作系统或应用软件的漏洞来进行传播的。病毒产业链的第一个环节就是漏洞，现在有人专门去搜集漏洞，某个软件的漏洞刚出来，就会有人发现这个漏洞并转给另一批人对这个漏洞进行分析，制造相应的病毒和木马。这样，漏洞出来不到一天，攻击和威胁马上就出来了，所形成的零日攻击，对用户的威胁非常大。

9.2.4　判断计算机是否中毒

计算机中是否中病毒，一般可以用观察法和杀毒软件来检查。

1. 观察法

观察法需要了解一些病毒发作的症状及其经常栖身的地方才能准确观察到。如硬盘引导时经常出现死机、系统引导时间较长、运行速度很慢、不能访问硬盘、出现特殊声音或提示等病毒特征出现的故障时，首先要考虑的是病毒在作怪，但要根据前面讲到的软、硬件故障来判断，如属病毒引起的故障，可从以下几个方面来观察。

（1）内存观察：在 DOS 下，用 mem/c/p 命令可查看各程序占用内存的情况，从中发现病毒占用内存的情况。

（2）注册表观察：此类方法一般适用于近来出现的所谓黑客程序，如木马程序，这些病毒一般是通过修改注册表中的启动、加载配置来达到自动启动或加载的，如：

[HKEY_CURRENT_USER\SOFTWARE\Microsoft\Windows\Current Version]等。

（3）系统配置文件观察：此类方法一般也是适用于黑客类程序，这类病毒一般隐藏在 system.ini 和启动组中，在 system.ini 文件中有一个 shell=项，而在 wini.ini 文件中有 load=项、run=项，这些病毒一般就是在这些项目中加载它们自身的程序的，注意有时是修改原有的某个程序。可运行“系统配置实用程序”来进行查看。

（4）特征字符串观察：此类方法主要是针对一些较特别的病毒，这些病毒入侵时会写相应的特征代码，如 CIH 病毒就会在入侵的文件中写入 CIH 这样的字符。

（5）硬盘空间观察：有些病毒不会破坏系统文件，而是生成一个隐藏的文件，这个文件内容很少，所占硬盘空间却很大，并且是隐藏属性。这时用户可打开资源管理器，把所有文件的隐藏属性去掉，就能查看到隐藏属性的病毒文件。

2. 杀毒软件扫描法

用杀病毒软件的扫描法来判断计算机中是否中病毒，目前是很多用户最佳的选择。现在病毒种类越来越多，隐藏的手段也越来越高明。随着计算机程序开发语言技术性的提高，计算机网络越来越普及，病毒的开发和传播也变得越来越容易。

目前，主流杀毒软件有金山毒霸、瑞星、卡巴斯基、赛门铁克等。

9.2.5　常见流行病毒

根据江民全球病毒监测网（国内部分）、江民病毒预警中心、客户服务中心等多个部门联合监测统计，综合病毒的破坏能力以及传播范围，江民反病毒中心公布了年度十大病毒排行。

1. U盘寄生虫：Virus.Autorun.gr，蠕虫病毒

"U盘寄生虫"是一个利用U盘等移动设备进行传播的蠕虫。"U盘寄生虫"是针对autorun.inf这样的自动播放文件的蠕虫病毒。autorun.inf文件一般存在于U盘、MP3、移动硬盘和硬盘各个分区的根目录下，当用户双击U盘等设备的时候，该文件就会利用Windows系统的自动播放功能优先运行autorun.inf文件，而该文件就会立即执行所要加载的病毒程序，从而破坏用户计算机，使用户计算机遭受损失。

✎ **小贴士**

可利用"组策略编辑器"设置U盘等设备禁止自动播放功能，避免计算机中U盘寄生虫病毒。

步骤1 选择"开始"|"运行"命令，在弹出的"运行"对话框中的"打开"选项中输入"Gpedit.msc"命令，如图9-1所示，再单击"确定"按钮。

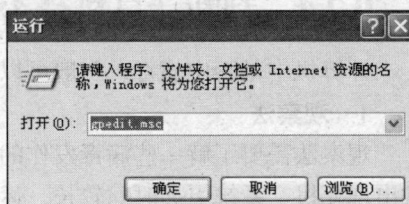

步骤2 在弹出的"组策略"对话框中左侧窗格中依次选择"计算机配置"|"管理模板"|"系统"选项，在右边窗格中双击"关闭自动播放"策略，如图9-2所示。

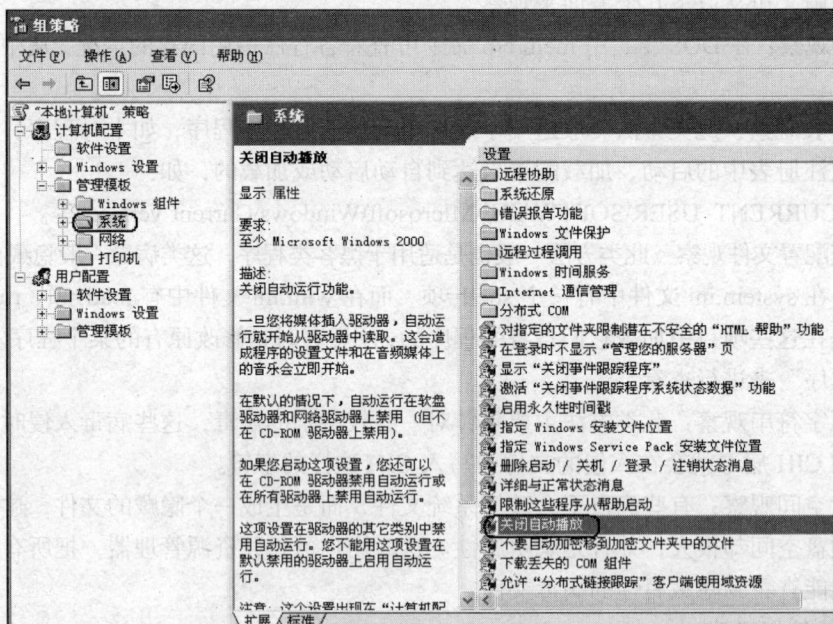

图9-1 运行组策略编辑

图9-2 选择"关闭自动播放"策略

步骤3 在弹出的"关闭自动播放属性"对话框的"设置"选项卡中，选择"已启用"单选项，再在"关闭自动播放"下拉列表中选择"所有驱动器"，最后单击"确定"按钮即可关闭所有驱动器的"自动播放"功能，如图9-3所示。

2. ARP病毒："ARP"类病毒，木马病毒

ARP地址欺骗类病毒（以下简称ARP病毒）属于木马（Trojan）病毒，不具备主动传播的特性，不会自我复制。但是由于其发作的时候会向全网发送伪造的ARP数据包，干扰全网的运行，

因此它的危害比一些蠕虫还要严重得多。通过伪造 IP 地址和 MAC 地址实现 ARP 欺骗，能够在
网络中产生大量的 ARP 通信量使网络阻塞或者实现 "man in the middle" 进行 ARP 重定向和嗅探攻击。用伪造源 MAC 地址发送 ARP 响应包，对 ARP 高速缓存机制的攻击。当局域网内某台主机运行 ARP 欺骗的木马程序时，会欺骗局域网内所有主机和路由器，让所有上网的流量必须经过病毒主机。其他用户原来直接通过路由器上网现在转由通过病毒主机上网，切换的时候用户会断一次线。切换到病毒主机上网后，如果用户已经登录了传奇服务器，那么病毒主机就会经常伪造断线的假象，那么用户就得重新登录传奇服务器，这样病毒主机就可以盗号了。

图 9-3 设置 "关闭自动播放属性" 对话框

3. 网游大盗：Trojan/PSW.GamePass.jws，木马病毒

Trojan/PSW.GamePass.jws "网游大盗" 变种 jws 是 "网游大盗" 木马家族的最新变种之一，采用 Visual C++ 编写，并经过加壳处理。"网游大盗" 变种 jws 运行后，会将自我复制到 Windows 目录下，自我注册为 "Windows_Down" 系统服务，实现开机自启。该病毒会盗取包括 "传奇世界"、"魔兽世界"、"完美世界"、"征途"、"武林外传" 等多款网游玩家的账户和密码，并且会下载其他病毒到本地运行。玩家计算机一旦中毒，就可能导致游戏账号、装备等丢失，给玩家带来损失。

4. MSN 性感相册：Worm/MSN.SendPhoto.a，蠕虫病毒

病毒运行特征：该病毒运行时，会通过 MSN 即时聊天工具向 MSN 上的好友发送大小为 479382Byte 的 photos.zip 病毒包，该压缩包里面包含名为 photos album-2007-5-26.scr 病毒文件，同时会随机向好友发送一些带有诱惑性的信息，如 "看看我的性感相片"，"圣诞节快乐" 等。

5. ANI 病毒：Exploit.ANIfile，蠕虫病毒

"ANI 毒" 变种 b 是一个利用 Windows 系统 ANI 文件处理漏洞（MS07-017）进行传播的网络蠕虫。"ANI 毒" 变种 b 运行后，自我复制到系统目录下，修改注册表，实现开机自启动。感染正常的可执行文件和本地网页文件，并下载大量木马程序。感染本地磁盘和网络共享目录下的多种类型的网页文件（包括*.HTML，*.ASPX，*.HTM，*.PHP，*.JSP，*.ASP），植入利用 ANI 文件处理漏洞的恶意代码。自我复制到各逻辑盘根目录下，并创建 autorun.inf 自动播放配置文件。双击盘符即可激活病毒，造成再次感染。修改 hosts 文件，屏蔽多个网址，这些网址大多是以前用来传播其他病毒的站点。另外，"ANI 毒" 变种 b 还可以利用自带的 SMTP 引擎通过电子邮件进行传播。

6. 机器狗病毒：Trojan/Agent.pgz，木马病毒

"机器狗" 病毒主要在网吧等使用系统还原软件以及硬盘还原卡的环境下发作。病毒运行后，会在%WinDir%\System32\drivers 目录下释放出一个名为 pcihdd.sys 的驱动程序，该文件会接管冰点或者硬盘保护卡对硬盘的读写操作，这样该病毒就破解了还原系统的保护，使冰点、硬盘保护卡失效。接着，该病毒会利用 MS06-014 和 MS07-017 系统漏洞和等多个应用软件漏洞，从 http://xx.exiao***.com/，http://www.h***.biz/，http://www.xqh***.com/ 等恶意网

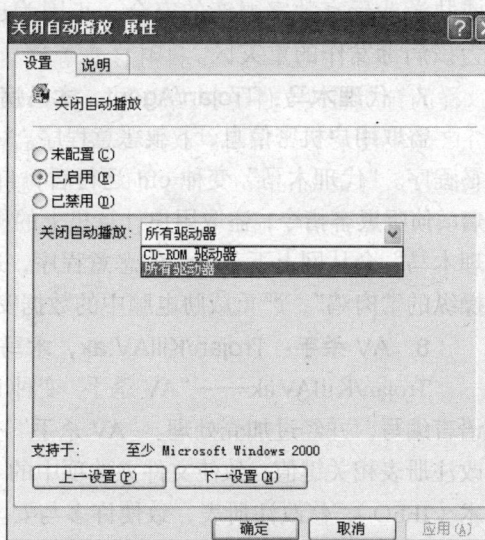

址下载多款网游木马，盗取包括传奇、魔兽世界、征途、奇迹等多款网游账号和密码，严重威胁游戏玩家数字财产的安全。正因为还原软件和硬盘保护卡大多在网吧使用，因此网吧成为该病毒发作的重灾区。

7. 代理木马：Trojan/Agent，木马病毒

盗取用户机密信息，下载恶意程序。"代理木马"及其变种是盗取用户计算机上机密信息的木马程序。"代理木马"变种 cfd 运行后，自我复制到 Windows 目录下。修改注册表，实现开机自启。侦听黑客指令，盗取用户计算机上的机密信息，并将机密信息发送到黑客指定的邮箱里。"代理木马"会从网上下载大量的恶意程序，通过系统漏洞感染目标电脑，中毒电脑可能会成为黑客操纵的"肉鸡"，严重威胁电脑中的数据安全。

8. AV 杀手：Trojan/KillAV.ak，木马病毒

Trojan/KillAV.ak——"AV 杀手"变种 ak 是"AV 杀手"木马家族的最新成员之一，采用 Delphi 语言编写，并经过加壳处理。"AV 杀手"变种 ak 运行后，自我修改文件属性为"隐藏"。强行篡改注册表相关键值，致使文件夹选项中的"显示隐藏文件"功能失效。利用 Windows 映像劫持技术（IFEO），修改注册表，致使许多与安全相关的软件无法启动运行。在被感染计算机的后台调用系统进程"spoolsv.exe"，将恶意代码注入其中并调用运行，隐藏自我，防止被查杀。在后台连接骇客指定的远程服务器站点，下载恶意程序并在被感染计算机上自动调用运行。在所有盘根目录下生成"autorun.inf"文件（磁盘映像劫持文件）和病毒体文件，实现用户一双击盘符就启动"AV 杀手"变种 ak 运行的功能。

9. Real 脚本病毒：Exploit.JS.Real，网页脚本病毒

Real 脚本病毒是利用 RealPlayer 播放器 ActiveX 控件安全漏洞的恶意网页脚本，常用于自动下载执行木马程序。病毒隐藏在 Real 格式的视频文件中，用户一旦下载单击运行便会立刻中毒，许多热衷于上网下载视频文件的电脑用户因此中毒。

10. 灰鸽子：Backdoor/Huigezi，后门病毒

Backdoor/Huigezi "灰鸽子"是后门家族的最新成员之一，采用 Delphi 语言编写，并经过加壳保护处理。"灰鸽子"运行后，会自我复制到被感染计算机系统的指定目录下，并重新命名保存（文件属性设置为：只读、隐藏、存档）。"灰鸽子"是一个反向连接远程控制后门程序，运行后会与骇客指定远程服务器地址进行 TCP/IP 网络通信。中毒后的计算机会变成网络僵尸，骇客可以远程任意控制被感染的计算机，还可以窃取用户计算机里所有的机密信息资料等，会给用户带去不同程度的损失。"灰鸽子"会把自身注册为系统服务，以服务的方式来实现开机自启动运行。"灰鸽子"主安装程序执行完毕后，会自我删除。

11. Flash 漏洞攻击器：Hack.Exploit.Swf.A，蠕虫病毒

这是一个黑客程序，可以破坏 Flash 插件的安全机制，使其他病毒获取系统权限，侵入用户电脑。目前每天有数十万台电脑被此病毒感染，危害十分严重。此病毒会被植入"挂马网站"中，用户浏览时就可能中毒。目前已截获的主要是木马下载器病毒，它们会从网上下载其他多种盗号木马，窃取流行网络游戏的账号和装备。

9.3　网　络　安　全

网络安全是指信息网络的硬件、软件及其系统中的数据受到保护，不受偶然的或者恶意的原

因而遭到破坏、更改、泄露，系统连续可靠正常地运行，信息服务不中断。

计算机网络安全涉及病毒防护、防火墙设置和系统漏洞防护等内容。

9.3.1 病毒防护

防止计算机中病毒，最有效的方法就是安装杀毒软件。现在常用的有瑞星、卡巴斯基、金山毒霸、赛门铁克、NOD32、360 杀毒软件等。

360 杀毒软件是奇虎全新推出的一款杀毒软件。结合 360 安全卫士的恶意软件查杀、木马查杀、漏洞修复、主动防御、系统体检等强劲功能，360 杀毒的推出将进一步帮助 360 安全中心提供 "一站式" 安全功能和服务的平台。360 杀毒软件也是国内目前一款免费杀毒软件。

360 杀毒软件用的杀毒引擎为比特梵得杀毒软件（世界排名第一的杀毒软件）的杀毒引擎，杀毒能力极强。360 杀毒软件还支持绿色安装，也就是说，如果系统中有其他的杀毒软件存在，也同样可以安装本软件，只是 360 杀毒软件会自动关闭实时监控功能，从而避免和其他杀毒软件的冲突。

本节以 360 杀毒软件为例，介绍其相关安全设置。

360 杀毒软件安装完成后，其主界面如图 9-4 所示。主程序界面提供了病毒查杀、实时防护和产品升级 3 个选项，并可以通过在主界面选择 "设置" 菜单，打开 360 杀毒软件 "设置" 对话框。手动选择一些防护功能，增加系统安全性。

图 9-4　360 杀毒软件主界面

（1）杀毒设置界面。特别注意，如果要对压缩包内的文件进行查杀，需要打上 "进入压缩包查毒" 前面的勾，如图 9-5 所示。

（2）实时防护设置界面。监控十分全面，不管是从 QQ/MSN 接受的文件，还是刚插入的 U 盘，都得接受 360 杀毒软件的检查，如图 9-6 所示。

（3）白名单设置界面。以前用卡巴斯基和 McAfee 的时候，都遇到过误报的情况，杀掉了并非是病毒的程序，造成了不必要的麻烦。现在可通过 "白名单" 功能，只需将自己确信没有安全危险的程序或目录添加进来，就不怕误报误杀误删了，如图 9-7 所示。

图 9-5　杀毒设置界面

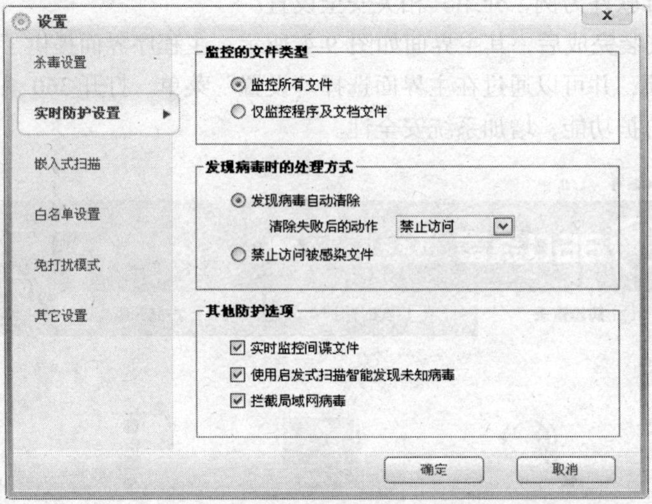

图 9-6　实时防护设置界面

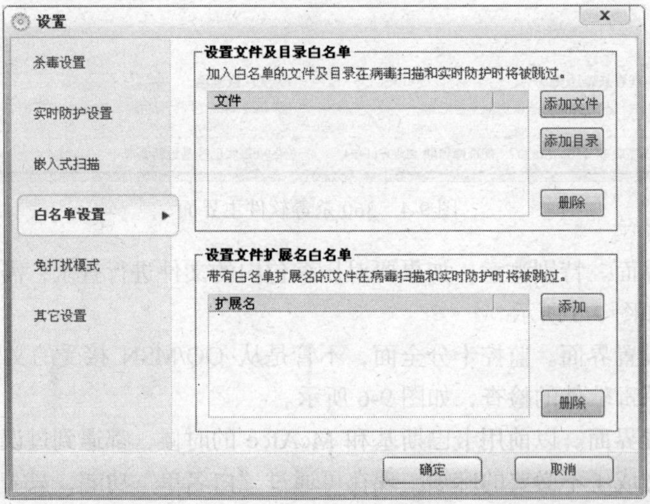

图 9-7　设置嵌入式杀毒

（4）免打扰模式设置界面。有了这个免打扰模式，在进行游戏或者是全屏程序的时候，就可以不怕打扰了，如图 9-8 所示。当然，如果有安全威胁被发现，360 杀毒软件还是会悄悄地阻止它的，并在退出全屏程序后让用户处理。

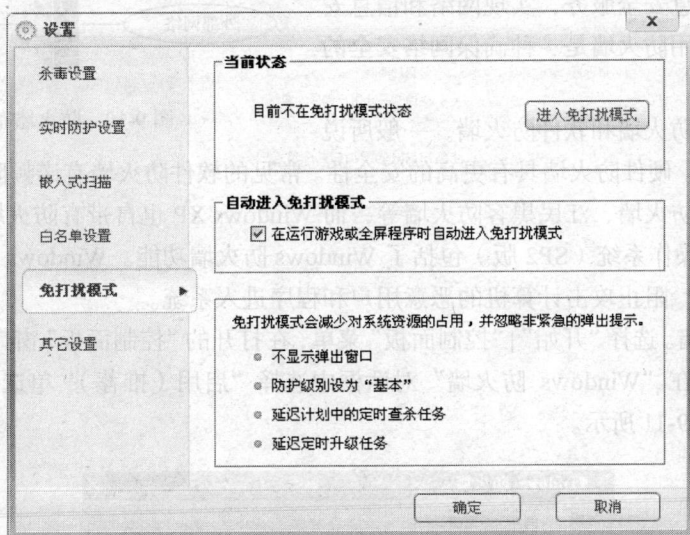

图 9-8　免打扰模式设置界面

（5）其他设置界面。可通过这个界面设置 360 杀毒软件的自动升级项、定时查毒项和自动启动项，如图 9-9 所示。

图 9-9　其他设置界面

9.3.2　防火墙设置

杀毒软件只能查杀病毒和监视读入内存的病毒，它并不能监视连接到 Internet 的计算机是否受到网络上其他计算机的攻击。因此就需要一种专门监视网络的手段来监测、限制、更改跨越防护火墙的数据流，尽可能地对外部屏蔽网络内部的信息、结构和运行状况。这种工具就是防火墙。

防火墙是一种由计算机硬件和软件的组合，在 Internet 与内部网之间建立一个安全网关，设置一道屏障，是网络之间一种特殊的访问控制设施，防止恶意程序和黑客攻击电脑或内部网络，如图 9-10 所示。防火墙提供信息安全服务，实现网络和信息安全的基础设施。使用防火墙是一种确保网络安全的方法。

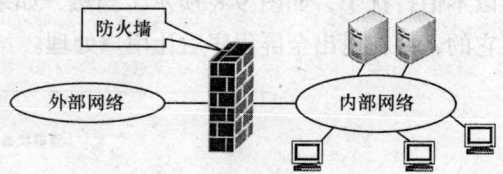

图 9-10　防火墙布局示意图

防火墙有硬件防火墙和软件防火墙，一般所说的都是软件防火墙。硬件防火墙具有更高的安全性。常见的软件防火墙有诺顿防火墙、金山网镖、瑞星防火墙、天网防火墙、江民黑客防火墙等，而 Windows XP 也自带有防火墙。

Windows XP 操作系统（SP2 版）包括了 Windows 防火墙功能。Windows 防火墙能随时监控系统网络运行状态，阻止攻击计算机的恶意用户和程序进入系统。

（1）开启防火墙。选择"开始"|"控制面板"菜单，在打开的"控制面板"窗口中双击"Windows 防火墙"图标，再在"Windows 防火墙"对话框中选择"启用（推荐）"单选按钮并确定，即可开启防火墙，如图 9-11 所示。

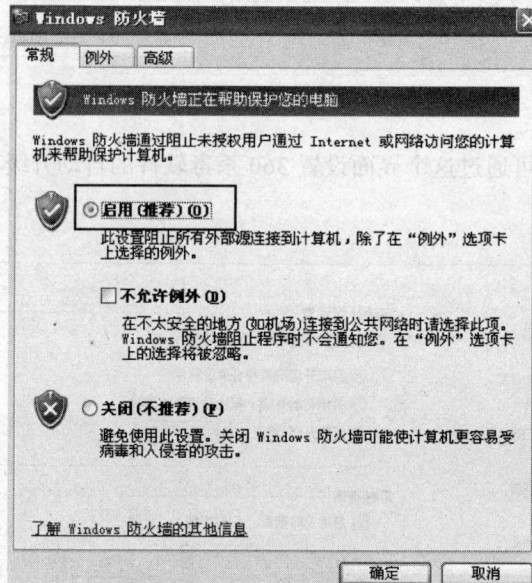

图 9-11　启用 Windows 防火墙

小贴士

开启防火墙后，若有程序试图访问网络，系统会弹出一个对话框，询问是否允许该程序访问，单击"解除阻止"按钮允许访问，单击"保持阻止"按钮禁止访问。对于一些来历不明的程序一定要禁止它们访问网络，以保证系统安全。

防火墙启用后，可对系统内的程序或端口进行"例外"设置，使它们在开启防火墙的情况下可以连接外网。

（2）添加"例外"程序。如添加"QQ.exe"为"例外"程序，使 QQ 软件能连接外网，操作如图 9-12 所示。

（3）添加"端口"程序。如添加 FTP 服务器传输数据"21"端口，如图 9-13 所示。

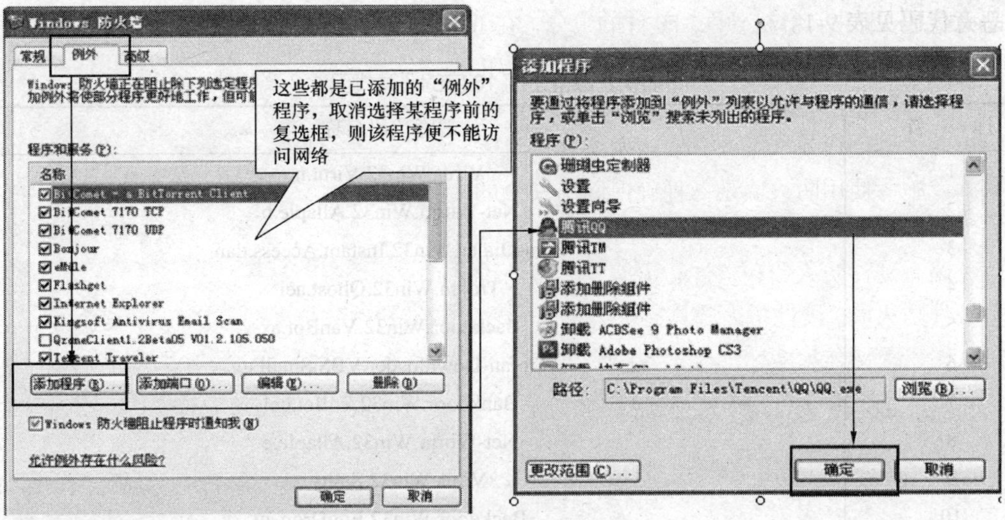

图 9-12　添加"例外"程序

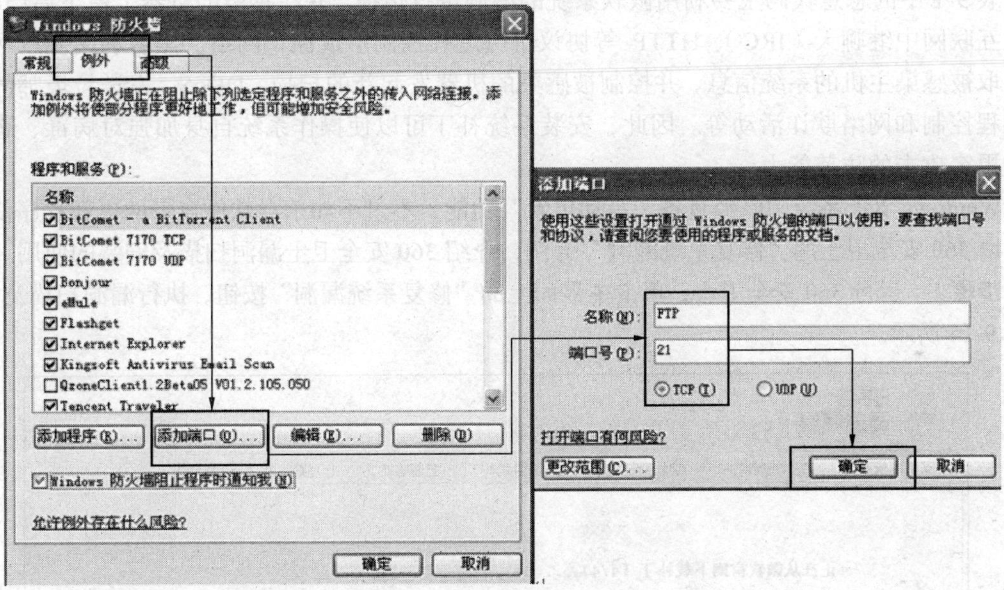

图 9-13　添加"例外"端口

小贴士

端口是计算机与外界通信交流的出口，由操作系统定义。常用端口有：21 端口，用于 FTP 服务器的上传、下载；25 端口，用于邮件发送服务器的通信端口；53 端口，DNS 服务器开放的端口；80 端口，HTTP 服务使用的端口，用于网页浏览；109 端口，POP3 服务器开放的端口，用于接收邮件；3389 端口，Windows 远程访问时通信窗口；4000、8000 端口，用于 QQ 类聊天软件进行数据通信端口。

还可以利用其他杀毒软件自带的防火墙进行相关设置，如瑞星、天网、360 安全卫士等。

9.3.3　系统漏洞防护

新的恶意代码层出不穷也是安全形势日益严峻的主要原因之一。2008 年 1～6 月，CNCERT 共捕获不重复的恶意代码新样本总数 88580 个，平均每天捕获 489 个，其中捕获次数位于前 10

位的恶意代码见表 9-1。

表 9-1　　　　　　　　　　　　　　捕获次数位于前 10 位的恶意代码

排　名	恶意代码名称
1	Virus.Win32.Virut.n
2	Net-Worm.Win32.Allaple.b
3	Pom-Dialer.Win32.Instant.Access.dan
4	Trojan.Win32.Qhost.aei
5	Backdoor.Win32.VanBot.ax
6	Trojan-Downloader.VBS.Small.gg
7	Bankdoor.Win32.SdBot.cpl
8	Net-Worm.Win32.Allaple.e
9	Vinis.Win32.Sality.z
10	Backdoor.Win32.EggDrop.au

表 9-1 中的恶意代码主要利用微软系统的漏洞进行传播，并在感染的机器上留下后门程序，通过互联网中继聊天（IRC）、HTTP 等协议进行远程控制形成僵尸网络。黑客利用僵尸网络能够窃取被感染主机的系统信息，并控制被感染的机器发起新的扫描、DDoS、发送垃圾邮件或进行远程控制和网络欺诈活动等。因此，安装系统补丁可以使操作系统自身加强对病毒、恶意程序和黑客攻击的防范能力。

Windows XP 系统中已经具备"自动更新"功能，不过不如杀毒软件自带的更新程序使用简便。以 360 安全卫士的"修复系统漏洞"为例，介绍 360 安全卫士漏洞扫描及安装的使用。

步骤 1　运行 360 安全卫士，单击主界面上的"修复系统漏洞"按钮，执行漏洞扫描及安装，如图 9-14 所示。

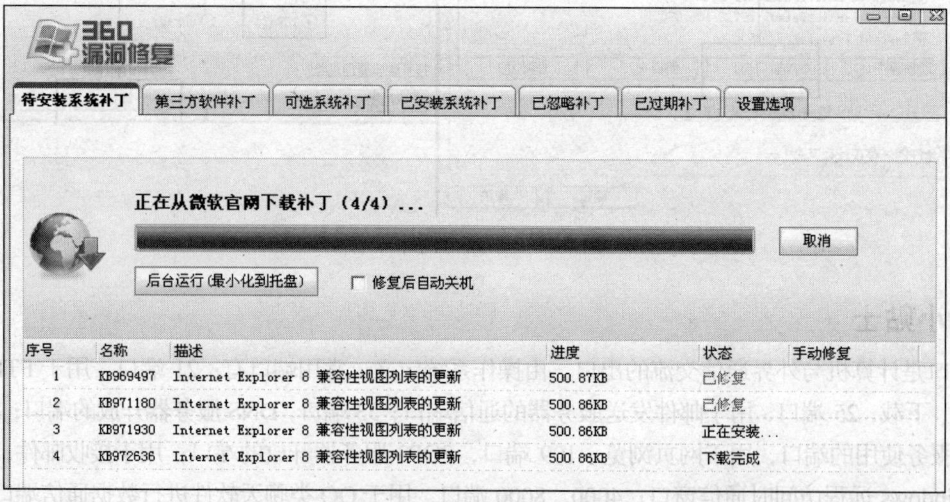

图 9-14　360 漏洞修复界面

步骤 2　在"360 漏洞修复"界面列表框中出现要修复的漏洞，如图 9-15 所示。全选这些漏洞后，再单击"下载并修复"按钮对所选漏洞进行一一修复。

修复完系统漏洞重启电脑后，再进行漏洞扫描，则会出现如图 9-16 所示的界面。要经常扫描和修复系统漏洞，以增强计算机系统的安全性。

图 9-15　使用"360 漏洞修复"程序修复系统漏洞

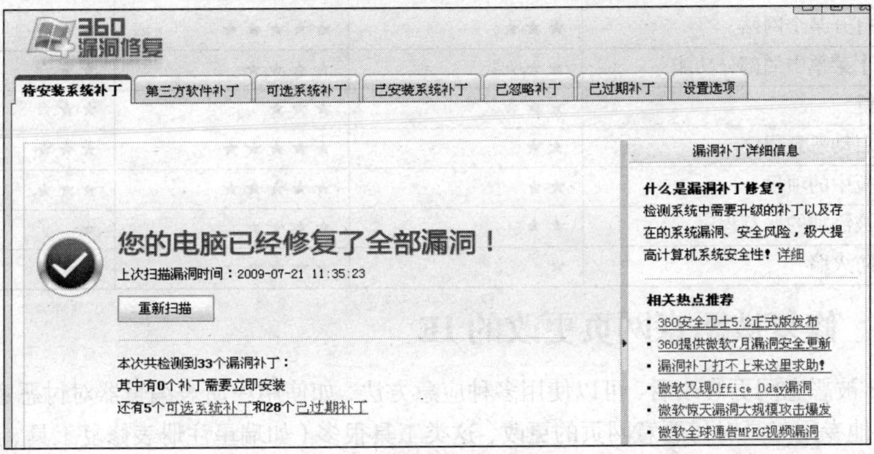

图 9-16　漏洞修复后扫描结果

9.4　恶意网页和流氓软件

恶意网页是一段黑客破坏代码程序，它内嵌在网页中。恶意网页（或恶意代码）可以说是一种广义上的病毒，恶意网页代码虽不具有传染性，但它具有极强的破坏性与欺骗性，而且没有很好的办法来识别它。使用一般的杀毒软件无法清除它。

从技术上讲，恶意广告软件（adware）、间谍软件（spyware）、恶意共享软件（maliciousshareware）等都属于流氓软件，它们处在合法商业软件和病毒之间的灰色地带。它们既不属于正规商业软件，也不属于真正的病毒；既有一定的实有价值，也可能给用户带来种种干扰。

9.4.1　恶意网页修改 Internet Explorer 的症状和危害

恶意网页的目的无非是强制用户访问它的网站；或使用户的机器上染上病毒，用来获取用户的资料，它们大多是所谓的成人网站，个别的是别有用心的个人网站。它们除了修改 IE 浏览器之外，还会恶意弹出广告、开后门等，给用户带来实质危害。

下面总结了一些被恶意网页修改注册表和 Internet Explorer 的现象及其危害程度，把它列于表 9-2 中。

表 9-2　　　　　恶意网页修改注册表和 Internet Explorer 的现象及其危害程序

表　现	被修改几率	危害程度	修复难度
修改 IE 主页	★★★★★	★	★
修改 IE 主页并锁定	★★★★★	★	★★☆
IE 标题被修改	★★★★★	★	★★☆
链接栏内容被修改	★★★★★	★	★
感染 QQ 尾巴病毒	★★★★★	★★★	★★★
弹出恶意网站	★★★★★	★★	★★☆
修改右键菜单	★★★★	★★	★★☆
锁定注册表	★★★★	★★★★★	★★★
ActiveX 插件攻击	★★★★	★★★★	★★★★
强制开机即打开某个网站	★★★	★★★★★	★★★
禁用【开始】菜单中的部分功能	★★★	★★★★	★★☆
禁用鼠标右键	★★★	★★★	★★☆
修改注册表启动恶意程序	★★	★★★★★	★★★
隐藏控制面板中的项目	★★	★★★★★	★★★
启动菜单中被添加的恶意程序	★★	★★★★	★
破坏系统的防火墙	★	★★★★★	★★★

9.4.2　修复被恶意网页更改的 IE

出现 IE 被恶意网页修改后，可以使用多种应急方法，如使用注册表编辑器对付恶意网页的更改和使用其他专用工具对付恶意网页的更改，这类工具很多（如瑞星注册表修复工具、超级兔子、IE 浏览器修复工具等）。

1．IE 浏览器修复工具

IE 浏览器修复工具是一款共享软件，安装了该软件后，双击桌面上该程序的快捷方式，即可启动其主界面。选择修复项目后，单击"修复"按钮即可，如图 9-17 所示。

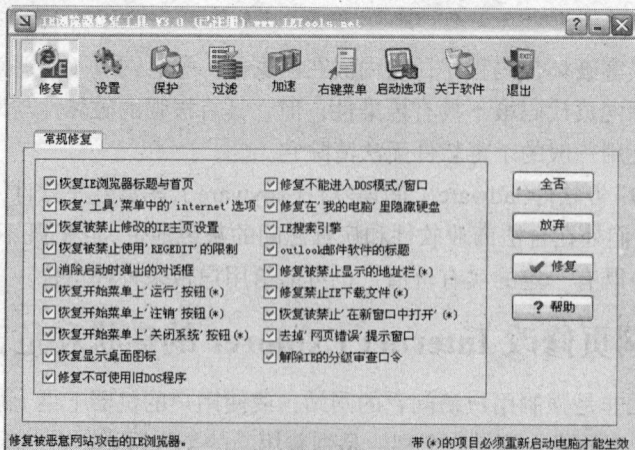

图 9-17　IE 浏览器修复工具

2．上网助手 IE 优化修复专家

上网助手 IE 修复专家是由雅虎推出的一个免费的在线服务工具，不需下载安装，只要登录 zs.3721.com，选择"IE 修复"选项，单击"开始使用"按钮即可，如图 9-18 所示。

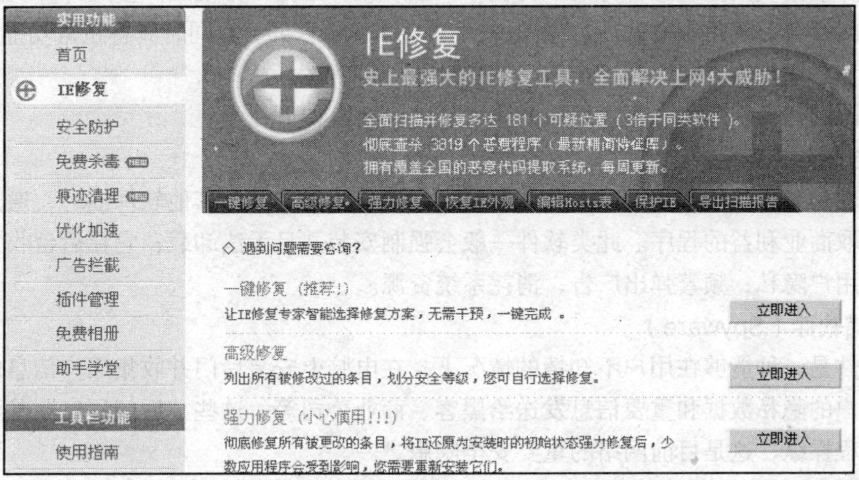

图 9-18　IE 优化修复专家的"IE 修复页面"

小贴士

IE 修复专家 2005 基本能够处理所有的破坏，特别具有"强力修复"功能，只要采用该操作，就可以将 IE 恢复成为刚安装完 IE 的状态，让所有的修改都失去作用。

3．使用 Upiea 修复 IE

Upiea（IE 插件管理专家）是一款优秀的功能软件，它突破了传统的插件屏蔽软件思维模式，插件屏蔽软件不仅仅能屏蔽插件，还可以识别当前已安装的插件，并可卸载插件，主界面如图 9-19 所示。它不但文件小（700KB 左右），还是完全免费的绿色软件，不需安装，下载后即能使用。其主要功能有：

图 9-19　Upiea 主界面

- 可免疫 599 个 IE 插件。
- 可查看并卸载当前已安装的 IE 插件。
- 可启动或禁用当前已安装的 IE。
- 可无限免疫恶意网站。
- 可进行 IE 设置、修复 IE。
- 可进行系统设置和系统清理。
- 网络优化和系统优化。

Upiea 是一款绿色软件，下面介绍 Upiea 修复 IE 的方法。

步骤 1　从网上找到并下载 Upiea 的最新版本，双击下载的程序文件，即可启动 Upiea。

步骤 2　单击"系统设置"按钮，然后在"系统清理"选项卡中，选中"全选"单选按钮。

步骤 3　单击"清理"按钮即可。

9.4.3 流氓软件的定义

"流氓软件"是介于病毒和正规软件之间的软件。病毒是指具有或使其他程序具有破坏系统功能、危害用户数据或其他恶意行为的一类程序。正规软件是指为方便用户使用计算机工作、娱乐而开发的面向社会公开发布的软件。"流氓软件"介于两者之间，它同时具备正常功能（下载、媒体播放等）和恶意行为（弹广告、开后门），给用户带来很大危害。

根据不同的特征和危害，困扰用户的流氓软件主要有如下几类。

1. 广告软件（Adware）

广告软件是指未经用户允许，下载并安装在用户电脑上；或与其他软件捆绑，通过弹出式广告等形式牟取商业利益的程序。此类软件一般会强制安装并且无法卸载；它在后台收集用户信息牟利，危及用户隐私；频繁弹出广告，消耗系统资源。

2. 间谍软件（Spyware）

间谍软件是一种能够在用户不知情的情况下，在电脑上安装后门并收集用户信息的软件。这类软件把用户的隐私数据和重要信息发送给黑客、商业公司等。这些"后门程序"甚至能使用户的电脑被远程操纵，这是目前网络的重要安全隐患之一。

3. 浏览器劫持

浏览器劫持是一种恶意程序，通过浏览器插件、BHO（浏览器辅助对象）、Winsock LSP 等形式对用户的浏览器进行篡改，使用户的浏览器配置不正常，被强行引导到商业网站。其危害是，用户在浏览网站时会被强行安装此类插件，普通用户根本无法将其卸载，被劫持后，只要上网就会被强行引导到其指定的网站，严重影响正常上网浏览。一些不良站点会频繁弹出安装窗口，迫使用户安装某浏览器插件，甚至根本不征求用户意见，利用系统漏洞在后台强制安装到用户电脑中。这种插件还采用了不规范的软件编写技术来逃避用户卸载，往往会造成浏览器错误、系统异常重启等。

4. 行为记录软件（Track Ware）

此类软件是指未经用户许可，窃取并分析用户隐私数据，记录用户计算机使用习惯、网络浏览习惯等个人行为的软件。这种软件危及用户隐私，可能被黑客利用来进行网络诈骗。

5. 恶意共享软件（malicious shareware）

恶意共享软件是指为了获取利益，采用诱骗手段、试用陷阱等方式强迫用户注册，或在软件体内捆绑各类恶意插件，未经允许即将其安装到用户系统中。这种软件使用"试用陷阱"强迫用户进行注册，否则可能会丢失个人资料等数据。软件集成的插件可能会造成用户浏览器被劫持、隐私被窃取等。如安装某款媒体播放软件后，会被强迫安装与播放功能毫不相干的软件（搜索插件、下载软件）而不给出明确提示；并且用户卸载播放器软件时不会自动卸载这些附加安装的软件。又如使用某种加密软件，试用期过后，所有被加密的资料都会丢失，只有购买该软件才能找回丢失的数据。

9.4.4 使用 Upiea 免疫插件

（1）在 Upiea 界面中，单击"插件免疫"按钮，可以切换到该界面。

（2）在"国内"选项卡中，选中要免疫的插件名称（如 DUDU 加速器、3721 网络实名等），如图 9-20 所示。

（3）单击"应用"按钮，打开"应用成功"提示框，再单击"确定"按钮即可。

（4）如要卸载已安装的插件，可单击"插件管理"按钮，再选中要卸载的插件名称，单击"删除"按钮即可。

（5）单击"系统设置"按钮，在该界面中，有清除系统自动运行程序和卸载软件等功能，特别是清除自动运行程序，它可有效地查看系统自动启动的程序，确定这些程序是否是需要自动运行，若是不需要的，就可清除其复选框，再单击"执行"按钮或"删除"按钮。

小贴士

"启动项目"选项卡的清除项目功能与 Windows 中的"系统配置实用程序"的功能是相同的，启动"系统配置实用程序"的方法是，单击"开始"按钮，选择"运行"命令，在打开"运行"对话框中输入 msconfig，单击"确定"按钮即可。此外该界面中的"软件卸载"选项卡实现的功能与系统中的添加删除程序类同。

图 9-20 设置"插件免疫"选项卡

9.4.5 使用 360 安全卫士免疫插件

360 安全卫士也能清理不需要的插件程序，提高系统运行速度。360 安全卫士"清理恶评插件"选项卡界面如图 9-21 所示。单击"开始扫描"按钮即可对插件进行清理工作。完成扫描后，会在显示栏和左边"全部插件"列表框中分别显示恶评插件、其他插件和信任插件的个数。并对恶评插件执行"立即清除"操作即可清除恶评插件。

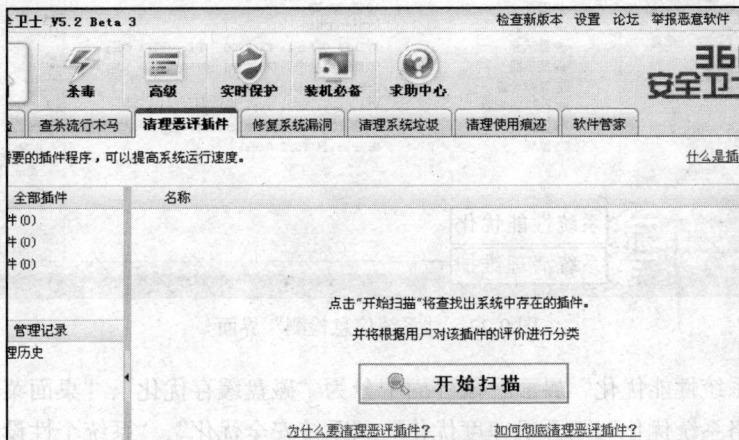

图 9-21 "清理恶评插件"选项卡界面

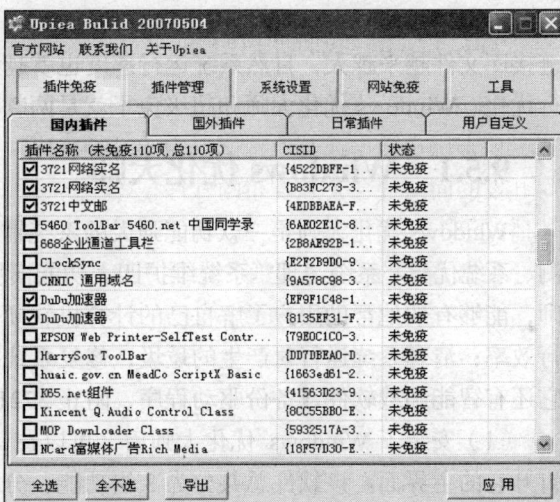

9.5 系统优化

每天的操作，诸如安装新软件、加载运行库、添加新游戏等使得系统变得更加庞大，而更为重要的是变大的不仅仅是它的目录，还有它的注册表和运行库。即使删除了某个程序，由于它使用的 DLL 文件仍然会存在，因而随着使用日久，Windows 的启动和退出时需要加载的 DLL 动态链接库文件越来越大，自然系统运行速度也就越来越慢了。因此就需要借助第三方软件对系统进行优化。Windows 优化大师和超级兔子就是两款有名的系统优化工具。

9.5.1　Windows 优化大师

Windows 优化大师是一款功能强大的系统辅助软件，它提供了全面有效且简便安全的系统检测、系统优化、系统清理、系统维护四大功能模块及数个附加的工具软件。使用 Windows 优化大师，能够有效地帮助用户了解自己的计算机软硬件信息；简化操作系统设置步骤；提升计算机运行效率；清理系统运行时产生的垃圾；修复系统故障及安全漏洞；维护系统的正常运转。此外，它还有智能卸载软件、备份驱动程序、阻止 3721 等网络插件的安装和文件粉碎等功能。

（1）安装了 Windows 优化大师后，可以在其安装目录中双击 Windows 优化大师.exe 图标，打开它的主界面。该软件总共分为 3 组功能，分别为"系统信息检测"、"系统性能优化"和"系统清理维护"。当前界面为"系统信息检测"，该界面分为"系统信息总揽"、"处理器与主板"、"视频系统信息"、"音频系统信息"和"系统性能测试"等 9 大功能，如图 9-22 所示。

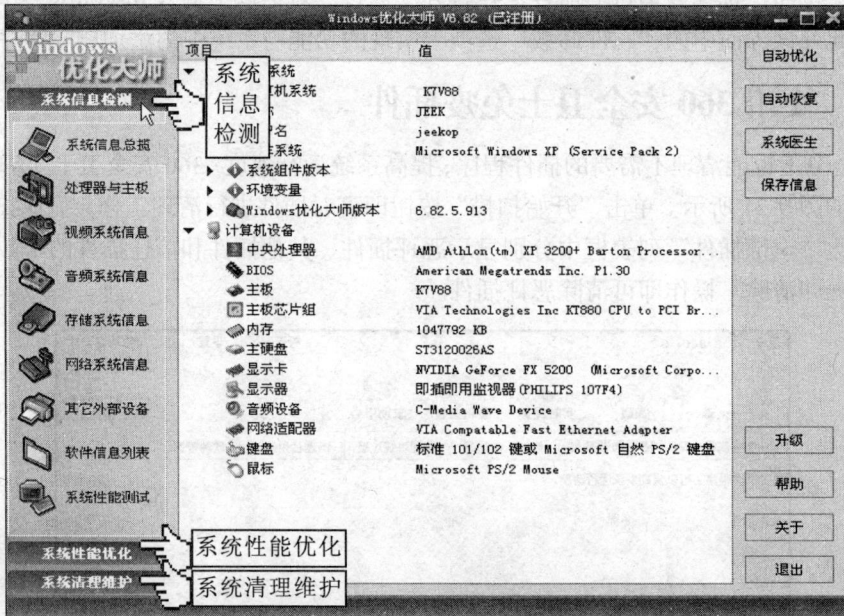

图 9-22　"系统信息检测"界面

（2）单击"系统性能优化"界面，该界面中分为"磁盘缓存优化"、"桌面菜单优化"、"文件系统优化"、"网络系统优化"、"开机速度优化"、"系统安全优化"、"系统个性设置"、"后台服务优化"和"自定义设置项"9 大功能。

● 进行优化时，拖动"输入/输出缓存大小"和"内存性能配置"下面的滑块，可调整系统设备和 CPU 之间传输数据的通道，可根据系统内存进行调整。

● 切换到"文件系统优化"界面，建议将二级缓存设置为 512KB（系统内存为 512MB）以上。

● 切换到"网络系统优化"界面，在"上网方式选择"列表框中，选择所使用的上网方式，再单击"快猫加鞭"按钮，打开"快猫加鞭"对话框，根据实际情况选择上网方式。

（3）Windows 优化大师也可清理系统中多余的垃圾文件，包括清理多余的注册表信息、清理冗余的 DLL 文件等。切换到"系统清理维护"界面，该界面分为"注册信息清理"、"垃圾文件清理"、"冗余 DLL 清理"、"ActiveX 清理"、"软件智能卸载"、"驱动智能备份"、"系统磁盘医生"、"其它设置选项"和"优化维护日志"9 大功能。

- 切换到"垃圾文件清理"界面，再选择要扫描的驱动器。
- 切换到"扫描选项"选项卡，指定要进行扫描的内容。
- 切换到"文件类型"选项卡，选择要扫描的文件类型，一般单击"推荐"按钮。
- 单击"扫描"按钮，即开始查找指定驱动器中符合要求的垃圾文件。
- 单击"全部删除"按钮，打开 Windows 优化大师将要全部扫描到的文件或文件夹提示的对话框，多次单击"确定"按钮即可。

小贴士

清理了垃圾文件后，如果机器不能正常运行，可将回收站中的文件恢复到原来的位置。

9.5.2　使用超级兔子优化系统

超级兔子是一款功能强大的系统设置工具，与其他优化软件不同，它能够以修改系统注册表等操作来对 Windows 的隐藏参数进行调整，并具有对 Windows 进行优化、修复被恶意网页修改的 IE、对注册表垃圾进行清除、对硬盘上的垃圾文件进行清除等重要功能。

安装"超级兔子"并启动它后，其"工具"选项主界面如图 9-23 所示。共有 6 大系统优化工具和 5 大实用工具。系统优化工具和其他实用工具可以帮助用户对电脑进行优化和数据备份等。

图 9-23　"超级兔子"主界面

1．升级天使

"升级天使"工具提供了非常方便的补丁下载方法。Windows 补丁程序是微软公司提供的为了弥补 Windows 操作系统存在的缺陷而推出的安装程序。

2. 驱动天使

"驱动天使"工具提供了硬件驱动和备份的功能。可以检测出电脑中所安装的驱动程序，并能更新驱动程序和备份/还原驱动程序。

3. 硬件天使

"硬件天使"工具可以查看电脑硬件的各种参数，并能对硬件进行测试。

4. 清理天使

操作系统运行久了，硬盘中会产生大量的垃圾文件，不仅占用空间还容易让系统运行不稳定，"清理天使"工具可以对系统进行大扫除，清理掉垃圾文件。还能检测出流氓软件并卸载它。

5. 魔法设置

"魔法设置"工具可以优化开机速度，取消一些不必要的启动程序。并能对菜单、桌面和图标、网络、文件及媒体进行设置，打造个性化操作系统。

6. 守护天使

随着流行病毒、恶意代码的猖獗，电脑在使用中稍不注意 IE 浏览器就会被修改。可以通过运行"守护天使"工具全面修复 IE 的各项设置，查杀近万种恶意程序。

7. 反弹天使

使用 IE 浏览器上网时，经常会弹出一些广告或窗口。"反弹天使"工具提供了全面的广告阻击方案，方便用户使用 IE。

9.5.3　360 安全卫士

360 安全卫士是一款安全类上网辅助软件，它拥有查杀恶意软件，插件管理，病毒查杀，诊断及修复四大强劲功能，同时还提供弹出插件免疫，清理使用痕迹以及系统还原等特定辅助功能。用户可以从"http://qihoo.com"网站上下载并安装免费"360 安全卫士"软件即可。

360 安全卫士特点如下。

1. 修复漏洞拒绝攻击

修复漏洞保证系统安全提供强大的漏洞扫描功能，全面检测 371 个系统漏洞，系统中的漏洞一目了然。自动下载补丁并修复检测出的漏洞，全面保证系统安全，如图 9-24 所示。

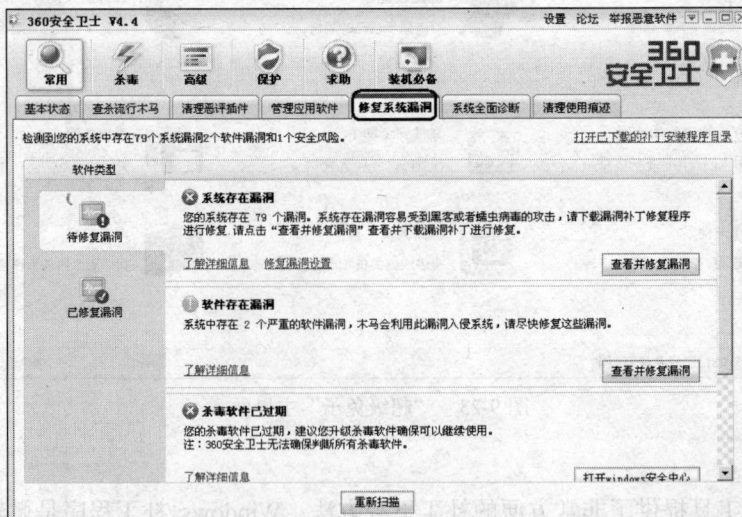

图 9-24　360 安全卫士"修复系统漏洞"选项

2．恶意软件一个不留

驱动免疫、特征查杀、行为预判等独门绝技确保超强的查杀能力，一改同类软件查得到杀不干净的尴尬，彻底查杀 225 款恶意软件，如图 9-25 所示。

3．查杀能力与时俱进

一周数次的恶意软件特征库更新，一周一次的查杀引擎更新，让新老恶意软件无所遁形；网络实名一个不漏。

4．免费强劲病毒查杀

与卡巴斯基强强联手推出病毒查杀模块。可免费享受卡巴斯基正版杀毒服务：查杀 20 万种病毒，每小时病毒库增量更新，如图 9-26 所示。

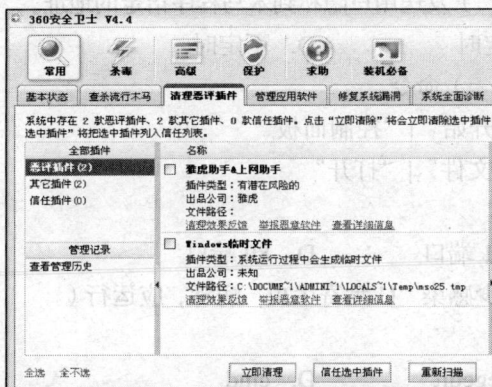

图 9-25　360 安全卫士"清理恶评插件"选项

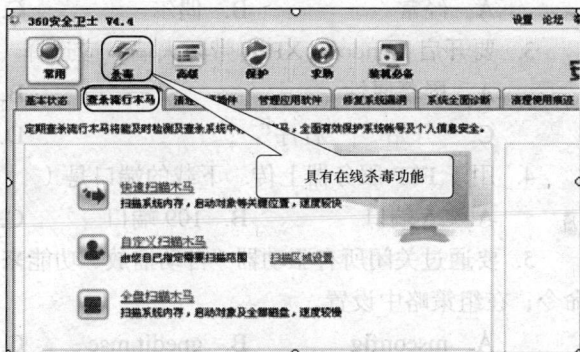

图 9-26　360 安全卫士"查杀流行病毒"选项

5．多余插件随心卸载

可完美卸载 8 大类共 308 种插件，每个插件均有详细的功能描述，供用户方便判断，大幅度提高电脑运行速度。

6．精准诊断智能修复

最全面的系统诊断方式，扫描系统 190 多个可疑位置，知识库提供 26200 条进程知识解释，智能修复 IE 浏览器、网络连接等设置。

7．免除打扰保护隐私

对一切弹出插件均可免疫，使得上网时免除插件弹出的打扰；全面清理使用痕迹，所有痕迹，一键轻松搞定，更有效保护个人隐私。

8．双重备份使用更安全

独特的网络设置备份与系统还原备份，使得随时可以还原系统到查杀之前的原有设置，不用担心误操作带来的负面影响，尽可放心使用。

要让电脑系统保持最佳速度，除养成良好的电脑使用习惯，不轻易重装系统、一键恢复、经常更换刷新率等之外，还要经常对电脑使用优化工具进行优化。

本章小结

本章主要介绍了有关计算机病毒的基本知识，杀毒软件及防火墙的应用，系统优化软件等内容。通过学习，用户了解了计算机病毒的基本知识，学会查杀病毒、使用防火墙预防网络被攻击，能够自己清除恶意网页和流氓插件，并掌握使用超级兔子和优化大师等工具优化系统的操作。

习 题 九

一、单项选择题

1. （　　）感染以 exe、com、dll、ovl、sys 等为扩展名的文件。
   A. 文件型病毒　　　　　　　　　　B. 木马病毒
   C. 引导型病毒　　　　　　　　　　D. 蠕虫病毒

2. 木马病毒常潜伏在用户电脑中，设置后门，（　　）发送用户隐私到木马程序指定的地址。
   A. 经常　　　　　B. 偶尔　　　　　C. 定时　　　　　D. 不定时

3. 要开启 Windows XP 自带防火墙，应选择（　　）命令。
   A. 屏幕属性　　　　　　　　　　　B. “开始”|“控制面板”
   C. “开始”|“程序”　　　　　　　　D. “文件”|“打开”

4. 用于 FTP 服务器上传. 下载的端口是（　　）。
   A. 25 端口　　　　B. 109 端口　　　　C. 21 端口　　　　D. 80 端口

5. 要通过关闭所有驱动器“自动播放”功能来减少感染“U 盘寄生虫”病毒，应运行（　　）命令，在组策略中设置。
   A. msconfig　　　　B. gpedit.msc　　　　C. regedit　　　　D. cmd

6. “流氓软件”是介于（　　）之间的软件。
   A. 病毒和正规软件　　　　　　　　B. 病毒与盗版软件
   C. 正版软件与盗版软件　　　　　　D. 游戏软件与图像软件

7. （　　）是一种能够在用户不知情的情况下，在电脑上安装后门并收集用户信息的软件。
   A. 广告软件　　　B. 间谍软件　　　C. 恶意共享软件　　　D. 正版软件

二、填空题

1. 目前，_____、_____和_____已成为引发电脑故障的主要因素。
2. 一般木马有两个程序：一个是_____，另一个是_____。
3. 计算机病毒是一种_____，在计算机运行中对_____起破坏作用的程序。
4. 计算机网络安全涉及_____、_____和_____等内容。
5. _____是网络之间一种特殊的访问控制设施。
6. _____可以使操作系统自身加强对病毒、恶意程序和黑客攻击的防范能力。
7. _____是介于病毒和正规软件之间的软件。
8. _____是一段黑客破坏代码程序，它内嵌在网页中。

三、上机操作题

1. 上网下载并安装 360 安全卫士，并运行它。
2. 使用 Windows 优化大师全面优化计算机系统。
3. 从网上查找并下载 Upiea 工具，使用它免疫插件和免疫网站。

第 10 章
局域网组建及 Internet 应用

目前，计算机网络是一大热门课题，应用需求极为广泛。人们提出了"网络就是计算机"的概念，计算机网络伴随着计算机已成为人们工作、学习、生活中不可缺少的一部分。

10.1　计算机网络概述

计算机网络是计算机技术与通信技术发展的结晶，并在用户需求（应用）的促进下得到进一步地发展。计算机网络就是将相同或不同地理位置的多台计算机通过通信设施（通信线路及设备）和各种外围设备连接在一起，以实现网络中各计算机之间的信息交流及资源共享的系统，如人们通过网络与其他人进行交流、查阅信息、实现共享资源和进行联机游戏等。

10.1.1　计算机网络的发展

自 1946 年第一台计算机问世以来，计算机网络发展经历了以下几个过程。

（1）单机。从 1946 年到 20 世纪 50 年代末，计算机只能支持单用户使用，计算机的所有资源为单个用户所占用，用户使用计算机只能前往某个固定场所（如计算机房）。

（2）分时多用户。从 20 世纪 50 年代到 20 世纪 60 年代末，可以利用分时多用户系统支持多个用户利用多台终端共享单台计算机的资源。一台主机可以有几十个用户甚至上百个用户同时使用，如图 10-1 所示。

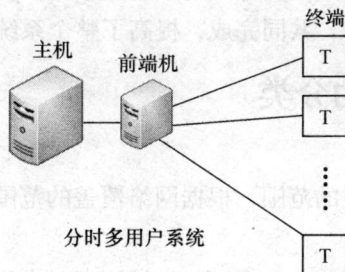

图 10-1　分时多用户系统

（3）远程终端访问。从 20 世纪 50 年代末到 20 世纪 60 年代中后期，可以利用通信线路将终端连至主机，用户可以在远程终端上访问主机，不受地域限制地使用计算机的资源，如图 10-2 所示。

（4）计算机网络。从 20 世纪 60 年代末开始，人们能够将多台计算机通过通信设备连在一起，相互共享资源。1968 年，世界上第一个计算机网络——ARPANET 的诞生。

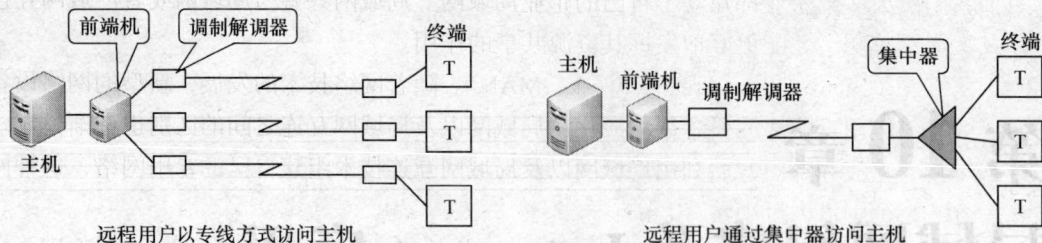

图 10-2　远程终端访问系统

20 世纪 70 年代中期，价廉物美的个人计算机问世，使得一个企业或者部门可以很容易地拥有一台或者多台计算机，出现了局域网，促进了计算机网络的发展。

（5）Internet。20 世纪 90 年代，计算机网络发展成了全球的网络——因特网（Internet），计算机网络技术和网络应用得到了迅猛的发展。

10.1.2　计算机网络的功能

计算机网络主要向用户提供资源的共享和数据的传输，而用户本身无需考虑自己以及所用资源在网络中的位置。

（1）资源共享。计算机网络突破地理位置限制，实现资源共享。用户可以使用网络中任意一台计算机所附接的硬件设备，包括利用其他计算机的中央处理器来分担用户的处理任务。例如，同一网络中的用户共享打印机、共享硬盘空间等。用户可以使用远程主机的软件（系统软件和用户软件），既可以将相应软件调入本地计算机执行，也可以将数据送至对方主机，运行软件，并返回结果。网络用户可以使用其他主机和用户的数据。从而大大地提高资源利用率，降低用户的投资。

（2）数据通信。计算机网络支持用户之间的数据传输，如电子邮件、文件传输、IP 电话、视频会议等。

（3）提高计算机系统的可靠性和可用性。网络上每台计算机都可以通过网络相互成为后备机。一旦某台计算机出现故障，它的任务就可由其他计算机代为完成，提高了系统的可靠性。当网上某台计算机负荷过重时，网络系统会将部分任务转交给其他负荷较轻的计算机去处理，均衡了各计算机的负载，提高了每一台机的可用性。

（4）分布式处理。通过计算机网络，可以将一个复杂的大任务分解成若干个子任务，并分散到不同的计算机上处理，同时运作，共同完成，提高了整个系统的效率。

10.1.3　计算机网络的分类

1. 按跨度分类

网络的跨度是指网络可以覆盖的范围，根据网络覆盖的范围，网络可以分类为广域网、局域网、城域网等。

（1）广域网（Wide Area Network，WAN）。广域网有时也称远程网，其覆盖范围通常在数十公里以上，可以覆盖整个城市、国家，甚至整个世界，具有规模大、传输延迟大的特征。广域网通常使用的传输装置和媒体由电信部门提供；但随着多家经营的政策落实，也出现其他部门自行组网的现象。在我国除电信网外，还有广电网、联通网等为用户提供远程通信服务。

（2）局域网（Local Area Network，LAN）。局域网也称局部区域网络，覆盖范围常在几公里以内，限于单位内部或建筑物内，常由一个单位投资组建，具有规模小、专用、传输延迟小的特征。目前我国决大多数企业都建立了自己的企业局域网。局域网只有与局域网或者广域网互连，进一步扩大应用范围，才能更好地发挥其资源共享的作用。

（3）城域网（Metropolitan Area Network，MAN）。随着网络技术的发展，新型的网络设备和传输媒体的广泛应用，距离的概念逐渐淡化，局域网以及局域网互连之间的区别也逐渐模糊。同时，越来越多的企业和部门开始利用局域网以及局域网互连技术组建自己的专用网络，这种网络覆盖整个企业，范围可大可小。

20 世纪 80 年代末开始，局域网和广域网趋向组合连接，即构成"结合网"。在结合网中，每个用户可以同时享用局域网内和广域网内的资源。

2. 按拓扑结构分类

（1）星形网络拓扑结构。以一台中心处理机（通信设备）为主而构成的网络，其他入网机器仅与该中心处理机之间有直接的物理链路，中心处理机采用分时或轮询的方法为入网机器服务，所有的数据必须经过中心处理机，如图 10-3 所示。适用场合：局域网、广域网。

星形网的特点：①网络结构简单，便于管理（集中式）；②每台入网机均需物理线路与处理机互连，线路利用率低；③处理机负载重（需处理所有的服务），因为任何两台入网机之间交换信息，都必须通过中心处理机；④入网主机故障不影响整个网络的正常工作，中心处理机的故障将导致网络的瘫痪。

（2）总线型网络拓扑结构。所有入网设备共用一条物理传输线路，所有的数据发往同一条线路，并能够由附接在线路上的所有设备感知。入网设备通过专用的分接头接入线路。总线型网拓扑是局域网的一种组成形式，如图 10-4 所示。适用场合：局域网，对实时性要求不高的环境。

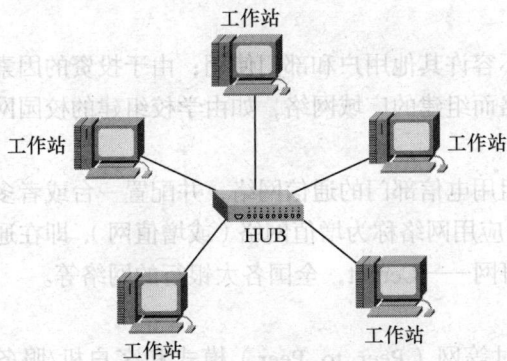

图 10-3 星形拓扑结构图   图 10-4 总线型拓扑结构图

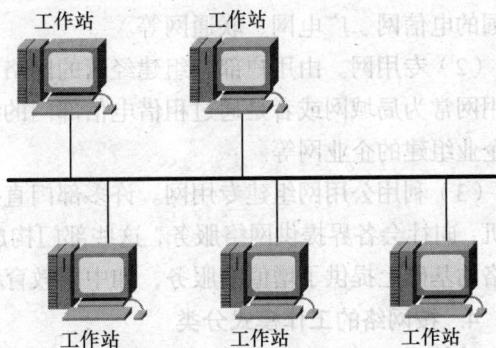

总线型网的特点：①多台机器共用一条传输信道，信道利用率较高；②同一时刻只能由两台计算机通信；③某个结点的故障不影响网络的工作；④网络的延伸距离有限，结点数有限。

（3）环形网络拓扑结构。入网设备通过转发器接入网络，每个转发器仅与两个相邻的转发器有直接的物理线路。环形网的数据传输具有单向性，一个转发器发出的数据只能被另一个转发器接收并转发。所有的转发器及其物理线路构成了一个环状的网络系统，如图 10-5 所示。适用场合：局域网，实时性要求较高的环境。

环形网特点：①实时性较好（信息在网中传输的最大时间固定）；②每个结点只与相邻两个结点有物理链路；③传输控制机制比较简单；④某个结点的故障将导致物理瘫痪；⑤单个环网的结点数有限。

（4）网状网络拓扑结构。利用专门负责数据通信和传输的结点机构成的网状网络，入网设备直接接入结点机进行通信。网状网络通常利用冗余的设备和线路来提高网络的可靠性，因此，结点机可以根据当前的网络信息流量有选择地将数据发往不同的线路，如图 10-6 所示。

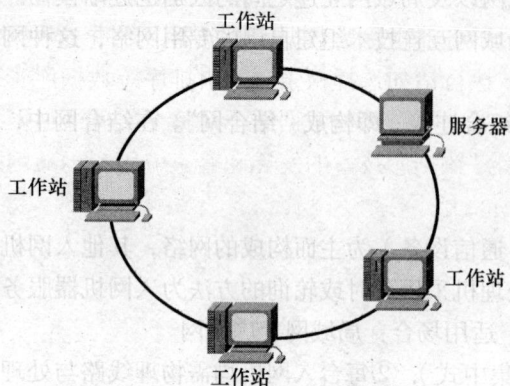

图 10-5　环形拓扑结构图　　　　　　　　　图 10-6　网状拓扑结构图

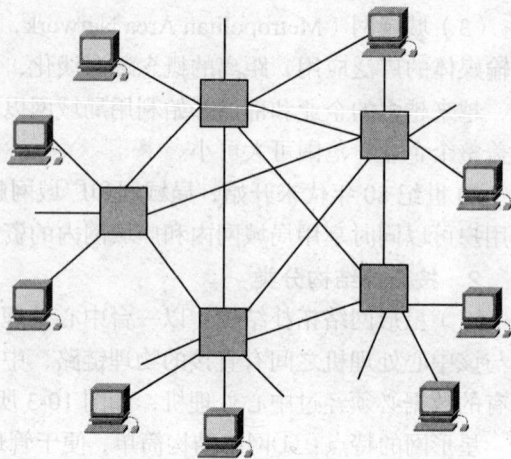

适用场合：主要用于地域范围大、入网主机多（机型多）的环境，常用于构造广域网络。

3. 按管理性质分类

根据对网络组建和管理的部门和单位不同，常将计算机网络分为公用网和专用网。

（1）公用网。由电信部门或其他提供通信服务的经营部门组建、管理和控制，网络内的传输和转接装置可供任何部门和个人使用；公用网常用于广域网络的构造，支持用户的远程通信，如我国的电信网、广电网、联通网等。

（2）专用网。由用户部门组建经营的网络，不容许其他用户和部门使用；由于投资的因素，专用网常为局域网或者是通过租借电信部门的线路而组建的广域网络，如由学校组建的校园网、由企业组建的企业网等。

（3）利用公用网组建专用网。许多部门直接租用电信部门的通信网络，并配置一台或者多台主机，向社会各界提供网络服务，这些部门构成的应用网络称为增值网络（或增值网），即在通信网络的基础上提供了增值的服务，如中国教育科研网——Cernet，全国各大银行的网络等。

4. 按网络的工作模式分类

计算机网络通常采用两种不同工作模式：对等网（Peer to Peer）模式和客户机/服务器（Client/Server）模式。

（1）对等网（Peer to Peer）。在对等网络中，所以计算机地位平台，没有从属关系，也没有专用的服务器和客户机。网络中的资源是分散在每台计算机上的，每一台计算机都有可能成为服务器也以可能成为客户机。网络的安全验证在本地进行，一般对等网络中的用户小于或等于 10 台，如图 10-7 所示。对等网能够提供灵活的共享模式，组网简单、方便，但难于管理，安全性能较差。它可满足一般数据传输的需要，所以一些小型单位在计算机数量较少时可选用"对等网"结构。

图 10-7　对等网

（2）客户机/服务器模式（Client/Server）。为了使网络通信更方便、更稳定、更安全，我们引入基于服务器的网络（Client/Server，C/S），如图 10-8 所示。这种类型中的网络中有一台或几台较大计算机集中进行共享数据库的管理和存取，称为服务器，而将其他的应用处理工作分散到网络中其他计算机上去做，构成分布式的处理系统。服务器控制管理数据的能力已由文件管理方式上升为数据库管理方式，因此，C/S 中的服务器也称为数据库服务器，注重于数据定义及存取安全备份及还原，并发控制及事务管理，执行诸如选择检索和索引排序等数据库管理功能。它有足够的能力做到把通过其处理后用户所需的那一部分数据而不是整个文件通过网络传送到客户机，减轻了网络的传输负荷。C/S 结构是数据库技术的发展和普遍应用与局域网技术发展相结合的结果。

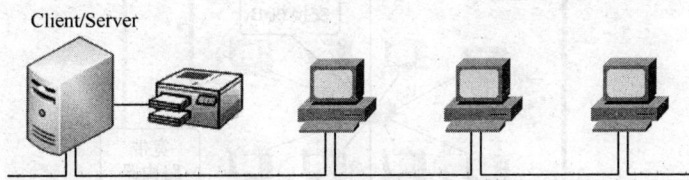

图 10-8 客户机/服务器模式

10.2 组建小型局域网

局域网（LAN）是指同一座建筑、同一所大学或方圆几公里地域内的专用网络。局域网常常用于连接公司办公室或工厂里的个人计算机和工作站，以便共享资源和交换信息。

对于有多台电脑的家庭或办公室，可以通过网络设备将这些电脑组建成一个小型局域网，以便共享 Internet 和本地数据资源。

10.2.1 组建小型办公局域网

1. 网络布线

每个办公室都会处在不同的房间内，因此宽带路由器 + 交换机组合的对等网在小型办公组网应用中最为广泛。以学院教务处和学生处网络布线为例，如图 10-9 所示。从图中可以看出，教务处和学生处的每台电脑都连接到各自区域的交换机上，教务处交换机 A 可通过级联功能连接到学生处交换机 B 上，学生处交换机 B 再通过级联功能连接到宽带路由器上，宽带路由器连接外网实现所有主机的共享上网及本地互访。

2. 硬件设备接插

（1）制作网线

网卡通过接口与网络线相连，同轴电缆和双绞线与网卡相连需有与接口相对应的接头。以制作双绞线为例，介绍双绞线的制作方法。

制作压制双绞线 RJ-45 水晶头时，把双绞线两端头通过 RJ-45 水晶头连接网卡和集线器，需在双绞线两端压制水晶头。压制水晶头需使用专用卡线钳按下述步骤制作。

步骤 1 剥线。用卡线钳剪线刀口将线头剪齐，再将双绞线端头伸入剥线刀口，使线头触及前挡板，然后适度握紧卡线钳同时慢慢旋转双绞线，让刀口划开双绞线的保护胶皮，取出端头从而剥下保护胶皮，如图 10-10 所示。

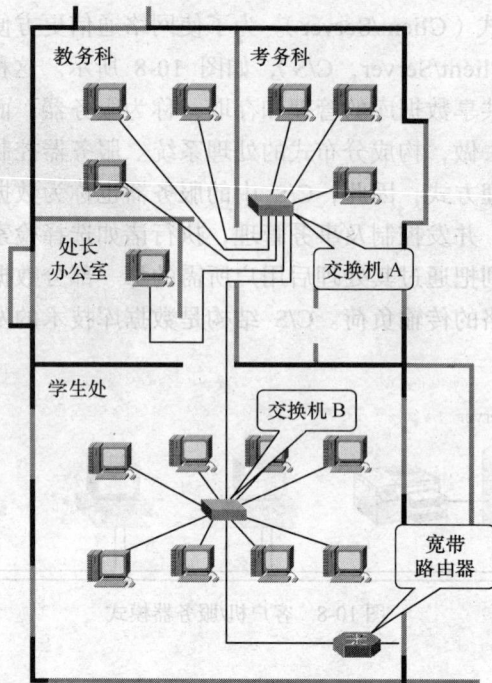

图 10-9　办公室布线

步骤 2　理线。双绞线由 8 根有色导线两两绞合而成，将其整理平行按橙白、橙、绿白、兰、兰白、绿、棕白、棕 8 种颜色平行排列，整理完毕用剪线刀口将前端修齐，如图 10-11 所示。

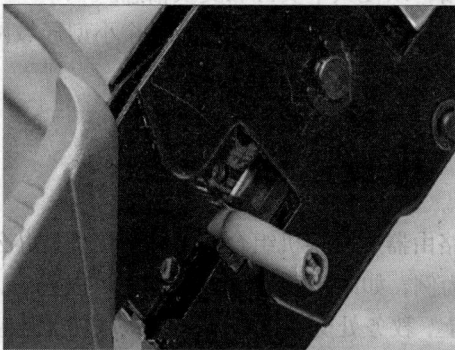

图 10-10　剥线

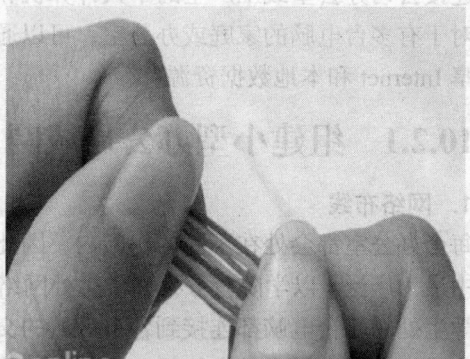

图 10-11　理线

步骤 3　插线。一手捏住水晶头，将水晶头有弹片一侧向下，另一只手捏平双绞线，稍稍用力将排好的线平行插入水晶头内的线槽中，8 条导线顶端应插入线槽顶端，如图 10-12 所示。

步骤 4　压线。确认所有导线都到位后，将水晶头放入卡线钳夹槽中，用力捏几下卡线钳，压紧线头即可，如图 10-13 所示。

重复上述方法制作双绞线的另一端即制作完成，使用前最好用测线仪检查一下所做的网线是否符合要求。

（2）各设备插接

准备好电脑（已安装有网卡）、网线、一台宽带路由器和两个交换机，然后按照下面的步骤进行操作，组建局域网并让局域网中的电脑共享上网。

图 10-12　插线

图 10-13　压线

步骤 1　连接外网。将外网网线插入宽带路由器 "WAN" 接口，网线一端插入宽带路由器任意一个 "LAN" 接口，另一端插入交换机 A 的 "Uplink" 级联接口，电脑通过网线连接至交换机 A 的任意 "LAN" 接口，如图 10-14 所示。

步骤 2　连接交换机。将网线一端插入交换机 A 的任意一个 "LAN" 接口，另一端插入交换机 B 的 "Uplink" 级联接口，电脑通过网线连接至交换机 B 的任意 "LAN" 接口，如图 10-15 所示。

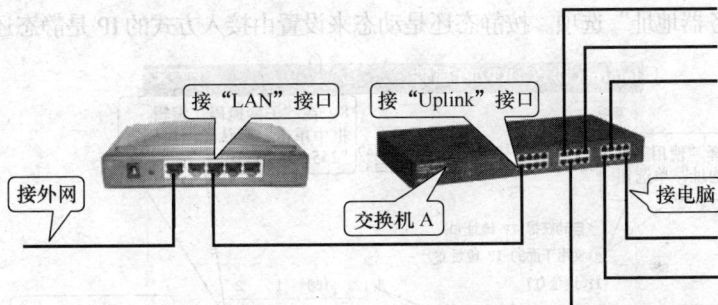

图 10-14　宽带路由器、交换机和网线连接

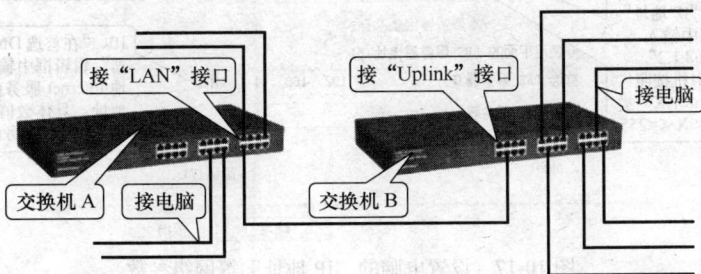

图 10-15　交换机与交换机及电脑连接

3. 设置局域网电脑 IP 参数

硬件连接完毕后，需要在局域网各个电脑主机上进行网络 IP 地址、网关等参数设置，假定宽带路由器默认的网关地址为 "192.168.1.1"（具体需要参考宽带路由器说明书），则可按照以下操作完成电脑参数的设置。

步骤 1　选择 "属性" 命令。鼠标右键单击桌面 "网上邻居" 图标，在出现的快捷菜单中选择 "属性" 命令，打开 "网络连接" 对话框，在 "网络连接" 对话框中鼠标右键单击 "本地连接" 图标，再从出现的快捷菜单中选择 "属性" 命令，如图 10-16 所示。

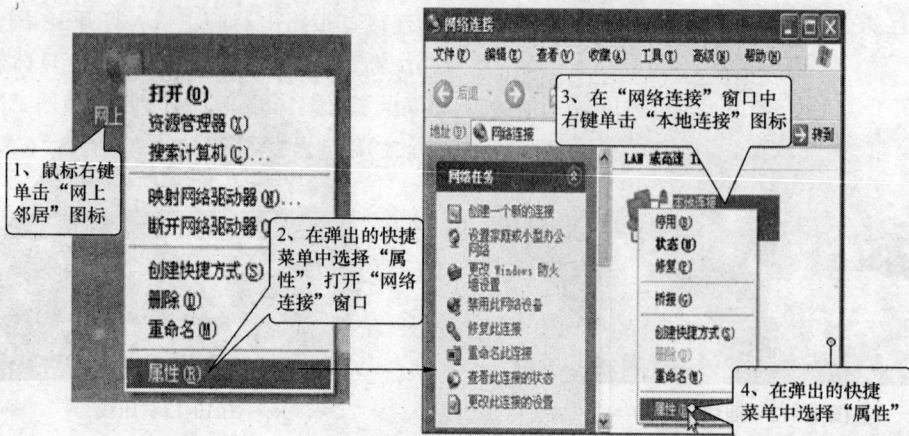

图 10-16　选择命令打开"网络连接"对话框

步骤 2　设置静态或者动态 IP 地址。在打开的"本地连接属性"对话框中，双击"Internet 协议（TCP/IP）"。在弹出的"Internet 协议（TCP/IP）属性"对话框中，设置局域网中的主机 A 的 IP 地址为静态 IP：192.168.1.2，如图 10-17 所示。同样可设置主机 B 的 IP 地址设定为 192.168.1.3（更多主机以192.168.1.X 类推，192.168.1.1 设置为网关，就不能再设为主机 IP）。或选择动态"自动获得 IP 地址"和"自动获得 DNS 服务器地址"选项。按静态还是动态来设置由接入方式的 IP 是静态还是动态来决定。

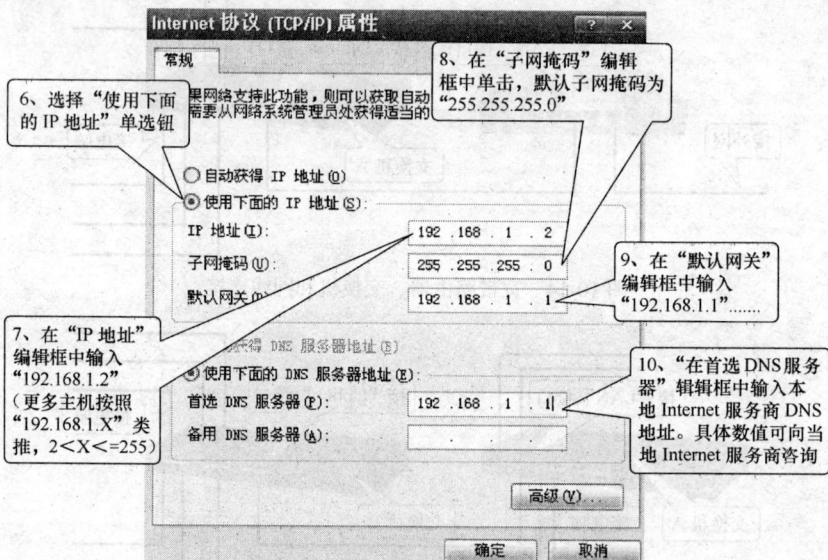

图 10-17　设置电脑的"IP 地址"等网络参数

步骤 3　设置计算机名和工作组。鼠标右键单击桌面"我的电脑"图标，在出现的快捷菜单中选择"属性"命令，在打开的"系统属性"对话框中，切换到"计算机名"选项卡，再单击"更改"按钮，在弹出的"计算机机名称更改"对话框中，在"计算机名"编辑框中输入计算机名称为"PC1"（其他主机可输入"PC2、PC3…PCX"，计算机名不能同名）；在选择"工作组"单选钮，在编辑框中输入"WORKGROUP"，如图 10-18 所示，设置完成后单击"确定"按钮，并重启电脑。

4．局域网宽带路由器设置

电脑设置好后，则要进入宽带路由器管理后台，进行联网类型、用户名、密码等上网设置，确保局域网内的电脑可共享 Internet 资源。

步骤 1　打开宽带路由器设置界面。任选一台已连接宽带路由器的主机，打开 IE 浏览器，在地址栏输入后台管理地址：192.168.1.1（某些宽带路由器为 192.168.1.254 或其他，具体地址请参照产品说明书），在弹出的登录框中输入用户名：admin，密码：admin（视宽带路由器不同，用户名、密码可能会有所不同，具体设置请参照产品说明书），进入，如图 10-19 所示。

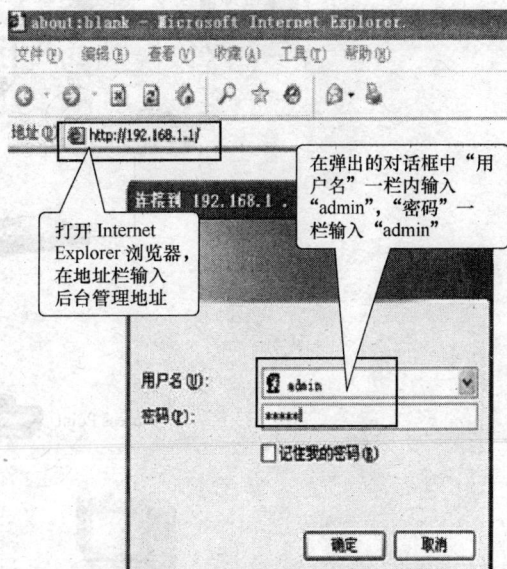

图 10-18　设置计算机的名称和工作组　　　图 10-19　进入宽带路由器管理界面

步骤 2　设置宽带路由器参数。在宽带路由器设置界面选择"快速安装"选项，设置为虚拟拨号（PPPoE）形式，输入 ADSL 上网的用户名、密码等拨号信息，如图 10-20 所示。

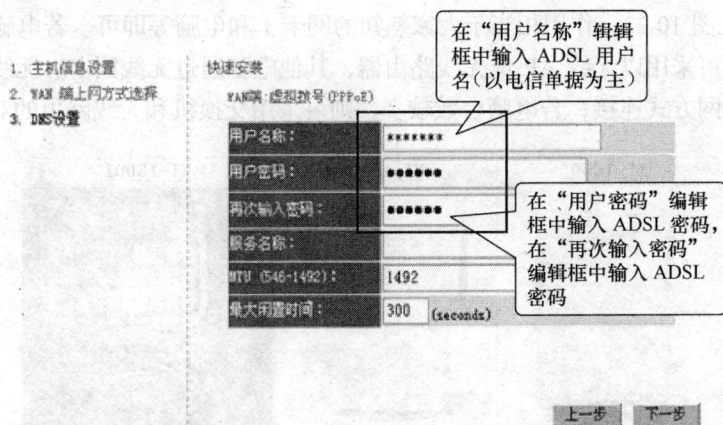

图 10-20　设置用户名和密码

步骤 3　启用域名服务器。在 DNS 域名中输入宽带运营商提供的 DNS 地址，或选择自动获取。设置完成后，所有连在局域网中的电脑均可通过宽带路由器上网了。

10.2.2　组建无线局域网

1．组建无线局域网

无线局域网（Wireless Local Area Network，WLAN），顾名思义，就是采用无线通信技术代替传统电缆，提供传统有线局域网功能的网络。无线局域网（WLAN）产业是当前整个数据通信领域发展最快的产业之一。因其具备灵活性、可移动性及较低的投资成本等优势，无线局域网解决方案作为传统有线局域网络的补充和扩展，得到了快速的应用，如图10-21所示。

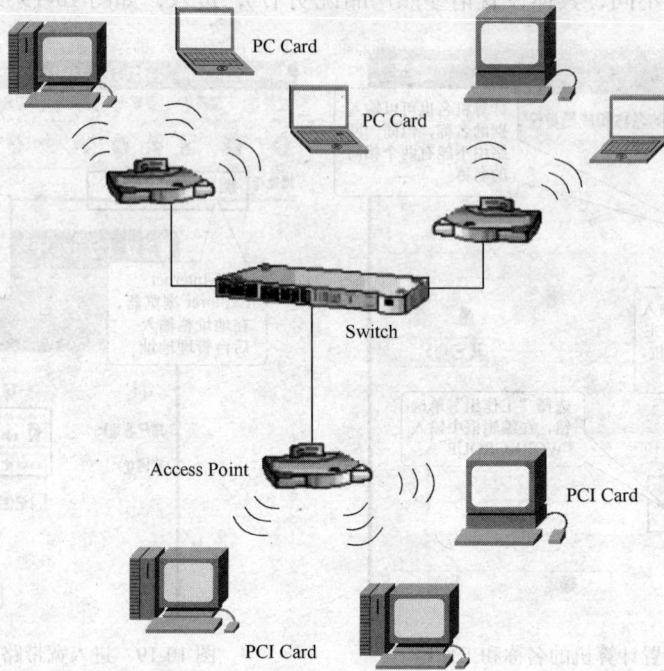

图 10-21　无线局域网

组建小型无线局域网，只需要一个无线接入点设备 AP（见图 10-22）和一块或者多块无线局域网适配器 APA（见图 10-23，作用相当于大家熟知的网卡）和电脑等即可。若电脑分布较集中，且电脑台数较少，则可采用以无线 AP 或无线路由器，其他电脑通过无线网卡、无线 AP 或无线路由器进行通信的对等网方式连接；若电脑台数较多，则可采用交换机和无线路由的对等网连接方式。

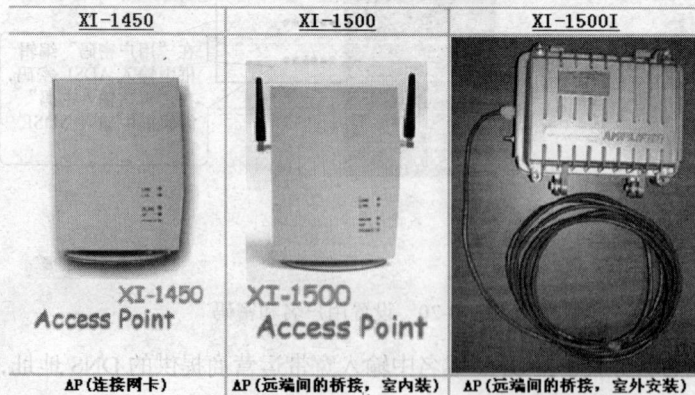

图 10-22　无线 AP

2. 硬件安装及参数设置

步骤 1　网卡硬件连接。启动电脑，将无线网卡（USB 接口）插入主机的 USB 接口上，Windows XP 会自动提示发现新硬件，并打开"找到新的硬件向导"对话框。

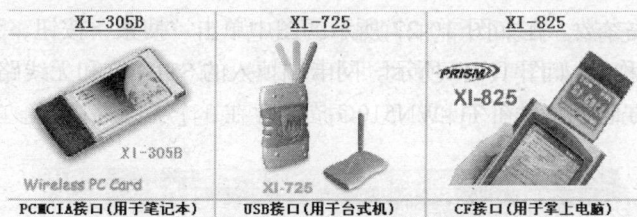

图 10-23　无线局域网适配器（无线网卡）

步骤 2　安装网卡驱动程度。将随网卡附带的驱动程式盘插入光驱（或从网上下载相关驱动程序），选择"自动安装软件"选项，然后单击"下一步"按钮即开始驱动程式的安装。

步骤 3　查看设备管理器。安装完成后，打开"网络连接"对话框就能够看到自动创建的"自动无线网络连接"，而且在系统"设备管理器"对话框中的"网络适配器"项中能够看到已安装的 USB 无线网卡，如图 10-24 所示。

步骤 4　查看桌面快捷图标。同时桌面上产生如下一个图标——"TP-LINK 域展速展客户端管理程序"，这个程序就是我们管理网卡的管理工具，同时在桌面右下角的任务栏图标上也会出现一个连接图标，如图 10-25 所示。

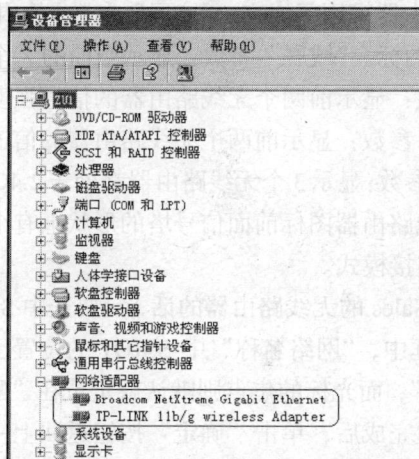

图 10-24　在设备管理器中显示无线网卡

图 10-25　桌面快捷图标及任务栏连接图标

步骤 5　打开界面。双击桌面"TP-LINK 域展速展"管理程序快捷图标，打开界面如图 10-26 所示。

步骤 6　新建配置文件。单击"配制文件管理"界面，如图 10-27 所示，无线网卡的设置可通过红线标示的"配制文件管理"来进行。选中左面的"default"默认配置文件，再单击右侧的"修改"按钮，可修改默认配置文件。也可单击"新建"按钮，新建一个配置文件。

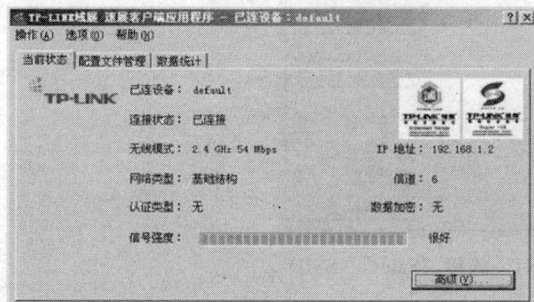

图 10-26　"TP-LINK 域展速展"管理程序界面

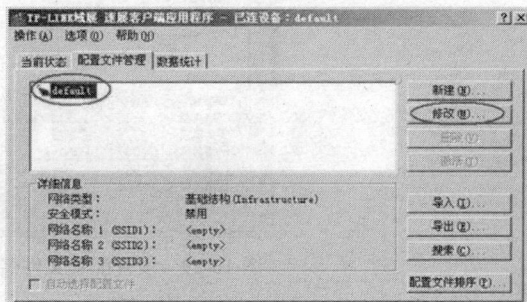

图 10-27　"配置文件管理"选项卡设置

步骤7　设置相关参数。在如图10-27所示的图中单击"搜索"按钮，无线网卡可能会搜索到多个SSID（网络名称），如图10-28所示。网卡端填入的SSID要和无线路由器端的保持一致。单击刷新按钮后，在方框中显示在TL-WN510G周围存在3个无线路由器。

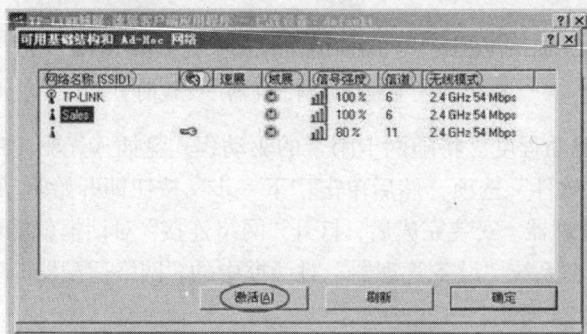

图10-28　搜索无线网络及显示相关参数

下面分别对红线标示的参数予以简单解释："网络名称[SSID]"：分别是"TP-LINK"、"Sales"和"未知"；有个钥匙的参数列显示未知SSID的无线路由器采用了加密；"速展"参数：如果无线路由器启用有TP-LINK速展技术的话这一列会有速展图标。"域展"参数：显示当前的3个无线路由器都启用有TP-LINK域展技术。"信号强度"参数：显示前两个无线路由器的信号强度是100%，而第三个无线路由器的信号强度为80%；"信道"参数：显示前两个无线路由器的信道都处于6信道而第三个无线路由器的信道是11；"无线模式"参数：显示3个无线路由器都处于2.4GHz 54Mbit/s的速率模式。其中SSID是TP-LINK的这个无线路由器图标前面信号塔的形状上有个圆圆的圈，这表示无线网卡当前正和这个无线路由器处于连接模式。

步骤8　完成设置。如果要无线网卡去连接SSID是Sales的无线路由器的话，只要选中Sales这个SSID后，再单击"激活[A]"按钮，在打开的对话框中，"网络名称"中SSID1的位置已经自动填充了我们选中的无线路由器的SSID也就是"Sales"，而光标的焦点则默认就定位在"配置文件名"这一栏，可以输入一个名字，如"TEST"，设置完成后，单击"确定"按钮返回上一级界面，如图10-29所示。在"配置文件管理"页面的框内有两个配置文件，一个是刚才连接时候的默认配置文件default，另一个是刚刚生成的配置文件TEST，而且图标显示处于激活状态，表示无线网卡当前已和SSID是Sales的无线路由器建立了无线连接。

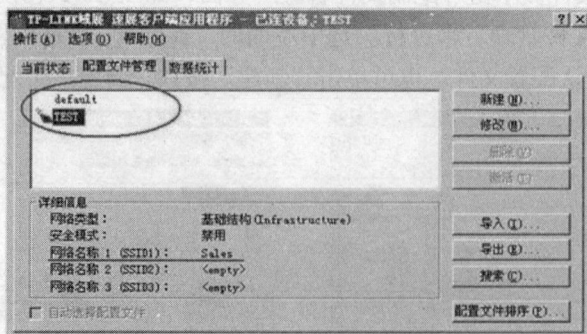

图10-29　设置配置文件名"TEST"连接"Sales"SSID

步骤9　选择路由器合适位置选择一个合适的位置摆放无线路由器，接通电源。建议摆放在离

Internet 网络入口较近，且信号不容易被阻挡，能覆盖屋内所有角落、以及与无线网卡距离合适的位置。

3. 配置网络参数

（1）配置无线路由器

通过无线路由器组建的局域网中，除了进行常见的基本配置、DHCP 配置，还需要进行 WAN 连接类型连同访问控制等内容的配置。

步骤 1　登录界面。连接到无线网络后，在局域网中的任何一台电脑中打开 IE 浏览器，在地址框中输入 192.168.1.1，再输入登录用户名和密码 admin（可从《用户手册》查到相关内容），单击"确定"按钮打开路由器配置页面。

步骤 2　设置登录方式。单击"确定"按钮后，在打开的对话框的进行参数设置，如图 10-30 所示。设置向导界面提供了 3 种最常见的网络登录方式，以最常见的 ADSL 为例，则选用 PPPoE 虚拟拨号的方式，单击"下一步"。

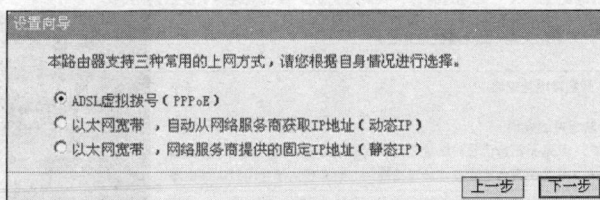

图 10-30　选择上网方式

步骤 3　输入登录账号及密码。在打开的设置向导对话框中，按要求输入登录网络的账号以及密码（电信提供的账号和密码），如图 10-31 所示，然后单击"下一步"进入了无线设置的页面。

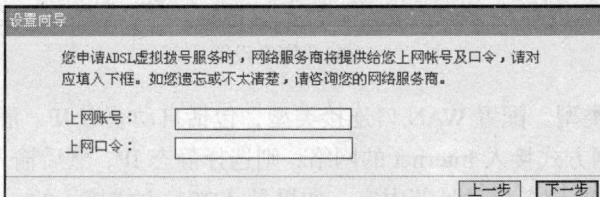

图 10-31　设置账号和密码

步骤 4　无线设置。在打开的"设置向导——无线设置"对话框中进行设置，如图 10-32 所示。无线功能若选择为开启，则接入无线网络的主机将可以访问有限网络；SSID 号，也就是无线局域网用于身份验证的登录名，只有通过身份验证的用户才可以访问该无线网络；频段，用于确定无线路由器使用的无线频率段，选择的范围从 1～11，其中使用的最多的多数为 11 频道，正是两个同在 2.4GHz 段的信号，只有相差 4 个以上的频率，信号才不会互相干扰（因此通常使用 6 频道与 11 频道合用）。模式，可以选择 11Mbit/s 带宽的 802.11b 模式、54Mbit/s 带宽的 802.11g 模式（同时兼容 802.11b 模式）。配置完成之后单击"下一步"完成即可。

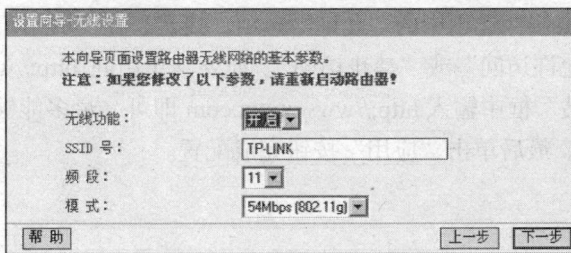

图 10-32　设置无线网络参数

步骤5　进行安全设置。如图 10-33 所示，在安全设置的页面中，共用防火墙设置、IP 地址过滤、域名过滤、MAC 地址过滤、远端 WEB 管理以及高级安全设置 6 个子选项。选项主要是针对路由器本地的安全进行设置，如开启防火墙的开关，这是防火墙的总开关，当该开关关闭时，其子选项 IP 地址过滤、域名过滤以及 MAC 地址过滤功能将会全部失效。其中 IP 过滤的功能主要是限制通过路由器访问 Internet 的计算机所访问或者接收的数据包。而域名过滤则是限制局域网内的计算机对某些网站的访问。MAC 地址过滤则是过滤局域网内的计算机对 Internet 的使用权。而高级设置选项中是一些关于路由器的高级安全防范设置，可以有效地防止一般的 DoS 攻击和网络入侵，从而实现保护路由以及本地局域网内计算机的安全。建议用户对路由的安全设置应该认真设置，建议把路由器的防火墙功能打开。

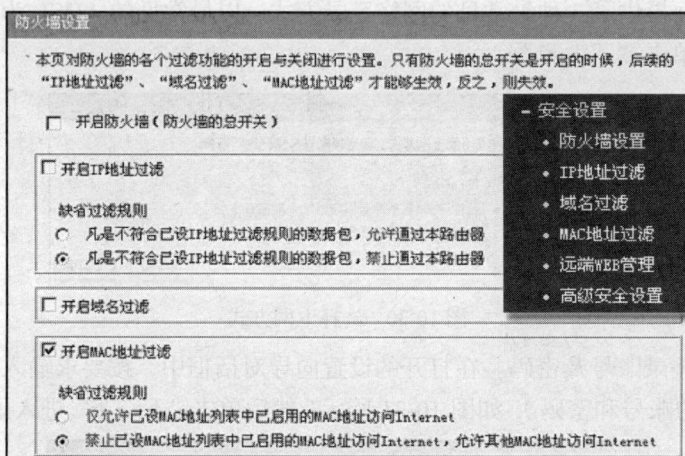

图 10-33　安全设置

步骤6　配置连接类型。配置 WAN 口连接类型，包括自动获取 IP、静态 IP、PPPoE、RAS、PPTP 等。如果是以太网方式接入 Internet 的网络，则选择静态 IP，然后输入 WAN 口 IP 地址、子网掩码、缺省网关、DNS 服务器地址等内容。如果是 ADSL 方式接入的，则选择动态 IP。

步骤7　设置动态 IP。单击左侧窗口中的"DHCP 配置"链接，在右侧窗口中的"动态 IP 地址"选项组中选择"允许"选项来启用 DHCP 服务器。

步骤8　设置访问控制。在路由器管理页面左侧单击"访问控制"链接，接着在右侧的窗口中能够分别对 IP 访问、URL 访问进行配置，在 IP 访问配置页面输入希望禁止的局域网 IP 地址和端口号，例如，要禁止 IP 地址为 192.168.1.100 到 192.168.1.102 的电脑使用 QQ，那么能够在"协议"列表中选择"UDP"选项，在"局域网 IP 范围"框中输入"192.168.1.100～192.168.1.102"，在"禁止端口范围"框中分别输入"4000"、"8000"。

步骤9　设置 URL 访问控制功能。在访问控制页面中单击"URL 访问配置"链接，在打开的页面中单击"URL 访问限制"选项中的"允许"选项。接着，在"网站访问权限"选项中选择访问的权限，能够配置"允许访问"或"禁止访问"。如要禁止访问 http://www.xxxx.com 这样的网站，则在"限制访问网站"框中输入 http://www.xxxx.com 即可，最多能够限制 20 个网站。

步骤10　完成设置。最后单击"应用"按钮完成配置。

✎ 小贴士

因为 QQ 聊天软件使用的协议是 UDP，4000（客户端）和 8000（服务器端）端口。假如不确定某种协议的端口，则在"协议"列表中选择"任何"选项，端口的范围在 0～65535 之间；要禁止某个端口，例如，FTP 端口，可在范围中输入 21～21，对于"冲击波"病毒使用的 RPC 服务端口可输入 135～135。

（2）配置无线客户端

配置完无线路由器后，还需要对安装了无线网卡的客户端进行配置。

步骤 1 选择命令。在客户端电脑中，鼠标右键单击系统任务栏无线连接图标，选择"查看可用的无线连接"命令，在打开的对话框中单击"高级"按钮。

步骤 2 设置相关参数。在打开的对话框中单击"无线网络配置"选项卡，再单击"高级"按钮，在出现的对话框中选择"仅访问点（结构）网络"或"任何可用的网络（最好选择访问点）"选项，单击"关闭"按钮即可。

步骤 3 设置客户端计算机名和工作组。鼠标右键单击桌面"我的电脑"图标，在出现的快捷菜单中选择"属性"命令，在打开"系统属性"对话框中，切换到"计算机名"选项卡，再单击"更改"按钮，在弹出的"计算机机名称更改"对话框中，在"计算机名"编辑框中输入计算机名称为"PC1"（其他主机可输入"PC2、PC3…PCX"，计算机名不能同名）；在选择"工作组"单选钮，在编辑框中输入"WORKGROUP"（必须确保工作组同名）。设置完成后单击"确定"按钮。

步骤 4 完成设置。参数配置成功后，系统会自动出现无线网络已连接成功的提示。重新启动电脑后，打开"网上邻居"，单击"网络任务"任务窗格中的"查看工作组电脑"链接就能够看到无线局域网中的其他电脑名称了。

✎ **小贴士**

若电脑台数较多，需要使用交换机，则可将 Internet 接入口与交换机的"Uplink"端口用网线连接，再选择交换机的一个端口（Uplink 旁边的端口除外）用网线与无线路由器的"WAN"端口相连，其他电脑则根据需要用网线连接在交换机的其他端口。

10.2.3 常用网络命令介绍

1. ping 命令

ping 是一个使用频率很高的实用测试程序，用于确定本地主机是否能与另一台主机交换（发送与接收）数据包。根据返回的信息，可以推断 TCP/IP 参数是否设置正确以及运行是否正常。通常情况下，可使用 ping 命令来检验网络运行情况。

步骤 1 单击"开始" | "运行"命令，在"运行"对话框中输入"cmd"回车或单击确定打开命令提示符，如图 10-34 所示。

步骤 2 ping 命令可以测试 TCP/IP 是否安装正确以及网络是否通畅。如要 ping 一下自己电脑 IP 地址是否通畅，输入"ping 192.168.33.11"命令并按回车键，出现如

图 10-34 "运行"对话框

图 10-35 所示的信息。有响应则表示自己电脑 IP 设置没问题。否则会出现没有响应"Request timed out"等提示信息。

如图 10-35 所示，192.168.33.11 是本机 IP 地址；bytes=32 是发送的字节数；time 就是时间的意思，则返回的时间数值越小表示速度越快；TTL 是数据包从去到返回所生存的时间。

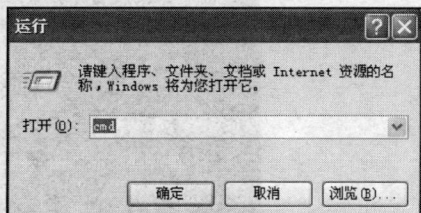

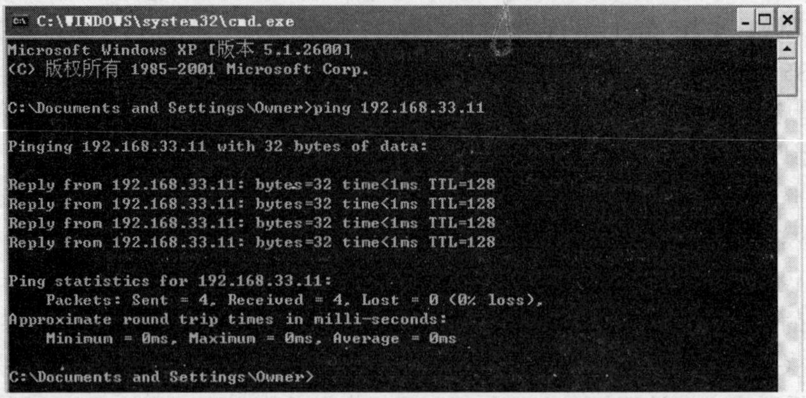

图 10-35　ping 本机 IP

根据 LLT 后面的数字还可以判断对方的操作系统。如返回的 TTL=128，对方主机则可能是 WIN2000 或 WINXP 系统；若 TTL=250 或 TTL=64，对方主机系统则可能是 UNIX/Liux 操作系统；而 TTL=32，对方则可能是 WIN95/98 系统。

2. ipconfig 命令

ipconfig 命令显示所有当前的 TCP/IP 网络配置值、刷新动态主机配置协议（DHCP）和域名系统（DNS）设置。使用不带参数的 ipconfig 可以显示所有适配器的 IP 地址、子网掩码、默认网关，如 ipconfig（显示信息）、ipconfig/all（显示所有连接信息）、ipconfig/renew（初始化所有适配器）和 ipconfig/release（释放所有适配器）等命令。

如果用户的 IP 地址是自动获取的，而用户想知道自己的 IP 地址、网关及 MAC 地址等，则可用 ipconfig/all 命令来实现。

步骤 1 单击"开始"|"运行"命令，在"运行"对话框中输入"cmd"回车或单击确定打开命令提示符，如图 10-34 所示。

步骤 2 在出现的提示符下输入"ipconfig/all"命令并按回车键或单击"确定"按钮，出现如图 10-36 所示的信息。

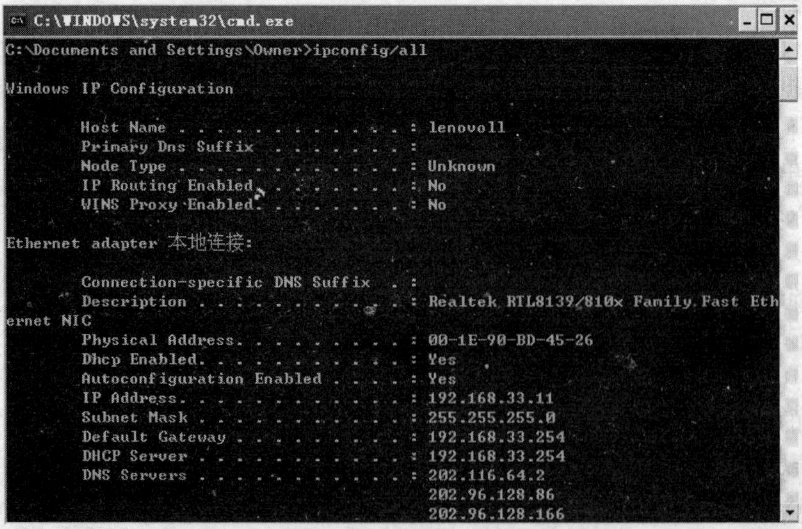

图 10-36　"ipconfig/all"命令显示信息

从图 10-36 中可以看到本机的物理地址、IP 地址、网关及 DNS 服务器地址等信息。

通过上述两个常用命令，用户可简单判断自己电脑网络是否通畅，或是哪里出了问题。

10.3　共享网络资源

局域网的主要作用就是可以共享网络资源。联网的计算机能够共享的资源包括以下 3 种：硬件资源、软件资源和数据与信息。

10.3.1　设置文件夹或磁盘共享

在局域网中，实现资源共享是其主要目的，设置共享文件夹及磁盘是实现资源共享的常用方式。要共享本地文件，则需要设置一个"共享文件夹"，将需要共享的数据复制或移动到此文件夹下，其他电脑才能进行访问。

但在共享文件和文件夹时，最需要注意的就是网络安全性问题。在 Windows XP 中，用户不但可以设置文件夹共享，而且还可以设置访问的权限为完全或是只读，以提高安全性。

步骤 1　打开窗口。双击桌面上"我的电脑"图标，打开"我的电脑"窗口。

步骤 2　选择文件并进行设置。在"我的电脑"窗口中任意打开一个磁盘窗口（如 E 盘），并选择要设置为共享的文件夹（如办公自动化），在左边的"文件和文件夹任务"窗格中单击"共享此文件夹"超链接，或右键单击精彩系列文件夹，从弹出的快捷菜单中选择"共享和安全"命令。也可以从弹出的快捷菜单中选择"属性"命令，从打开的"属性"对话框中选择"共享"选项卡。

步骤 3　设置共享选项卡。打开"办公自动化属性"对话框并选择"共享"选项卡，如图 10-37 所示。

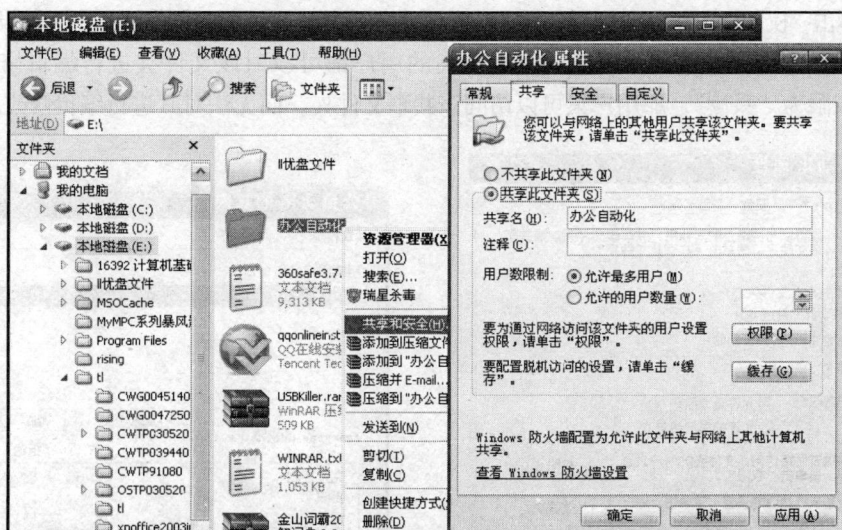

图 10-37　"共享"选项卡

步骤 4　设置网络共享和安全选项。在"网络共享和安全"选项组中选中"在网络上共享这个文件夹"复选框，这时"共享名"文本框和"允许网络用户更改我的文件"复选框均变为可用状态。

步骤 5　设置共享文件名名称。在"共享名"文本框中输入该共享文件夹在网络上显示的共享名称，一般用原来文件夹名称，默认为该文件夹的名称。

步骤 6 完成设置。单击"确定"按钮，设置共享文件夹后，在该文件夹的图标中将出现一个托起的小手，表示该文件夹为共享文件夹，如图 10-38 所示。

图 10-38 设置共享文件夹

10.3.2 设置共享资源权限

设置共享资源的权限可以限制网络上的其他用户对共享资源的编辑、修改或删除共享资源的权限，如用户又要共享资源，又不想让网络上的其他用户编辑、修改或删除已共享资源的内容，则可以通过设置共享资源的权限来达到目的。

步骤 1 打开对话框。首先打开已共享资源的磁盘或文件夹的属性对话框（如前面已设置共享的办公自动化文件夹）。

步骤 2 设置"共享"选项卡。打开"共享"选项卡，如图 10-39 所示。选择"共享此文件夹"单选框，再单击"权限"按钮，则打开如图 10-40 所示的"办公自动化权限"对话框，若设置 Everyone 的权限为"完全控制"，那么任何访问该文件夹的用户都可以对该文件夹进行编辑修改；若设置 Everyone 的权限为"只读"，那用户只可以访问该共享文件夹，而无法对其进行编辑修改。

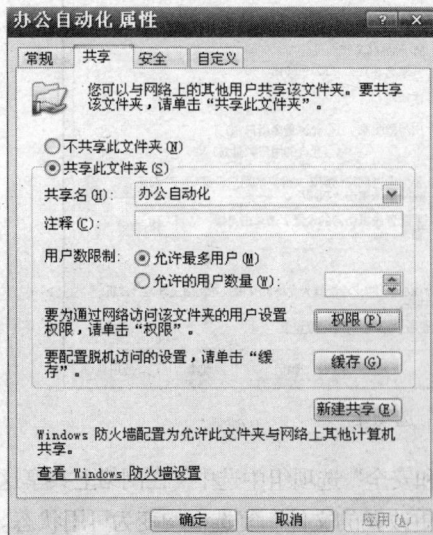

图 10-39 "共享"选项卡

图 10-40 "权限"对话框

步骤 3 完成设置。用户可根据需要设置，再单击"确定"按钮即可。

10.3.3 访问其他电脑

通过局域网访问其他电脑共有 3 种方式。

1. 通过"查看工作组计算机"选项访问其他电脑

步骤 1 双击桌面"网上邻居"图标，在弹出的"网上邻居"窗口中单击"查看工作组计算机"选项，如图 10-41 所示。

图 10-41 "查看工作组计算机"方式

步骤 2 查看并访问共享资源。在弹出的"Workgroup"窗口可以看到在"Workgroup"工作组中的计算机，双击要访问的对方计算机名称，如"Bb"计算机名，则可看到该计算机的共享资源，再双击共享的文件夹将其打开，就可以访问对方的资源了，如图 10-42 所示。

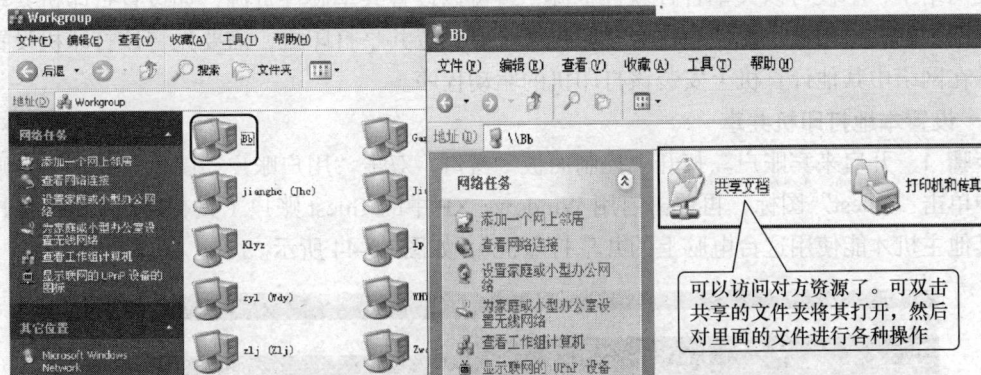

图 10-42 访问局域网中的共享资源

2. 通过"搜索计算机"选项访问其他电脑

步骤 1 搜索计算机。鼠标右键单击"网上邻居"图标，在弹出的快捷菜单中选择"搜索计算机"。

步骤 2 输入计算机名。在"搜索结果—计算机"对话框的"计算机名"选项文本框中输入要搜索的计算机名称，单击"搜索"按钮。

步骤 3 完成搜索。双击搜索出网上邻居相关计算机名称，即能看到可访问的共享资源了，如图 10-43 所示。

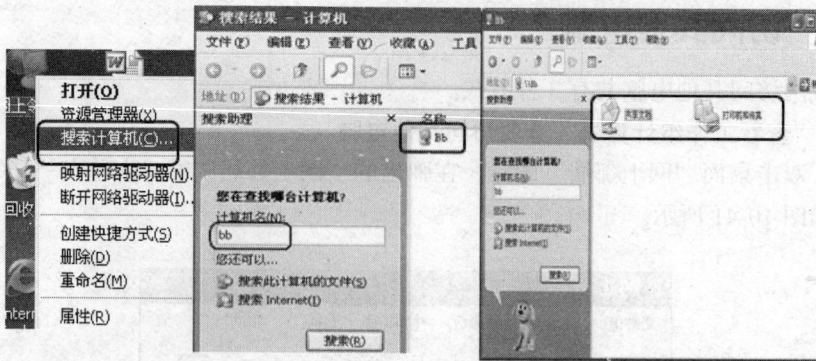

图 10-43　搜索计算机

3. 通过地址栏直接访问其他电脑

打开"我的电脑"或"网上邻居"窗口，在地址栏中输入\\网络计算机名（如\\bb）后，再按 Enter 键。也可在出现的窗口看到可访问的共享资源了。

小贴士

共享磁盘的方法和共享文件夹的方法相似，在"我的电脑"窗口右键单击某个需要共享的磁盘，在弹出的快捷菜单中选择"共享和安全"命令，然后和设置共享文件夹的方法一样进行设置即可。

如果 Windows XP 计算机上的用户没有开放权限给访问者，那么访问者只能查看该文件而不能进行修改或删除等操作，没有访问者需要编辑该文件，可将该文件复制到本地磁盘上，再进行编辑修改操作。

10.3.4　设置打印机共享

在网络中，不仅可以共享各种软件资源，还可以设置共享硬件资源，如设置打印机共享，这样局域网中的其他用户也能使用这台打印机了。要设置共享打印机，需要先将该打印机设置为共享，并在网络中其他计算机上安装该打印机的驱动程序。

1. 设置本地打印机共享

步骤 1　开启来宾账户。打开"控制面板"窗口，双击"用户账户"图标，在"用户账户"窗口中单击"Guest"图标，再单击启用 Windows XP 中的 Guest 账户（只有启用 Guest 账户，局域网其他主机才能使用这台电脑上的共享打印机），如图 10-44 所示。

图 10-44　启用 Guest 来宾账户

步骤 2　设置共享。单击"开始"按钮，选择"打印机和传真"选项，在打开的"打印机和传真"对话框中选中要设置共享的打印机图标，鼠标右键单击该打印机图标，从弹出的快捷菜单中选择"共享"命令，或在"打印机任务"窗格中单击"共享此打印机"超链接，如图 10-45 所示。

步骤 3　完成共享设置。打开打印机属性对话框并切换到"共享"选项卡，如图 10-46 所示。在该选项卡中选中"共享这台打印机"单选按钮，在"共享名"文本框中输入该打印机在网络上的共享名称，单击"确定"按钮，打印机共享设置完成，此时打印机图标变成手形打印机图标。

图 10-45　"打印机和传真"窗口

图 10-46　设置共享打印机选项

2. 在局域网中其他主机上安装共享打印机

步骤 1　选择命令。选择"开始"|"打印机和传真"菜单命令，在弹出的"打印机和传真"对话框左侧窗格中单击"添加打印机"命令，在打开的"添加打印机向导"对话框中单击"下一步"。

步骤 2　设置本地或网络打印机。打开打印机类型设置界面，如图 10-47 所示。选择"网络打印机或连接到其他计算机的打印机"单选钮，然后单击"下一步"按钮。

步骤 3　浏览打印机。在弹出的"添加打印机向导"对话框中选择"浏览打印机"，再单击"下一步"按钮，如图 10-48 所示。若知道打印机的具体位置和名称，则可在"名称"选项文本框中输入该打印机的路径和名称。

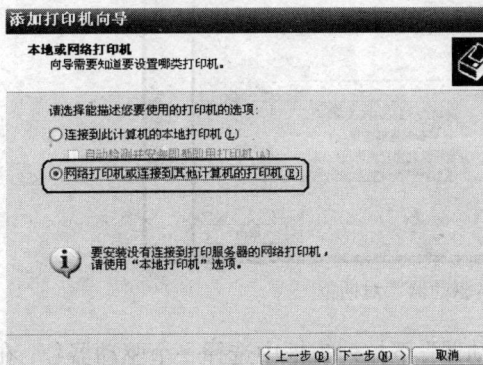

图 10-47　设置网络打印机

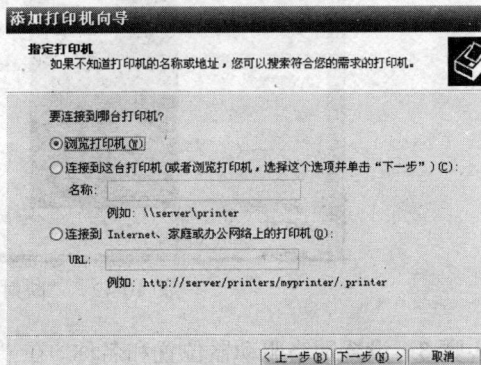

图 10-48　查找网络打印机

步骤 4 选择打印机。在弹出的"浏览打印机"对话框中选择已出现的打印机名称，如"HP1120C"，再单击"下一步"按钮。

步骤 5 完成设置。将选择的网络打印机设置为默认打印机即可完成客户机端的共享打印机设置。

安装好共享打印机后，就可以使用该局域网上的打印机打印文档了。

📝 **小贴士**

若不能从"网上邻居"中的"查看工作组计算机"选项中正常浏览已安装有打印机的计算机，则应先确认是否在同一个局域网工作组下。进入"本地连接"属性窗口，单击"安装"按钮添加"NWLink IPX/SPX/NetBIOS Compatible Transport Protocol"协议，现在不用重启即可解决无法查看工作组计算机或是单击"查看工作组计算机"项后出现的"没有权限浏览某某工作组……"之类的问题。

为了确保局域网中的其他电脑能使用共享的打印机，还应注意：一是在打印服务器中开放Guest 账户，并在组策略中依次进入"计算机配置→Windows 设置→安全设置→本地策略→用户权利指派"，删除"拒绝从网络访问这台计算机"项中的 Guest 账户即可，或者是从控制面板开启来宾账户；二是要确保打印服务器的"本地连接"属性中勾选了"Microsoft 网络的文件和打印机共享"项。

10.3.5　映射网络驱动器

在网络中用户可能经常需要访问某一个或几个特定的网络共享资源，若每次都通过"网上邻居"依次打开，比较麻烦，这时可以使用"映射网络驱动器"功能，将该网络共享资源映射为网络驱动器，再次访问时，只需双击该网络驱动器图标即可。

步骤 1 打开窗口。双击桌面上的"我的电脑"图标，打开"我的电脑"窗口。

步骤 2 选择命令并打开对话框。在"我的电脑"窗口中选择"工具"｜"映射网络驱动器"命令，打开"映射网络驱动器"对话框，如图 10-49 所示。

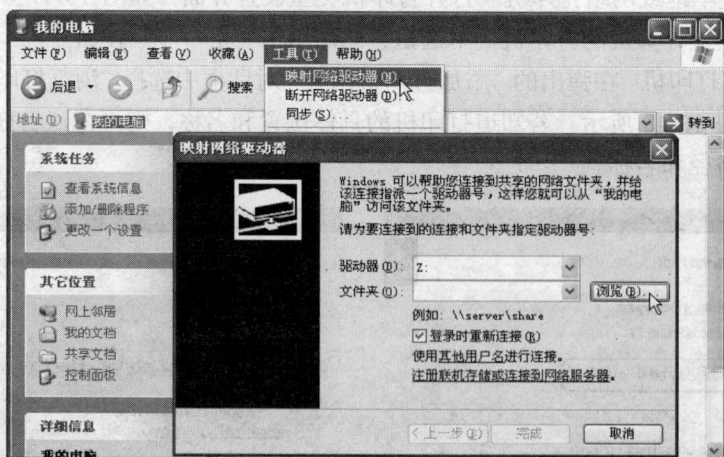

图 10-49　"映射网络驱动器"对话框

步骤 3 设置网络驱动器位置和名称。在"驱动器"下拉列表框中选择一个驱动器号；在"文件夹"下拉列表框中输入要映射为网络驱动器的位置及名称，或单击"浏览"按钮，打开"浏览文件夹"对话框。

步骤 4　选择共享资源。在该对话框中选择需要的共享文件夹或本地磁盘，如选择要映射为网络驱动器的共享文件夹的完整路径为"整个网络\Microsoft　Windows　Network\Office\PC1\"办公自动化"或"整个网络\Microsoft　Windows　Network\Office\PC1\本地磁盘（E）"，单击"确定"按钮。

步骤 5　设置共享资源的位置及名称。在"映射网络驱动器"对话框的"文件夹"下拉列表框中将显示该共享文件夹的位置及名称。

步骤 6　完成设置。单击"完成"按钮即可建立该共享文件夹的网络驱动器。

10.4　连接 Internet

Internet 又称因特网或国际互联网，是世界上最大的计算机网络，最开放的信息系统。Internet 将相互独立的计算机或计算机局域网通过通信线路，按照一定协议连接起来，实现互联互通。

10.4.1　上网方式

目前较流行的方式有 5 种：ADSL 上网、小区宽带上网、专线上网、有线电视网和无线上网。

ADSL 上网：通过电话线和专用调制解调器进行虚拟拨号上网的形式，上网时可以拨打或接听电话。优点是速度快，不占用电话线；缺点是上传速率较低。

小区宽带上网：不使用电话线，而是通过小区事先布好的网线进行上网的形式。小区宽带上网分为固定 IP 式和拨号式，速度会随小区上网用户的增加而变慢。

专线上网：又称 DDN，是电信运营商提供给商业用户的一种独享带宽的上网形式。专线上网速度不会随使用用户的增加而变慢。

有线电视网：通过有线电视网宽带接入因特网的主流连线设备是 Cable Modem。传输媒体划分为 3 个宽带，分别用于 Cable Modem 数字信号上传、数字信号下传及电视节目模拟信号下传。

无线上网：是以传统局域网为基础，以无线 AP 和无线网卡来构建的无线上网方式，无需布线，安装非常方便。

10.4.2　ADSL 上网接入方法

ADSL 是目前国内用户使用最多的宽带接入形式。要使用 ADSL 上网，首先要向 ISP（Internet 服务供应商）申请账号，再进行相关设备安装和连接，最后在操作系统中建立 Internet 拨号连接即可。

1. 选择 ISP 并申请账号

ADSL 上网可选择电信、网通、铁通等 Internet 服务供应商。目前北方多为联通用户，南方多为电信用户。

申请账号时，需用户拿身份证去自己所在的 ISP 服务商营业厅办理填写申请表，选择 ADSL 上网速率等事项。申请成功后，可得到一个上网账号，包括用户名和密码。ADSL 初始账号和密码都是随机生成的，一般由数字和字母组成。

2. 安装设备

安装 ADSL 需要一台电脑（已安装网卡）、一个语音分离器（见图 10-50（a））、一个 ADSL 调制解调器（又称 Modem，见图 10-50（b））、网线和电话线等。除电脑外，其他均由 ISP 服务商提供。

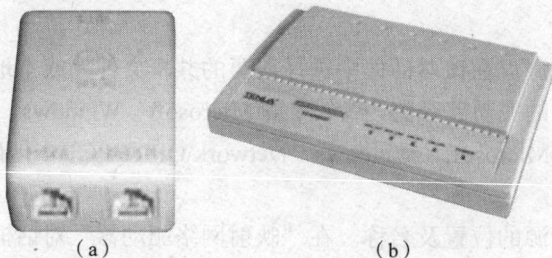

图 10-50　安装 ADSL 所需的语音分离器和 Modem

申请 ADSL 后，电信部门会派专人上门进行安装，如图 10-51 所示。

步骤 1　连接语音分离器。将入户的电话线插入语音分离器上标有"Line"标志的接口上。

步骤 2　连接电话。将电话线一端插入语音分离器上标有"Phone"标志的接口上，另一端则插在电话机上，保证使用 ADSL 上网时能正常使用电话。

步骤 3　连接宽带路由器。将另一根电话线一端插入语音分离器上标有"Modem"标志的接口上，另一端则插入 ADSL Modem 的"Line"接口上。

步骤 4　完成连接。将网线一端插入电脑

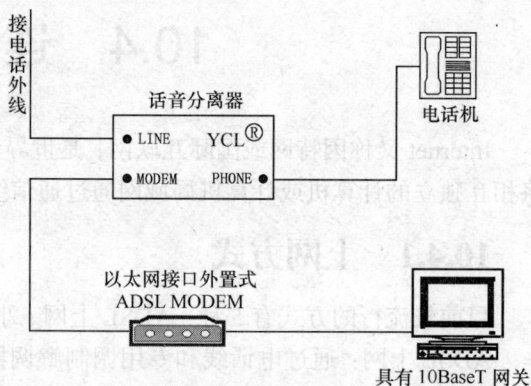

图 10-51　连接网络设备

网卡接口上，另一端则插入 ADSL Modem 的"WAN"接口上，最后接通 ADSL Modem 的电源，所有线路连接完成。

3. 创建连接

步骤 1　新建连接向导。选择"开始"|"所有程序"|"附件"|"通信"|"新建连接向导"菜单命令，在弹出的"新建连接向导"对话框中单击"下一步"按钮。

步骤 2　设置网络连接类型，在"选择网络连接类型"对话框中选择"连接到 Internet"单选钮，再单击"下一步"按钮。

步骤 3　设置 Internet 连接。在"你想怎样连接到 Internet"选项中选择"手动设置我的连接"单选钮，再单击"下一步"按钮，如图 12-52 所示。

步骤 4　选择 Internet 连接类型。在弹出的对话框中选择"用要求用户名和密码的宽带连接来连接"单选钮，再单击"下一步"按钮，如图 12-53 所示。

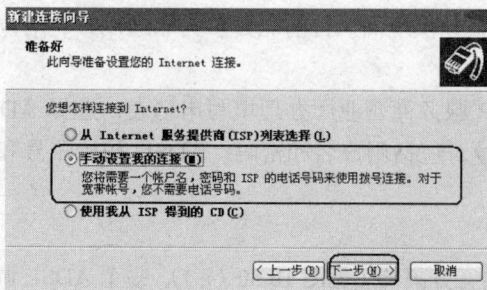

图 10-52　选择"手动设置我的连接"

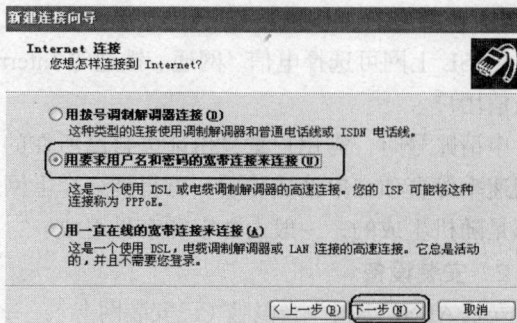

图 10-53　选择"用要求用户名和密码来连接"

步骤 5　设置 ISP 名称。在弹出的"连接名"对话框中，在"ISP 名称"文本框中输入"adsl"或其他名称，如图 10-54 所示。

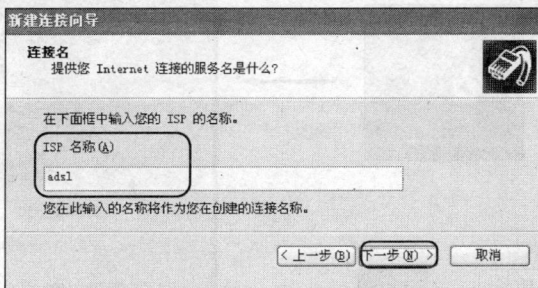

图 10-54　设置 ISP 名称

步骤 6　输入用户名和密码。在弹出的对话框中的"用户名"文本框中输入 ADSL 的用户名，在"密码"和"确认密码"文本框中输入 ADSL 的密码，并勾选两个复选框，再单击"下一步"按钮，如图 10-55 所示。

图 10-55　设置用户名和密码等选项

步骤 7　完成设置。在弹出的对话框中勾选"在我的桌面上添加一个到此连接的快捷方式"复选框，再单击"完成"按钮即可完成连接设置，并在桌面生成了"adsl"图标。

小贴士

根据局域网中电脑数量的多少，可选择采用路由器+ADSL 的对等网方式，还是采用路由器+交换机+ADSL 的对等网方式。

若局域网电脑数量不多（少于 8 台），则采用路由器+ADSL 方式，即增加一个路由器，用网线一端连接在 ADSL Modem 的"WAN"接口，一端连接在路由器的"WAN"接口，其他电脑用网线与路由器的"LAN"接口连接即可完成局域网利用 ADSL 连接 Internet 的线路接插。

若局域网中电脑数量较多，则采用路由器+交换机+ADSL 的方式，即用网线连接 ADSL Modem 的"WAN"接口和路由器的"WAN"接口，再用一根网线将交换机的"Uplink"端口与路由器的其他端口相连，局域网中的电脑则用网络与交换机的端口相连（Uplink 端口除外）。

4. 拨号上网

创建好 ADSL 连接后，便可使用这个连接拨号上网。

双击桌面生成的"adsl"图标，在弹出的"连接 adsl"对话框中的用户名和密码文本框中分别输入 ADSL 的用户名和密码，再单击"连接"按钮，进行拨号连接，连接成功后，在任务栏的右下角有一个连接图标，表示连接成功，如图 10-56 所示。

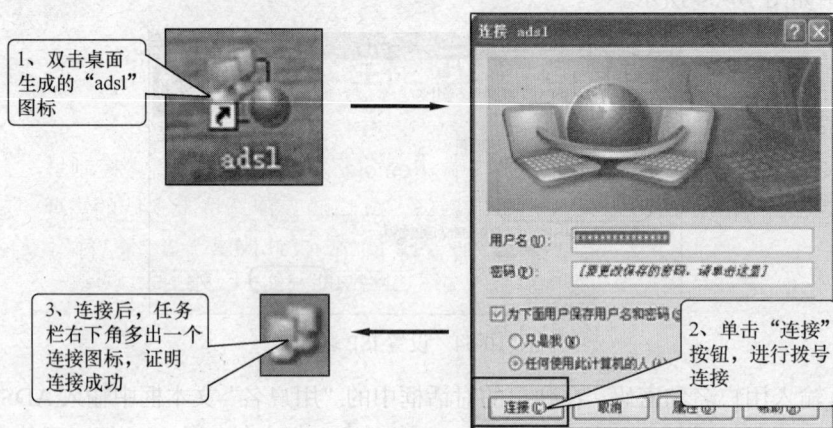

1、双击桌面生成的"adsl"图标

2、单击"连接"按钮，进行拨号连接

3、连接后，任务栏右下角多出一个连接图标，证明连接成功

图 10-56　用 ADSL 拨号上网

10.4.3　无线上网

随着无线网络技术的发展，无线网络目前也越来越普及。微软盖茨也曾提出：未来计算机能与人对话，进入无线网络。具有看、听和说的能力。无论是在家里还是办公室，人们都能够通过对话操纵计算机。

所谓无线上网分两种，一种是通过手机开通数据功能，以电脑通过手机或无线上网卡来达到无线上网，速度则由使用技术的不同、终端支持速度和信号强度共同决定。另一种无线上网方式即无线网络设备，它以传统局域网为基础，以无线 AP 和无线网卡来构建的无线上网方式，如图 10-57 所示。

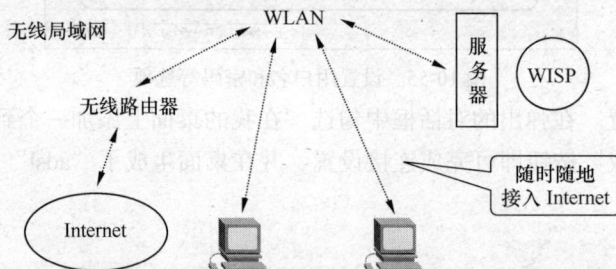

无线局域网　WLAN　服务器　WISP　无线路由器　随时随地接入 Internet　Internet

图 10-57　无线局域网模型

无线 AP（Access Point）其实是一个简称，有 3 种类型：（1）无线接入点。（2）无线网桥。（3）无线路由器。其中无线接入点相当于一个无线的 HUB，或说是无线接收器。无线网桥的功能要稍强些，除了有无线接入点的功能外，它还可以无线桥接，无线中继。而无线路由器就相当于是无线接入点和一个路由器的一体化产品。

目前比较流行的无线上网方式主要有 3 种：GPRS、CDMA 以及 WLAN。GPRS 和 CDMA 无线上网都是移动通信运营商向用户提供的无线上网解决方案，GPRS 是中国移动的业务，CDMA是中国联通的业务。对于迅驰用户来说，用户插上一块与普通手机卡相似的开通了上网业务功能SIM 卡就可以了。非迅驰用户则需购买一个 GPRS Modem 或者 CDMA Modem。这种方式只要有手机信号覆盖的地方就能上网。但是这种方式只适合个人，有一定的局限性。

WLAN（无线局域网），可以实现在办公场所区域内的无线宽带上网，特别适合小型办公和家居办公。与传统局域网不同的是，组建 WLAN 更加轻松、更加简单。

10.5 远 程 控 制

远程控制是在网络上由一台电脑（主控端 Remote/客户端）远距离去控制另一台电脑（被控端 Host/服务器端）的技术。随着网络的高度发展，电脑的管理及技术支持的需要，远程操作及控制技术越来越引起人们的关注。远程控制一般支持下面的这些网络方式：LAN、WAN、拨号方式、互联网方式。

10.5.1 远程控制技术的作用

1. 远程办公

通过远程控制功能我们可以轻松地实现远程办公，这种远程办公方式新颖、轻松，从某种方面来说可以提高员工的工作效率和工作兴趣。

2. 远程技术支持

通常，远距离的技术支持必须依赖技术人员和用户之间的电话交流来进行，这种交流既耗时又容易出错。但是有了远程控制技术，技术人员就可以远程控制用户的电脑，就像直接操作本地电脑一样，只需要用户的简单帮助就可以得到该机器存在的问题的第一手材料，很快就可以找到问题的所在，并加以解决。

3. 远程交流

利用远程技术，商业公司可以实现和用户的远程交流，采用交互式的教学模式，通过实际操作来培训用户，使用户从技术支持专业人员那里学习示例知识变得十分容易。而教师和学生之间也可以利用这种远程控制技术实现教学问题的交流，学生可以不用见到老师，就得到老师手把手的辅导和讲授。学生还可以直接在电脑中进行习题的演算和求解，在此过程中，教师能够轻松看到学生的解题思路和步骤，并加以实时的指导。

4. 远程维护和管理

网络管理员或者普通用户可以通过远程控制技术为远端的电脑安装和配置软件、下载并安装软件修补程序、配置应用程序和进行系统软件设置。

10.5.2 Windows XP 系统"远程协助"应用

所谓"远程协助"，就是通过网络让其他人帮助自己解决问题，而且整个过程是互动的，可以和远方的专家通过文本、语音来交互地解决问题。

步骤 1 启用远程协助。要电脑 A 上选择"开始"|"控制面板"命令，在出现的"控制面板"窗口中双击"系统"图标，在"系统属性"窗口中切换至"远程"选项卡，在该选项卡中勾选"允许从这台计算机发送远程协助邀请"选项，然后单击"高级"按钮，在弹出的"远程协助设置"窗口内勾选"允许此计算机被远程控制"，如图 10-58 所示。

步骤 2 选择远程协助方式。在电脑 B 上选择"开始"|"程序"|"远程协助"命令，打开"远程协助"窗口，单击"邀请某人帮助你"链接条，便可以开始根据需要选择邀请发送的方式，进行远程协助的邀请了。邀请的发送有 3 种方式：通过即时信息发送邀请、使用电子邮件邀请、通过邀请文件邀请，如图 10-59 所示。

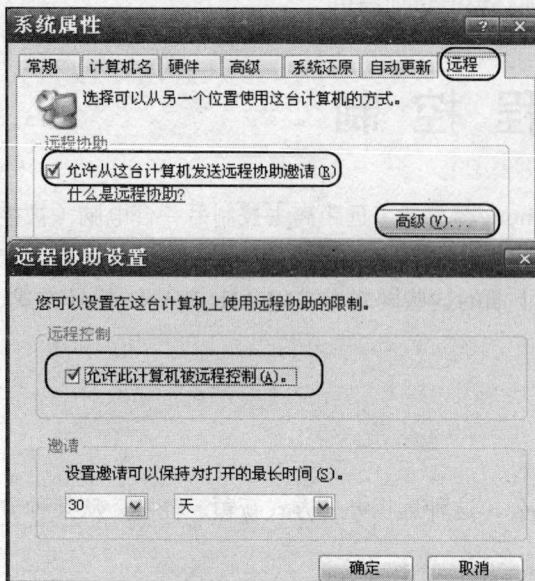

图 10-58　设置远程协助参数

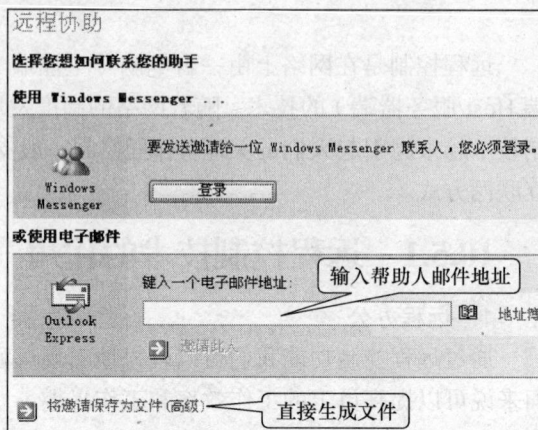

图 10-59　设置远程协助邀请

第一种方式要求系统安装 Windows Messenger，双方都拥有.NET Passport 账号并且都连接到了 Internet。可在 MSN Messenger 的主对话框中单击"操作"|"寻求远程协助"菜单命令，在出现的"寻求远程协助"对话框中选择要邀请的联系人电脑 A。

第二种方式是通过电子邮件发送邀请，只要在"使用电子邮件"的邮件地址栏输入邀请人电脑 A 的邮件地址，然后单击"邀请此人"，输入邀请函的内容，在设置窗口中对邀请的有效期和密码进行设定，便可单击"发送请求"按钮调用 Outlook Express 来发送邀请函了。

若没有自己的内部邮箱账户，无法使用客户端软件来发送电子邮件，则可以选择第三种方式，选择"将邀请保存为文件"，进入"保存邀请"窗口，输入姓名和邀请的有效期并设定邀请的密码后，将"邀请"保存为邀请文件，然后将邀请文件拷贝到对方的共享文件夹内即可。

步骤 3　接受远程协助。当邀请被接受后会打开"远程协助"程序对话框，在被邀请人电脑 A 上单击"远程协助"对话框中的"接管控制权"按钮即可操纵邀请人电脑 B 的计算机了。

主控双方还可以在"远程协助"对话框中键入消息、交谈和发送文件，就如同在 MSN Messenger 中一样。被控方如果想终止控制，可按 Esc 键或单击"终止控制"按钮，即可以取回对计算机的控制权。

10.5.3　利用 QQ 远程协助

现在越来越多的人，都在使用 QQ 远程协助，特别是电脑技术人员、客服人员等，经常使用 QQ 远程协助，来处理一些电脑系统的故障和维护系统以及网上答疑等。

步骤 1　启用 QQ 远程协助。在 QQ 聊天窗口打开要找的帮助方的 QQ 聊天对话框，单击 QQ 聊天对话框的菜单栏中的"应用"|"远程协助"按钮，如图 10-60 所示。

步骤 2　出现如下类似提示：您已经请求钟志萍进行远程协助，请等待回应或取消该请求。这时协助方单击同意 返回出现提示：钟志萍已同意您的远程协助请求，接受还是谢绝与钟志萍建立远程协助连接。此时单击接受。此时协助方，可以看到对方的桌面了，但是还不能对对方进行帮助。

步骤 3　在窗口右侧，单击申请控制选项，如图 10-61 所示。此时协助方单击"同意"，返回一个提示，如图 10-62 所示。

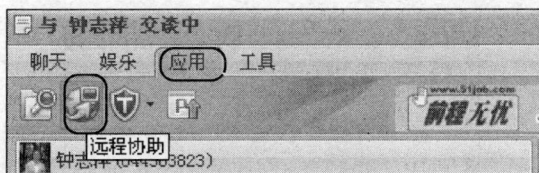

图 10-60　选择远程协助

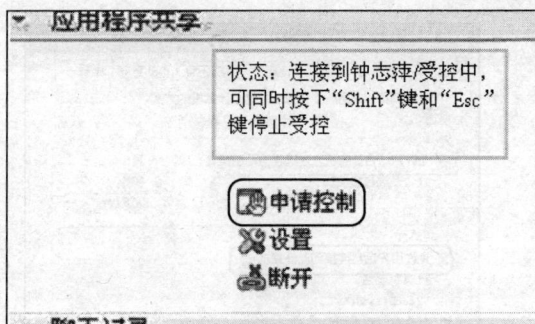

图 10-61　选择申请控制选项

步骤 4　单击"接受",完成后右侧的窗口变成如图 10-63 所示。此时协助方就可以对对方的电脑进行操作了。若不需要帮助了,就单击"停止受控",连接断开。

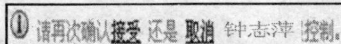

图 10-62　返回的提示对话框

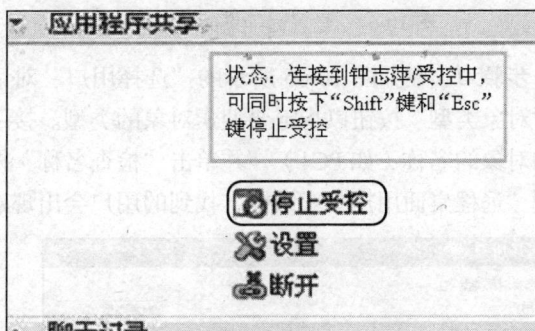

图 10-63　应用程序共享窗口

10.5.4　Windows XP 系统"远程桌面"应用

使用"远程协助"进行远程控制实现起来非常简单,但它必须由主控双方协同才能够进行,所以 Windows XP 专业版中又提供了另一种远程控制方式——"远程桌面连接"。

"远程桌面连接"是一种远程管理模式,它主要是用于网络管理员在服务器上对远程计算机进行管理。利用"远程桌面连接",可以在远离办公室的地方通过网络对计算机进行远程控制,即使主机处在无人状况,"远程桌面"仍然可以顺利进行,远程的用户可以通过这种方式使用计算机中的数据、应用程序和网络资源,也可以进行协同工作。

远程桌面连接也属于 C/S(客户/服务器)模式的,所以在建立连接前也需要配置好连接的服务器端和客户端。这里的服务器端是指接受远程桌面连接的计算机一方;而客户端是发起桌面连接的计算机一方。

1.　配置远程桌面主机

远程桌面的主机必须是安装了 Windows XP 的计算机,且主机必须与 Internet 连接,并拥有合法的公网 IP 地址。要启动 Windows XP 的远程桌面功能必须以管理员或 Administrators 组成员的身份登录进入系统,这样才具有启动 Windows XP "远程桌面"权限。

步骤 1　右键单击"我的电脑"图标,选择"属性"命令。在出现的对话框中单击"远程"选项卡,勾选"允许用户远程连接到这台计算机"复选框。单击"选择远程用户"按钮,如图 10-64 所示。

步骤 2　然后在如图 10-65 所示的"远程桌面用户"对话框中单击"添加"按钮,将出现"选择用户"对话框。

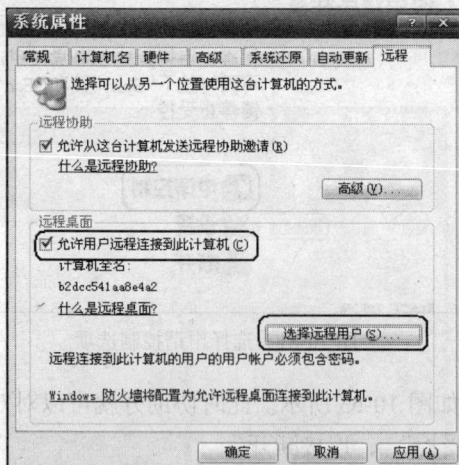

图 10-64　设置远程桌面选项

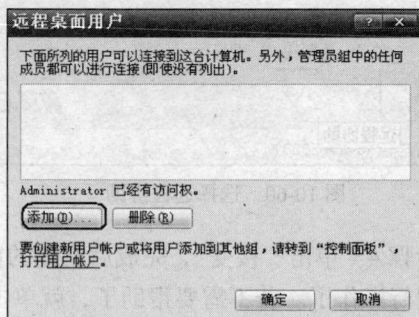

图 10-65　"远程桌面用户"对话框

步骤 3　在如图 10-66 所示的"选择用户"对话框中，单击"位置"按钮以指定搜索位置，单击"对象类型"按钮以指定要搜索对象的类型。接下来在"输入对象名称来选择"框中，键入要搜索的对象的名称（如 PC1），并单击"检查名称"按钮，待找到用户名称后，单击"确定"按钮返回到"远程桌面用户"对话框，找到的用户会出现对话框中的用户列表中，如图 10-67 所示。

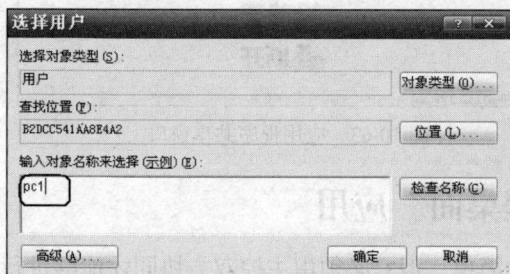

图 10-66　添加用户

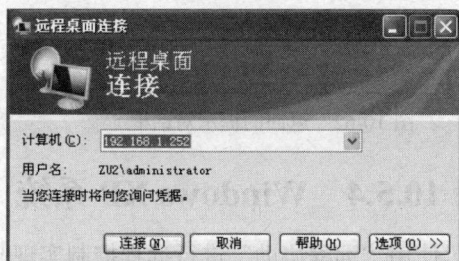

图 10-67　"远程桌面连接"对话框

此时，已有 Administrator 和 PC1 两个用户使用远程桌面连接计算机了。

2. 设置客户端

若客户端的操作系统是 Windows XP，则在电脑上执行"开始"|"所有程序"|"附件"|"通信"|"远程桌面连接"菜单操作即可。

若客户使用操作系统是 Windows 9X/2000，可安装 Windows XP 安装光盘中的"远程桌面连接"客户端软件。在客户机的光驱中插入 Windows XP 安装光盘，在显示"欢迎"页面中，单击"执行其他任务"选项，然后在出现的页面中选择"设置远程桌面连接"选项，然后根据提示进行安装。安装完成后即可在通信菜单中出现一个远程桌面连接。

3. 访问远程桌面

步骤 1　在客户机上运行"远程桌面连接"程序，会显示"远程桌面连接"对话框，如图 10-67 所示。单击"选项"按钮，展开对话框的全部选项，单击"选项"按钮后，会出现如图 10-68 所示的对话框。

步骤 2　在"常规"选项卡中分别键入远程主机的 IP 地址或域名、用户名、密码，在"连接设置"栏中有"另存为"和"打开"两个按钮，它们的作用分别是保存当前远程连接和打开已保存的远程连接。

步骤 3 若本地计算机和远程计算机要经常进行文件操作,则可切换到"本地资源"选项卡,在"键盘"选项中选择"本地计算机上",如图 10-69 所示。

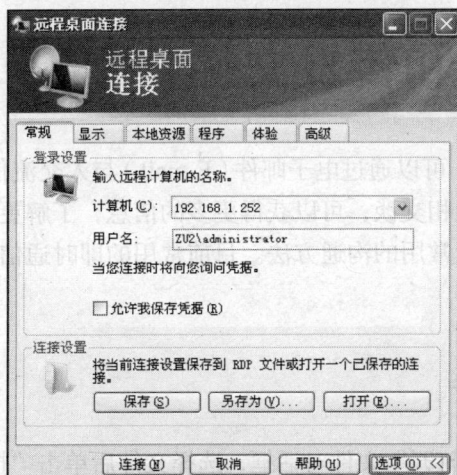

图 10-68 设置"常规"选项

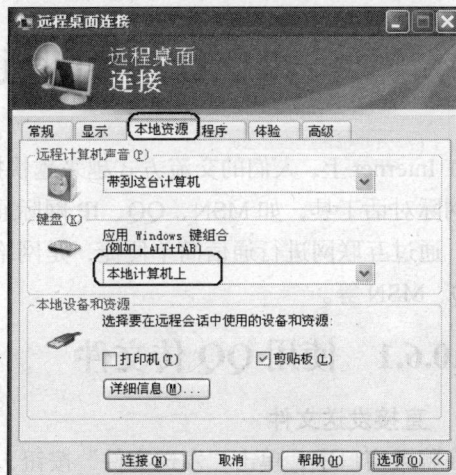

图 10-69 设置"本地资源"选项

步骤 4 设置完成后,单击"连接"按钮,连接成功后将打开"远程桌面"窗口,可以看到远程计算机上的桌面设置、文件和程序,还可以看到本地磁盘的盘符标记,并可以对远程计算机进行操作了,如图 10-70 所示。

图 10-70 远程桌面连接完成后的效果

小贴士

设置远程桌面连接的计算机是要设置用密码登录的,否则无法进行远程桌面连接。

在默认情况下,远程桌面连接(以前称为"终端服务客户端")安装在所有 Windows Server 2003

家族操作系统和 Windows XP 操作系统上。若操作系统是 Windows 9X/2000，可安装 Windows XP 安装光盘中的 "远程桌面连接" 客户端软件。

10.6 网上通信和传发文件

在 Internet 上，人们的交流方式越来越快捷方便，可以通过电子邮件（E-mail）与人交流信件，通过网际对话工具，如 MSN、QQ、IP 网际通信等互相交谈，可以获得更多的信息，了解更多的事情。通过互联网进行通信简单便捷，是网络用户最常用的沟通方法。目前常用的即时通信软件有 QQ、MSN 等。

10.6.1 使用 QQ 传文件

1. 直接发送文件

在聊天窗口中，单击 "发送文件" 按钮，弹出 "打开" 文件对话框，选择文件后单击 "打开" 按钮即可，如图 10-71 所示。

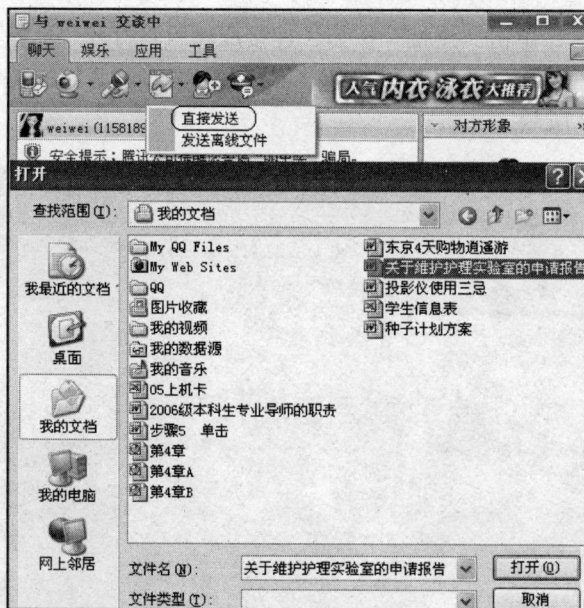

图 10-71 单击 "发送文件"

2. 共享文件

单击聊天窗口中的 "应用" | "浏览共享"，在下拉列表中选择 "浏览共享文件"，打开 QQ "共享文件" 对话框，在对话框中列出了当前好友为用户共享的文件，此时选中文件，单击工具栏中的 "下载" 按钮，在弹出的对话框中选择下载文件的路径，如图 10-72 所示，然后单击 "确定" 即可。

若需要同好友共享文件，单击 "我的共享" | "新建"，在 "新建共享" 对话框中设置好共享路径，然后单击 "确定" 按钮返回即可。

3. 共享网络硬盘

在 QQ 客户端左侧的工具按钮列表中单击 "网络硬盘" 按钮，打开网络硬盘，如图 10-73 所示。在网络硬盘中有一个 "共享网络硬盘" 的目录，在默认状态下是 "腾讯游戏"、"腾讯软件"、

"其他游戏" 3 个文件夹。设置共享网络硬盘，在文件夹上单击鼠标右键，然后在弹出菜单中选择"设置共享" 即可完成网络硬盘的共享操作。

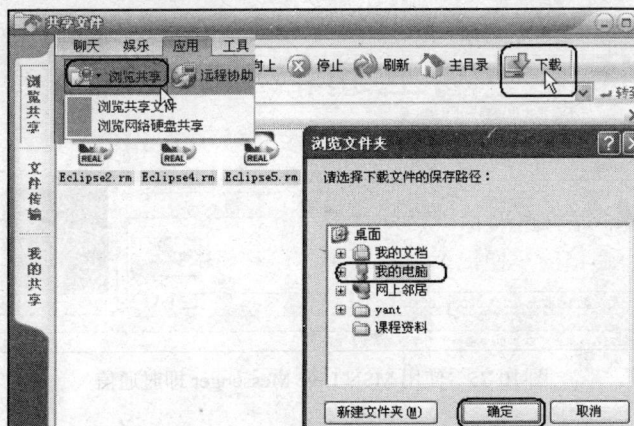

图 10-72　从共享文件夹中下载文件

在设置共享网络硬盘时需要指定"共享好友"，也就是要指定哪些好友可以浏览、下载共享网络硬盘，如图 10-74 所示。

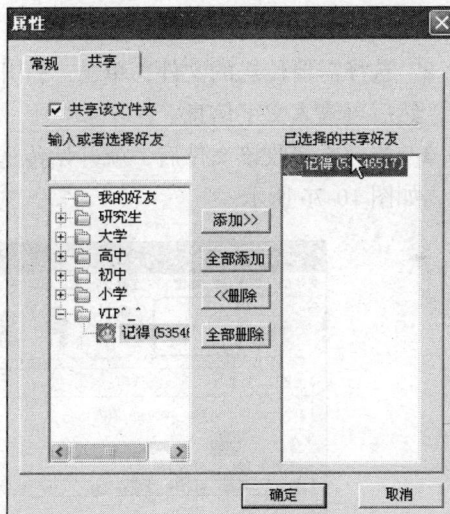

图 10-73　设置网络硬盘共享

图 10-74　添加共享网络硬盘好友

10.6.2　使用 MSN Messenger

MSN Messenger 是微软推出的一款免费即时通信软件，目前使用广泛的是 MSN Live Messenger，与 QQ 相同，MSN Live Messenger 的主要功能是发送即时信息、传送文件、语音/视频聊天等。由于微软在世界范围内的影响力，MSN Live Messenger 的用户遍及全球，而 QQ 则主要是国内用户居多。MSN Live Messenger 使用方法与 QQ 相似。

将 MSN Messenger 软件下载并安装完成后，就可以利用 MSN Messenger 进行视频聊天和发送文件了。

1．进行聊天

步骤 1　在 MSN Messenger 主窗口中，双击要发送消息的联系人，打开聊天窗口，如图 10-75 所示。

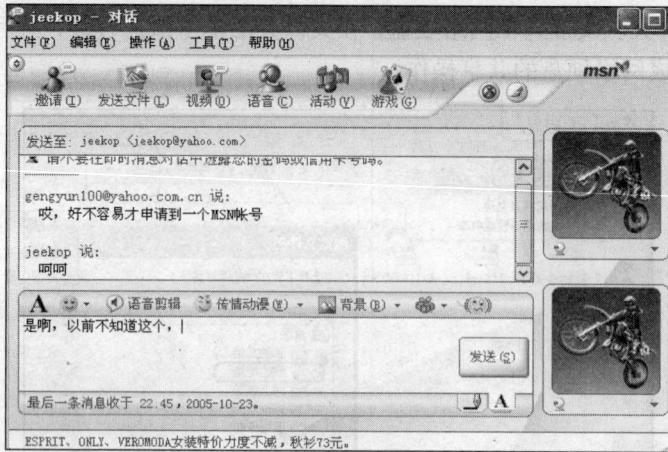

图 10-75 使用 MSN Live Messenger 即时通信

步骤 2 在窗口下方的输入框中输入要发送的消息，然后单击"发送"按钮即可把消息发送出去了，对方收到信息后，就可进行回复。

2. 文件发送

步骤 1 在聊天的窗口中，单击工具栏中的"发送文件"按钮，打开"发送文件给×××"对话框。

步骤 2 选择需要传送的文件，单击"打开"按钮，返回到聊天主窗口中，当前提示正准备传送文件，然后再输入文字信息。

步骤 3 当对方接收该文件后，就开始传送文件了，根据绿色的进度条，可以直观地知道传送的进度，如图 10-76 所示。

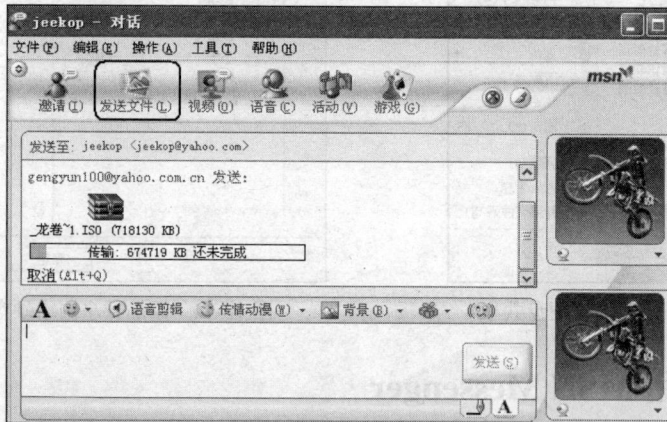

图 10-76 发送文件窗口

10.6.3 使用局域网飞鸽传书

飞鸽传书（IP Messenger）是一个小巧方便的绿色即时通信软件，适用于局域网内进行实时通信和文档共享。飞鸽传书基于 TCP/IP（UDP），不需要服务器，可传送文件和文件夹，因而简单易用。

步骤 1 下载并安装飞鸽传书软件。从网上下载飞鸽传书软件并安装它，如图 10-77 所示。

步骤 2 服务设置。安装完成后，在快捷菜单中选择"服务设置命令"，进行服务设置，如图 10-78 所示。

图 10-77　安装飞鸽传书软件

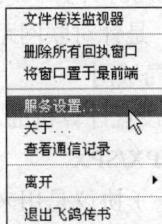

图 10-78　进行服务设置

步骤 3　发送即时消息。在"飞鸽传书"软件窗口中的上方窗口选择要发送用户名，下方窗口输入信息，如图 10-79 所示。

步骤 4　发送文件/文件夹。在"飞鸽传书"软件窗口中的上方窗口选择要发送用户名，右键单击它，在弹出的快捷菜单中选择"传送文件"命令，如图 10-80 所示。在打开的"传送文件"对话框中选择文件的路径和文件名，再单击"发送"命令即可完成文件的传送。

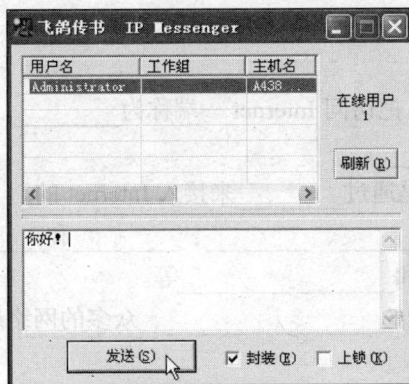

图 10-79　发送即时消息

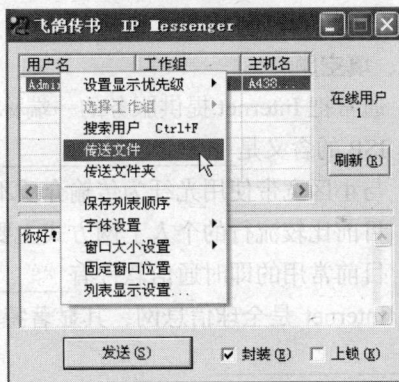

图 10-80　发送文件

本章小结

本章主要介绍如何组建小型办公局域网和 Internet 的一些基本应用，通过学习，应掌握电脑接入 Internet 的方法，了解小型局域网的硬件连接方法，掌握配置 Windows XP 网络，组建自己的家庭或小型办公网络，熟练掌握如何设置共享资源、使用网络资源，远程控制等知识。

习　题　十

一、单项选择题

1. 通过电话线拨号上网需要配备（　　　）。

A. 调制解调器　　　　B. 网卡　　　　　　C. 集线器　　　　　　D. 打印机

2. 连接到 Internet 上的机器的 IP 地址是（　　　）。

A. 可以重复的　　　　　　　　　　　　B. 唯一的

C. 可以没有地址　　　　　　　　　　　D. 地址可以是任意长度

3. 一般来说，计算机网络按照其覆盖范围大小、地理位置以及网络的分布距离可分为 3 大类，其中（　　　）是针对联网距离有限的数据通信系统。

A. 局域网　　　　　　B. 城域网　　　　　C. 广域网　　　　　D. 远程网络

4. 如要设置计算机的 IP 地址，则需要配置（　　　）网络协议。

A. IPX/SPX　　　　　B. TCP/IP　　　　　C. NETBEUI　　　　D. POP3

5. （　　　）协议是用来传输文件的。

A. FTP　　　　　　　B. Gopher　　　　　C. PPP　　　　　　　D. HTTP

6. 电子公告栏的缩写是（　　　）。

A. FTP　　　　　　　B. BBS　　　　　　C. PPP　　　　　　　D. HTTP

7. （　　　）是在网络上由一台电脑远距离去控制另一台电脑的技术。

A. 路由技术　　　　　B. 远程控制　　　　C. 通信技术　　　　D. 分组技术

8. 使用（　　　）进行远程控制实现起来非常简单，但它必须由主控双方协同才能够进行命令。

A. 远程桌面连接　　　　　　　　　　　B. 远程桌面 WEB 连接

C. 远程协助　　　　　　　　　　　　　D. 设备连接

二、填空题

1. 通常把 Internet 提供服务的一端称为_____，把访问 Internet 一端称为_____。

2. ISP 的含义是_____。

3. 与小区宽带使用光纤为传输介质不同，ADSL 是通过_____来接入 Internet 的。

4. 目前比较流行的个人上网方式主要有 4 种：_____、_____、_____和_____。

5. 目前常用的即时通信软件有_____和_____等。

6. Internet 是全球信息网，其显著特点是具有强大的_____、众多的网络应用技术及_____。

三、上机操作题

1. 配置一台网络打印机。

2. 为本地的磁盘设置共享，并将其中一文件夹进行映射网络驱动器操作。

3. 设置一个家庭或宿舍小型局域网。

第11章
计算机的使用和维护

　　随着计算机技术的发展，计算机它不但能处理数值信息，还能处理文字、图形、图像、声音和动画等非数值信息，利用计算机可以高效地处理和加工信息，计算机已成为现代办公、学习不可缺少的工具。正确使用计算机，能保护系统数据，减少计算机硬件的损耗，使工作学习事半功倍。

11.1　计算机的组成

　　一个完整的计算机系统是由硬件系统和软件系统组成的。硬件都是看得见、摸得着的，是计算机的实体组成部分。软件相对于硬件而言，是使用计算机和发挥电脑功能的各种程序的总称。

11.1.1　硬件系统

　　计算机的硬件系统是指计算机的所有物理部件的集合，在计算机中起着载体的作用。从外观来看，硬件设备主要有主机、显示器、键盘和鼠标等，如图11-1所示。

图 11-1　硬件系统外观图

　　可将硬件系统划分为主机和外部设备（简称外设）两大部分。外设常指安装在主机箱外的各部件，如显示器、键盘、鼠标、打印机、扫描仪、音箱和摄像头等。

　　外设按功能可分为输入设备和输出设备。输入设备是指使计算机从外部获得信息的设备，包括文字、图像、声音等信息。常用的输入设备有键盘、鼠标、扫描仪、话筒、手写板、数码相机和触摸屏等。输出设备是指从计算机中把信息处理的结果以人们能够识别的形式表现出来的设备。常用的输出设备有显示器、打印机和绘图仪等。

11.1.2 软件系统

软件是程序、数据和有关的文档资料的总称。如果没有软件，计算机就是一个毫无用处的空壳。因此，软件常被形象地比喻成计算机的灵魂。没有安装软件的计算机称为"裸机"，"裸机"无法完成任何有实际意义的操作。

软件分为系统软件和应用软件。系统软件根据功能又可分为操作系统、各种语言处理程序和数据库管理系统。

操作系统：系统软件的基础部分，是用户和裸机之间的接口。是用来管理、控制和维护计算机各种软硬件资源，使用户能正常、高效、方便地使用计算机，提高计算机的利用率。目前常见的操作系统有 Windows 2003、Windows XP、Windows Vista、UNIX 和 Linux 等。

各种程序语言的翻译程序：程序语言和编译系统的主要目标是研究开发容易编写、表达能力好和便于产生高效的目标程序和程序语言，以及便于使用的编译系统。Visual Basic、Borland C++、Borland Fortran、Turbor Pascal 等。

数据库管理系统：管理大量数据，如 Access、Visual Foxpro。

应用软件是指为解决某些应用问题和实现某一特定功能而编写的程序。应用软件有很多，功能用途也不相同。常见的有 WPS、Office 办公文字处理软件；Photoshop、3ds max 等图形图像处理软件；Dreamweaver、FrontPage、Flash 等网页制作软件。

在软件中，操作系统是基础平台，应用软件是做具体工作的，必须安装在操作系统上才能运行。因此，在装机时应最先安装的软件是操作系统，其次才是各种应用软件。

11.2 安装操作系统

计算机买回来后，一般都已经安装了操作系统和部分应用软件。但计算机在使用中，由于病毒或误操作，常会碰上一些问题需要重装系统，这样就需要了解计算机装机的过程。下面以 Windows XP 为例，详细介绍操作系统的安装。

11.2.1 设置系统启动方式

目前计算机启动方式分为从光驱启动、硬盘启动、U 盘启动 3 种。安装操作系统后的正常启动是从硬盘启动的。若要重装系统，或要对磁盘进行重新分区和格式化等，则需要从光驱启动。用光驱启动则需要设置计算机的第一启动顺序为从光驱启动，即从 CDROM 启动。

步骤 1　进入 BIOS 主界面。启动计算机，当屏幕下方显示 "Press DEL to enter SETUP" 信息时，按 "DEL" 键进入 BIOS 设置主界面，如图 11-2 所示。

步骤 2　设置系统启动顺序。用键盘上的 "↓" 方向键选择第二项 "Advanced BIOS Features" 选项，并按回车键。在出现的界面上选择 "Boot Device Priority" 并打开该选项，将 "1st Boot Device" 选项设置为 "CD/DVD"，如图 11-3 所示。

步骤 3　保存并退出 BIOS。设置好 BIOS 启动顺序后，按 F10 键，在出现的 "SAVE to CMOS and EXIT(Y/N)？" 提示框中输入 "Y" 并按回车键即可保存并退出 BIOS 设置。

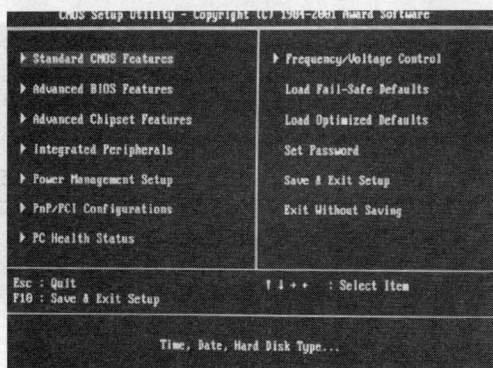

图 11-2　BIOS 设置主界机

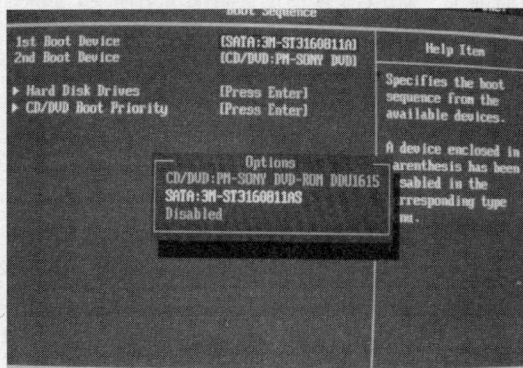

图 11-3　设置系统第一启动顺序

11.2.2　安装 Windows XP 操作系统

Windows XP 有多个版本，常见的是 Home Edition（家庭版）和 Professional Edition（专业版）。中文版 Windows XP 的安装可以通过多种方式进行，通常使用升级安装、全新安装、双系统共存安装 3 种方式。下面主要介绍全新安装。

步骤 1　放入安装盘。将 Windows XP 安装光盘放入光驱后，重启计算机。重启后出现如图 10-4 所示的界面，按任意键将从 Windows XP 安装光盘启动。

步骤 2　选择安装选项。在出现的安装界面中，选择"要现在安装 Windows XP，请按 Enter 键"单选项，然后按回车键，如图 11-5 所示。

图 11-4　安装提示信息

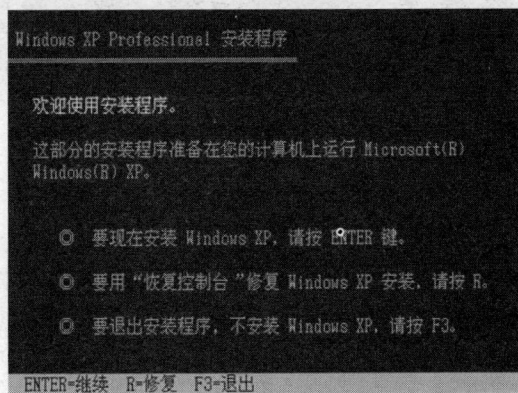

图 11-5　选择"现在安装 Windows XP"选项

步骤 3　接受协议。在出现的 Windows XP 安装许可协议界面，根据提示选择按 F8 键同意该协议。

步骤 4　开始分区。接受协议按 F8 键后，出现如图 11-6 所示的安装界面，其中显示"未划分的空间"，表明这个磁盘还没有进行分区和格式化的。按键盘上的 C 键开始分区，如图 11-6 所示。

步骤 5　设置主分区的容量。在出现的划分主分区界面图中，在下方的文本框中输入主分区的容量，如输入"15000"，如图 11-7 所示，然后按回车键，即可看到主分区"C 分区"已经划分好，容量是 15000MB（15GB）。

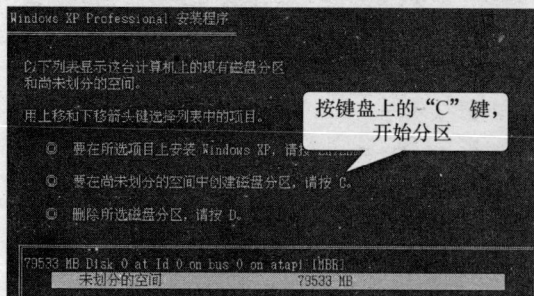

图 11-6　分区界面

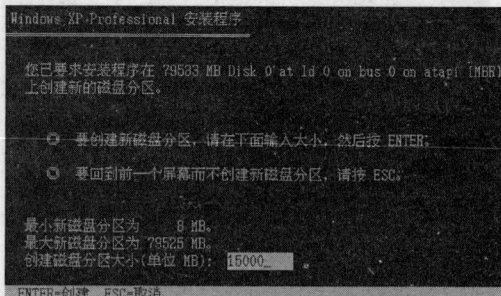

图 11-7　设置主分区容量

步骤 6　设置第二分区容量。在如图 11-8 所示的界面中选中"未划分的空间"，再次按键盘上的 C 键，划分第一逻辑分区，如输入"30000"。按回车键后，第二分区也划分成功。

步骤 7　设置其他分区容量。根据硬盘容量大小，同步骤 6 一样，可以进行第三分区或第四分区的划分。划分完成后如图 11-9 所示。

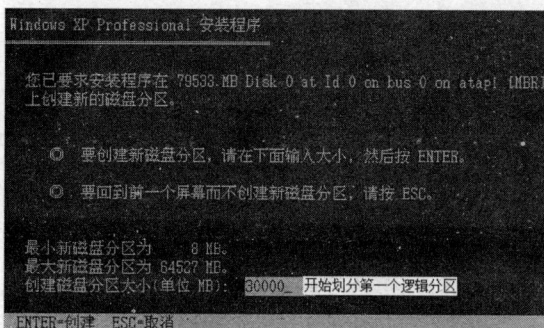

图 11-8　设置第二分区容量

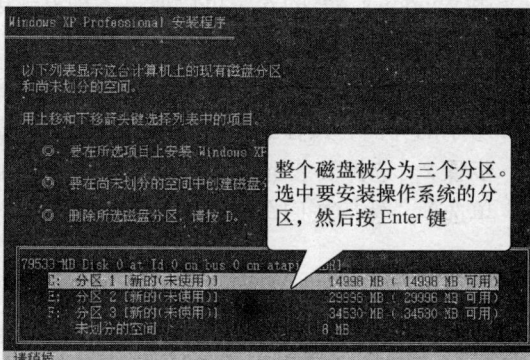

图 11-9　设置其他分区容量

小贴士

如果对所划分的容量大小不满意，可以在图 11-9 所示的界面上选中要重新划分容量大小的分区，按键盘上的 D 键，再根据提示信息按键盘上的"L"键，即可删除该分区。再和步骤 6 一样进行分区即可。

步骤 8　选择格式化方式。选中要安装操作系统的分区，如"C：分区 1"，根据需要选择文件系统格式，选择其格式化方式，如图 11-10 所示，然后按回车键。

步骤 9　复制安装文件。格式化完成后，系统会自动复制光盘上的安装文件到 C 盘，如图 11-11 所示。

步骤 10　进入安装界面。复制完成重启计算机后，计算机进入自动安装状态，如图 11-12 所示。

步骤 11　设置区域和语言。在自动安装过程中，系统会要求设置区域和语言，如图 11-13 所示。一般选择默认值并单击"下一步"按钮。

步骤 12　输入姓名和单位。系统在安装时，会提示要求输入姓名和单位，根据需要完成姓名和单位输入后，单击"下一步"按钮。

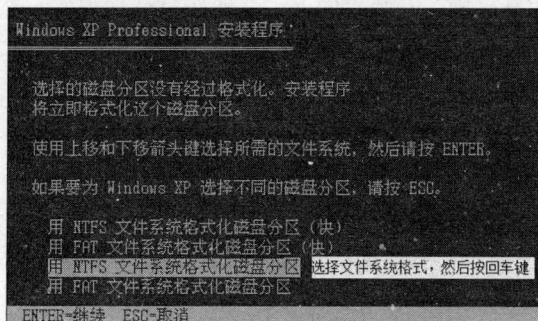

图 11-10　选择文件系统格式

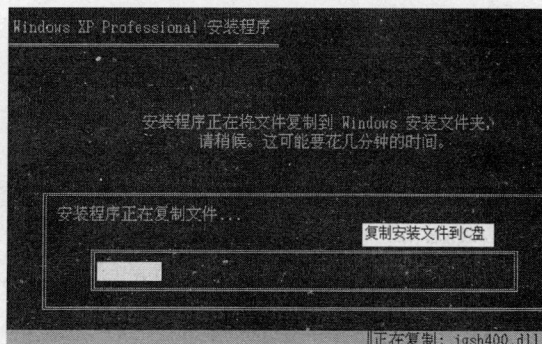

图 11-11　复制安装文件

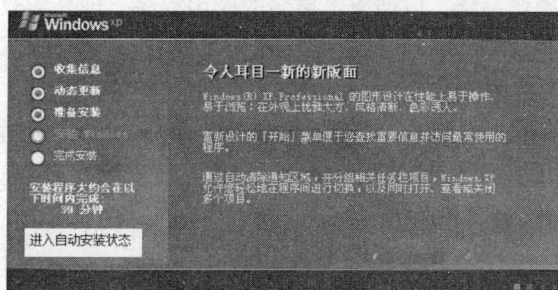

图 11-12　自动安装状态

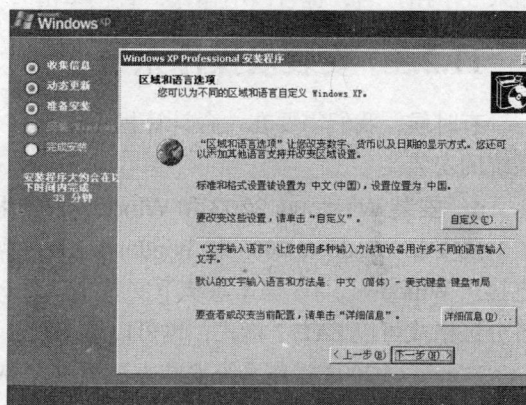

图 11-13　设置区域和语言

步骤 13　输入"产品密钥"。在安装到一定程度时,安装系统会要求输入"产品密钥"(即序列号),如图 11-14 所示。按顺序完成序列号的输入即可,然后单击"下一步"按钮。

步骤 14　设置计算机名称和系统管理员密码。按要求设置计算机名和系统管理员密码,然后单击"下一步"按钮。

步骤 15　设置日期和时间。在弹出的"日期和时间设置"安装界面,设置日期和时间为北京时间,然后单击"下一步"按钮,系统开始自动安装、复制系统文件、安装网络系统等。

步骤 16　设置网络。在弹出的"网络设置"界面,系统要求选择网络安装方式,一般选择"典型设置",如图 11-15 所示。然后单击"下一步"按钮。

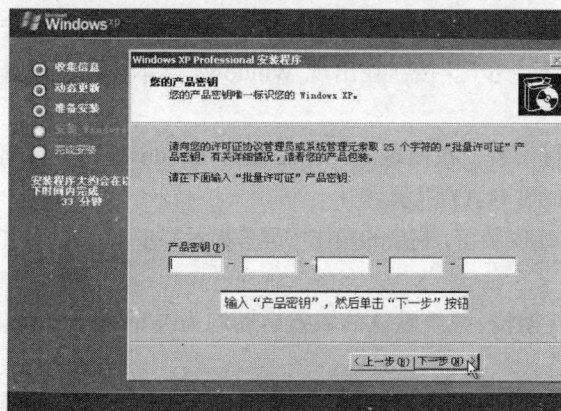

图 11-14　输入软件序列号

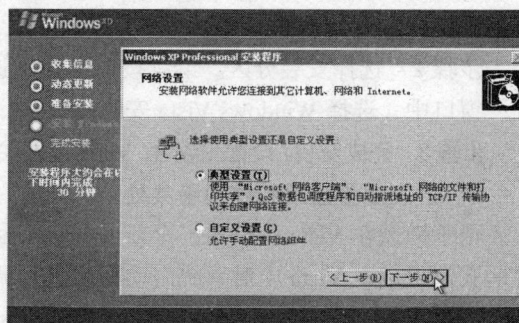

图 11-15　网络设置

步骤 17　设置工作组。在弹出的"工作组或计算机域"安装界面上，一般按默认值设置，然后单击"下一步"按钮。

步骤 18　继续安装。安装程序会自动完成全过程，安装完成重启后，系统要对硬件进行检测，然后进入欢迎界面，再单击"下一步"按钮。

步骤 19　选择网络连接方式。在弹出的设置上网连接界面中，根据需要设置上网连接类型。一般直接跳过，以后再根据需要设置。

步骤 20　是否注册。进入"现在与 Microsoft 注册吗？"界面，选择"否，现在不注册"，然后单击"下一步"按钮。

步骤 21　输入用户名称。进入用户名称输入界面，按需求输入电脑使用者的名称，可以允许输入 5 个用户名，也可以不输入，直接单击"下一步"按钮，完成 Windows XP 操作系统安装。

11.2.3　安装双操作系统

有时候，我们需要在一台计算机上安装多个操作系统，以便兼容更多的应用程序。现介绍双系统的安装。

1. 安装 Windows 2003 和 Windows XP 操作系统

要安装 Windows 2003 和 Windows XP 双操作系统，首先在 C 盘上安装 Windows 2003，然后直接从 Windows 2003 操作系统下安装 Windows XP 操作系统，Windows XP 操作系统安装在 D 盘。各分区格式可以 FAT32 格式，也可以是 NTFS 格式。

Windows 2003 操作系统安装方法与安装 Windows XP 操作系统方法相似。

2. 安装 Windows XP 和 Windows Vista 操作系统

安装 Windows Vista 操作系统需要 15GB 硬盘空间。Windows Vista 的安装分区必须是 NTFS 格式。Windows XP 操作系统如果装在 C 盘，则可将 Windows Vista 操作系统安装在 D 盘。在安装 Windows XP 时最好将分区的格式也选为 NTFS 格式，便于 Windows Vista 的安装。

由于 Windows Vista 操作系统对硬件的需求较高，在安装前可以用微软公司的"Windows Vista 升级顾问"测试软硬件配置，检查其能否正常安装 Windows Vista，或者需要升级哪些组件。一般，2008 年以后的计算机硬件配置已经足以满足 Windows Vista 的硬件要求了。

安装 Windows Vista 操作系统步骤如下。

步骤 1　输入序列号。准备好 Windows Vista 安装光盘并放入光驱，重启电脑并进入 BIOS 将光驱设置为第一启动，在屏幕出现启动提示时，按下任意键用光盘启动系统。在出现语言选择界面时选择"中文"，然后单击"下一步"按钮。在出现 Vista 的安装界面时单击"现在安装"。接着按提示输入序列号，如图 11-16 所示，单击"下一步"。按钮在出现 Windows 版本窗口，选择自己需要的版本，再单击"下一步"按钮。

步骤 2　选择安装分区。继续按向导提示进行安装，在出现的"你需要将 Windows 安装在何处"窗口中，选择 Windows Vista 安装的分区，如图 11-17 所示。

步骤 3　完成安装。设置完成后，Vista 就正式开始安装了，剩余的操作按屏幕提示一步步完成即可。

3. 合理配置让双系统和平共处

由于微软在 Vista 中引入了全新的 boot loader 架构，系统默认的缺省启动均为 Windows Vista。这时我们可以在 Vista 中对系统启动顺序进行调整。

步骤 1　打开"系统属性"窗口。进入 Vista 后，鼠标右键单击"计算机"图标，在弹出的菜单中选择"属性"命令，打开系统属性窗口，单击"高级系统设置"。切换到"高级"选项卡。

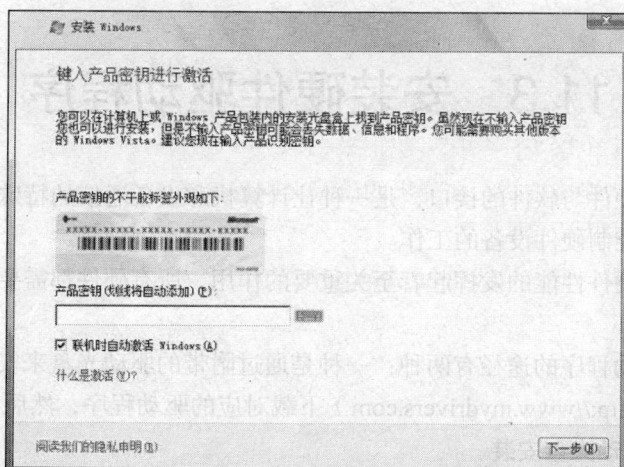

图 11-16　输入产品密钥（序列号）

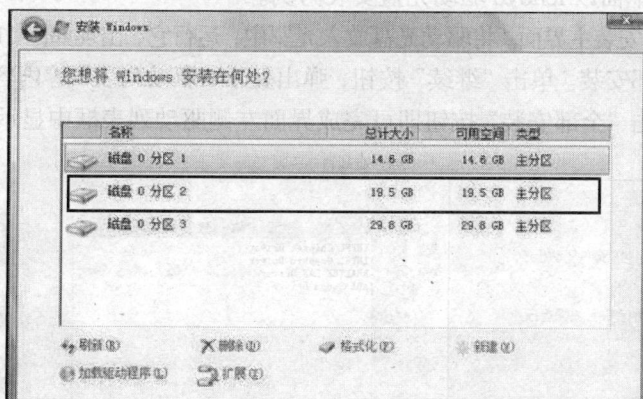

图 11-17　选择安装分区

步骤 2　设置窗口。单击"启动和故障修复"选项卡中的"设置"按钮，在打开的窗口，默认下选择"早期版本的 Windows"，然后依次单击"确定"按钮退出，如图 11-18 所示。

步骤 3　启动界面。重启系统，即可将 XP 设置为默认启动的系统，如图 11-19 所示。

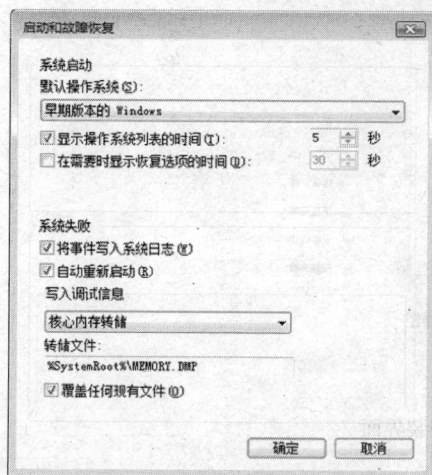

图 11-18　选择系统启动顺序

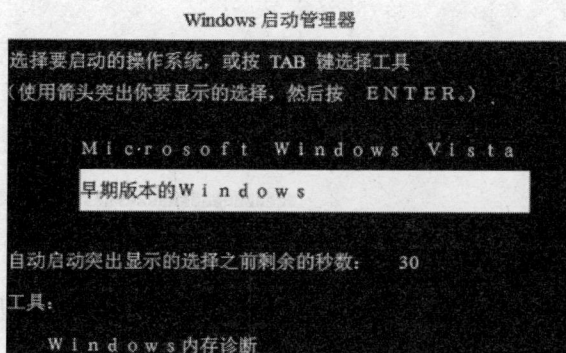

图 11-19　双系统启动界面

11.3 安装硬件驱动程序

驱动程序是连接硬件与软件的接口，是一种让计算机和设备通信的特殊程序，操作系统只有通过这个接口，才能控制硬件设备的工作。

硬件驱动程序对硬件性能的发挥起着至关重要的作用，所有硬件都需要驱动程序的支持才能正常工作。

一般安装硬件驱动程序的途径有两种：一种是通过附带的驱动光盘来安装；另一种是从相关网站（如驱动之家，http://www.mydrivers.com）下载对应的驱动程序，然后再解压安装。

1. 利用附带的驱动光盘安装

利用附带的驱动光盘安装驱动程序非常方便，一般主界面中有一个安装按钮，单击此按钮即可完成所有的安装。下面以 lenovo 驱动光盘安装为例。

步骤 1 驱动程序安装主界面。将驱动光盘放入光驱中，运行它，出现如图 11-20 所示的安装界面。

步骤 2 选择全部安装。单击"继续"按钮，弹出显示"驱动列表"等内容的界面，如图 11-21 所示。在该界面上单击"全部安装"按钮即可完成界面左侧驱动列表框中显示的驱动程序的安装。

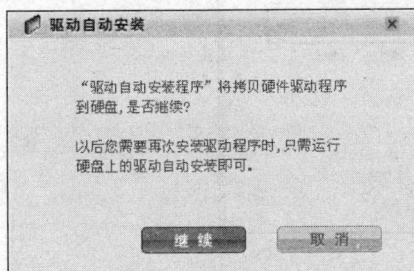

图 11-20 驱动自动安装界面

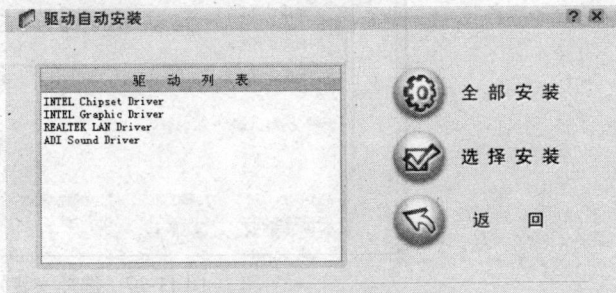

图 11-21 安装驱动程序

步骤 3 完成驱动程序安装。驱动程序全部安装完成后，弹出如图 11-22 所示的界面，重启电脑即可完成驱动列表框中驱动程序的安装。

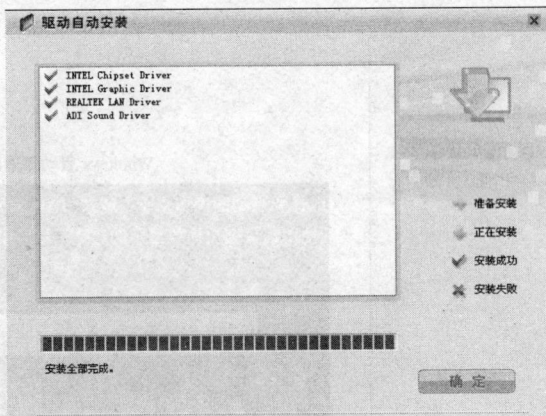

图 11-22 完成驱动程序安装界面

2. 从网站上下载相关驱动程序

如果安装盘不见了，用户还可以到该设备的官方网站去下载该型号硬件的驱动程序。也可以去国内的一些知名的驱动程序网站下载，如驱动之家、太平洋电脑城等。如果忘记了硬件的型号，可以打开主机箱，查看相关硬件的型号（硬件上有标记）；或者用硬件检测工具检测一下。

网站上下载的驱动程序大多是压缩文件或"install.exe"、"Setup.exe"执行文件。压缩文件要先解压，再单击解压的"install"或".exe"执行文件，根据提示一步一步安装即可。

3. 指定安装

记住驱动程序存放在硬盘的具体分区，重装系统后可以用指定安装来安装硬件驱动程序。

步骤 1　打开"系统属性"对话框。右键单击"我的电脑"图标，在弹出的快捷菜单中选择"属性"命令，弹出如图 11-23 所示的"系统属性"对话框，选择"硬件"选项卡。

步骤 2　显示快捷菜单。单击"设备管理器"按钮，弹出"设备管理器"窗口，展开"显示卡"选项，鼠标右键单击"Intel(R)82945G Express Chipset family"选项，弹出如图 11-24 所示的快捷菜单。

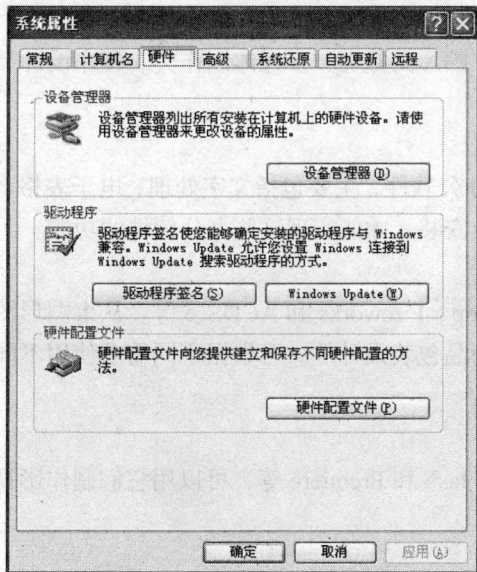

图 11-23　"系统属性"对话框　　　　图 11-24　"设备管理器"窗口

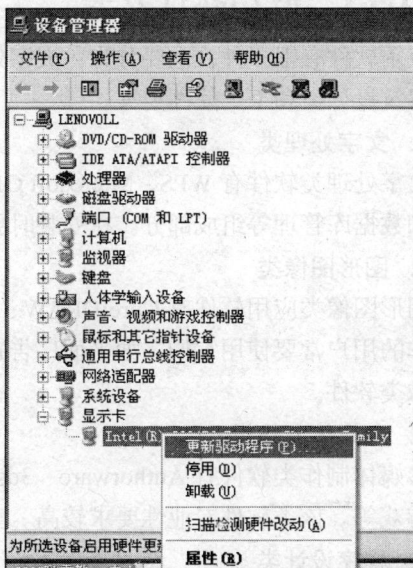

步骤 3　选择"更新驱动程序"命令。在弹出的快捷菜单中选择"更新驱动程序"命令，弹出"硬件更新向导"对话框，选择"从列表或指定位置安装（高级）"单选按钮，再单击"下一步"。弹出如图 11-25 所示的"搜索和安装选项"对话框。

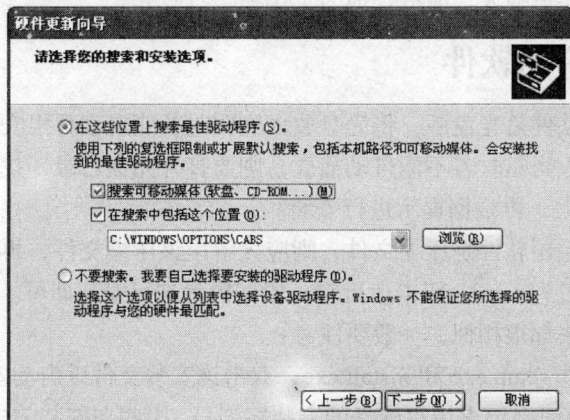

图 11-25　搜查驱动程序

步骤 4 单击"浏览"按钮。在图 11-25 中单击"浏览"按钮，弹出"浏览文件夹"对话框，查找驱动程序所在的文件夹，再单击"确定"按钮。

步骤 5 安装完成。开始安装指定的驱动程序并显示安装进度，稍后安装完成。

11.4　安装应用软件

在安装了操作系统后，还应根据工作和学习的需要，安装其他应用软件与常用工具软件，让计算机发挥最大功能。

11.4.1　应用软件分类

应用软件有很多种，主要分为：文字处理类、图形图像类、多媒体制作类、程序设计类、机械和建筑设计类和工具软件类等。

1．文字处理类

文字处理类软件有 WPS、Microsoft Office 等办公软件，主要包括文字处理、电子表格、演示文稿和数据库管理等组成部分。在安装时要求完全安装，才能实现这些办公软件的功能。

2．图形图像类

图形图像类应用软件有 CorelDRAW、Photoshop、Fireworks 和 ACDSee 等，从事图形图像设计工作的用户常要使用它们，如平面广告宣传、商品包装设计等。可根据不同需求使用不同的图形图像类软件。

3．多媒体制作类

多媒体制作类软件有 Authorware、3ds max、Flash 和 Premiere 等，可以用它们制作影视或动画及游戏等。该类软件专业性要求较高。

4．程序设计类

程序设计类应用软件主要有 Visual Basic、Visual C++和 Visual、Visual FoxPro、Java 等。其作用是在电脑中进行程序编辑、控件制作和数据库制作等。

5．工具软件类

工具软件常分为压缩工具、汉化翻译工具、磁盘工具、网络工具和病毒防护工具等。这些工具软件主要是让电脑功能更强大，能更好地为工作和学习服务。

11.4.2　安装应用软件

光盘类：如果应用软件是光盘版，将光盘放入光驱时若能自动弹出安装窗口，则根据提示进行安装即可；将光盘放入光驱时若不能自动播放，则要打开光盘目录，找到软件的安装文件（扩展名为.exe），双击运行它，再根据提示进行安装。

压缩文件类：如果应用软件是压缩文件，则应先解压该压缩文件，再在解压的压缩文件目录中找到安装文件（扩展名为.exe），双击运行它，根据提示进行安装即可。

应用软件的安装方法都很相似，一般要注意：

（1）要找到安装文件 setup.exe 和 install.exe，双击该安装文件以启动安装程序。

（2）在安装过程中有时会要求填写软件的安装序列号，因些在安装前应找到该软件的序列号，否则无法安装。

（3）在"软件许可协议"窗口中，要单击"是"或者"同意"按钮，才能继续安装软件。

（4）有的软件在安装时会要求选择"安装类型"，如"典型安装"、"完全安装"、"最小安装"和"自定义安装"等。一般根据需要来选择安装类型，如果对软件功能要求不高，则建议选择默认选项；如果对软件功能要求较高，则建议选择"完全安装"。

11.4.3　卸载应用软件

软件的卸载，一般分两种方法。一是软件本身自带了"卸载"程序，则可以通过软件自带的"卸载"程序进行卸载；二是软件本身没有自带"卸载"程序，则可以通过选择"开始"|"设置"|"控制面板"|"添加或删除程序"命令来进行卸载。如要卸载"超级兔子"软件，由于这款软件没有自带"卸载"程序，则用"添加或删除程序"命令的方法来卸载。打开"添加或删除程序"窗口，选中"超级兔子"程序，如图 11-26 所示，单击右下方的"更改/删除"按钮即可完成卸载。

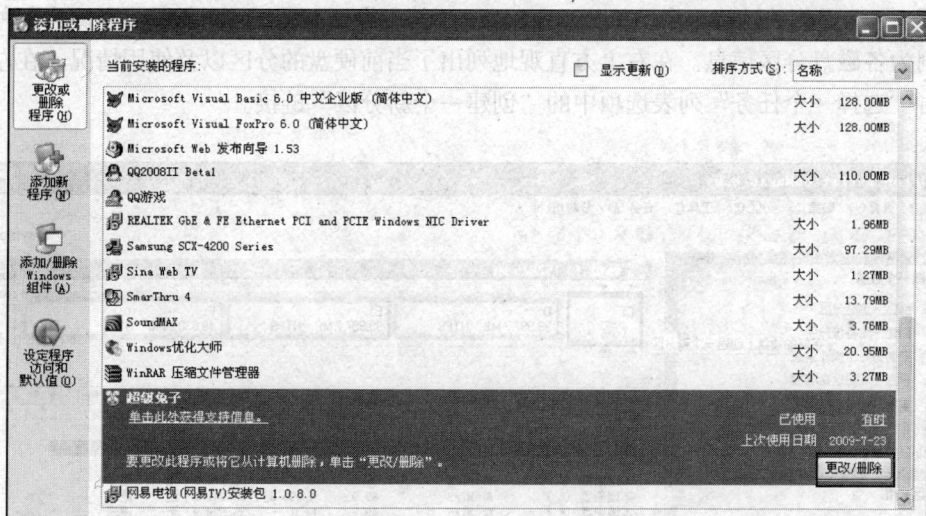

图 11-26　卸载"超级兔子"程序

11.5　使用 Partition Magic 调整分区

随着硬盘制作工艺的不断提高，硬盘的容量也越来越大，为了使用和管理上的方便，一般都会将整个硬盘划分为几个分区，并对这些分区进行格式化后才能存放文件。为便于管理，一般不同的分区存放不同的文件。如果发现现有的分区容量小了，希望增加容量，但又不想重装系统，不损坏原来的数据，则可使用 Partition Magic 软件来完成。

Partition Magic 软件是目前最好的磁盘分区管理软件，可以在不损坏硬盘中原有数据的情况下，对硬盘进行重新分区、合并分区和转换分区格式等操作。

小贴士

硬盘需要经过低级格式化、分区和高级格式化 3 个过程后才能使用，而分区后的格式化属于高级格式化。硬盘要先低级格式化才能高级格式化，而刚出厂的硬盘已经经过了低级格式化，无需用户再进行低级格式化了。

高级格式化主要是对硬盘的各个分区进行磁道的格式化，在逻辑上划分磁道。而低级格式化是物理级的格式化，主要用于划分硬盘的磁柱面、建立扇区数和选择扇区间隔比。低级格式化多了会损坏硬盘，尽量少用。

一般，只有在十分必要的情况下，用户才需要进行低级格式化，如硬盘坏道太多，经常导致存取数据时产生错误，甚至操作系统根本无法使用，那么就需要进行低级格式化了。另外，如果硬盘上的某些和低级格式化有关的参数被病毒破坏了，如硬盘间隔系数等，那么只有进行低级格式化才能重新建立这些参数。

特别提醒：不要将重要数据存放在第一分区即操作系统安装盘（C 盘）上。如果系统损坏或感染病毒需要重装，则 C 盘上的数据会全部丢失。因此，C 盘一般只存放系统文件。

11.5.1　创建新的硬盘分区

步骤 1　选择相关链接。启动 Partition Magic，其主界面如图 11-27 所示。左侧为各种命令图标，右侧为各磁盘分区信息。在右上方直观地列出了当前硬盘的分区以及使用情况。在左侧列表中，单击"选择一个任务"列表选项中的"创建一个新分区"链接。

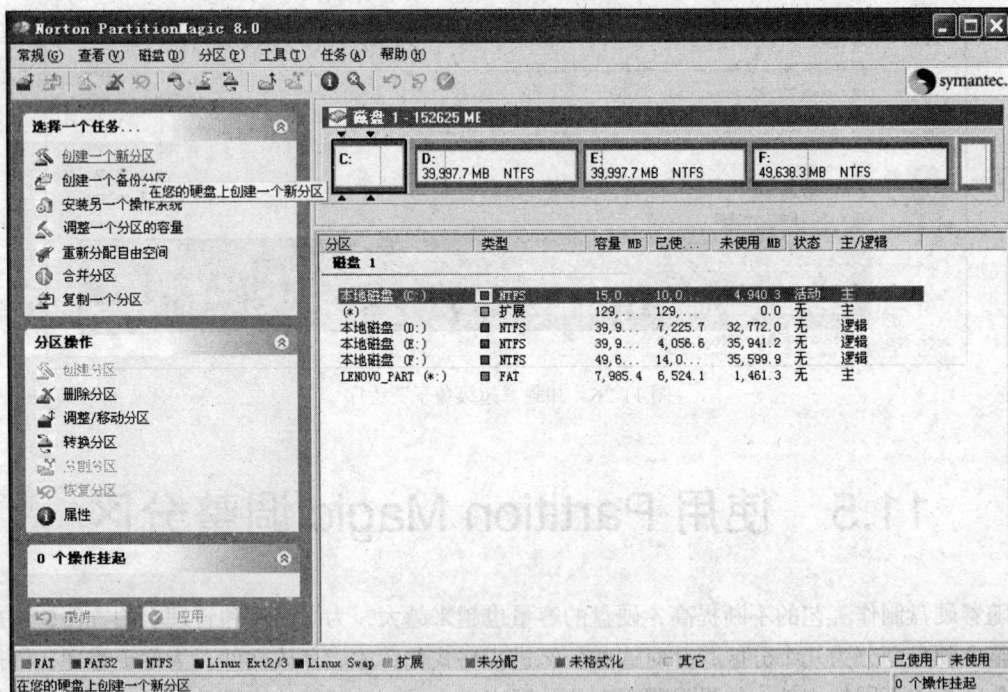

图 11-27　Partition Magic 窗口主界面

步骤 2　选择磁盘。在弹出的"创建新的分区"对话框中，单击"下一步"按钮，弹出"选择磁盘"对话框，在此对话框中选择要操作的磁盘。

步骤 3　创建位置。打开如图 11-28 所示的"创建位置"对话框，在此对话框中选择新分区的创建位置，如选择"在 D 之后但在 E: 之前"，单击"下一步"按钮。

步骤 4　减少分区容量。在弹出的"减少哪一个分区的空间"对话框中，可选择由哪一个或哪几个分区提供空闲的硬盘空间来组成新的分区。这里选择"D:"和"E:"分区，如图 11-29 所示。设置完成后单击"下一步"按钮。

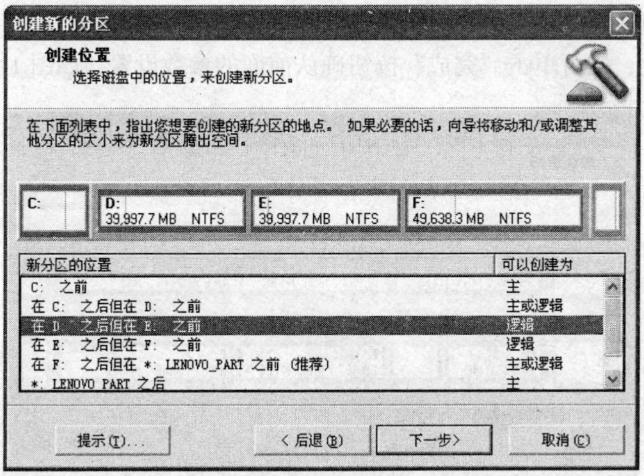

图 11-28　新分区"创建位置"对话框

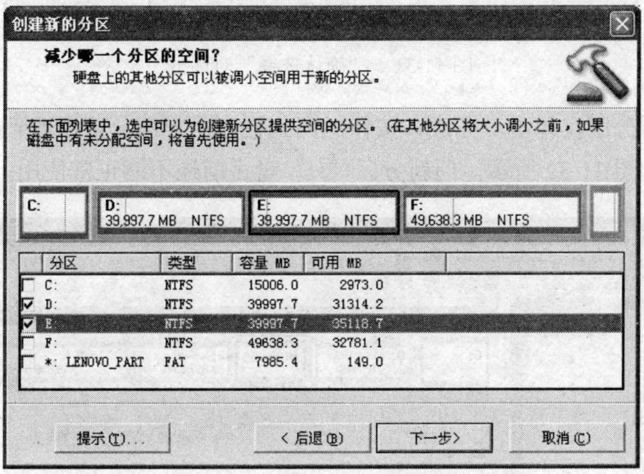

图 11-29　"减少哪一个分区的空间"对话框

步骤5　设置新分区的属性。在弹出的"分区属性"对话框中，用户可以设置新分区的大小、卷标、分区类型、文件系统类型和驱动器盘符等属性，如图 11-30 所示。完成设置后，单击"下一步"按钮。

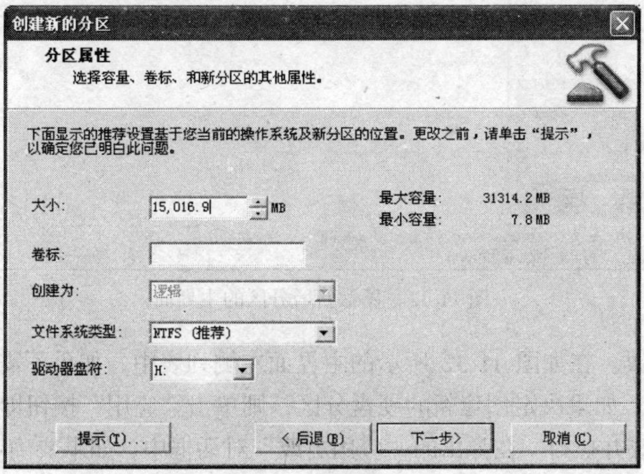

图 11-30　设置分区属性

步骤 6　确认更改。在弹出的"确认更改"对话框中，可单击"后退"按钮修改前面设置的参数。若不需要修改，则可单击"完成"按钮确认前面的参数设置，如图 11-31 所示。

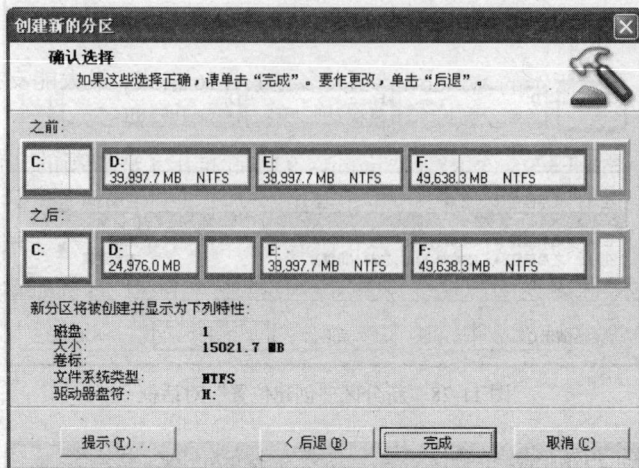

图 11-31　"确认选择"对话框

步骤 7　显示新分区。单击"完成"按钮返回到程序主界面，可以看到列表中已经出现了新分区的相关信息，如图 11-32 所示。但新分区"H"盘目前还不能正常使用。

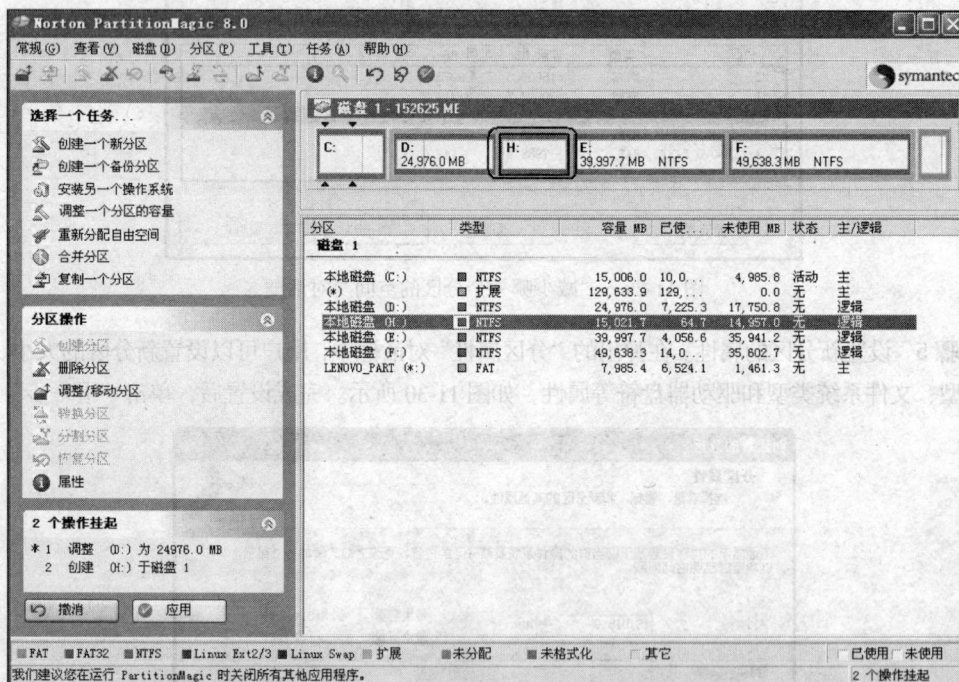

图 11-32　显示新增分区的主界面

步骤 8　确认修改。在如图 11-32 所示的主界面左侧列表中，如果不需要新的分区操作，则可单击"撤销"按钮。如果决定创建新的硬盘分区，则单击"应用"按钮即可。

步骤 9　应用更改并执行。在弹出的"应用更改"对话框中，如果要确定更改，则单击"是"按钮，否则就单击"否"按钮。单击"是"按钮后，则弹出"过程"对话框，开始执行分区。完成后单击"确定"按钮即可完成创建一个新分区的操作。

📝 **小贴士**

文件系统类型有如下几种。

FAT16：MS-DOS 及老版本的 Windows 95 大多是 FAT16 格式，最大能支持 2GB 的磁盘分区，但磁盘利用效率很低。

FAT32：微软从 Windows 95 OSR2（Windows 97）起推出了一种新的文件分区模式，突破了 FAT16 对磁盘分区容量的限制，达到了 2000GB，单个文件最大 4GB。

NTFS：NTFS 文件系统与 FAT 文件系统相比最大的特点是安全稳定，不易产生碎片，单个文件最大支持 16TB（1TB=1024GB）。但只有基于 NT 构建的操作系统，如 Windows XP，Windows 2000 等，才能支持。Windows Vista 操作系统的文件类型必须是 NTFS。

Ext2：Linux 所使用的分区格式，安全性及稳定性较好，但不兼容 Windows 系列操作系统。

11.5.2　调整分区大小

如果发现硬盘空间分配不合理，或者想增加某一分的容量大小时，可以利用 Partition Magic 软件，在不影响硬盘数据的情况下重新调整分区大小。

步骤 1　选择链接。启动 Partition Magic 程序，单击左侧"选择一个任务"列表中的"调整一个分区的空量"链接。打开"调整分区空量"对话框，并单击"下一步"按钮。

步骤 2　选择磁盘。在弹出的"选择磁盘"对话框中，选择要调整大小的硬盘分区，如选择"F"分区，如图 11-33 所示，再单击"下一步"按钮。

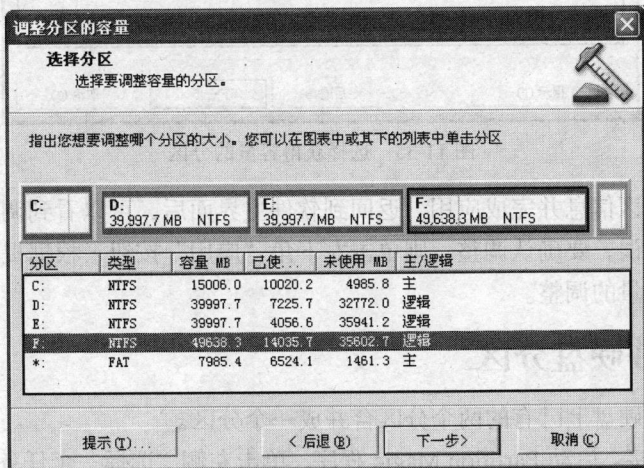

图 11-33　选择分区

步骤 3　设置分区的新容量。在弹出的"指定新建分区的容量"对话框中，设置分区的新容量，如图 11-34 所示，再单击"下一步"按钮。

步骤 4　分配获得的空间。在弹出的"提供给哪一个分区空间"对话框中，选择将重新调整分区操作中多出来的空间，分给硬盘上的哪一个分区，如图 11-35 所示，再单击"下一步"按钮。

步骤 5　确认调整。在弹出的"确认分区调整容量"对话框中，如确认分区容量无误后，单击"完成"按钮。否则，单击"后退"按钮返回上一步再选择另一个分区，最后再单击"下一步"按钮。

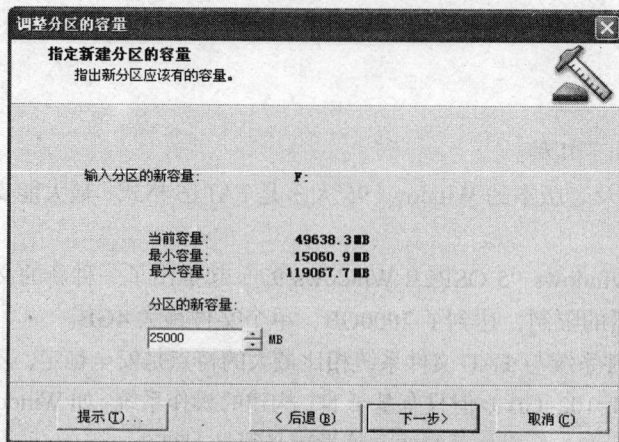

图 11-34　设置分区新容量

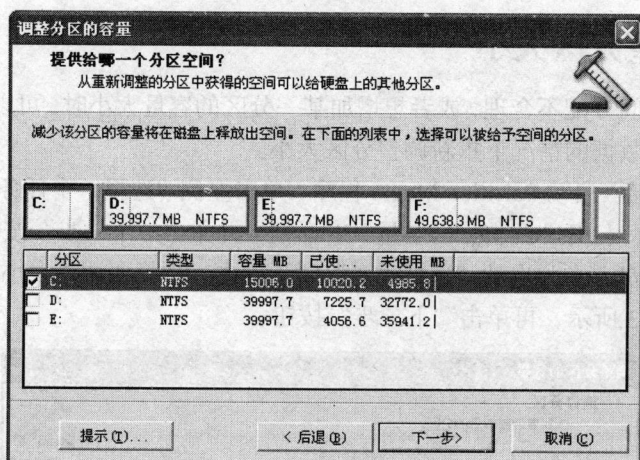

图 11-35　选择获得容量的分区

步骤 6　显示分区信息并完成应用。返回到软件主界面后，可以看到调整后的分区信息。如果调整的分区容量无误，要确认调整，则单击左下角"应用"按钮，根据提示一一确认，重启后即可完成分区大小容量的调整。

11.5.3　合并硬盘分区

合并分区就是将硬盘上已有的两个分区合并成一个分区。

步骤 1　选择链接。启动 Partition Magic 程序，单击左侧"选择一个任务"列表中的"合并分区"链接。打开"合并分区"对话框，并单击"下一步"按钮。

步骤 2　选择硬盘和第一分区。在弹出的"选择第一分区"对话框中，如图 11-36 所示，选择要调整大小的分区，再单击"下一步"按钮。

步骤 3　选择第二分区。在弹出的"选择第二分区"对话框中，选择第二个分区，如图 11-37 所示。此分区的内容将会被添加为第一个分区的一个文件夹，再单击"下一步"按钮。

步骤 4　新建包含第二分区文件的文件夹。在弹出的"选择文件夹名称"对话框的"文件夹名称"文本框中，输入文件夹的名称，如图 11-38 所示。此文件夹将包含第二个分区的内容，单击"下一步"按钮。

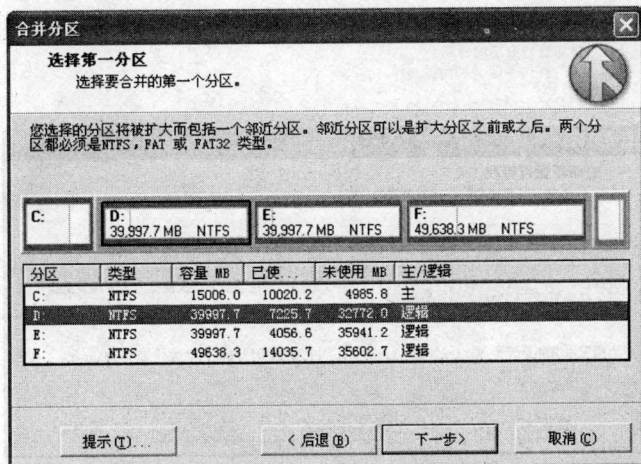

图 11-36　选择第一分区

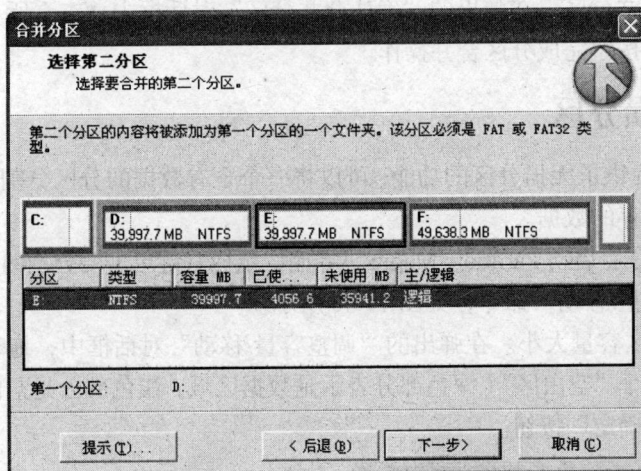

图 11-37　选择第二分区

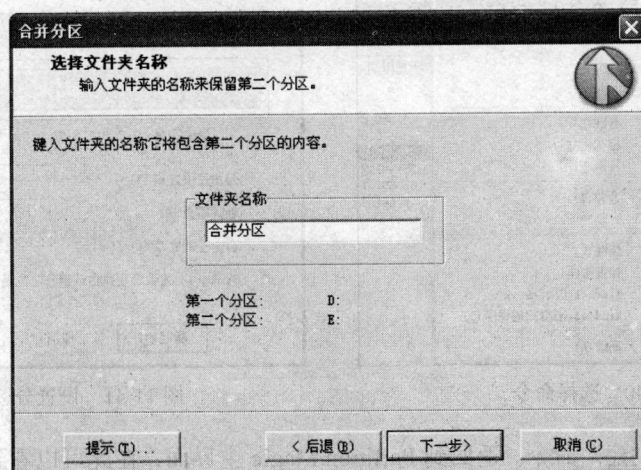

图 11-38　输入文件名称

步骤 5　提示改变盘符。在弹出的"驱动器盘符更改"对话框中，提示用户合并分区可能导致驱动器盘符的改变，如图 11-39 所示。若决定要合并分区，则单击"下一步"按钮，否则，单击"取消"按钮。

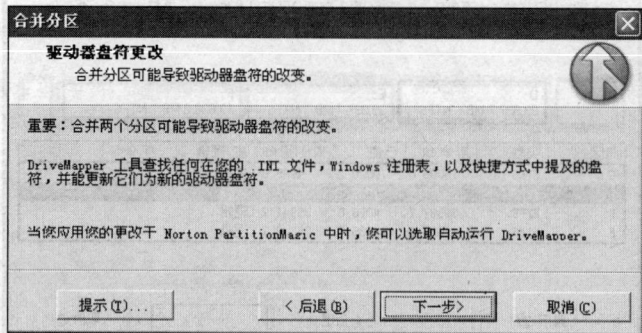

图 11-39　"驱动器盘符更改"对话框

步骤 6　确认合并分区。在弹出的"确认合并分区"对话框中，查看所显示的信息，确认无误后，单击"完成"按钮完成分区合并操作。

11.5.4　无损分区

Partition Magic 提供了无损分区的功能，可以将一个含有数据的分区分割成两个分区，并可以自定义每个分区中保存的数据。

步骤 1　选择命令。启动 Partition Magic 主界面，鼠标右键单击要分割的分区，在弹出的快捷菜单中选择"调整容量/移动"命令，如图 11-40 所示。

步骤 2　设置分区容量大小。在弹出的"调整容量/移动"对话框中，拖动上方滑块，将剩余的空间空出来作为一个"空白区"（深色部分表示是数据区域，浅色部分是空白区域），如图 11-41 所示，然后再单击"确定"按钮。

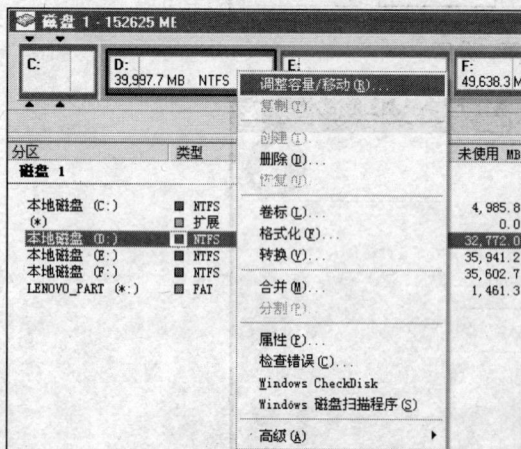

图 11-40　选择命令

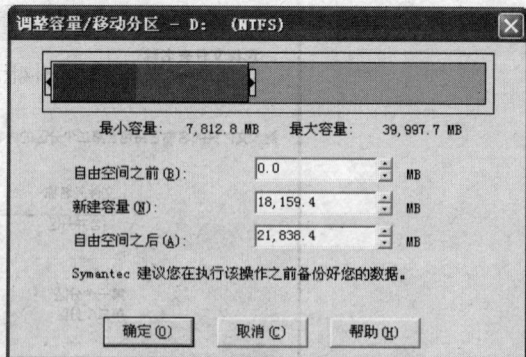

图 11-41　设置分区容量大小

步骤 3　选择"创建"命令。返回到 Partition Magic 主界面，在此可以看到 D 盘减少了 20GB 的空间，如图 11-42 所示。鼠标右键单击未分配的分区，在弹出的快捷菜单中选择"创建"命令。

步骤 4　设置分区类型和盘符。在弹出的"创建分区"对话框中，设置确认分区的类型和驱动器的盘符，设置完成后单击"确定"按钮，返回主界面，再单击左侧"应用"按钮即可完成对分区的无损分割。

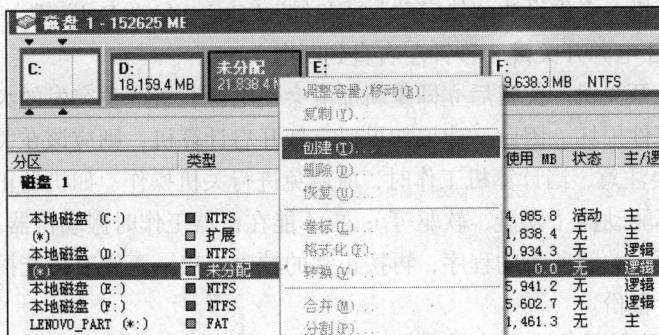

图 11-42　创建未分配的分区

11.6　计算机的日常维护

11.6.1　计算机运行环境

环境对计算机寿命的影响不容忽视，只有在一个良好的工作环境下，计算机才能正常发挥其功能，为工作、学习服务。

计算机运行环境的要求如下。

（1）计算机正常的工作温度应在 10℃～35℃，理想的工作温度范围在 18℃～25℃。相对湿度应为 30%～80%。计算机对电源也有要求，交流电正常的范围应在 220V ± 10%，频率范围是 50Hz ± 5%，并且必须有良好的电源接地，以防漏电等危急人身安全的情况。在条件允许的情况下，还可使用 UPS（不间断电源）来保护计算机，避免突然断电可能导致的硬件故障或数据损失等。

（2）计算机在运行时不可避免地会产生电磁波和磁场，因此最好将计算机放置在离电视机、录音机等电器远一点的地方，防止显示器和电视机屏幕的相互磁化，高频信号互相干扰等。

（3）由于计算机是由许多紧密的电子元件组成的，因此务必要将计算机放置在干燥的地方，以防止潮湿引起电路短路等问题。

（4）由于计算机在运行过程中 CPU 会散发大量的热量，如果不及时将其散发，则有可能导致 CPU 过热，工作异常，因此，最好将计算机放置在通风凉爽的位置。

（5）计算机应尽可能放置在干净且灰尘少的地方，遇有表面积尘时，可用潮湿的软布和中性洗液进行擦拭，擦完后不必用清水清洗，残留在上面的洗液有助于隔离灰尘，下次清洗时只需用湿润的毛巾进行擦拭即可。切勿使用高挥发性有机溶剂类清洗剂（如酒精等），有机溶剂类清洗剂会腐蚀计算机外壳的喷漆，导致不可恢复的表面喷漆脱落或退色。

11.6.2　正确的使用习惯

不正确的使用习惯会导致产生故障。因此在使用计算机时应注意以下几点。

（1）正确开关机。正确的开机顺序是，先打开外设（如打印机，扫描仪等）和显示器的电源，然后再开主机电源；正确关机顺序则相反，先关闭主机电源，再关闭外设和显示器电源，避免电流冲击所导致的伤害。

（2）如果遇到死机，应先设法"热启动"（同时按"Ctrl + Alt + Del"键），如果启动无效，再使用"硬关机"（按住电源开关键8秒钟左右直到断电）。

（3）不要频繁地开关机。关机后立即重新加电会使电源装置产生突发的大冲击电流，造成电源甚至主机中的零部件损坏。因此，建议如果要重新开启计算机，则应该在关闭机器后至少等待10秒钟以上。特别要注意，当计算机工作时，应避免进行关机操作。如机器正在读写数据时突然关机，很可能会损坏驱动器（硬盘、软驱等）；更不能在机器工作时搬动机器。

（4）关机时必须先关闭所有的程序，再按正常的顺序退出，否则有可能损坏应用程序。对重要的数据要经常进行备份。

（5）定期执行磁盘检查程序和碎片整理程序，提高硬盘的使用速度和寿命，优化系统性能，建议每1～3个月执行一次（可以根据机器安装软件的多少和碎片比例适当调整进行碎片整理和磁盘检查的间隔时间）。

（6）装置或连接新外设前认真阅读安装手册和指南，确保安装正确、顺利进行，以避免造成硬件故障。另外，为保证外接设备的稳定性，建议尽量连接主机后端的USB/1394等连接端口。

（7）在连接外接的移动硬盘、优盘、读卡器等移动存储设备以及装置其他内接式外设或内存等部件时，一定注意防止静电所产生的危害，应该首先使身体与接地的金属或其他导电物体接触，释放身体上的静电，避免因静电而毁损电子元器件等。

（8）硬盘在读写时要防震动，也不能关掉电源。硬盘进行读写时，处于高速运转状态，如果突然关掉电源，会导致磁头与盘片猛烈摩擦而损坏硬盘，造成数据区损坏和硬盘内的文件信息丢失。

11.6.3 数据备份

由于受到病毒攻击，或者由于平时大家操作不当，导致系统文件损坏、注册文件破坏以及驱动文件的丢失等情况，一旦系统崩溃，或是硬盘发生故障，都会导致重要数据丢失。若已对数据进行备份，则可以通过备份文件进行恢复。数据备份是很重要的，要养成对重要数据经常备份的习惯。

1. 系统备份工具 Ghost

Ghost 作为一款非常强大的系统备份软件，应用非常广，其主要应用的就是系统盘的制作，使用 Ghost 制作的系统，安装更为方便，安装速度更快。软件主界面如图 11-43 所示。

（1）分区备份

使用 Ghost 进行系统备份，有整个硬盘（Disk）和分区硬盘（Partition）两种方式。在菜单中单击 Local（本地）项，在右面弹出的菜单中有 3 个子项，如图 11-44 所示。其中 Disk 表示备份整个硬盘（即克隆）、Partition 表示备份硬盘的单个分区、Check 表示检查硬盘或备份的文件，查看是否可能因分区、硬盘被破坏等造成备份或还原失败。分区备份作为个人用户来保存系统数据，特别是在恢复和复制系统分区时具有实用价值。

步骤 1 选择命令。选择"Local" | "Partition" | "To Image"命令，弹出硬盘选择窗口，开始分区备份操作。单击该窗口中白色的硬盘信息条，选择硬盘，进入窗口，选择要操作的分区（若没有鼠标，可用键盘进行操作：Tab 键进行切换，回车键进行确认，方向键进行选择）。

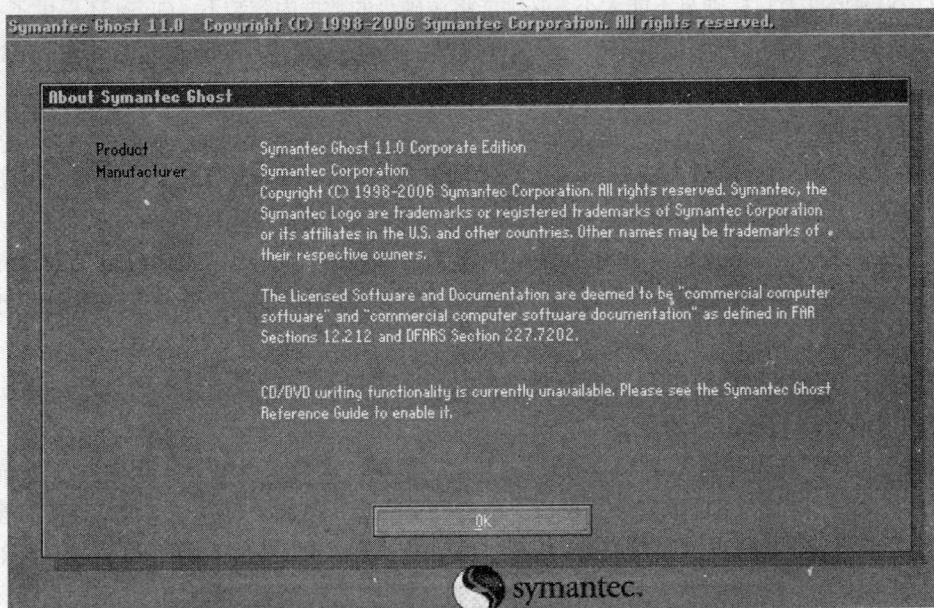

图 11-43 GHOST 软件主界面

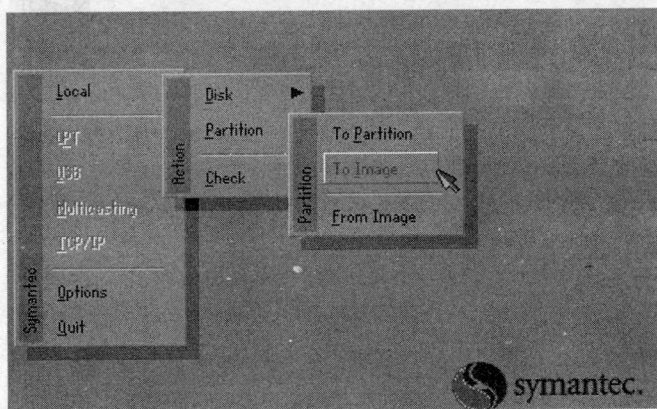

图 11-44 菜单界面

步骤 2 设置参数。在弹出的窗口中选择备份储存的目录路径并输入备份文件名称，注意备份文件的名称带有 GHO 的后缀名。接下来，程序会询问是否压缩备份数据，并给出 3 个选择：No 表示不压缩，Fast 表示压缩比例小而执行备份速度较快，High 表示压缩比例高但执行备份速度相当慢。最后单击 Yes 按钮即开始进行分区硬盘的备份。备份的文件以 GHO 后缀名储存在设定的目录中。

（2）硬盘克隆与备份

硬盘的克隆就是对整个硬盘的备份和还原。选择菜单上的 "Local" | "Disk" | "To Disk" 命令，在弹出的窗口中选择源硬盘（第一个硬盘），然后选择要复制到的目标硬盘（第二个硬盘）。单击 Yes 开始执行。

📝 **小贴士**

Ghost 能将目标硬盘复制得与源硬盘几乎完全一样，并实现分区、格式化、复制系统和文件

一步完成。只是要注意目标硬盘不能太小，必须能将源硬盘的数据内容装下。Ghost 还提供了一项硬盘备份功能，就是将整个硬盘的数据备份成一个文件保存在硬盘上（菜单 "Local"|"Disk"|"To Image"），然后就可以随时还原到其他硬盘或源硬盘上。

（3）备份还原

如果硬盘中备份的分区数据受到损坏，用一般数据修复方法不能修复。或者系统被破坏后不能启动，都可以用备份的数据进行完全的复原而无需重新安装程序或系统。

要恢复备份的分区，在 Ghost 软件主界面中选择菜单上的 "Local"|"Partition"|"From Image" 命令，在弹出窗口中选择还原的备份文件，再选择还原的硬盘和分区，单击 Yes 按钮即可。

2. 文件数据的备份/还原

文件数据备份除了可以 "复制" 命令将文件数据备份到另一磁盘上，还可以用 "备份文件向导" 来完成文件数据的备份和恢复。

步骤 1 打开 "备份和还原向导"。打开 "开始" 菜单，选择 "程序"|"附件"|"系统工具"|"备份" 命令，打开 "备份或还原向导" 窗口。单击 "下一步" 按钮。打开 "备份或还原" 窗口，选择 "备份文件和设置" 单选项，如图 11-45 所示。再单击 "下一步" 按钮，弹出图 11-46 所示对话框。

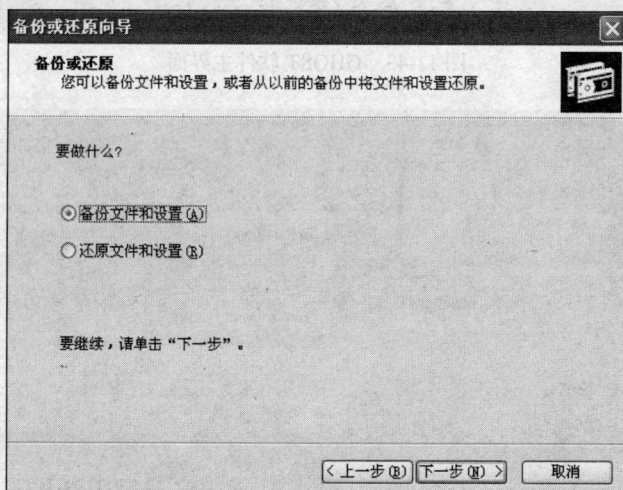

图 11-45　选择备份选项

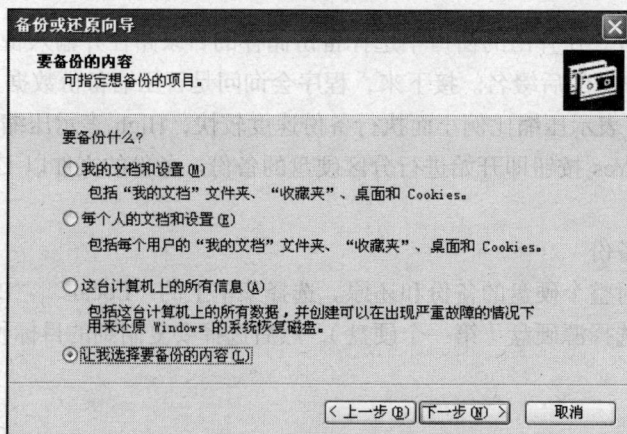

图 11-46　指定备份的项目

步骤 2 指定要备份的项目。在打开的 "要备份的内容" 对话框中，选定项目，如单击 "让我选择要备份的内容"选项，再单击"下一步"按钮，进入下一个对话框，如图 11-46 所示。在该对话框中勾选要备份的磁盘、文件或文件夹复选框，如图 11-47 所示。然后单击"下一步"按钮。

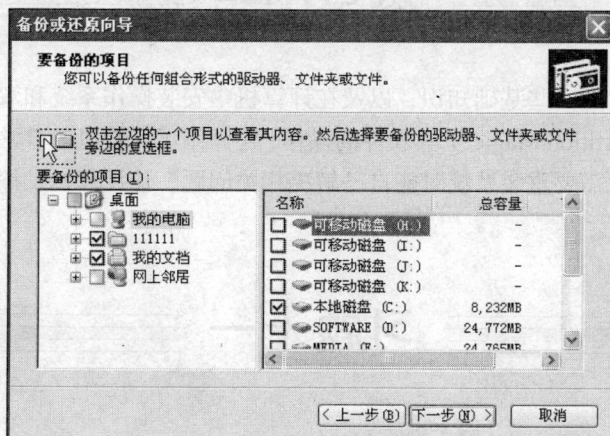

图 11-47　选择要备份的内容

步骤 3　设置备份文件位置和名称。在打开的"备份类型、目标和名称"对话框中，可单击"浏览"按钮来选择备份文件存放的具体位置，备份文件的名称等，如图 11-48 所示。然后再单击"下一步"按钮，完成"备份或还原向导"设置。

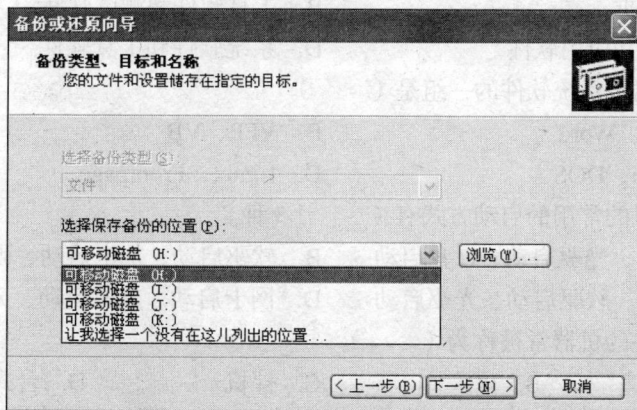

图 11-48　设置备份文件存放位置

步骤 4　还原文件数据。打开"开始"菜单，选择"程序"|"附件"|"系统工具"|"备份"命令，打开"备份或还原向导"窗口。单击"下一步"按钮。打开"备份或还原"窗口，在图 11-45 中，选择"还原文件和设置"单选项，再根据提示，找到备份文件所存放的位置和名称，完成文件数据的还原操作。

3. 创建系统还原点

"系统还原"是 Windows XP 的组件之一，用以在系统出现问题时将系统还原到过去的状态，但同时并不丢失个人数据文件（如 Microsoft Word 文档、浏览历史纪录、图画、收藏夹或电子邮件）。"系统还原"可以监视对系统和一些应用程序文件的更改，并自动创建容易识别的还原点。这些还原点允许用户将系统还原到过去某一时间的状态。

方法：选择"开始"|"程序"|"附件"|"系统工具"|"系统还原"命令，打开系统还原向导，选择"创建一个还原点"，单击"下一步"按钮，为还原点命名后，单击"创建"按钮即可创建还原点。

本章小结

本章介绍了计算机的一些基础知识，以及在计算机中安装操作系统和双操作系统、计算机驱动程序和应用软件、Partition Magic 工具软件的操作，还介绍了计算机的日常维护和数据备份相关知识，使用户在计算机需要重装系统时能自己解决相关问题，让计算机发挥更大功能，更好地为工作、学习服务。

习题十一

一、单项选择题

1. 下列设备都是输入设备的一组是（　　）。
   A. 扫描仪、打印机、鼠标
   B. 键盘、RAM、触摸屏
   C. 光笔、绘图仪、话筒
   D. 键盘、数码相机、扫描仪

2. 计算机的软件系统分为（　　）。
   A. 程序和数据
   B. 工具软件和测试软件
   C. 系统软件和应用软件
   D. 系统软件和工具软件

3. 下列软件都属于系统软件的一组是（　　）。
   A. Winodws、Word
   B. VFP、VB
   C. Photoshop、DOS
   D. Linux、Frontpage

4. 目前，计算机的常用的启动方式有（　　）3 种。
   A. 硬盘启动、光驱启动、U 盘启动
   B. 软驱启动、加电启动、硬盘启动
   C. 硬盘启动、软驱启动、光驱启动
   D. 网卡启动、软驱启动、光驱启动

5. 没有安装软件的机器常被称为（　　）。
   A. 计算机
   B. PC
   C. 裸机
   D. 台式机

6. 全新安装 Windows 操作系统应设置（　　）为第一启动顺序。
   A. 光驱启动
   B. 硬盘启动
   C. 软驱启动
   D. U 盘启动

7. （　　）主要是对硬盘的各个分区进行磁道的格式化，在逻辑上划分磁道。
   A. 分区
   B. 高级格式化
   C. 低级格式化
   D. 备份分区表

8. （　　）软件可以在不损坏硬盘原有数据的情况下，对硬盘进行重新分区等操作。
   A. FDISK
   B. GDISK
   C. DISK Manager
   D. Partition Magic

9. Windows Vista 操作系统的安装分区格式必须是（　　）格式。
   A. FAT16
   B. FAT32
   C. NTFS
   D. Ext2

10. 正确的开机顺序是（　　）。
    A. 先开外设电源→显示器电源→主机电源
    B. 先开显示器电源→主机电源→外设电源
    C. 先开主机电源→显示器电源→外设电源
    D. 先开外设电源→主机电源→显示器电源

二、填空题

1. 软件是＿＿＿＿、＿＿＿＿和＿＿＿＿的总称。

2. 操作系统是＿＿＿＿的基础部分，是用户和裸机之间的接口。

3. 装机时，首先应安装＿＿＿＿，其次才安装各种＿＿＿＿。

4. 在安装 Windows XP 时，若是对划分的分区容量大小不满意，要重新分区，则可选定该分区，再按键盘上的＿＿＿＿键和＿＿＿＿键即可删除该分区进行重新分区。

5. 安装硬件驱动程序的途径一般有两种，一种是＿＿＿＿＿＿＿＿＿＿；另一种是＿＿＿＿＿＿＿＿。

6. 软件卸载的两种方法是：＿＿＿＿＿＿＿和＿＿＿＿＿＿＿。

7. ＿＿＿＿＿＿＿是连接硬件与软件的接口。

8. 如果不想损坏硬盘原有的数据而要进行分区，则应选择＿＿＿＿＿＿软件。

9. ＿＿＿＿＿＿＿是物理级的格式化，主要用于划分硬盘的磁柱面、建立扇区数和选择扇区间隔比。

10. 若要安装 Windows XP 和 Windows Vista 双操作系统，安装顺序一般为先安装＿＿＿＿，再安装＿＿＿＿，分区格式应选择＿＿＿＿格式。

三、上机操作题

1. 利用 Partition Magic 软件调整 E 盘大小。

2. 利用 Partition Magic 软件无损分割 F 盘，将其分为两个区。

3. 利用 Ghost 软件备份 C 盘数据，并将备份文件存放在 E 盘上。

4. 利用"备份或还原向导"备份 E 盘上任一文件夹，并将备份的文件以 Backer 为文件夹名存放在 F 盘根目录上。

第 12 章
常用办公设备的使用和维护

随着计算机的普及，办公节奏的加快，办公自动化理念的不断深入，打印机、复印机、扫描仪及传真机等已成为办公所必需的辅助工具，这些硬件设施配合计算机实现许多不同的办公功能。本章就将介绍其中比较常用的一些电脑办公辅助工具的使用与维护。

12.1 打印机的使用

打印机是办公自动化中重要的输出设备之一，主要用于将计算机运算、处理的结果输出到纸张上。用户可以通过简单的操作，利用打印机把制作的各种类型的文档适时地输出到纸张或有关介质上，从而便于在不同场合传送、阅读和保存。

打印机通常有两种打印方式，即文本方式和图形方式。西文均采用文本方式打印，汉字可采用文本和图形两种打印方式处理。

目前，办公常用的打印机按工作方式分类，有针式打印机、喷墨打印机和激光打印机。

12.1.1 针式打印机

用打印针和色带以机械冲击的方式在纸张上印字的打印机称为针式打印机。针式打印机是一种典型的击打式点阵打印机，如图 12-1 所示。它包括印字机构、横移机构、走纸机构和色带机构4部分。针式打印机常用于办公票据的打印和复写打印。

图 12-1 针式打印机

针式打印机的特点是：结构简单、技术成熟、性能价格比高、消耗费用低。

12.1.2　喷墨打印机

　　喷墨打印机是一种经济型非击打式的高品质彩色打印机，是一款性能价格比较高的彩色图像输出设备，在办公应用中普及率较高。

　　喷墨打印机是一种把墨水喷到纸张上形成点阵字符或图像的打印机。如图 12-2 所示，它主要由喷头和墨盒、清洁单元、小车单元、送纸单元 4 个部分组成，具有打印速度快、工作噪音低和高分辨率等特点。

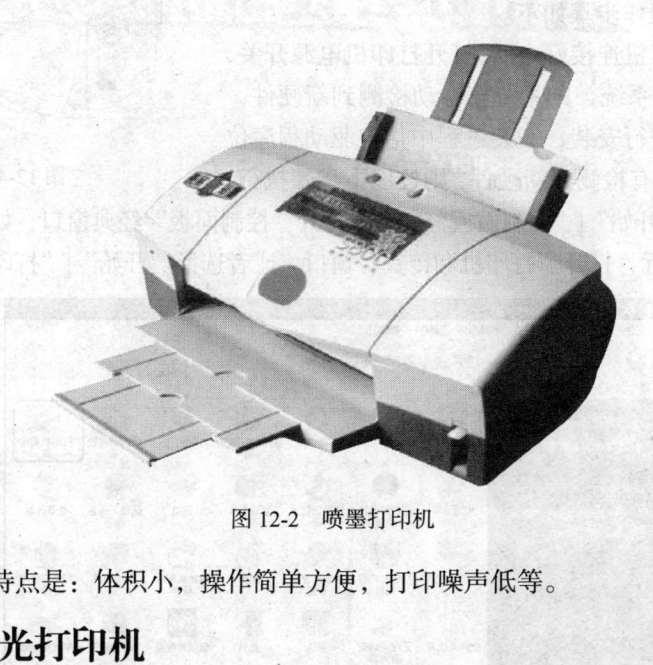

图 12-2　喷墨打印机

　　喷墨打印机的特点是：体积小，操作简单方便，打印噪声低等。

12.1.3　激光打印机

　　激光打印机是现代高新技术的结晶，其打印速度和打印质量是 3 种打印机中最好的，已成为现代办公中不可缺少的办公设备，如图 12-3 所示，主要由感光鼓、墨粉、盒组件和精密机械等组成。

图 12-3　激光打印机

12.1.4　打印机的组装与使用

打印机的接口有 SCSI 接口、EPP 接口、USB 接口 3 种。一般使用的是 EPP 和 USB 两种。本小节主要介绍 USB 接口。

USB 接口又称为通用串行接口，其特点是即插即用，支持热插拔（即无需重新启动即可使用所连接的设备），如图 12-4 所示。

打印机组装的操作步骤如下。

把打印机与计算机连接好之后，打开打印机电源开关，然后启动 Windows 系统，则系统会自动检测到新硬件，然后按照向导提示进行安装，安装过程中指定驱动程序位置就可以了。如果没有检测到新硬件，则按以下步骤执行。

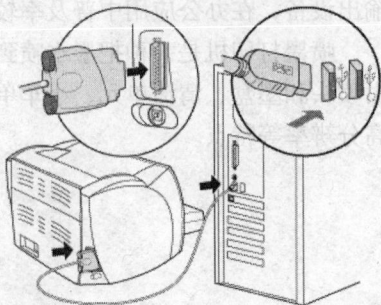

图 12-4　USB 接口

步骤 1　选择"开始"|"控制面板"命令，打开"控制面板"经典窗口，如图 12-5 所示，双击"打印机和传真"图标，打开"打印机和传真"窗口。或者选择"开始"|"打印机和传真"命令。

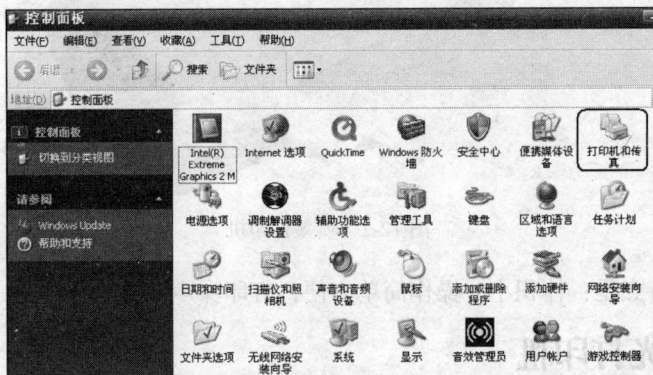

图 12-5　"控制面板"对话框

步骤 2　在"打印机和传真"窗口左侧任务栏里选择"添加打印机"项，打开如图 12-6 所示的向导窗口。

步骤 3　单击"下一步"按钮，打开打印机类型设置界面，如图 12-7 所示。在这一步，可以选择设置连接到"本地打印机"或"网络打印机"，可以选择让系统自动检测并安装即插即用打印机。然后单击"下一步"按钮。

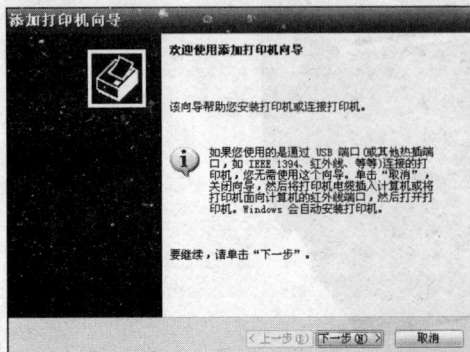

图 12-6　"添加打印机向导"对话框

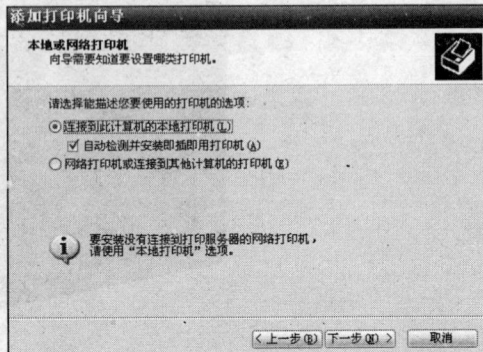

图 12-7　选择"本地"还是"网络"打印机

　　步骤 4　在打开如图 12-8 所示的端口选择界面，选择所采用的打印机端口。根据打印机的接口方式选择端口，如果是并行接口，可直接在"使用以下端口"下拉列表框中选择 LPT1。如果是 USB 接口，则选择 USB 端口。选择完毕单击"下一步"按钮。

　　步骤 5　在弹出如图 12-9 所示的安装打印机软件窗口中可选择所使用打印机的厂商，以及打印机型号。如果没有找到您需要的打印机型号，可单击"从磁盘安装"按钮，可从本地磁盘或光驱安装打印机安装文件。选择完毕单击"下一步"按钮。

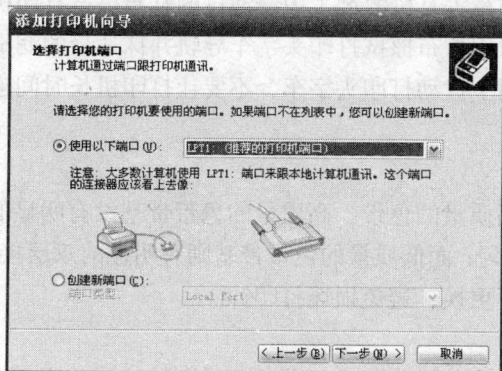

図 12-8　选择打印机的适用端口

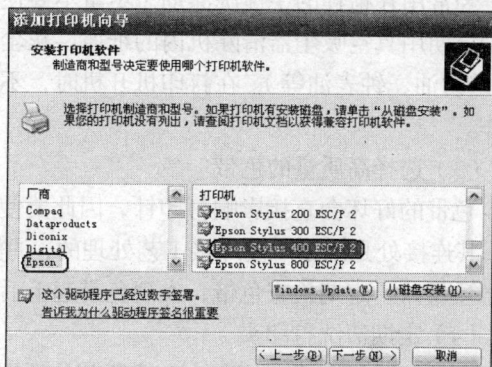

图 12-9　选择打印机厂商及打印机名

　　步骤 6　如果是第一次安装驱动程序，会弹出打印机命名窗口，如图 12-10 所示。在"打印机名"栏里输入自己设定的打印机名，也可以设置这台打印机是否为默认打印机。设置完毕后单击"下一步"按钮打开打印机共享窗口，为打印机设置是否共享。

　　步骤 7　继续确认单击"下一步"按钮，向导会提醒你是否需要打印测试页，如图 12-11 所示。选择完毕后单击"下一步"按钮，进入确定页面，信息确认无误之后，单击"完成"按钮，等待驱动程序文件复制完毕，即完成打印机的安装。

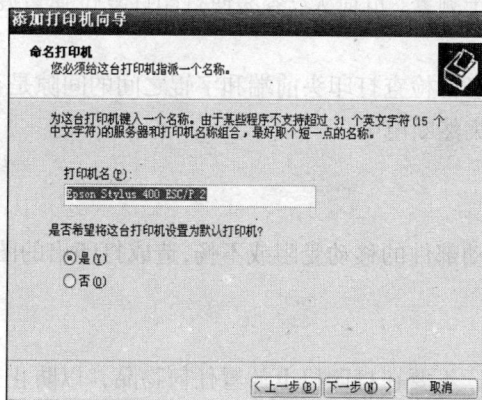

图 12-10　"添加打印机名"操作

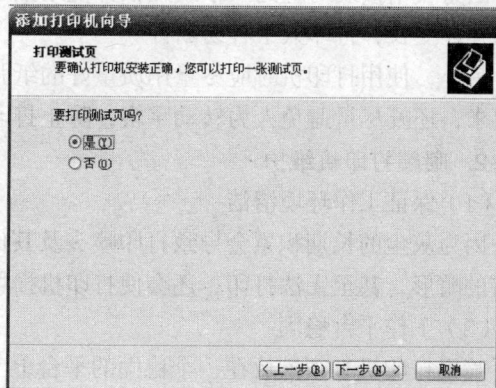

图 12-11　选择是否打印测试页

12.1.5　打印机的日常维护

1．针式打印机维护

　　在针式打印机的使用中，由于使用不当造成的故障的情况很多。要延长打印机使用寿命，就必须了解针式打印机的正确使用方法和注意事项，加强日常维护管理。

（1）保证打印机的正常工作环境

针式打印机工作的正常温度范围是 10℃～35℃，正常湿度范围是 30%～80%，工作环境应保持相当的清洁度，打印机应远离电磁场振源和噪音。要特别注意打印机的温度，打印一段时间后，若打印头的温度太高，应休息一会儿，以保护打印针。也有的打印机有自动保护功能，在打印头达到一定温度时会自动停止打印，待其冷却后再继续工作。

（2）保持清洁

经常用在稀释的中性洗涤剂（尽量不要使用酒精等有机溶剂）中浸泡过的软布擦拭打印机机壳；定期用真空吸尘器清除机内的纸屑、灰尘等；用软布擦拭打印头字车导轨并抹适量的润滑油（如缝纫油、钟表油等）；在打印机开机时，不能用手拨动打印头字车，不要让打印机长时间连续工作。

（3）选择高质量的色带

色带的好坏会直接影响打印针，因此要使用高质量的色带。高质量的色带带基没有明显的接痕，其连接处是用超声波焊接工艺处理的，油墨均匀；而低质量的色带带基则有明显的双层接头，油墨质量差。定期检查色带，发现色带起毛后就要更换，避免损坏打印针。

（4）定期清洗打印头

打印机使用久了，打印头会残留部分纸屑、灰尘等赃物，在打印时容易断针，因此应定期清洗打印头，最好 3 个月左右清洗一次。方法是：拆下打印头后，将打印头前端 1cm～2cm 处放在 95%无水酒精中浸泡 5 分钟后，再用小软毛刷清洗针孔，洗净后晾干，再装上即可。

（5）减少打印机空转

在不需要时要关闭打印机，减少打印机空转，延长打印机的寿命。

（6）避免打印蜡纸

因为石腊会让打印机胶辊上的橡胶膨胀变形，且石腊也会进入打印机导孔，易造成断针。

（7）避免大量使用制表符打印表格造成断针

因为表格横线对应的一根或几根针使用频率过于频繁，负荷大，容易使打印针复位弹簧疲劳，导致弹性变长，打印久了容易断针。

另外，使用打印机时应尽量用质量好的纸张，经常检查打印头前端和字辊之间的间隙是否符合要求，还要尽量避免人为转动字辊，防止打印机突然断电等。

2. 喷墨打印机维护

（1）保证工作环境清洁

因为灰尘的长期积累会导致打印喷头及其他运动部件的移动受阻或不畅，造成打印出的图像、文字的畸形，甚至无法打印，还会使打印机损坏。

（2）工作平台稳固

喷墨打印机必须摆放在一个稳固的平台上工作，不要在打印机上放置任何物品，以防止掉入一些物品阻碍打印。

（3）使用质量好的打印介质

若使用质量较差的普通打印纸，时间长了打印头很容易粘附普通纸上的杂质和细小纤维，造成打印机喷头的堵塞。

（4）使用高质量墨水

由于喷头的直径很小，劣质墨水中的杂质会导致喷头阻塞，并尽量选用同一牌子高质量的墨水。

（5）避免长时间打印

长时间打印会使打印喷头过热，影响打印质量和精度，减少打印机寿命。打印量过大时最好能让打印机适当休息。

3. 激光打印机维护

激光打印机自身吸附灰尘的能力很强，常会不可避免地有粉尘残留在激光打印机内的部件上，而激光打印机热量会将这些粉尘变成固体，影响激光打印机的正常使用，甚至使激光打印机发生故障。

（1）正确选用复印纸，并防止回潮

选择激光打印机用的纸张很重要，最好选择静电复印机，纸张范围在 $60g\sim105g/m^2$ 之间，一般常使用 $70g/m^2$ 复印纸，太厚或太薄的纸张容易卡纸，甚至损坏镀膜。复印纸回潮会严重影响复印效果。

（2）正确选用碳粉盒

碳粉盒是激光打印机中最常用的耗材，要选择与打印机相匹配的碳粉盒，使用前最好将其摇动使碳粉均匀。

（3）定影辊的维护

定影辊在长期使用后可能会粘上一层墨粉等，在打印时会出现黑块、黑条。可用脱脂棉蘸无水酒精小心将其擦拭干净。

（4）硒鼓的维护

硒鼓的好坏直接影响打印质量，硒鼓存在工作疲劳问题，其连续工作时间不宜过长，在工作一段时间后应让打印机休息一下。

12.1.6　打印机耗材维护

打印机属于消耗产品，当色带、墨盒、硒鼓等耗材使用完了，就应更换新耗材继续使用。

1. 针式打印机更换色带

步骤 1　将打印机面盖打开，用双手握紧色带盒两边上的两个把柄，稍稍用力握紧，将色带盒取出，如图 12-12 所示，并将色带盒的上盖打开。

步骤 2　从色带盒取出旧色带，顺便观察旧色带在色带盒里的放置方法。新色带去掉包装，按旧色带放置方法放入色带盒内，盖上色带盒上盖，再顺时针转动色带盒上的色带旋钮几圈，以保证色带拉紧，如图 12-13 所示。

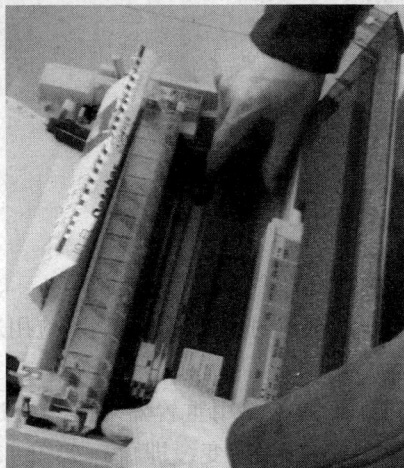

图 12-12　取出色带盒

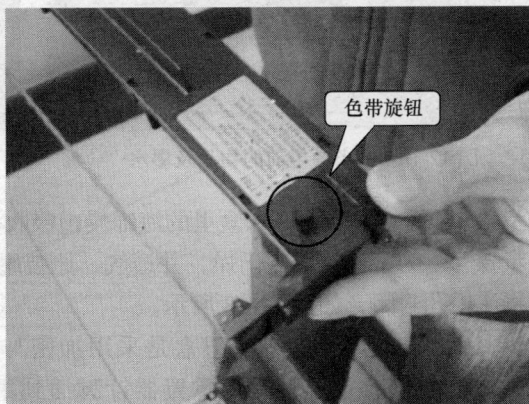

色带旋钮

图 12-13　装好色带并拉紧

步骤 3 将色带盒安装在字车座上并卡紧，通过打印头的部分应安装在打印头和打印头保护片中间，如图 12-14 所示。

步骤 4 顺时针转动色带盒上的旋钮，以保证色带拉紧，如图 12-15 所示。

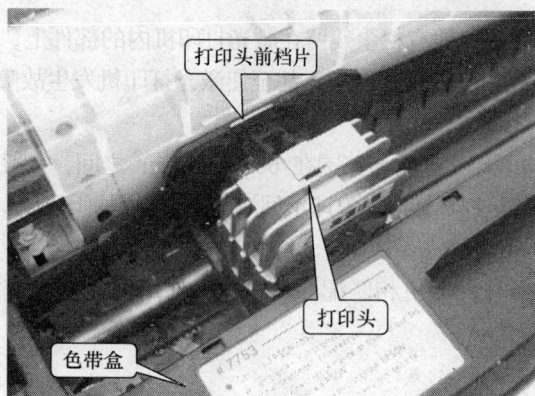

图 12-14 安装色带盒

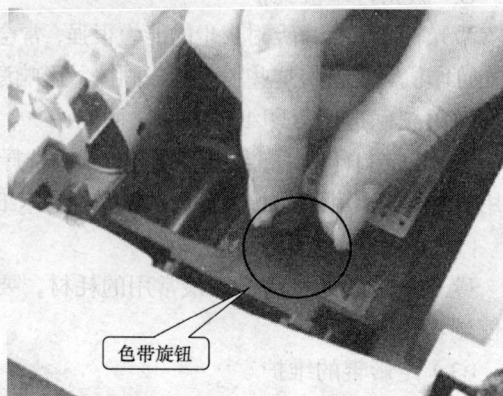

图 12-15 转动旋钮拉紧色带

2. 喷墨打印机墨盒灌墨

有的打印机灌墨后需要用一种称为"重置器"的设备对墨盒进行清零重置。将墨盒的金属部分与"重置器"的金属部分重合，指示灯变绿即可清零重置。

步骤 1 从打印机上取下原装墨盒，并准备好解码器、墨水，如图 12-16 所示。最好准备一次性手套和一些纸垫等，防止墨水将手和办公桌弄脏。

步骤 2 将墨水插入墨盒注墨孔，轻轻挤压墨水盒进行慢慢灌墨，并注意上面的 2 个透气孔是否进墨，或看看灌口是否要溢出，快溢出时就不要继续灌墨水了，如图 12-17 所示。

图 12-16 准备灌墨前的物品及墨水

图 12-17 向墨盒灌墨

步骤 3 灌好墨后让墨水盒里的海绵慢慢吸收墨水，达到饱和的状态。

步骤 4 为了不让墨盒干燥，并透气，原装墨盒密封口采用塑料封皮，灌好墨后，应用透明胶带将注墨孔封闭，如图 12-18 所示。

步骤 5 若喷墨打印机的墨盒是采用加密与计量方式计算的，要用重置器对其设置进行重置后才能使用，重置就是将重置器针脚插到墨盒的接口上，指示灯变绿即可，如图 12-19 所示。

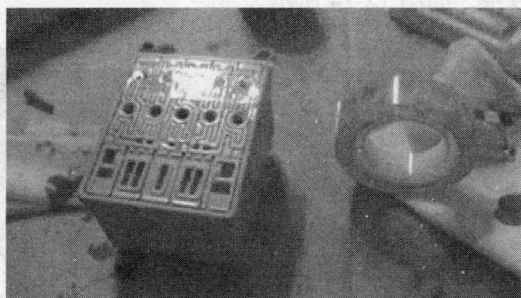

图 12-18　用透明胶带封注墨孔

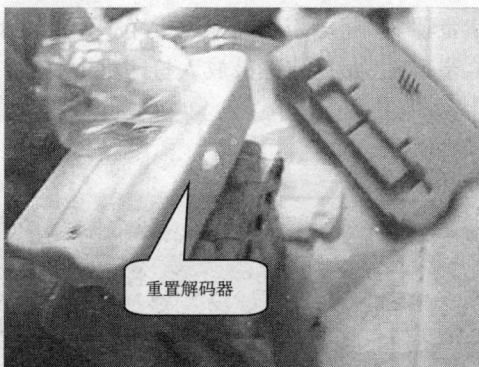

重置解码器

图 12-19　重置墨盒

步骤 6　最后将灌好墨水的墨盒装入打印机即可开始使用，如图 12-20 所示。

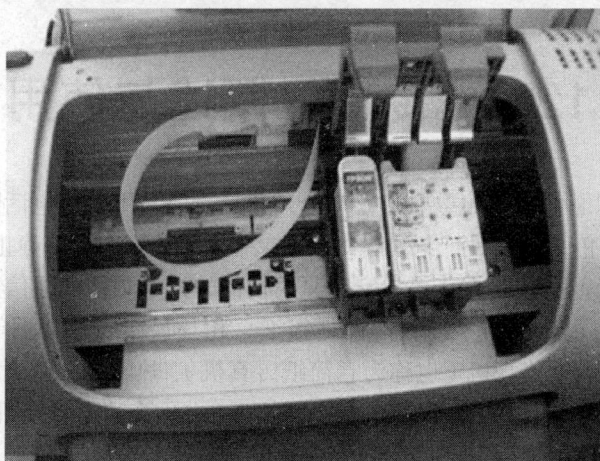

图 12-20　将灌好墨水的墨盒装入打印机

3. 激光打印机硒鼓灌粉

硒鼓墨粉用完后，可以再加上墨粉重新使用。

步骤 1　带上口罩，用改锥顺着硒鼓的边，尽量慢慢地撬开硒鼓，如图 12-21 所示，打开硒鼓观察一下，看看墨粉的使用程度。

步骤 2　要缓慢地注入墨粉，且墨粉不可添加过满，如图 12-22 所示。

图 12-21　撬开硒鼓

图 12-22　添加墨粉

步骤3 将硒鼓四周擦拭干净，不能留下粉尘，最后用透明胶带封口，如图 12-23 所示。

步骤4 最后将硒鼓放入打印机中测试打印效果，如图 12-24 所示。

图 12-23 用透明胶将硒鼓封口

图 12-24 将墨盒安装回打印机

12.2 传真机概述与使用

传真机是现代图像通信设备的重要组成部分，它是目前采用公用电话网传送并记录图文真迹的唯一技术手段。所谓传真通信是把记录在纸上的文字、图表、相片等静止的图像变换成电信号，经传输线路传递到远处，在接收方获得与发送原稿相似的记录图像的通信方式。

传真机就是指通过电话网络来传输文件、报纸、相片、图表及数据等信息的通信设备，如图 12-25 所示，包括热敏纸传真机（也称为卷筒纸传真机）、热转印式普通纸传真机、激光式普通纸传真机（也称为激光一体机）、喷墨式普通纸传真机（也称为喷墨一体机）4 种，而市场上最常见的就是热敏纸传真机和喷墨/激光一体机。

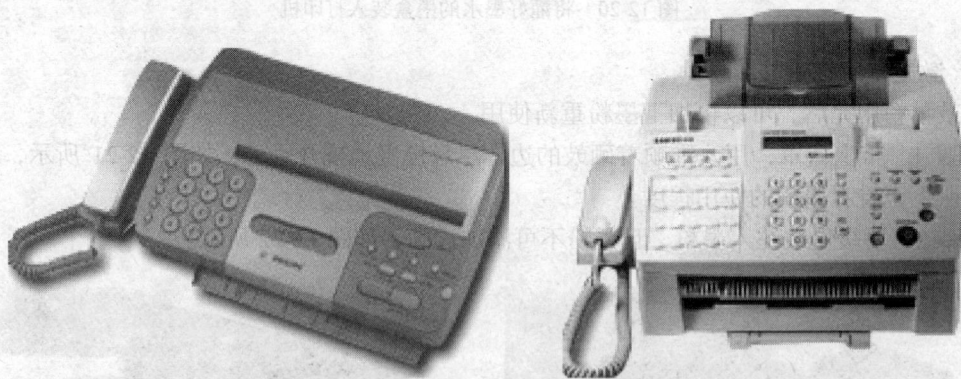

图 12-25 传真机

12.2.1 传真机的基本工作原理

传真通信和其他通信系统一样，由发送、接收以及通信线路 3 部分组成。要将一张原稿完整地由发送方传送到接收方，首先就要将传真图像经发送方进行图像扫描、数字化处理、编码及调制成模拟信号后，送往传输线路，经线路传送到接收方后，经过解调、译码、记录转换以及接收扫描，最后还原出与发送图像一致的图像信息。

传真机的基本工作原理可以归纳为 5 个环节：发送扫描、光电变换、传真信号的调制解调、记录变换、接收扫描。

12.2.2 传真机的使用

1. 发送传真

步骤 1 传真机的安装连接如图 12-26 所示，检查传真机的工作状态。

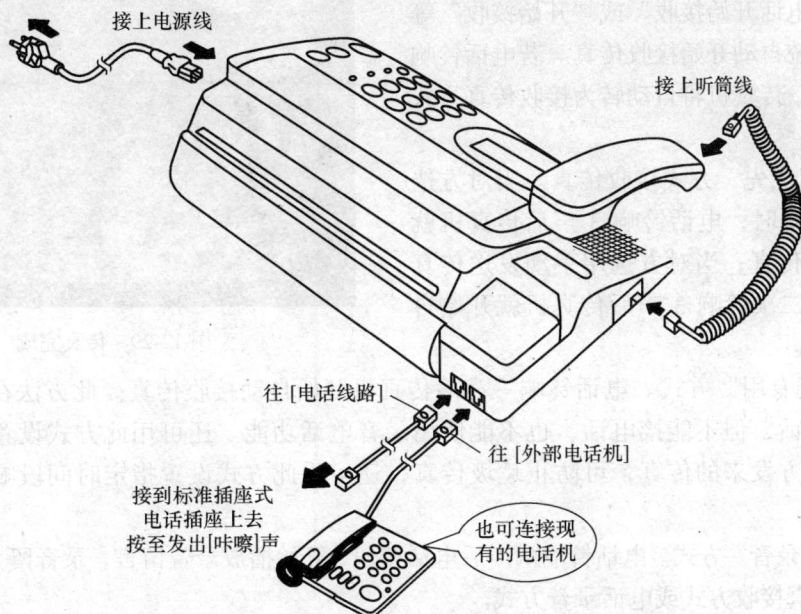

图 12-26 传真机的连接图

步骤 2 向上打开原件托板，调整原件导纸架，将文稿正面向下放在原件导纸架上，若有需要，可按"清晰度"键选择发送的质量，有"标准"、"精细"和"半色调"3 个选项，默认状态是"精细"。然后拿起电话机的听筒开始拨号（和平时打电话时一样），如图 12-27 所示。

步骤 3 拨号后，一般传真机的接收方会有两种应答方式：一种是自动应答，另一种则是人工应答。如果是自动应答，那么就会听到"嘀……嘀……"的声音；如果是人工应答的话，让对方给予传真信号即可，这时会听到同样的传真声。当听到对方的应答后，就可以按下"开始"键，如图 12-28 所示，传真机开始工作，会自动将传真件扫描并将内容发送给对方。

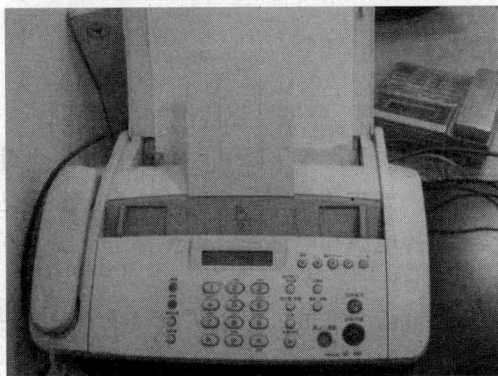

图 12-27 使用传真机传真文件

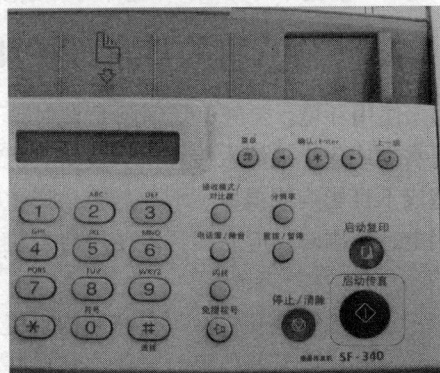

图 12-28 按下"启动传真"按钮

步骤 4 传真件传好后，就会自然地从传真机下方出来，如图 12-29 所示。

2. 接收传真

传真机的接收方式可由用户按"功能"键进行设置，共有 4 种接收方式。

（1）"电话优先"方式。电话铃响时，拿起话筒，传真机发现收到的是传真而不是电话时，会给出"请放下电话开始接收"或"开始接收"等语音提示，系统自动开始接收传真。若电话铃响 15 声没人接听，传真机将自动转为接收传真方式开始接收传真。

（2）"传真优先"方式接收传真。当对方选用自动发送传真时，电话铃响 3 声后传真机就开始自动接收传真；当对方选用手动发送传真时，电话铃第二次铃响 3 声后传真机就开始自动接收传真了。

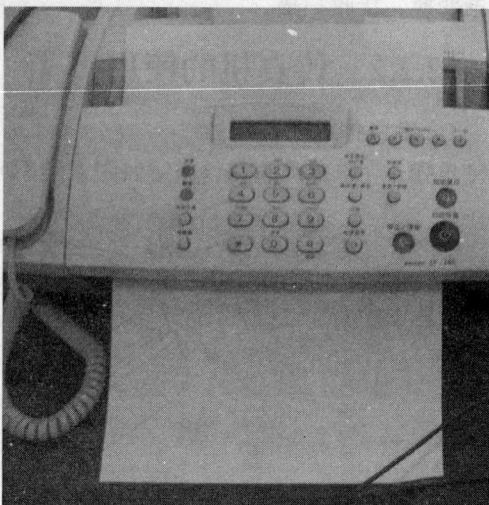

图 12-29　传真完成

（3）"传真专用"方式。电话铃响一声后传真机开始自动接收传真。此方法在接收传真时还能向外打电话，但不能接电话，也不能使用录音电话功能。还可用此方式设置只接收电话簿上登录的对方发来的传真，可防止垃圾传真，还可为此方式设置指定时间段响铃或不响铃接收。

（4）"传真录音"方式。电话铃响两声后电话接通，开始播放录音留言，录音留言播放完毕后自动切换为传真接收方式或电话录音方式。

随着科技的不断发展，目前市场上还出现了集打印、传真、复印、扫描为一体的多功能打印传真机。

3. 复印

传真机除了能传真之外，还可以进行复印。传真机复印操作步骤如下。

步骤 1 将要复印的原稿字面向上放在原稿台导板上。

步骤 2 选择扫描线密度的档次。一般置于"精细"级。

步骤 3 原稿灰度调整。根据原稿图文灰度来调整"原稿深浅"，原稿图文灰度暗，则将"原稿深浅"设置为"浅色"，否则设置为"深色"。

步骤 4 按复印（COPY）键即可开始复印。

12.2.3　传真机的日常维护和保养

（1）使用环境。要避免受到阳光直射，不要在高温、高湿、强磁、强腐蚀气体的环境下工作。要防止水类或化学液流入传真机。使传真机记录纸的印字质量严重下降和图像失真，还会对电子线路造成不良影响或损坏。不要与容易产生噪音的电器，如空调共用一个电源。为安全起见，在遇有闪电、雷雨时，应立即暂停使用传真机，并且要拔掉电源和电话线，以免雷击造成传真机的损坏。

（2）不要频繁地开机。每次开关传真机都会使机内的电子元器件发生冷热变化，频繁地冷热变化容易导致机内元器件提前老化。每次开机的冲击电流也会缩短传真机的使用寿命。因此长时间保持通电是传真机最好的保养方法。

（3）放置位置。传真机应当放置在室内的平台上，保持通风条件良好，周围与其他物品保持一定的空间距离，以免造成电磁干扰和方便传真操作。

（4）定期清洁。要经常使用干净柔软的干布清洁传真机的外部。对于传真机的内部，除了每半年将合纸仓盖打开用干净柔软的干布或使用纱布蘸上酒精擦拭打印头外，滚筒与扫描仪等部分也还需要清洁保养。

（5）要使用标准传真纸。非标准传真纸光洁度不够，会对感热记录头和输纸辊造成磨损。

（6）检查原稿是否规范，否则会在传真过程中出现卡纸、轧纸、撕纸等故障，严重的还会损坏设备。凡出现以下情况之一的原稿都不能使用：一是大于技术规格规定的最大幅面的原稿；二是小于最小幅度（两侧导纸板之间的最小距离），或小于文件检测传感器所能检测到的最小距离的原稿；三是有严重皱折、卷曲、破损或残缺的原稿；四是过厚（大于 0.15mm）、过薄（小于 0.06mm）的原稿；五是纸上有大头针、回形针或其他硬物的原稿。

（7）使用传真机应做到"四不要"。

①不要过多地复印稿件。传真机完成复印功能的重要部件是感热记录头，长时间使用容易老化；另外，传真纸上的化学染料不稳定，时间长了或受强光照射后，传真纸上的字会褪色。

② 关闭纸仓盖时不要用力过猛。若用力过猛，轻则使纸仓盖变形，重则造成感热记录头破裂损坏。

③ 传真的文件上不要有硬物。如订书针、大头针之类容易划伤扫描玻璃或其他装置，造成故障。

④ 不要发送墨迹或胶水未干的文档。未干的墨迹或胶水容易弄脏扫描玻璃，影响传真机发送质量。

12.3　扫描仪的使用

扫描仪是除键盘和鼠标之外被广泛应用于计算机的输入设备，是一种捕获图像并将之转换为计算机可以显示、编辑、储存和输出的数字化输入设备，如图 12-30 所示。

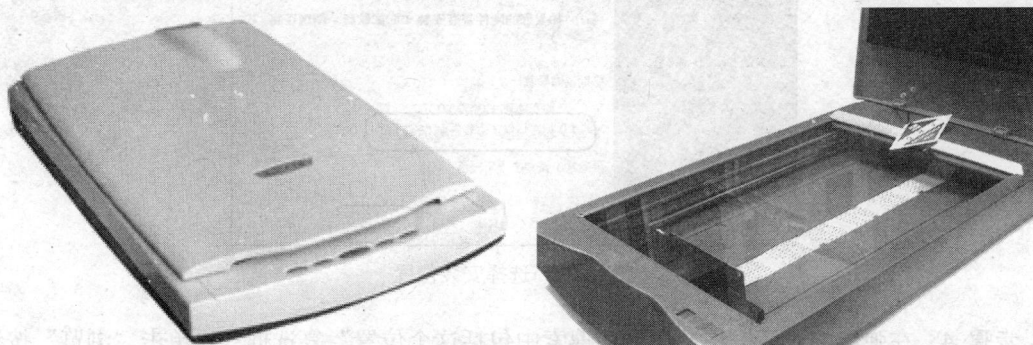

图 12-30　扫描仪

根据工作原理的不同，扫描仪可分为两种：滚筒式扫描仪和平板式扫描仪。

扫描仪的主要性能指标有分辨率、色彩数、扫描幅面和接口方式等。一般的扫描仪都标明了它的光学分辨率和最大分辨率等。

12.3.1 扫描仪组装与设置

步骤 1 硬件的连接。目前，一般都是 USB 接口扫描仪，连接时只需要用 USB 接口数据线将扫描仪和计算机相连接即可。连接好扫描仪后，打开电源，系统会自动检测到该设备，并弹出"找到新的硬件向导"对话框。

步骤 2 在"找到新的硬件向导"对话框中选择"否，暂时不"单选按钮，再单击"下一步"按钮，如图 12-31 所示。

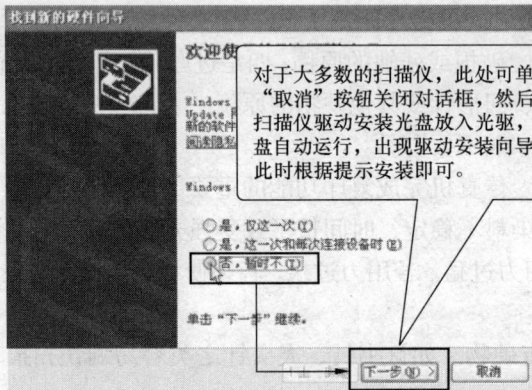

图 12-31 选择安装方式选项

步骤 3 在弹出的对话框中选择"从列表或指定位置安装"单选按钮，如图 12-32 所示，再单击"下一步"按钮。

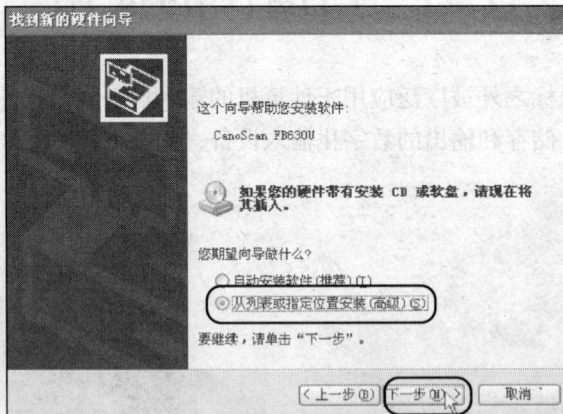

图 12-32 选择安装位置

步骤 4 在弹出的对话框中选中"在搜索中包括这个位置"复选框，再单击"浏览"按钮，在"浏览文件夹"对话框中选中扫描仪驱动程序所在的文件夹后，单击"确定"按钮，如图 12-33 所示。

步骤 5 系统开始搜索并安装驱动程序，如图 12-34 所示。有时会弹出如图 12-35 所示的对话框，表明厂家提供的驱动程序未经过微软公司认证。一般不会影响使用，直接单击"仍然继续"按钮继续安装驱动程序。

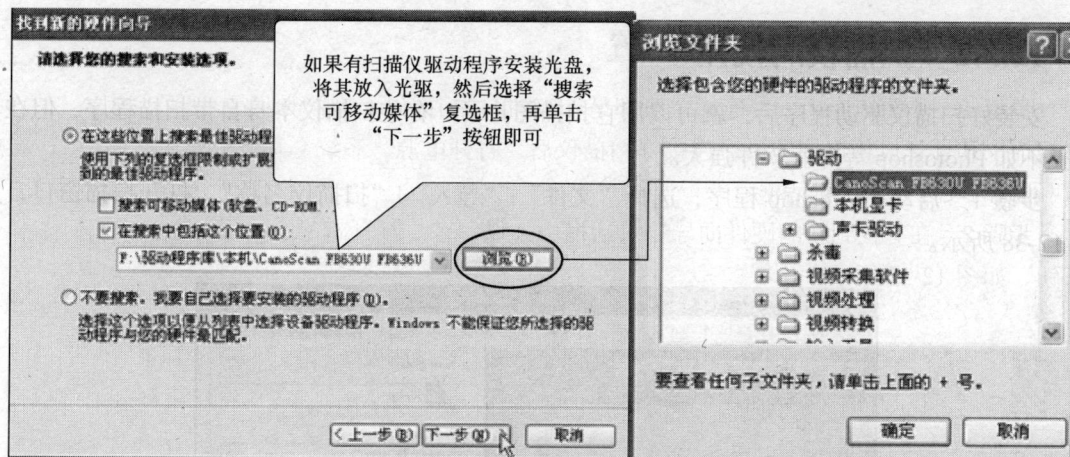

图 12-33　选择驱动程序所在的位置

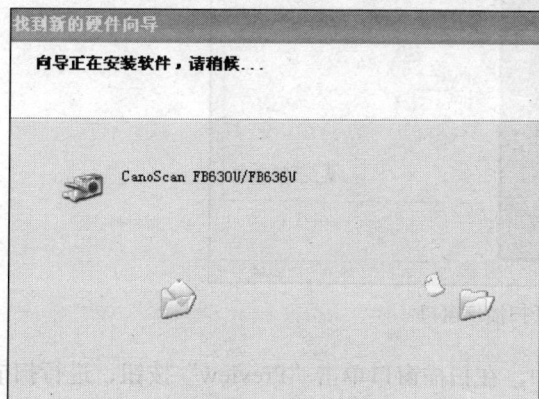

图 12-34　搜索安装程序

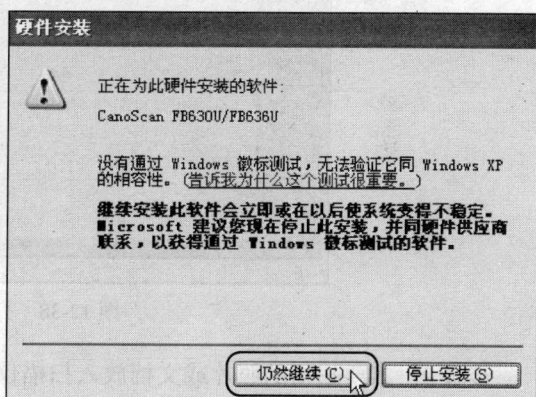

图 12-35　"硬件安装"对话框

　　步骤 6　安装扫描仪驱动程序后，系统会显示如图 12-36 所示的对话框，单击"完成"按钮，即可结束驱动程序的安装。

　　步骤 7　在"控制面板"窗口中双击"扫描仪和照相机"图标，打开如图 12-37 所示的"扫描仪和照相机"窗口，可以看到新安装的扫描仪。鼠标右键单击扫描仪图标，从弹出的快捷菜单中选择"属性"选项，打开"扫描仪属性"对话框，单击"测试扫描仪或照相机"按钮，对扫描仪进行测试，确认是否能成功使用。

图 11-36　完成驱动程序的安装

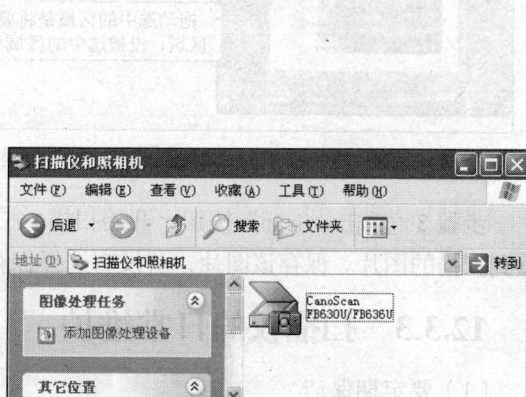

图 12-37　"扫描仪和照相机"对话框

12.3.2　扫描仪的使用

安装好扫描仪驱动程序后，就可以用它扫描图片了。有些扫描仪本身自带扫描程序，但在功能上不如 Photoshop 等专业软件强大。

步骤 1　启动 Photoshop 程序，选择"文件"|"导入"|"扫描仪名称"，打开扫描窗口，如图 12-38 所示。

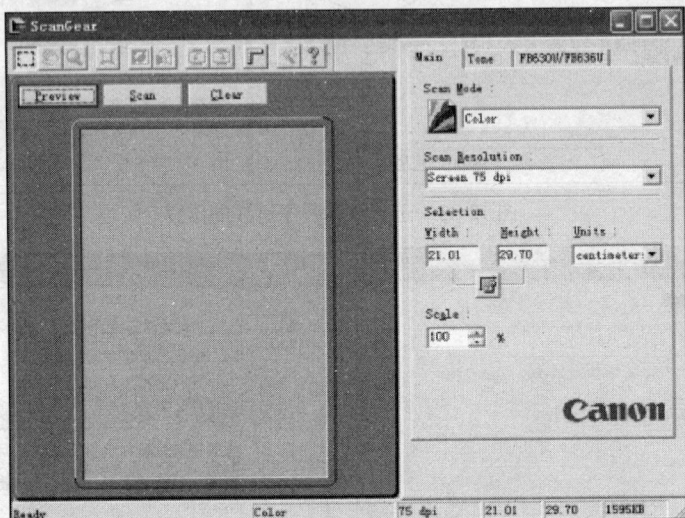

图 12-38　打开扫描仪窗口

步骤 2　将要扫描的照片或文档放入扫描仪中，在扫描窗口单击"Preview"按钮，进行扫描预览，如图 12-39 所示。

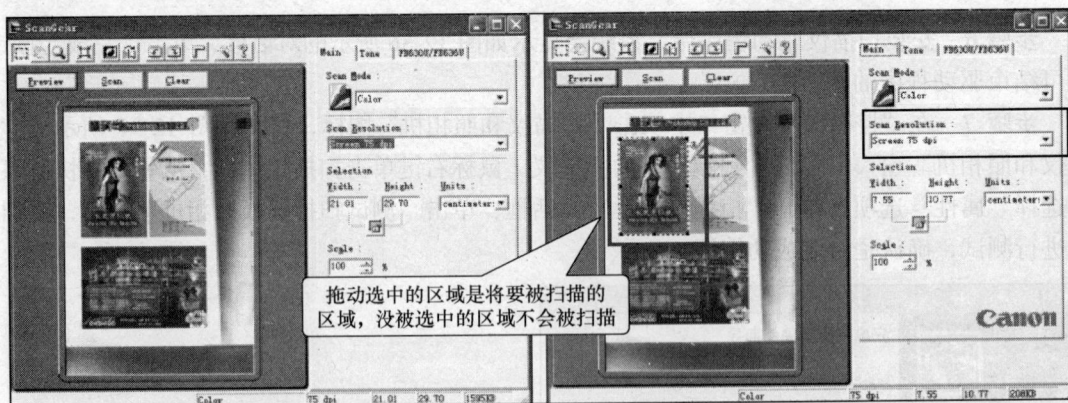

拖动选中的区域是将要被扫描的区域，没被选中的区域不会被扫描

图 12-39　扫描预览并设置扫描区

步骤 3　单击"Scan"按钮，开始扫描，扫描完成后，即可关闭扫描窗口。此时在 Photoshop 看到扫描的图片。保存该图片，若没有选择保存类型，则图片文件将以.BMP 格式被保存。

12.3.3　扫描仪的日常维护

（1）要定期保洁

扫描仪中的玻璃平板、反光镜片及镜头，如果落上灰尘或杂质，会使扫描仪的反射光线变弱。

不要在靠窗位置使用扫描仪，扫描仪在工作中会产生静电，会吸附灰尘进入机体内部，影响镜组的工作。特别要注意使用环境的湿度，减少浮尘对扫描仪的影响。

（2）不要经常插拔电源线和扫描仪的接头

经常插拔电源线和扫描仪的接头，会造成连接处的接触不良，导致电路不通。切断电源应直接拔掉电源插座上的电源变压器。

（3）不要随意热插拔数据传输线

若扫描仪采用的是 EPP 接口，在通电后随意热插拔数据传输线会损坏扫描仪或计算机接口。

（4）不要中途切断电源

由于镜组在工作时运行速度较慢，若中途切断电源会损坏镜组器件。扫描完成后，就将扫描仪背面上的安全锁锁上，保护光学部件。

（5）长时间不用时要切断电源

长时间开着扫描仪，会使扫描仪灯管降低亮度，影响扫描质量。也不要频繁地开关扫描仪。

（6）放置物品时要一次定位准确

在扫描过程中，不要随意移动扫描物品，会导致无法扫描出准确图像。

（7）不要在扫描仪上放置物品

长期在扫描仪上放置物品，会影响扫描仪的遮板变形，并影响扫描使用。

（8）定期进行机械部分保养

定期的机械保养会延长扫描仪的使用寿命。

12.4　复印机的使用

复印机是比较常见的一种办公设备，它主要用来复印文件、书刊等稿件。复印机有静电复印机和数码复印机之分。

目前复印机中使用最广泛的是静电复印机（即模拟复印机），如图 12-40 所示。

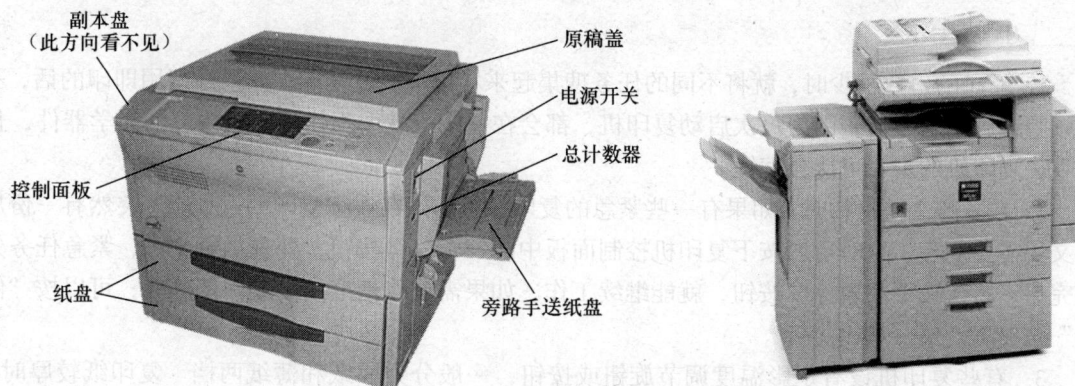

图 12-40　静电复印机外形

12.4.1　基本工作原理

复印技术是将纸或其他媒介上的内容转印到另外一个媒介上的技术。用电摄影方式对原稿进行摄影，将原稿上的图文内容投影在某种光导材料制成的光导体鼓面上，利用静电效应，在导体表面带上电荷，形成与原稿图文内容一样的潜像，由这些电荷吸引带有异性电荷的色粉微粒，这样在光导体表面就会显示出色粉图经过转印，将光导体表面的色粉图像印影到复印纸上，再经某种定影方法，即可得到所要复印品。即通过曝光、扫描方式将原稿的光学模拟图像投射到已被充电的感光鼓上，产生静电潜像，再经过显影、转印、定影等步骤，完成整个复印过程。

12.4.2　基本组成

复印机主要由曝光系统、成像系统、输纸系统、控制系统、机械驱动系统组成。

12.4.3　静电复印机的使用

步骤 1　全面检查。复印前检查复印纸盒是否有纸，纸质是否合格，复印的送纸方式及电源是否接通。

步骤 2　开机预热。复印机每次工作之前，都要花很长的时间来预热。要等预热后才能进行复印。打开电源开关，操作面板上红灯亮，此时复印机进入预热状态，预热时间到了，操作面板上红灯变绿灯，预热完成。

步骤 3　检查机器的指示信号和原稿。预热完毕后检查操作面板上各项功能的显示情况，并将原稿不清楚的字迹或线条描写清楚，按要求放置稿件。原稿正面向下放置在原稿台玻璃板上，扣上复印机机盖，盖严原稿，以防漏光出现黑边。放置原稿位置视复印要求而定，一般原稿是放置在稿台的中间或是靠边放置在定位线上。

步骤 4　选择复印倍率。倍率的选择有两种，一种是以纸型尺寸表示，如放大时为 B5-A4，缩小时为 A3-A4；另一种是以百分比表示，如放大时为 1.4%，缩小时为 0.6%。

步骤 5　选择复印纸尺寸。根据原稿的大小或需要缩小、放大的尺寸，选取合适的复印纸。

步骤 6　预置复印数量。按数字键设定复印份数。

步骤 7　调节复印浓度。按需要可设定复印品所要求的浓度。

步骤 8　开始复印。

✎ 小贴士

1. 复印的份数很少时，就将不同的任务搜集起来，集中进行复印。如果是即用即印的话，不要频繁地启动复印机，因为每次启动复印机，都会在一定程度上损伤复印机内部的光学器件，长期下去复印机的寿命可能会缩短。

2. 在复印文档材料时，如果有一些紧急的复印任务，如在连续复印的过程中，突然有一份加急文稿需要复印，这时可以按下复印机控制面板中的"暂停"按钮，处理加急文稿，紧急任务处理完后，再次按下"暂停"按钮，就能继续工作。如果需要取消当前的复印任务时，可以按"停止"按钮。

3. 有些复印机设有定影温度调节旋钮或按钮，一般分为厚纸和薄纸两档。复印纸较厚时，应选在复印厚纸高温位置，薄纸应置于复印薄纸的低温位置，否则会出现定影过度或定影不牢的现象。

12.4.4　静电复印机的日常维护

复印机在复印达到一定数量后，或复印副本质量明显下降时，就需要对复印机进行维护和保养了。对复印机进行定期保养维护，可排除故障隐患，确保复印机运转的可靠性，延长机器的使用寿命。

（1）选择合适的地方安置复印机，要注意防高温、防尘、防震、防阳光直射，同时要保持室内通风顺畅。平时尽量减少搬动，若要移动一定要水平移动，不可倾斜或倒立。

（2）使用稳定的交流电。

（3）每天打开复印机预热半小时左右，使复印机内保持干燥。

（4）要保持复印机玻璃稿台清洁，无划痕、无涂改液、手指印之类的斑点。否则会影响复印效果。

（5）在复印机工作过程中，一定要盖好上面的挡板，以减少强光对操作者眼睛的刺激和副本产生黑边。

（6）保持清洁。用柔软的湿布来擦拭原稿台玻璃板、原稿盖板、送稿机皮带等，再用干布擦干。

12.4.5　数码复印机

数码复印机是指采用数码原理，以激光打印输出方式进行扫描、复印的文件复制设备，如图 12-41 所示。具有一次扫描、多次复印的特性；配备高内存、大硬盘，可长期储存大量文件；可根据需要将图像、文字进行方向性缩放、黑白转换、加注水印等编辑；还可进行电子分页操作，且不受份数限制。

数码复印机采用了先进的数码技术，所有原稿经数码一次性扫描存入复印机存储器中，使其可进行复杂的图文编辑，提高了复印机的工作效率和复印质量，降低了复印机的故障发生几率。数码复印机还具有体积小、工作噪声低的特点。

图 12-41　数码复印机

12.5　多功能一体机简介

多功能一体机就是同时具有打印、复印、扫描、传真等其中的两种或多种功能的办公设备，如图 12-42 所示。

　　应根据需求选购多功能一体机，最大限度地发挥出产品的功能优势。

　　目前，对多功能一体机的理解是：一种是将传真、打印、复印、扫描功能和其他功能中的两种或两种以上功能结合在一起，并可直接或间接地与计算机相连的设备。主要有 5 种分类。

　　（1）打印主导型一体机。主要以打印机和扫描仪为基础，主要表现为打印质量高、输出速度快，并有很好的纸张处理功能。

　　（2）复印主导型一体机。通常是在中高端数码复印机上增加附件构成的，具有出色的扫描和打印速度、连续复印、缩放尺寸调整、纸张板式设定等功能，并能全部脱离计算机，在一体机的控制面板上独立操作。

图 12-42　多功能一体机

　　（3）传真主导型一体机。主要用于传真的一体机具有完善的控制面板，并且能在没有和计算机连接的情况下正常工作。

　　（4）照片主导型一体机。主要是基于 6 色喷墨一体机的产品，其显著特征是配有多功能读卡器，可以进行数码照片的直接打印，并提供基本的照片处理功能等。

　　（5）全功能一体机。全功能一体机的特点是它的功能配置齐全，打印、复印、传真和扫描缺一不可。

　　多功能一体机不但功能多，且功能配置也多，在性能上有高、中、低档，在输出能力上有彩色与黑白、高速与低速之分。在配置上有基于传真/打印/复印/扫描/PCFAXR 的，有基于传真/打印/复印/扫描的，还有基于打印/复印/扫描的和基于传真/打印/复印的。应遵循"够用、好用、易用"的原则选择多功能一体机。

12.6　一体化速印机

　　一体化速印机是指通过数字扫描，热敏制版成像的方式进行工作，从而实现高清晰的印刷质量，印刷速度在每分钟 100 张以上的印刷设备。同时它还具有对原稿缩放印刷、拼接印刷、自动分纸控制等多种功能，绝大多数的机型还可以支持计算机打印直接输出的功能，如图 12-43 所示。

图 12-43　一体化速印机

　　从外形上看，一体化速印机和复印机非常相似，尤其是在制板时，同样也是将原稿放在玻璃稿台上。而在功能上它与复印机也有许多相似之处。但是一体化速印机的工作原理和复印机是有着本质差别。一体化速印机的印刷首先需要通过光学和热敏制板的原理，把需要印刷的内容制成在印板上（在日常的应用中许多用户把这种印板叫做蜡纸，当然它和传统的钢板蜡纸是有很大区别的），然后再通过印板进行印刷，而在完成印刷后，这张印板也就报废了，无法反复使用。而复印机的印刷则主要是通过光学和半导体感光成像的原理来进行复印的，在复印结束之后，通过放电等手段可以消除感光板上的印象，从而可以反复地使用。

　　一体化速印机的印刷速度可以达到每分钟 100 张以上，有的甚至可以更高，而复印机是很难达到这种速度的。同时一体化速印机的印刷成本也比复印机低得多。目前，在学校，机关中一体化速印机已经被广泛使用了。绝大多数一体化速印机都可以支持计算机打印直接输出功能。

12.7　投影仪

　　投影仪是一种用来放大显示图像的投影装置，随着数码技术迅猛发展，投影仪作为一种高端光学仪器，已成为教学、移动办公、讲座演示、商务活动等不可缺少的标准配置。为满足不同办公方式的需求，投影仪可与计算机、笔记本、电视、影碟机等设备连在一起使用。投影仪又分为移动便携式投影仪和吊装式投影仪，如图 12-44 所示。

图 12-44　便携式投影仪（左）和吊装式投影仪（右）

12.7.1　投影仪的使用

　　步骤 1　安放投影仪。吊装式投影仪要由专业技术人员来安装；便携式投影仪可由用户自行安放位置。便携式投影仪安装时要注意桌面与电源的连接，避免造成非正常关机；若出现投影画面倾斜或变形时，可高速投影仪支架并固定位置使画面正常；投影仪工作时，不要遮挡住通风口，以免影响机器散热。

　　步骤 2　连接投影仪与计算机。在投影仪附带的连接线中，VGA 信号线和控制线用来直接和计算机连接。VGA 信号线连接计算机的视频输出接口和投影仪的 VGA 输入接口，信号控制线则连接投影仪的主控制端口与计算机的 COM 口。为方便计算机与投影仪的屏幕切换，常使用视频分配器进行中转连接。笔记本电脑与投影仪连接时，只需用与投影仪配套的 RGB 视频电缆，将其一头接在笔记本电脑用来外接显示器的 VGA 显示端口上，另一头接在投影仪的 RGB 输入端口上即可。

　　步骤 3　接通电源，设置好输出方式。完成投影连接并开启投影仪预热后，还要切换输出方式，可同时按住 Windows 徽标键与 F5 键（笔记本电脑则同时按下 Fn 键与 F8 键），来选择合适的屏幕输出方式。

　　步骤 4　对焦及图像调整。通过调整投影仪镜头或遥控器上"对焦"按钮进行对焦，使投影图像尽量充满整个幕布。还可使用投影仪操作面板或遥控器来调整投影仪的图像位置、大小、亮度、对比色和色彩等。

　　步骤 5　设置分辨率。为了获得最佳的投影效果，根据需要进行分辨率的调整。

步骤 6 关闭投影仪。投影仪在长时间使用的情况下，直接关闭会严重影响投影仪灯泡的使用寿命。正确的关机顺序是：先按下 LAMP 按钮，当投影仪控制面板上的绿色指示灯不亮了，橙色指示灯闪烁，再过两三分钟，投影仪内部散热风扇完全停止转动，橙色信号灯停止闪烁时，可关闭投影仪，再切断电源。

12.7.2　投影仪的维护与保养

投影仪集机械、液晶、电子电路技术于一体，属于高精密仪器，在使用时要做到"两要"、"三不要"和"三注意"。

（1）要保持投影仪镜头的清洁。可使用专业镜头纸或其他专业清洁剂来清洁投影仪镜头。

（2）要按正确关机顺序关闭投影仪后再切断电源。在没有切断电源前不能去搬动投影仪，否则很容易导致投影仪的周边元器件过热而损坏，更有可能对灯泡寿命产生不良影响。

（3）不要用镜头盖遮挡画面。在演示过程中，有时可能需要暂时遮挡住某些画面，这时正确的做法应该是使用投影仪的"黑屏"功能进行屏蔽，最好不要用镜头盖进行遮挡，因为这样可能造成投影仪内部温度升高，最终导致元器件损坏。

（4）不要带电插拔电缆。有些用户为了省事，经常带电插拔电缆信号线，其实这是很危险的，因为当投影仪与信号源连接不同电源时，两根零线之间可能存在较高的电位差，带电插拔时可能导致插头与插座之间发生打火现象，造成机器损坏。

（5）不要频繁开关机。开机与关机，要保证有 3 分钟左右的间隔时间，目的是让投影仪充分散热。开关机频繁，容易造成投影仪灯泡炸裂或投影仪内部电器元件损坏。

（6）三注意：注意开启和关闭平面反射镜盖时，严禁手指触踫平面反射镜面；注意调焦旋钮和齿条，当调焦旋钮因螺钉松动时，要用螺丝刀将旋钮侧面圆孔中的小螺钉对槽拧紧，齿条和齿轮咬合过紧或过松时不可生拧硬掰，应抬起镜头臂减轻重力，再用螺丝刀调整螺钉位置，使其咬合复位并拧紧；注意双螺纹镜的清洗。

12.8　刻录机的安装与使用

刻录机一般多用于数据备份等，如图 12-45 所示。刻录就是将数据从硬盘上转移到光盘上，它需要专门软件来配合完成。

内置刻录机

外置刻录机

图 12-45　刻录机

刻录机有 3 种类型。第一种是普通的刻录机，第二种是 Combo（见图 12-46），第三种是 DVD 刻录机。

图 12-46　**COMBO**

12.8.1　硬件安装

步骤 1　首先打开机箱，拆开前面板，装上 DVD 刻录机，上好螺丝。接下来准备连接刻录机的数据与电源线，如图 12-47 所示。

图 12-47　安装 DVD 数据线

步骤 2　拿出硬盘线插到 DVD 刻录机的 IDE 接口上，注意方向。安装光驱都会碰到主盘和从盘的问题，一般机器都是一根硬盘线接硬盘，一根硬盘线接光驱，这个 DVD 刻录机只好接从盘了，从刻录机上的标记可以很清楚地看出跳线应该插在 SLAVE 标记指示的位置上，如图 12-48 所示。

图 12-48　安装 DVD 电源线

步骤 3　音频线是左边白线，右边红线。电源线也都有缺口，注意不要插反。检查没有问题就可以加电开机了。

12.8.2　刻录软件

Nero 7 的刻录组件 Nero Express 简化了 Nero Burning ROM 比较繁琐的刻录设置过程，它提供了诸多刻录类型选择，每种类型有其默认的设置，用户只需要选择其中一种刻录类型，而不需要设置该录的多个参数，其主界面如图 12-49 所示。

将计算机中的文件、文件夹刻录进空白光盘中，这张光盘就称为数据光盘。"数据光盘"是指刻录 CD 盘，"数据 DVD"则是刻录数据 DVD 光盘。

步骤 1 将一张空白 CD 刻录盘放入刻录机中，选择"开始"|"所有程序"|"Nero"|"Nero Burning Rom"命令，运行 Nero 刻录软件，如图 12-50 所示。或双击桌面"Nero"快捷键按钮。

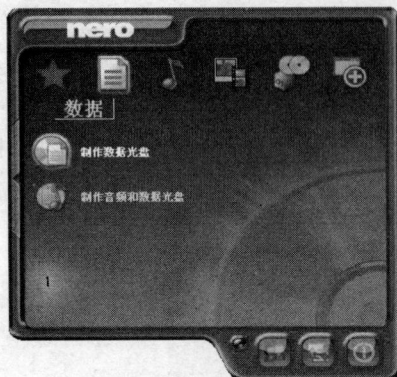

图 12-49 选择刻录类型　　　　　　　　图 12-50 运行刻录命令

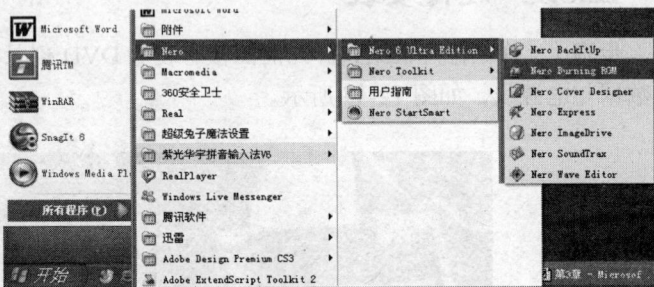

步骤 2 在 Nero 启动界面列表框中选择制作数据光盘，弹出如图 12-51 所示的对话框。

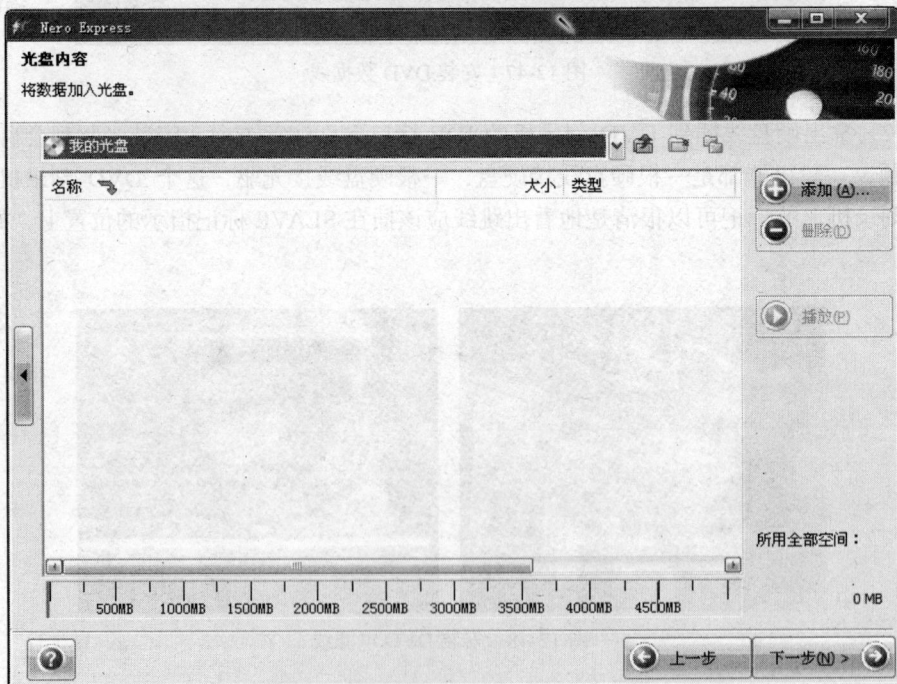

图 12-51 弹出"Nero Express"对话框

步骤 3 单击窗口右侧的"添加"按钮，打开 Nero Burning ROM 文件添加及搜索窗口。将需要刻录的数据文件全部选中，从右侧资源管理器中拖入左侧空白区域即可，如图 12-52 所示。若下方指示灯末端变为红色，表明刻录的文件超出光盘的最大容量，不能刻录。

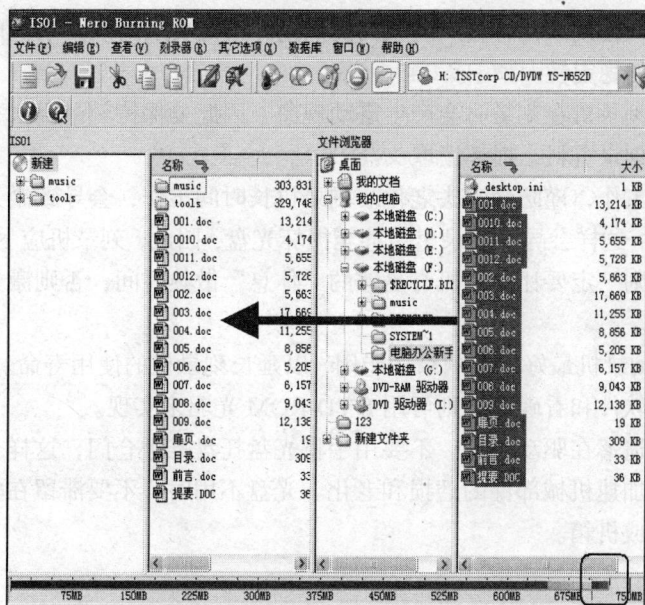

图 12-52　选择刻录文件并拖至指定位置

步骤 4　添加完毕后单击"下一步"按钮，打开最终刻录设置窗口，如图 12-53 所示。在"当前刻录机"中选择所需要使用的刻录机，在左侧弹出一些不常用的刻录设置。确认设置无误后单击"刻录"按钮便可进行刻录。

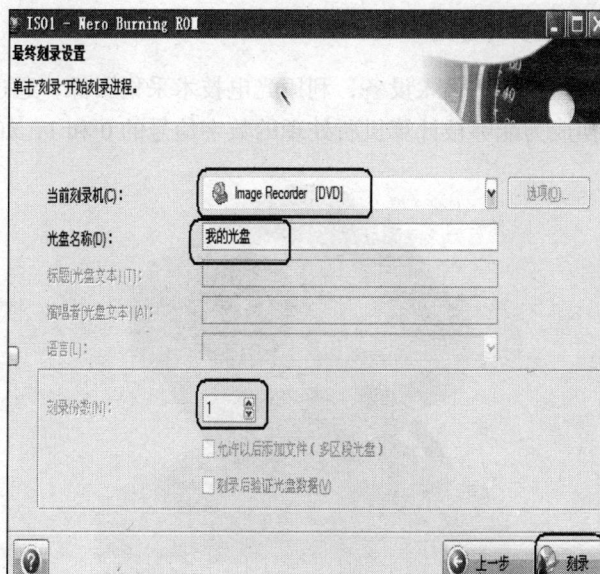

图 12-53　设置刻录软件参数

12.8.3　刻录机的维护与保养

刻录机日常注意维护和保养，可延长刻录机的使用寿命。

（1）防尘。灰尘很容易被吸附到高速旋转的盘片上，在刻录时会发生烧结现象，使光盘上留下划痕，因此尽量不要将弹出的光驱托盘滞留在外太长，以免灰尘进入。

（2）散热。刻录机在刻录时，会产生很高的热量，一定要及时从刻录机内部将这些热量散发出去，以保证刻录机的稳定性。

（3）减少震动。刻录机在刻录时会产生震动现象，因此要保持刻录机水平平稳放置，否则则不利于刻录机稳定地刻录资料，损坏读取头。

（4）避免长时间工作，谨防激光头老化。刻录机长时间工作，会导致激光头热量升高，刻录机的温度也随之升高，这样会导致刻录出错甚至损坏光盘，因此，刻录机应尽量避免长时间工作，若需要长时间工作，则一定要让刻录机有足够的"休息"散热时间，否则激光头会容易老化，影响刻录机的使用寿命。

（5）刻录专用。刻录机最好只作刻录功能用，以延长刻录机的使用寿命。若有其他功能需要，如读盘、听歌、安装软件和看碟等，则可用 DVD-ROM 光驱来实现。

（6）不要将光盘遗落在驱动器内。不要用手将光盘托盘推进仓门，这样会对光驱的进、出仓机械部件造成损害，加速机械部件的磨损和老化。光盘不用时，不要滞留在驱动器内。刻录机工作时不要移动刻录机或机箱。

12.9　数码摄像头

数码摄像头即具备简单的数码相机的功能，又可以像数码摄像机一样记录视频，更可以实时采集画面实现视频聊天、视频会议功能，是现代办公环境中配合电脑使用最广泛的数码外设。

12.9.1　数码摄像头简介

数码摄像头是一种数字视频的输入设备，利用光电技术采集影像，通过内部的电路把这些代表像素的"点电流"转换成为能够被计算机所处理的数字信号的 0 和 1，如图 12-54 所示。

图 12-54　数码摄像头

数码摄像头根据所用感光器件不同可分为 CCD 和 CMOS 两类。根据使用类型不同又可分为内置式和外接式摄像头。内置式摄像头一般多用于手机和笔记本电脑中，而外接式摄像头则是电脑摄像头的主要产品形式。

12.9.2　数码摄像头的使用

在电脑中使用数码摄像头，首先要安装驱动程序。安装完成后，如需进行视频聊天或视频会议，则要打开 QQ、MSN 或 NetMeeting 等软件，选择视频相关选项，即可使用摄像头进行视频操作。

1. 拍照

拍照是摄像头的基本功能，Windows XP 系统可以直接控制摄像头进行拍照，方法是：打开"我的电脑"窗口，双击"USB 视频设备"选项，打开"拍照"窗口，左上角为"照相机"任务栏，中间是摄像头的拍摄画面。单击"拍照"按钮即可完成拍照功能，照片会显示在窗口下方，如图 12-55 所示。只要不删除，这些照片会自动保存起来。

图 12-55　使用摄像头拍照

2. 录制录像

使用 Windows XP 系统自带的"Windows Movie Maker"软件，就能完成摄像头的拍摄操作。

步骤 1　调整摄像头、麦克风与被拍物体之间的距离，最好不超过 3m。

步骤 2　选择"开始"|"所有程序"|"Windows Movie Maker"菜单命令，弹出"Windows Movie Maker"程序主界面。单击"视频捕获"|"从视频设备捕获"选项，弹出"视频捕获向导"对话框，如图 12-56 所示。在"可用设备"选项列表中选择摄像头，在"音频输入源"选项下拉列表中选择"MIC"，拖动"输入级别"滑块调节麦克风音量。

步骤 3　再单击"下一步"按钮，在弹出的对话框中输入文件名，单击"浏览"按钮选择文件保存的路径。单击"下一步"按钮打开"视频设置"对话框，选择"在我的计算机上播放的最佳效果"选项。

步骤 4　单击"下一步"按钮，打开"捕获视频"对话框，通过"预览"窗口调整好摄像头的位置，再单击"开始捕获"按钮，开始录制视频。完成后单击"完成"按钮，即可将录制的视频保存在指定位置。

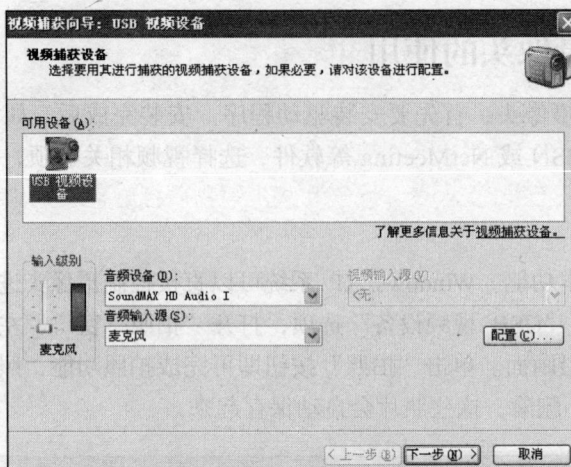

图 12-56　选择视频捕获设备

3. 摄像头作监控设备

摄像头要具备监控设备的功能，必须先安装"SupervisionCam"软件。安装完软件后，摄像头就具备监控功能了，并且在发生了异常情况的时候还能自动发送 E-mail 通知用户。

步骤 1　启动"SupervisionCam"软件，在弹出的"Settings"对话框的"Motion Detection"标签选项卡"Settings video source"下拉列表框中选择摄像头名称，在对话框的右下角就能看到摄像头拍摄的画面。

步骤 2　单击"Settings"对话框的"Send Message/Mail"按钮，勾选"Send Mail when a motion is de"复选框，选择 MAPI 或 SMTP 邮箱协议，在"Address"栏中输入邮箱地址，在"Subject"栏中输入邮件标题，在"Message"栏中输入邮件内容，最后单击"确定"按钮。

步骤 3　在弹出的监控窗口中调整摄像头的位置，单击"Active Supervision-Cam"按钮就进入监控状态了，如图 12-57 所示。当摄像头拍摄到活动的物体后，软件会自动截取画面，并向指定的邮箱发送含有时间和图片的邮件。

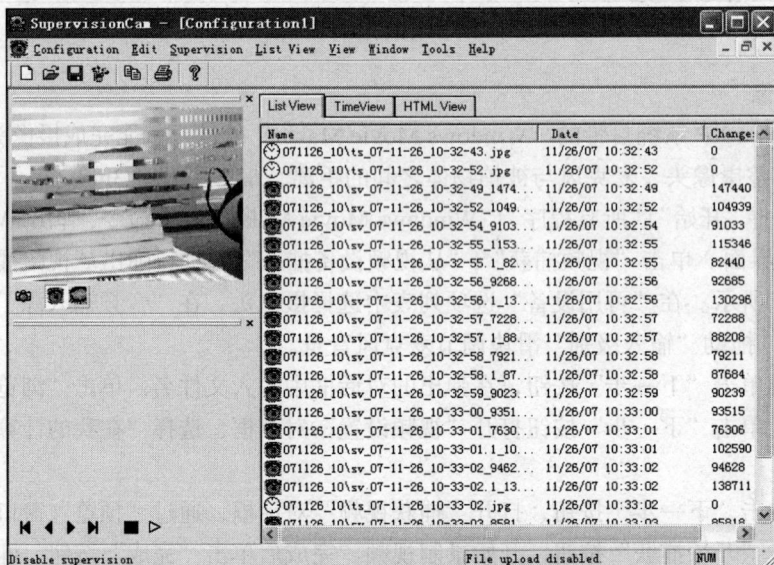

图 12-57　设置摄像头的监控功能

12.9.3 数码摄像头的维护和保养

日常使用摄像头时，应注意以下几点。

（1）不要将摄像头直接对向阳光，以免损害摄像头的图像感应器件。

（2）避免摄像头和油、蒸气、水气、湿气和灰尘等物质接触，避免和水直接接触。

（3）不要使用刺激的清洁剂或有机溶剂擦拭摄像头。

（4）不要拉扯和扭转连接线，类似动作可能会对摄像头造成损伤。

（5）非必要情况下，不要随意打开摄像头，试图碰触其内部零件，这容易对摄像头造成损伤，一旦损坏经销商估计也不会给予保修。

（6）平时应当将摄像头存放在干净、干燥的地方。

本章小结

打印机、复印机、扫描仪等是现代办公中常见办公设备，对于这些设备，我们需要掌握其安装方法和使用操作；掌握一定的简单日常维护和保养知识，能够排查、检测和修复一些常见简单故障，通过学习，用户可以掌握这些常见办公设备的使用方法和技巧。

习题十二

一、单项选择题。

1. 用于将计算机运算、处理的结果输出到纸张上的设备是（   ）。

    A. 复印机   B. 打印机   C. 扫描仪   D. 传真机

2. 电话铃响几声后开始自动接收传真的方式是（   ）。

    A. "电话优先"方式   B. "传真优先"方式

    C. "传真专用"方式   D. "传真录音"方式

3. （   ）是一种捕获图像并将之转换为计算机可以显示、编辑、储存和输出的数字化输入设备。

    A. 复印机   B. 打印机   C. 扫描仪   D. 传真机

4. （   ）是将纸或其他媒介上的内容转印到另一媒介上的技术。

    A. 通信技术   B. 网络技术   C. 复印技术   D. 电路交换技术

5. 绝大多数一体化速印机支持（   ）功能。

    A. 扫描图像   B. 发送传真

    C. 电脑打印直接输出   D. 纸型转换

6. 在发生了异常情况时能自动发送 E-mail 通知用户的功能是数码摄像头的（   ）。

    A. 拍照功能   B. 录像功能   C. 监控功能   D. 打印功能

7. 下面关于打印机的保养与维护叙述错误的是（   ）。

    A. 要使用干净的纸巾对喷墨打印机内部进行除尘

    B. 不能使用挥发性液体清洁打印机，以免损坏打印机表面

C. 墨水盒应避光保存在无尘处，保存温度应在−10℃～+35℃之间

D. 不能在带电状态下拆卸、安装喷头，不要用手或其他物品接触打印字车的电气触点

8. 下面关于扫描仪的保养与维护叙述错误的是（　　　）。

A. 扫描仪在使用过程中要注意防高温、防尘、防湿、防震、防倾斜

B. 扫描仪的清洁维护工作主要是对扫描的镜头组件、机械部件进行清洁、维护

C. 在一些积垢很厚的地方，可以蘸一些酒精擦拭

D. 如果发现扫描仪在使用过程中有噪音出现，则可能是滑动杆缺油或是积垢了

9. 下面关于复印机的保养与维护叙述正确的是（　　　）。

A. 摆放复印机时，将机器放于阴暗处

B. 加入墨粉前应保持墨粉瓶或筒平稳放置，避免大幅度摇晃

C. 每天早晨上班后，打开复印机预热，可以烘干机内潮气

D. 复印过程中一旦卡纸即说明复印机出了较大问题

10. 下面关于传真机的保养与维护叙述正确的是（　　　）。

A. 要将传真机摆放在干燥的环境中，以避免潮湿，如将其摆放在有充足阳光的窗口旁

B. 在传真过程中如果有需要，可以开合纸舱盖

C. 纸张的好坏并不影响传真的效果

D. 在使用传真机时，应注意不要频繁开关机

二、填空题

1. 打印机按输出信息方式的不同分为_____和_____两大类。

2. 根据工作原理的不同，扫描仪可分为两种，即_____扫描仪和_____扫描仪。

3. 传真机是集_____、_____、_____与_____于一体的通信设备。

4. 复印技术是_____的技术。

5. 一体化速印机具备对原稿_____、_____、_____、_____等多种功能。

6. 数码摄像头根据所用感光器件不同可分为_____和_____两类。根据使用类型不同又可分为_____和_____摄像头。

三、上机操作题

1. 安装一台打印机，并打印测试页。

2. 将扫描仪和电脑连接，并安装好驱动，扫描一张图片。

3. 使用传真机发送一份传真。

4. 利用复印机，将自己的身份证正反面复印到一张复印纸上。

附录
习题参考答案

习题一

一、选择题

1. D 2. A 3. C 4. D 5. B 6. A 7. B 8. A

二、填空题

1. 办公自动化　工厂自动化　家庭自动化　　2. 管理型　通信

3. 管理学　　　　　　　　　　　　　　　　4. 知识管理

5. 办公过程中网络技术的普遍使用　　　　　6. Office　WPS　Smartsuite。

习题二

一、选择题

1. B　　　　　2. B　　　　　3. D　　　　　4. C　　　　　5. A

6. A　　　　　7. A　　　　　8. C　　　　　9. B　　　　　10. D

二、填空题

1. Insert　　　　　　2. Backspace　　　　　3. 两个回车键

4. 选定文本　　　　　5. Normal 模板　　　　6. 纵向　A4

习题三

一、选择题

1. A　　　　　2. A　　　　　3. C D　　　　4. D　　　　　5. A

6. C　　　　　7. B　　　　　8. B　　　　　9. A

二、填空题

1. NetMeeting　　　　2. 添加到模板　　　　3. 打开文件　修改文件

4. 显示标记文档　　　5. 所有样式　　　　　6. 单独

习题四

一、选择题

1. C　　　　　2. C　　　　　3. A　　　　　4. B　　　　　5. B

6. D　　　　　7. A　　　　　8. A　　　　　9. C　　　　　10. A

二、填空题

1. =　　　　　　　　　　2. 132　　　　　　　　　3. 3

4. 也随之改变　　　　　　5. 3　　　　　　　　　　6. VLOOKUP

习题五

一、选择题

1. D　　　　　2. B　　　　　3. A　　　　　4. D

5. B　　　　　6. C　　　　　7. C　　　　　8. D

二、填空题

1. 假设分析工具　　　　　　　　2. 包含两组输入值的行和列相交的单元格

3. 二维区域数组　　　　　　　　4. 4

5. 区域数组　　常量数组　　　　6. 贷款本金

习题六

一、选择题

1. B　　　2. D　　　3. A　　　4. C　　　5. B　　　6. B

7. A　　　8. B　　　9. B　　　10. A　　　11. D　　　12. C

二、填空题

1. 命令和指令　　　　　　　　　2. 宏录制器和 Visual Basic 编辑器

3. 扩充选取范围　　　　　　　　4. 嵌入对象

5. 目标文件中链接　　　　　　　6. Alt

7. 靠左对齐　　靠右对齐　　　　8. Ctrl

9. Alt + Enter　　　　　　　　　10. Ctrl + ；

习题七

一、选择题

1. A　　　2. D　　　3. A　　　4. C　　　5. D

6. A　　　7. A　　　8. B　　　9. D　　　10. D

二、填空题

1. PPT　　　　　　2. ESC　　　　　　3. 自定义动画

4. 排练时间　　　　5. 打印内容选项　　6. 占位符

7. 配色方案　　　　8. 创建好幻灯片

习题八

一、选择题

1. A　　　2. C　　　3. C　　　4. B

5. C　　　6. C　　　7. D

二、填空题

1. Portable Document Format　　　　2. 阅读和打印

3. 金山词霸　　　　　　　　　　　4. 管理窗口

5. F6 键　　　　　　6. 解压到　　　　　　7. EasyRecovery

习题九

一、选择题

1. A　　　　　　2. C　　　　　　3. B　　　　　　4. C

5. C　　　　　　6. B　　　　　　7. A　　　　　　8. B

二、填空题

1. 病毒　木马　黑客　　　　　2. 控制端（服务器端）　被控制端（客户端）

3. 人为编制的　计算机信息或系统

4. 病毒防护　防火墙设置　系统漏洞防护

5. 捆绑　　　　　　6. 实时监控　　　　7. 防火墙

8. 安装系统补丁　　9. 流氓软件　　　10. 恶意网页

习题十

一、选择题

1. A　　　　　　2. B　　　　　　3. A　　　　　　4. B

5. A　　　　　　6. B　　　　　　7. B　　　　　　8. C

二、填空题

1. 服务器　客户端　　　2. 网络技术服务商　　　　3. 电话线

4. ADSL 上网　小区宽带上网　无线上网　有线电视网

5. QQ　MSN　　　　　6. 服务功能　综合网络管理功能

习题十一

一、选择题

1. D　　2. C　　3. B　　4. A　　5. C

6. A　　7. B　　8. D　　9. C　　10. A

二、填空题

1. 程序　数据库　文档资料　　　2. 系统软件

3. 操作系统　应用软件　　　　　4. D　L

5. 驱动光盘安装　网站下载安装　6. "卸载"程序　添加或删除程序

7. 驱动程序　　　　　　　　　　8. Partition Magic

9. 低级格式化　　　　　　　　　10. Windows XP　Windows Vista　NTFS

习题十二

一、选择题

1. B　　2. B　　3. C　　4. C　　5. C

6. C　　7. B　　8. D　　9. D　　10. D

二、填空题

1. 击打式　非击打式　　　　　　2. 滚筒式　平板式

3. 计算机技术　　通信技术　　精密机械　　光学技术
4. 将纸或其他媒介上的内容转印到另外一个媒介上
5. 缩放技术　　拼接技术　　自动分页控制
6. CCD　　CMOS　　内置式　　外接式